高等职业教育精品教材
工学结合课程改革立体化教材
校企双元团队合作开发教材
省级精品课程（慕课）配套教材

JIANMING GONGYINGLIAN GUANLI JIAOCHENG

简明供应链管理教程

主　编　胡建波
副主编　李方敏　洪 琼　赵金中　贺利秋

本书特点：

◆任务引领　◆项目导向
◆能力本位　◆理实一体
◆慕课在线　◆名师指引

西南财经大学出版社
中国·成都

图书在版编目(CIP)数据

简明供应链管理教程/胡建波主编.—成都:西南财经大学出版社,2020.8
ISBN 978-7-5504-4407-2

Ⅰ.①简… Ⅱ.①胡… Ⅲ.①供应链管理—高等职业教育—教材
Ⅳ.①F252.1

中国版本图书馆CIP数据核字(2020)第087068号

简明供应链管理教程

主　编　胡建波

副主编　李方敏　洪　琼　赵金中　贺利秋

责任编辑:王琳

封面设计:张姗姗

责任印制:朱曼丽

出版发行	西南财经大学出版社(四川省成都市光华村街55号)
网　　址	http://www.bookcj.com
电子邮件	bookcj@foxmail.com
邮政编码	610074
电　　话	028-87353785
照　　排	四川胜翔数码印务设计有限公司
印　　刷	郫县犀浦印刷厂
成品尺寸	185mm×260mm
印　　张	17.75
字　　数	450千字
版　　次	2020年8月第1版
印　　次	2020年8月第1次印刷
印　　数	1— 2000册
书　　号	ISBN 978-7-5504-4407-2
定　　价	49.80元

内容简介

本书按照高等职业教育人才培养的要求，在总结近几年国家示范高职院校建设、国家骨干高职院校建设、优质高职院校建设以及中国特色高水平高职学校和专业建设（简称“双高”）物流管理专业供应链管理课程教学改革成果的基础上编写而成。本书是“工学结合”课程改革立体化教材（与慕课配套，构建了网上教学资源库，学习者扫描二维码可获取供应链管理视频、微课视频及专家、教授、名师的授课视频等电子教学资源）、校企双元团队合作开发教材、省级精品课程配套教材。本书按照“职业活动导向”的理念，遵循由浅入深的认知规律，参照职业教育国家教学标准，对供应链管理课程内容进行了重构与优化，设置了供应链管理的认知、供应链的构建、供应链计划管理、供应链运作管理、供应链战略管理、供应链关系管理、供应链绩效管理七个学习情境十项综合任务。

本书的编写特点是任务引领、项目导向，内容涵盖供应链的认知、校园超市供应链的设计、啤酒游戏、供应链运作与管理四个实训项目；软件仿真（在线实训），角色扮演，游戏教学，寓教于乐；内容新，紧贴行业发展，反映了供应链协同管理、供应链风险管理、供应链可视化管理、供应链策略成本管理（ABC、TCO 分析）、全球供应链管理、绿色供应链管理、电子供应链管理、供应链金融、弹性（韧性）供应链、敏捷供应链、精益供应链、平衡计分卡（BSC）法在供应链绩效管理中的应用、缓冲存货点（DP）的递变规律及影响因素、SCOR 模型及其应用、供应链流程再造、协同库存管理、牛鞭效应的成因与减弱对策等内容；提供了大量行业、企业新案例，如供应链管理全球顶尖企业的特质、天物大宗的在线供应链金融服务、华为公司的核心竞争力、英特尔公司的供应链关系管理、中外运长航集团与招商局集团的合并成效斐然、红番茄工具公司的供应链综合计划（SCAP）、销售与运作计划（S&OP）在上海庄臣公司的应用等，增强了可读性。

本书可作为高等职业院校物流类（物流管理、物流金融管理、工程物流管理、冷链物流技术与管理、采购与供应管理、物流工程技术、物流信息技术）、工商管理类（工商企业管理、商务管理、连锁经营管理等）、经济贸易类（报关与国际货运、国际贸易等）、电子商务类、市场营销类、交通运输类专业及其他相关专业的教材，也可作应用型本科院校相关专业的参考书，且适合相关领域的从业人员作培训教材。

前 言

2014 年 9 月，国务院发布的《物流业发展中长期规划（2014—2020 年）》指出，物流业是融合运输、仓储、货代、信息等产业的复合型服务业，是支撑国民经济发展的基础性、战略性产业。强调加快发展现代物流业，对于促进产业结构调整、转变发展方式、提高国民经济竞争力和建设生态文明具有重要意义。提出到 2020 年，基本建立布局合理、技术先进、便捷高效、绿色环保、安全有序的现代物流服务体系。物流企业竞争力显著增强，一体化运作、网络化经营能力进一步提高，信息化和供应链管理水平明显提升，形成一批具有国际竞争力的大型综合物流企业集团和物流服务品牌。

2017 年 10 月，国务院办公厅颁布的《关于积极推进供应链创新与应用的指导意见》提出，到 2020 年，形成一批适合我国国情的供应链发展新技术和新模式，基本形成覆盖我国重点产业的智慧供应链体系。培育 100 家左右全球供应链领先企业，重点产业的供应链竞争力进入世界前列，中国成为全球供应链创新与应用的重要中心。

2018 年 5 月，财政部、商务部联合发文，决定重点围绕供应链“四化”（标准化、智能化、协同化、绿色化）开展流通领域现代供应链体系建设。

2019 年 11 月，国家发展改革委员会、央行、中国银行保险监督管理委员会等 15 部门联合发布了《关于推动先进制造业和现代服务业深度融合发展的实施意见》，支持相关企业开展供应链金融服务。

本书按照高等职业教育人才培养的要求，在总结近几年国家示范高职院校建设、国家骨干高职院校建设、优质高职院校建设及中国特色高水平高职学校和专业建设（简称“双高”）物流管理专业供应链管理课程教学改革成果的基础上编写而成。本书是“工学结合”课程改革立体化教材、校企双元团队合作开发教材、省级精品课程（慕课）配套教材。我们按照“职业活动导向”的理念，遵循由浅入深的认知规律，参照职业教育国家教学标准，对供应链管理课程内容进行了重构与优化，设置了供应链管理的认知、供应链的构建、供应链计划管理、供应链运作管理、供应链战略管理（供应链管理策略的选择与实施）、供应链关系管理、供应链绩效管理七个学习情境，每个学习情境包含若干项任务。

本书具有以下主要特色：

第一，校企双元团队合作开发、编写。为践行产教融合、校企合作的精神，把行业企业供应链运作与管理的内容引入教材，使教材内容能反映行业的发展趋势，并能满足行业企业对高素质技术技能人才的需求，我们构建了校企双元编写团队，由全国物流职业教育教学指导委员会教学改革专业委员会专家委员胡建波教授领衔，多所高职院校的物流教师和多家企业的供应链管理人员参与编写。企业管理人员主要提供行业、企业供应链运作与管理的素材，教师负责将其转化为学习情境及任务和项目。

第二，配套构建了网上教学资源库，包括供应链管理视频、碎片化教学视频（专家、教授、名师授课视频）、微课视频、案例库、习题库、试题库、实训资源、拓展资源、在线测试与讨论等内容（详见慕课 http://i.mooc.chaoxing.com/space/index.shtml）。学习者扫描教材中印制的二维码即可获取相关课程资源，既方便学生自主进行个性化的学习，又方便教师开展线上线下“混合式”教学，有利于“翻转课堂”的组织实施。

第三，任务引领、项目导向。全书内容由七个学习情境、十项综合任务及其下设子任务构成，包含供应链的认知、校园超市供应链的设计、啤酒游戏、供应链运作与管理四个实训项目。要求学生开展企业调查并完成调查报告，撰写设计方案，完成实训报告，系统培养学生的综合能力。

第四，游戏教学，寓教于乐。在供应链的认知、啤酒游戏、供应链运作与管理等实训项目的教学中，师生软件仿真、在线实训，角色扮演、游戏教学，寓教于乐。

第五，问题驱动。本书在每个学习情境及每项综合任务的开头设置了引例，并设计了引导问题；在文中设计了思考题，引导学生开展探究式学习。

第六，课后同步测试。本书在每个学习情境结束后设计了判断、选择、计算、实训、情境问答、综合分析、案例分析等题型。题型多样而灵活，着重培养学生的供应链管理实务能力，体现职业活动导向。

第七，内容新，紧贴行业发展。如本书反映了供应链协同管理、供应链风险管理、供应链可视化管理、供应链策略成本管理（ABC、TCO 分析）、全球供应链管理、绿色供应链管理、电子供应链管理、供应链金融、弹性（韧性）供应链、敏捷供应链、精益供应链、平衡计分卡（BSC）法在供应链绩效管理中的应用、缓冲存货点（DP）的递变规律及影响因素、SCOR 模型及其应用、供应链流程再造、协同库存管理、牛鞭效应的成因与减弱对策等内容，从物流外包的模式、领域、类型、方式等方面介绍了物流外包的发展趋势，并对“物流外包的风险与规避”等内容做了有益的探讨。

第八，物流术语的准确界定。本书根据现行国家标准《物流术语》（GB/T 18354-2006），对教材中出现的所有物流术语均进行了准确界定（或在正文中，或以注释的方式给出了准确的定义）。

第九，本书提供了大量行业、企业新案例，如供应链管理全球顶尖企业的特质、天物大宗的在线供应链金融服务、华为公司的核心竞争力、英特尔公司的供应链关系管理、中外运长航集团与招商局集团的合并成效斐然、红番茄工具公司的供应链综合计划（SCAP）、销售与运作计划（S&OP）在上海庄臣公司的应用等，增强了可读性。

本书由四川交通职业技术学院（国家示范高职院校、优质高职院校、“双高”院校）胡建波教授担任主编，广州科技职业技术大学李方敏副教授、江苏电子信息职业学院（江苏省示范性高职院校）洪琼副教授、驻马店职业技术学院赵金中副教授、四川西南航空职业学院贺利秋讲师担任副主编。具体分工如下：胡建波教授设计全书内容框架，并编写学习情境四“供应链运作管理”及“供应链需求管理”“供应链计划模式的选择与实施”“供应链库存管理”“辨识供应链管理策略成功实施的关键”“企业核心竞争力的辨识与培育”“供应链业务外包管理”“供应链协同管理”“供应链可视化管理”“供应链风险管理”“运用平衡计分卡法进行供应链绩效管理”“运用 SCOR 模型助力供应链绩效改善”“供应链策略成本管理”，最后统稿；李方敏副教授编写学习情境一“供应链管理的认知”；洪琼副教授编写“QR 策略的认知与实施”及“ECR 策略的认知与实施”；赵金中副教授编写“供应链绩效评价的认知”及“供应链绩效评价指标体系的构建”；贺利秋讲师编写“供应链结构模型的认知”及“供应链的设计”；万博科技职业学院范兴兵高级工程师（高级物流师）编写“供应链需求预测”；云南财经职业学院潘国平讲师编写“供应链的构建”及实训项目 4“供应链运作与管理”；包头钢铁职业技术学院王迅讲师编写“供应链合作伙伴的选择”；德阳科贸职业学院李艳红讲师编写实训项目 1“供应链的认知”；广州华南商贸职业学院谢漫彬经济师编写实训项目 3“啤酒游戏”；广安职业技术学院张浩编写“供应链合作关系的构建”；达州职业技术学院周艺编写实训项目 2“校园超市供应链的设计”。

在教材编写过程中，编者参考了一些案例，引用了一些图片和视频。由于来源较广，本教材未一一注明出处，在此对各位作者表示感谢。

在本教材出版之际，特别感谢北京络捷斯特科技发展股份有效公司邵清东总经理，上海智教信息科技有限公司徐海峰总经理，京东物流副总裁吉芥，京东赋能学院总监陈丽曼，深圳市鸿益达供应链股份有限公司成都分公司副总经理程建德，风神物流有限公司运营总监刘杨，中铁集装箱运输有限责任公司成都分公司副总经理王刚，苏宁云商集团股份有限公司成都分公司总监江曼莉，中联思科物流科技成都有限公司总经理刘晓源，中国联合网络通信股份有限公司成都分公司市场总监陈梁，西南民族大学彭安金教授、胡敏副研究员，四川交通职业技术学院陈敏，四川省现代物流协会郭瑜，成都铁路局刘玲、王蓉、冉钟月、宋炜泰。他们为教材的出版做了大量工作，在此一并致谢。

本书可作为高等职业院校物流类（物流管理、物流金融管理、工程物流管理、冷链物流技术与管理、采购与供应管理、物流工程技术、物流信息技术）、工商管理类（工商企业管理、商务管理、连锁经营管理等）、经济贸易类（报关与国际货运、国际贸易等）、电子商务类、市场营销类、交通运输类专业及其他相关专业的教材，也可作应用型本科院校相关专业的参考书，且适合相关领域的从业人员作培训教材。

因编者水平所限，书中错误或不妥之处难免，恳请使用本书的广大师生提出宝贵意见，以便进一步完善，编者邮箱：583052380@qq.com。

编者

2020年5月

目 录

CONTENTS

学习情境一

供应链管理的认知

【知识目标】

1. 理解供应链的概念与内涵
2. 了解供应链的特征
3. 了解供应链的分类
4. 理解供应链管理的概念与要旨
5. 理解供应链管理的主要特点
6. 熟悉供应链管理的主要领域
7. 掌握供应链管理的流程
8. 理解供应链管理的目标
9. 理解供应链管理的优势
10. 了解供应链管理的产生和发展历程
11. 了解供应链管理的发展趋势

【能力目标】

1. 能分析供应链的典型结构
2. 能分析供应链中物流、资金流、信息流的流向
3. 能判断特定企业的供应链类型

【引例】

思科公司凭借数字化供应链成为业界最高效的公司

思科公司是全球最大的互联网设备供应商，曾一度以公司从不开发技术而闻名于世。虽然近年来其自主研发的产品或技术的比例在不断提高，但仍然有40%的技术创新成果是通过公司并购及战略联盟的方式从其他公司获得的。思科公司能够在其全球供应链网络中快速地进行资源的优化配置和整合，归因于其基于IT构架的供应链管理战略。

（1）需求预测与管理。人们无法想象，思科公司93%的订单是通过cisco.com网站在线交易完成的。从客户查询产品信息、下达订单到思科公司确认库存数量、通知（合同）制造商生产产品、客户付款以及产品交付乃至售后服务，都是利用网络完成的。客户一旦登录思科公司的网站，网站就会自动识别客户来自哪里、属于何种类型，并能够根据客户的类型向其推荐适合客户的购买模式和产品。这是思科公司业务流程重组（BPR）带来的最大变化。

业务流程重组的结果是加强了思科公司与其业务伙伴的合作。思科公司通过虚拟数据库构建了完整的供应链合作伙伴视图，并根据经销商提供的销售数据（如 POS 数据）及相关信息实现了上下游协同预测需求，提高了需求预测的准确性。相应地，思科公司的供应链运作模式从传统的“推式”转变为“拉式”。

（2）虚拟物流。随着思科并购新公司、推出新产品，其业务关系变得十分复杂。为了能够在任何时间和地点全面了解公司的订单及其执行情况，思科公司依托电子商务平台和（移动）互联网构筑了完善的供应链信息系统。通过该系统，思科公司把包括第三方物流服务商在内的多个供应链合作伙伴有机整合在一起。在“软件”（信息系统）的驱动下，思科公司构建了虚拟物流网络。通过供应链信息系统，思科公司创建了一个虚拟视图，加强了与全球物流网络中相关物流企业的合作，确保了物流对采购、生产、客户服务等供应链运作的有效支撑。

引导问题：

1. 思科公司成功的关键是什么？
2. 目前供应链发展到了什么阶段？

随着科技进步及经济社会的发展，企业经营环境变得高度动态、复杂与多变。顾客越来越挑剔，竞争越来越激烈。特别是进入 20 世纪 90 年代以后，许多企业经营管理者发现仅仅依靠一个企业的力量不足以在竞争中获胜，于是纷纷联合，企业间从竞争走向合作。相应地，企业的竞争模式逐渐演变为供应链与供应链的竞争。

任务 1　供应链的认知

美国供应链管理专业协会（Council of Supply Chain Management Professionals，CSCMP）认为：“物流是供应链流程的一部分，是以满足客户要求为目的，对货物、服务及相关信息在产出地和销售地之间实现高效率和高效益的正向和反向流动及储存所进行的计划、执行与控制的过程。”目前，物流管理已经发展到了供应链管理阶段。

一、供应链的概念

供应链的概念是在发展中形成的。随着供应链管理实践及理论研究的不断深入，其内涵在不断丰富，外延在不断扩大，概念本身也在不断完善。

供应链的概念（微课）

1985 年，美国哈佛大学商学院的迈克尔·波特（Michael Porter）教授在《竞争优势》一书中提出了价值链理论，这是供应链概念产生的前奏。

供应链的概念与内涵（微课）

早期的观点认为供应链是制造企业中的一个内部过程，它是指企业将采购的原材料和零部件，通过生产加工转换以及销售等活动，将产品经由零售商并最终送达用户的一个过程。传统的供应链概念局限于企业的内部操作层面上，注重企业自身资源的利用这一目标，而忽视了企业与外部环境的联系。

中期的观点注意到了企业与外部环境的联系，认为供应链是一个“通过链中不同企业的制造、组装、分销、零售等过程将原材料转换成产品，再到最终用户的转换过程。”这是从更大的范围来定义供应链，它已经超越了单个企业的边界。例如，美国的史蒂文斯（Stevens）认为：“通过增值过程和分销渠道控制，从供应商的供应商到用户的用户的流程就是供应链，它始于供应的源点，结束于消费的终点。”这些定义均注意到了供应链的完整性，并注意到了供应链成员企业运作的一致性。

近期，供应链的概念更加注重围绕核心企业（core company）的网链关系，更加强调核心企业对供应链的规划、设计和管理作用。哈理森（Harrison）认为：“供应链是执行采购原材料，将它们转换为中间产品和成品，并且将成品销售到用户的功能网链。”菲利浦（Phillip）和温德尔（Wendell）认为供应链中的战略伙伴关系很重要，企业通过与重要的供应商和客户建立战略联盟，能更有效地开展企业经营活动。我国学者邵晓峰和黄培清等认为：“供应链是描述商品需-产-供过程中的实体活动及其相互关系动态变化的网络。”

目前，供应链的概念更加强调成员企业战略的协同、计划及运作的协同，更加强调供应链成员企业的分工协调与同步运作。

综上所述，供应链的概念经历了企业内部供应链（萌芽阶段）、传统供应链（扩展供应链）、集成供应链（整合供应链）、协同供应链等阶段，在云计算、大数据、移动互联网、人工智能快速发展的今天，供应链已经发展到了智慧供应链的新阶段。

我国国家标准《物流术语》（GB/T 18354-2006）对供应链（supply chain）的定义是：“生产及流通过程中，涉及将产品或服务提供给最终用户所形成的网链结构。”

本书认为，供应链是围绕核心企业，通过对物流、资金流、信息流等流程的控制，从原材料、零部件等生产资料的采购与供应开始，经过生产制造、分销（拨）、零售以及售后服务等活动，由供应商、制造商、分销商、零售商、相关服务商（如物流服务商、银行等金融机构、IT 服务商等）和终端用户连成的整体功能网链结构模式。

供应链涵盖所有成员企业，它不仅是一条从供应源到需求源的物流链、资金链、信息链，更是一条增值链，物料及产品因加工、包装、运输等过程而增加价值，给消费者带来效用，同时也给供应链其他成员企业带来收益。

二、供应链的结构

1. 供应链的结构模型

供应链的结构（微课）　　典型行业企业的供应链结构（微课）

供应链有多种结构模型，如静态链状模型、动态链状模型、网状模型和石墨模型等，其中最常见的是网链结构模型，如图 1.1 所示。

从供应链的网链结构模型可以看出，供应链由节点组成，节点代表加盟的成员企业。通常，节点具有双重身份，它既是其供应商的客户，又是其客户的供应商。节点企业在需求信息的驱动下，通过供应链的职能分工与合作，以资金流、物流/服务流为媒介实现供应链的增值。

供应链的结构要素主要包括：供应链的长度、供应链的宽度（集约度）、节点企业间的关系。一般认为，供应链的长度即是满足顾客需求所涉及的环节数，同类企业处于同一层面。而供应链的宽度亦即供应链的集约度，它可以由供应链中同类企业的数量来衡量。

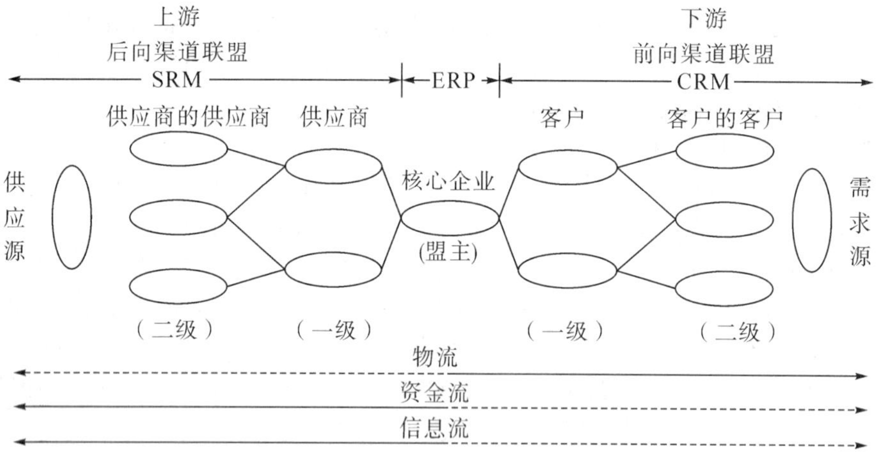

图 1.1　供应链的网链结构模型

2. 供应链参与体的角色分类

供应链参与体包括主体企业和客体企业两种类型。主体企业是指在供应链中占据主导地位，拥有供应链存在的决定性资源，该企业的进入或退出对供应链的存在及运营会产生显著影响，且具有较高的行业地位（如行业领导者），在本行业中具有较强综合竞争力的节点企业。而客体企业则在供应链的运营中起辅助和参与作用，被动响应，处于次要地位。主体企业中的领袖企业就是核心企业，核心企业对供应链的业务运作能起到关键性的推动作用，它既能为客户提供最大化的附加价值，又能帮助其他成员企业拓展到新的产品市场领域。而其他处于相对次要地位的成员就是非核心企业。根据客体企业与主体企业业务关系的疏密程度又可将其划分为内围企业和外围企业两种类型，内围企业与主体企业的业务关系相对紧密，而外围企业与主体企业的业务关系相对松散。此外，还有一类企业虽然目前与供应链企业群体没有业务合作关系，但是一旦机会成熟，它们就可能会取代现有的某些节点成为供应链的新成员，这类企业即为潜在企业。需要说明，供应链中的主体企业或核心企业可以是具有较强影响力的工商企业或物流企业。

供应链成员企业的角色分类（微课）

供应链中企业的角色分类如图 1.2 所示。

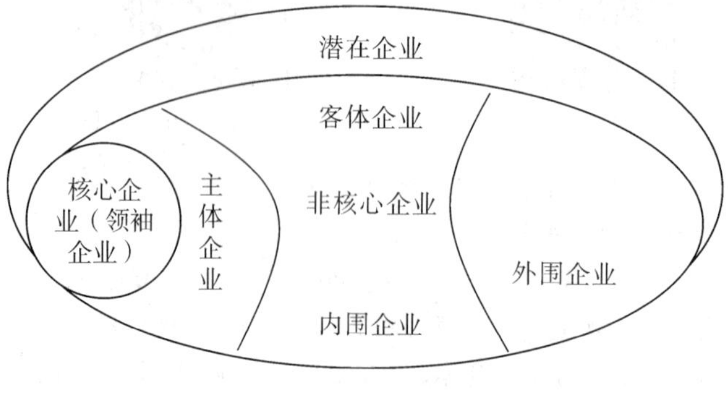

图 1.2　供应链中企业的角色分类

如图1.1所示，供应链网链结构模型中的企业群体属于卫星式企业群体，其中只有一个主体企业（核心企业）。而在团队合作式企业群体中往往不止一个主体企业（见图1.3）。例如，汽车行业企业的供应链就属于典型的团队合作式企业群体。其中，汽车制造商、发动机和变速箱等关键部件的供应商、汽车经销商（如4S店[1]）等是主体企业，而次要零部件的供应商等参与体是非主体企业。

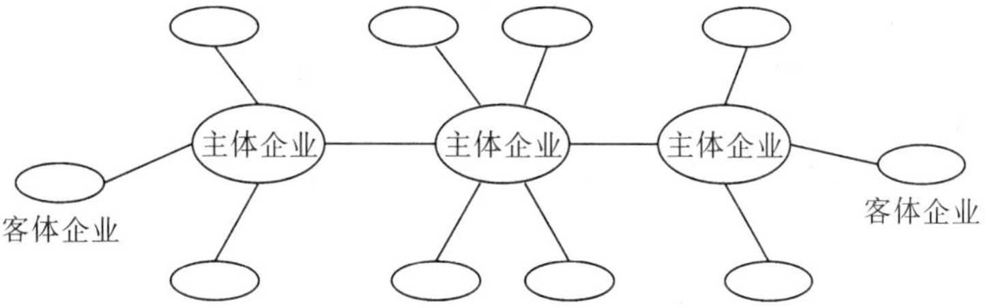

图1.3　团队合作式企业群体

3. 供应链中的关键流

供应链中的关键流主要包括物流、资金流和信息流。从严格意义上讲，物流、资金流和信息流都是双向的，但它们都有一个主要流向（在图1.1中以实线箭线表示）。通常，物流从上游往下游流动，其表现形态包括原材料、零部件、在制品、产成品等实体的流动，称为正向物流；但当发生退货、回收包装物或其他废旧物品时，物流的流向与正向流恰恰相反，称为逆向物流或反向物流[2]。在供应链的“三流”中，物流比较外显，最容易观察到。

供应链的典型流程（微课）

供应链中的信息主要包括需求信息和供应信息。需求信息主要有客户订单、企业与客户签订的销售合同等，其流向与正向物流相反，当其从下游往上游流动时，即引发正向物流；供应信息通常由需求信息引发，例如货物发运单、提前装运通知（advanced shipment notification，ASN）等，其流向与正向物流相同，与需求信息的流向相反。其中，需求信息的流动方向是供应链信息流的主要流向。在市场转型的今天，供应链成员企业的经营活动一般是在需求信息的驱动下开展的，因而，辨识并获取客户的需求信息是供应链经营活动的起点。

物流或服务流本质上反映了资金的运动过程。顾客的需求信息引发物流或服务流，与之相伴而生的是资金流。与正向物流相对应，资金流主要从下游往上游流动，与正向物流反向；而当发生逆向物流时，资金流与正向物流同向。总之，物流与资金流是反向的。

三、供应链的特征

一般地，供应链具有以下主要特征。

1. 需求导向性

供应链的存在、优化与重构，都是基于一定的市场需求。在供应链运营的过程中，用户的需求成为信息流、物流/服务流、资金流的驱动源。

供应链的特征（微课）

① 4S店即“汽车销售服务4S店”，是一种集整车销售（sale）、零配件供应（sparepart）、售后服务（service）、信息反馈（survey）“四位一体”的汽车销售企业。4S店采用的是以“四位一体”为核心的汽车特许经营模式。

② 逆（反）向物流（reverse logistics）是指“物品从供应链下游向上游的运动所引发的物流活动。”——中华人民共和国国家标准《物流术语》（GB/T 13854-2006）

因此，及时、准确地获取不断变化的市场需求信息，并快速、高效地满足顾客的需求，成为供应链运营成功的关键。

2. 增值性

供应链是一个高度一体化的提供产品和服务的增值过程。所有成员企业都要创造价值。制造商主要通过对原材料、零部件进行加工转换，生产出具有价值和使用价值的产品来实现增值（形质价值或形式价值）；物流商主要通过提供仓储、运输服务来创造时间价值和空间价值，通过提供流通加工服务来创造形质（式）价值；银行等金融机构主要通过为供应链中的企业提供融资服务来创造价值；IT 服务商主要通过为工商企业和物流企业提供软件开发、系统维护与升级等服务来创造价值。供应链时代的来临，要求各成员企业分工协调、同步运作，实现供应链的增值。

3. 交叉性

一家供应商可同时向多家制造商供应原材料等生产资料，一家制造商生产的产品也可以由多个分销商分销，一个零售商可同时销售多家制造商生产的产品，一个第三方物流企业可同时向多条供应链中的工商企业提供物流服务。某条供应链中的节点企业还可以成为其他供应链的成员。众多的供应链错综复杂地交织在一起，大大地增加了协调管理的难度。

4. 动态性

供应链的动态性首先来源于企业经营环境的动态、复杂与多变性。为了适应竞争环境的变化，管理者需要对供应链进行不断优化，从而使其呈现出动态性的特征。此外，供应链的结构与类型因行业而异。即使是同一行业中的企业，其供应链的类型与结构也不可能完全相同。伴随着企业的发展，供应链的类型与结构也需要动态地更新。

5. 复杂性

供应链同时具有交叉性和动态性等特征，因而是错综复杂的。供应链的有效运作还需要协调控制物流、资金流、信息流等多种“流”，这进一步增大了供应链管理的复杂性。此外，虽然供应链成员企业都有通过满足顾客需求来实现盈利这一共同目标，但毕竟每个成员企业都拥有独立的产权，并存在一定程度上的利益冲突①，因而更增大了核心企业协调管理供应链的复杂性。

在上述特征中，顾客需求是供应链存在和运营的前提，而增值性是供应链的本质特征。

四、供应链的分类

供应链有多种分类方法，以下是几种常见的分类。

（一）按照供应链存在的稳定性划分

按照供应链存在的稳定性，我们可将供应链划分为稳定供应链和动态供应链两种类型。稳定供应链面临的市场需求相对单一、稳定，而动态供应链面临的市场需求相对复杂且变化频繁。在实际运作中，需要根据不同的市场需求特点来构建不同的供应链，且应根据变化的市场需求来修正、优化乃至重构供应链。

（二）按照供应链的容量与用户需求的关系划分

按照供应链的容量与用户需求的关系，我们可将供应链划分为平衡供应链和倾斜供应链两种类型。平衡供应链是指用户需求不断变化，但供应链的容量能满足用户需求而使之处

① 供应链成员企业间本质上是竞争与合作关系。

于相对平衡的状态、供需能够匹配的供应链。倾斜供应链则是指当市场变化剧烈时，企业不是在最优状态下运作而处于倾斜状态、供需不平衡的供应链。平衡供应链具有相对稳定的供需平衡能力，而倾斜供应链则会导致库存积压或缺货成本上升，供应链总体拥有成本（total cost of owership，TCO）增加。

（三）按照产品类型划分

1. 产品的基本类型

按照产品生命周期（product life cycle，PLC）、产品边际利润、需求的稳定性以及需求预测的准确性等指标，我们可以将产品划分为功能型产品（functional products）和创新型产品（innovative products）两种类型，其需求特征如表 1.1 所示。

功能型产品与创新型产品需求特征的比较（微课）

表 1.1　功能型产品与创新型产品需求特征的比较

需求特征	产品类型	
	功能型产品	创新型产品
产品生命周期（PLC）	>2 年	1~3 年
边际贡献率（%）	5~20	20~60
产品多样性	低（10~20）	高（上百）
平均需求预测偏差率（%）	10	40~100
平均缺货率①（%）	1~2	10~40
平均季末降价比率（%）	几乎为 0	10~25
产品生产的提前期（LT）	6 个月~1 年	1 天~2 周

由表 1.1 可知，功能型产品用于满足用户的基本需求，具有较长的生命周期，需求比较稳定、一般可预测，但边际利润较低，如日用百货等。而创新型产品的生命周期较短，产品更新换代较快，需求不太稳定、需求预测的准确度较低，但其边际利润较高，如时装、IT 产品等。

产品类型与供应链类型的匹配（微课）

功能型供应链与创新型供应链运营成功的关键（微课）

2. 功能型供应链和创新型供应链

按照产品类型，我们可将供应链划分为功能型供应链和创新型供应链两种类型。

（1）功能型供应链。功能型供应链是指以经营功能型产品为主的供应链。因功能型产品的市场需求比较稳定，容易实现供需平衡，故这种供应链运营成功的关键是通过减少供应链的环节来实现供应链的简约化和精益化，通过供应链的规模运作（包括采购、生产和物流）来降低运营成本，通过非核心业务外包和设置适量的库存等策略和举措来提高供应链的效率，降低供应链的成本。

（2）创新型供应链。创新型供应链是指以经营创新型产品为主的供应链。因创新型产品的市场需求不太稳定，供求关系不容易保持平衡，故这种供应链运营成功的关键是利用链

① 缺货率（stock－out rate）是“衡量缺货程度及其影响的指标。用缺货次数与客户订货次数的比率表示。”——中华人民共和国国家标准《物流术语》（GB/T 18354－2006）

上的信息来协调成员企业间的活动，以实现供需平衡。为此，供应链成员企业应实时信息共享，联合预测需求，协同制订计划，同步协调运作；应增强供应链的系统性和集成性，提升供应链的敏感性和响应性。

（四）按照供应链的功能模式划分

供应链的功能模式主要有物理功能和市场中介功能两种。按照供应链的功能模式，我们可将供应链划分为效率型供应链和响应型供应链两种类型。

效率型供应链也称有效性供应链（efficient supply chain），是指以较低的成本将原材料转化成零部件、半成品、产成品，以及在运输等物流活动中体现物理功能的供应链；响应型供应链也称反应性供应链（responsive supply chain），是指把产品分拨到各目标市场，对不可预知的需求做出快速反应等体现市场中介功能的供应链。这两种类型供应链的比较见表 1.2 所示。

效率型供应链与响应型供应链之比较（微课）

表 1.2　效率型供应链与响应型供应链的比较

比较项目	供应链类型	
	效率型供应链	响应型供应链
主要目标	高效、低成本地满足可预测的需求	对不可预测的需求做出快速响应，避免缺货及削价损失
制造的核心	提高资源的平均利用率	拥有弹性的生产能力
库存策略	供应链库存最小化	设置足够的安全库存（零部件、产成品）
提前期（LT）管理的重点	在不增加成本的前提下缩短提前期	尽量缩短提前期
选择供应商的准则	重点关注成本、质量	重点关注速度、柔性和质量
产品设计策略	产品标准化，成本最小化	模块化设计，尽可能实施延迟策略

（五）按照供应链的运作模式划分

按照供应链的运作模式，我们可将供应链划分为推式供应链、拉式供应链、推-拉式供应链三种类型。

推式、拉式、推-拉式供应链之比较（微课）

推式供应链是指企业根据对市场需求的预测进行生产，然后将产品通过分销商逐级推向市场的供应链。这是一种有计划地将产品推销给用户的传统的供应链模式，其本质特点是预测驱动供应链的运作。而拉式供应链则是顾客需求驱动型供应链，体现了现代的供应链运作模式。例如企业按订单生产（make to order，MTO）就是拉式供应链中常见的需求响应策略。在拉式供应链中，零售商通过 POS① 系统及时准确地获取销售时点信息，并通过 EDI 将其传递给制造商共享。制造商根据需求信息制订生产计划，采购原料并安排生产，通过上下游企业的实时信息共享，动态调整生产计划，使供、产、销与市场保持同步，真正做到生产的产品适销对路。

推式供应链和拉式供应链流程的比较如图 1.4 所示。

① POS 系统，即销售时点系统（point of sale，POS）。

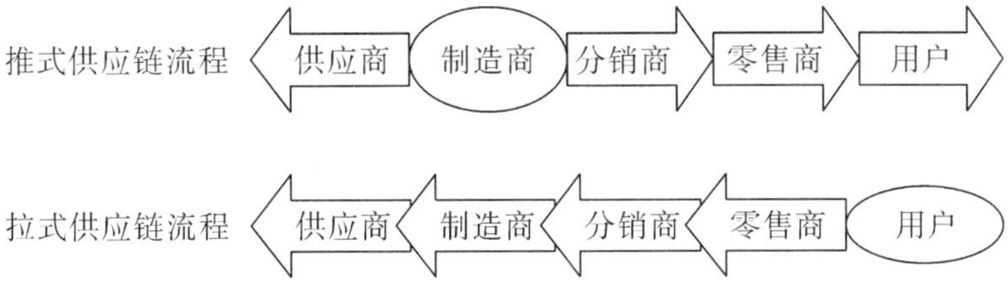

图 1.4　推式供应链和拉式供应链流程的比较

［**案例**］　**戴尔与康柏的供应链运作模式**

戴尔（Dell）公司自 20 世纪 90 年代以来，通过直销模式，变传统的推式供应链为拉式供应链①，以价格低、响应快赢得客户青睐，迅速成为全球电脑业界的巨头；而同一时期的康柏（Compaq）公司，尽管技术实力比戴尔雄厚，但由于采用传统的推式生产与多级分销模式，在供应链上积压了大量库存，连年亏损，最终被惠普（HP）公司收购。

需要说明，推式供应链和拉式供应链代表两种极端的情形，在实务中常常需要将其有机结合，这样就形成了推-拉式供应链。在推-拉式供应链中，企业需要将供应链流程进行分解，共性流程由预测驱动（推），个性化（差异化）流程由订单驱动（拉）。这样，合理界定推-拉的分界线就显得格外重要。如图 1.5 所示。

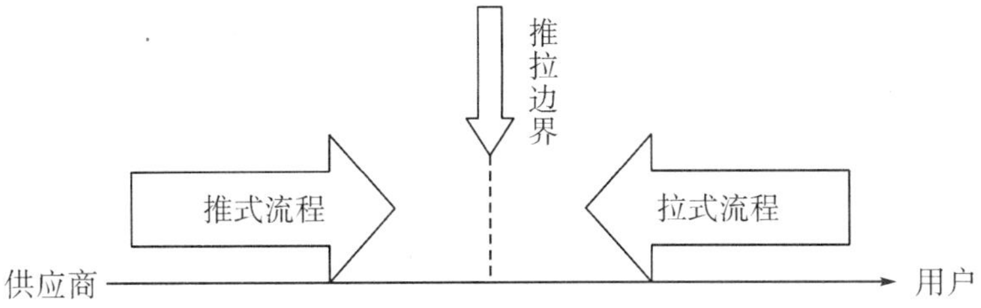

图 1.5　推-拉式供应链

（六）按照供应链的特征划分

按照供应链的特征，我们可将供应链划分为精益供应链（lean supply chain）和敏捷供应链（agile supply chain）两种类型。精益供应链源自日本丰田汽车公司的精益生产（lean production，LP），是精益思想在供应链中的应用。精益供应链是精干、高效的供应链，是消除非增值环节、杜绝浪费、追求持续改善的供应链。敏捷供应链则强调供应链的“敏捷性”和“反应性”，它是企业在复杂、多变的环境下，针对特定的市场机会，为获得最大化的价值而形成的基于一体化动态联盟、协同运作的供应链。其特点是根据动态联盟的形成和解体，进行快速重构和调整。其实质是借助信息技术、先进制造技术和现代管理方法和手段的多企业资源的集成。它强调信息共享、流程整合、虚拟企业（动态联盟）、快速响应。敏捷性是敏捷供应链的核心。精益供应链通过消除非增值环节来缩短交货期，敏捷供应链通过信息共享和高效快速的物流活动来缩短客户订货周

精益供应链与敏捷供应链之比较（微课）

① 准确讲，是推-拉式供应链。

期[①]。两者最大的区别在于，精益供应链强调消除一切浪费，敏捷供应链则强调供应链的快速重构。

［案例］　　思科公司的敏捷供应链

思科公司是实施敏捷供应链的典范。思科公司90%以上的订单来自互联网，而其过手的订单不超过50%。思科公司通过公司的外部网连接零部件供应商、分销商和合同制造商，构成一个虚拟的制造环境。当客户通过思科公司的网站订购一种典型的思科产品（如路由器）时，订单将触发一系列的信息给为其生产电路板的合同制造商，同时分销商也会被通知提供路由器的通用部件（如电源插件）。那些为思科公司生产路由器机架、组装成品的合同制造商，通过登录思科公司的外部网并连接至其生产执行系统，可以事先知道可能产生的订单类型和数量。第三方物流服务商则负责零部件和产成品在整个供应链中的储存、运输与配送，并通过实时信息共享实现供应链的可视化。

除了上述分类外，供应链还有其他分类方法。比如，按照供应链核心企业的类型，我们可以将供应链划分为制造商主导型供应链、批发商主导型供应链[②]、零售商主导型供应链、物流商主导型供应链等类型。

核心企业主导型供应链（微课）

按照管理对象划分的供应链（微课）

任务2　供应链管理的认知

供应链管理的产生顺应了时代要求，它不仅关注企业内部的资源和能力，而且关注企业外部的资源和联盟竞争力，强调企业内外资源的优化配置以及整个供应链上企业能力的集成，是一种全新的管理思想和方法。

戴尔公司的供应链管理（微课）

供应链管理的概念与内涵（微课）

一、供应链管理的概念与要旨

1982年，英国物流专家、博思公司（Booz & Company）的资深合伙人凯思·奥立夫（Keith R. Oliver）和迈克尔·韦伯（Michael D. Webber）在《观察》杂志上发表了《供应链

① 订货周期（order cycle time）是指“从客户发出订单到客户收到货物的时间。”——中华人民共和国国家标准《物流术语》（GB/T 18354-2006）

② 在农副产品、服装等轻工业产品市场上，批发商仍然占据着主导地位。

管理：物流的更新战略》一文，首次提出“供应链管理”的说法。

1989 年，美国管理学家格雷厄姆·史蒂文斯（Graham C. Stevens）从集成的角度强调了供应链管理的概念，包括企业内部集成和企业外部集成。该管理思想强调供应链成员企业之间的合作。

1998 年，美国供应链管理专家弗雷德·A. 库琳（Fred A. Kuglin）在其《以顾客为中心的供应链管理》一书中，提出了“协调供应链”，主张供应链成员企业之间一致“协调对外”的理念，促进了供应链管理的发展，使供应链合作伙伴关系的建立逐步进入人们的视野。

2005 年 1 月 1 日，“美国物流管理协会”（Council of Logistics Management，CLM）更名为“美国供应链管理专业协会”（CSCMP），标志着全球进入供应链管理时代。

我国国家标准《物流术语》（GB/T 18354-2006）对供应链管理（supply chain management，SCM）的定义是：“对供应链涉及的全部活动进行计划、组织、协调与控制。”

本书认为，供应链管理是在满足服务水平需要的同时，通过对整个供应链系统进行计划、组织、协调、控制和优化，最大限度地减少系统成本，实现供应链整体效率优化而采用的从供应商到最终用户的一种集成的管理活动和过程。

供应链管理涉及战略性供应商和合作伙伴关系管理，供应链产品需求预测与计划，供应链设计，企业内部与企业间物料供应与需求管理，基于供应链管理的产品设计与制造管理，基于供应链的服务与物流，企业间资金流管理，供应链交互信息管理。

核心企业通过与供应链成员企业的合作，对供应链系统的物流、资金流、信息流进行控制和优化，最大限度地减少非增值环节，提高供应链的整体运营效率；通过成员企业的协同运作，共同对市场需求做出快速响应，及时满足顾客需求；通过调和供应链的总成本与服务水平之间的冲突，寻求服务与成本之间的平衡，实现供应链价值最大化，提升供应链系统的整体竞争力。

二、供应链管理的特点

供应链管理的特点（微课）

一般地，供应链管理具有以下主要特点。

1. 需求驱动

供应链的形成、存在、重构都是基于特定的市场需求，用户的需求是供应链中物流、资金流、信息流的驱动源。一般地，供应链的运作是在客户订单的驱动下进行的，由客户订单驱动企业的产品制造，产品制造又驱动采购订单，采购订单驱动供应商。在订单驱动的供应链运作中，成员企业需要协同，需要努力以最小的供应链总成本最大限度地满足用户的需求。

2. 系统优化

供应链是核心企业和上下游企业以及众多的服务商（包括物流服务商、信息服务商、金融服务商等）结合形成的复杂系统，是将供应链各环节有机集成的网链结构。供应链的功能是系统运作体现出的整体功能，是各成员企业能力的集成。因此，通过系统优化提高供应链的整体效益是供应链管理的特点之一。

3. 流程整合

供应链管理是核心企业对企业内部及供应链成员企业间物流、资金流、信息流的协调与控制过程，需要打破企业内部部门间、职能间的界限，需要打破供应链成员企业间的阻隔，将企业内外业务流程集成为高效运作的一体化流程，以降低供应链系统成本，缩短供应提前期，提高顾客满意度。

4. 信息共享

供应链系统的协调运行是建立在成员企业之间的高质量的信息传递和信息共享的基础之上，能及时、准确、可靠的进行信息传递与共享，可以提高供应链成员企业之间的有效沟通，有助于成员企业的群体决策。信息技术的应用，为供应链管理提供了强有力的支撑，供应链的可视化（visibility）极大地提高了供应链的运行效率。

5. 互利共赢

供应链是核心企业与其他成员企业为了适应新的竞争环境而组成的利益共同体，成员企业通过建立协商机制，谋求互利共赢的目标。供应链管理改变了企业传统的竞争方式，将企业之间的竞争转变为供应链与供应链之间的竞争，强调供应链成员之间建立起战略伙伴关系，扬长避短，优势互补，强强联合，互利共赢。

三、供应链管理的领域

供应链管理的领域（微课）

供应链管理主要涉及供应管理、生产运作管理、物流一体化管理、需求管理四个领域，如图 1.6 所示。

供应链管理以同步化、集成化的供应链计划（如供应链综合计划、销售与运作计划）为指导，以先进的制造技术（如计算机集成制造系统）、现代物流技术、信息技术（云计算、移动互联网）及人工智能技术等为支撑，围绕供应、生产运作、物流以及满足需求来实施。供应链管理是“应用系统的方法来管理从原材料供应商通过工厂和仓库直到最终顾客的整个信息流、物流、资金流的过程。”①

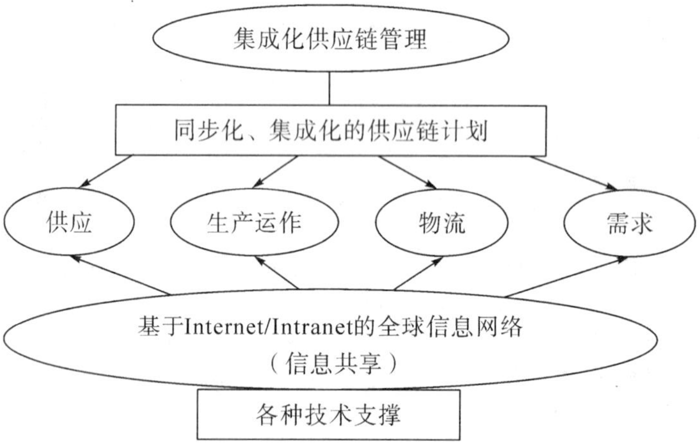

图 1.6　供应链管理涉及的领域

四、供应链管理的流程

供应链管理的流程（微课）

20 世纪末，美国物流专家道格拉斯·兰伯特（Douglas M. Lambert）等从客户关系管理、客户服务管理、需求管理、订单配送管理、制造流程管理、采购与供应管理、产品开发与商品化管理、逆向物流管理等业务管理层面对供应链涉及的流程进行了分

① Chase Production & Operations Management-Manufacturing & Services 1998.

析。本书认为，供应链管理涉及供应链战略管理、供应链计划管理、供应链运作管理、供应链绩效管理和供应链关系管理等内容。其中，供应链战略包括快速反应（QR）、有效客户反应（ECR）以及供应链集成战略等类型；供应链计划管理包括供应链需求预测、供应链需求管理、供应链综合计划、销售与运作计划以及协同库存管理（如供应商管理库存、联合库存管理）等内容；供应链运作管理包括供应链采购管理、供应链生产管理、供应链物流管理等内容；供应链绩效管理主要涉及供应链流程管理、供应链策略成本管理、供应链绩效评价等内容；供应链关系管理贯穿前述四个流程，主要涉及供应链协同管理、供应链可视化管理、供应链风险管理等内容。供应链管理的流程如图 1.7 所示。

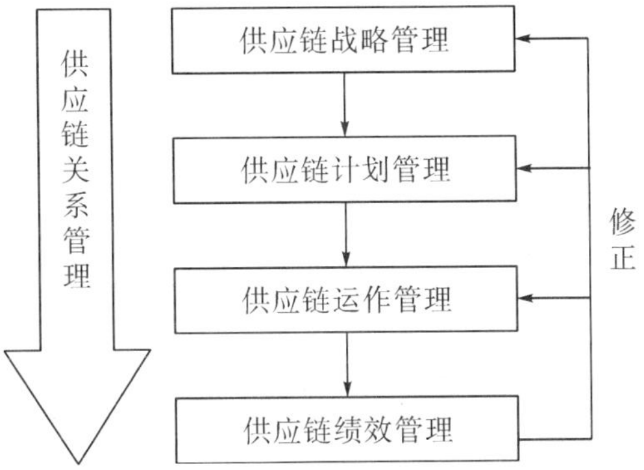

图 1.7　供应链管理的流程

五、供应链管理的目标

供应链管理的
目标（微课）

供应链管理的目的是增强企业竞争力，首要的目标是提高顾客满意度，具体目标是通过调和总成本最小化、总库存最少化、响应周期最短化以及服务质量最优化等多元目标之间的冲突，实现供应链绩效最大化。

（一）总成本最低

总成本最低并非指供应链中某成员企业的运营成本最低，而是指整个供应链系统的总成本最低。为了实施有效的供应链管理，企业必须将供应链成员企业作为一个有机的整体来加以考虑，以实现供应链运营总成本最小化。

（二）库存总量最少

传统管理思想认为，库存的设置是为了应对供需的不确定性，是必须的。然而，按照精益管理思想，库存乃“万恶之源”，会导致成本上升。因此，为了控制成本，企业就必须将供应链系统的库存控制在最低的程度。总库存最少化目标的达成，需要核心企业在集成供应链各库存点信息的基础上对供应链中的库存进行集中控制，抑或上下游企业协同对供应链库存进行控制。

（三）响应周期最短

供应链的响应周期是指从客户发出订单到获得满意交货的总时间。如果说 20 世纪 80 年代企业间的竞争是“大鱼吃小鱼”，那么，进入 20 世纪 90 年代以后企业间的竞争更多地演变为“快鱼吃慢鱼”。时间已成为当今企业市场竞争成败的关键要素之一。因此，加强供应链成员企业间的合作，构筑完善的供应链物流系统，最大限度地缩短供应链的响应周期，是提高顾客满意度、提升企业竞争力的关键。

（四）服务质量最优

企业产品及服务质量的优劣直接关系到企业的兴衰与成败，因而质量最优也是供应链管理的重要目标之一。而要实现服务质量最优化，企业必须从原材料、零部件供应的零缺陷开始，经过生产制造、产品分拨，直到产品送达用户手里，涉及供应链全程的服务质量最优。

一般而言，上述目标之间存在一定的背反性：客户服务水平的提高、响应周期的缩短、交货品质的改善必然以库存、成本的增加为前提。然而运用集成化供应链管理思想，从系统的观点出发，改善服务、缩短周期、提高品质与减少库存、降低成本是可以兼顾的。只要加强企业间的合作，优化供应链业务流程，就可以消除重复与浪费，降低库存水平，降低运营成本，提高运营效率，提高顾客满意度，最终在服务与成本之间找到最佳的平衡点。

六、供应链管理的优势

供应链管理的优势（微课）

成功的供应链管理能够协调整合供应链所有活动，使之成为无缝连接的一体化流程。具体而言，供应链管理主要有以下几方面的优势。

首先，加强供应链管理能够减少非增值环节，消除无效的劳动与浪费，避免库存的重复设置，减少流通费用，创造竞争的成本优势。

其次，实施供应链管理能够通过成员企业的快速重构形成动态联盟，对市场需求做出快速反应，实现供求良好结合，创造竞争的时空优势。

再次，实施供应链管理可以在成员企业之间构筑战略伙伴关系，实现成员企业在战略、战术和运作层面的协同，实现核心能力的协同整合，创造强大的竞争优势。

最后，实施供应链管理还可以促使企业采用现代化的信息技术和物流技术手段。在供应链管理中，信息技术的广泛应用是其成功的关键，而先进的物流设施设备、科学的管理方法则是其成功的重要保障。

总之，实施供应链管理可以提高供应链的运营效率，降低供应链的运营成本，提高客户服务水平，提高顾客满意度，给企业带来强大竞争优势。

［**小资料**］　　**供应链管理的优势**

PRTM 公司曾经做过一项关于集成化供应链管理的调查，涉及 6 个行业共 165 家企业。调查结果显示，实施有效的供应链管理，可以使企业获得如下竞争优势：供应链总成本降低 10%（占销售收入的百分比）以上；订单响应周期缩短 25%~35%；中型企业的准时交货率提高 15%，其资产运营效率提高 15%~20%，库存降低 3%；绩优企业的库存降低 15%，而现金流周转周期比一般企业减少 40~65 天。

七、供应链管理的基本要求

供应链管理的基本要求（微课）

供应链是具有供求关系的多个企业的组织，成员企业各有各的产权，各有各的利益，彼此间还存在竞争。因而，供应链管理的成功实施有一定的难度，对核心企业的要求较高。一般而言，实施供应链管理对成员企业有以下基本要求。

（一）建立双赢/共赢合作机制

供应链成员企业间的合作必须建立在双赢/共赢的基础之上。核心企业把上下游企业及其他服务商整合起来形成集成化的供应链网络，各成员企业仍然从事本企业的核心业务，保持自己的经营特色，但它们必须为供应链价值的最大化而通力合作。为此，首先应建立共赢合作机制，这是实施供应链管理的基本要求。

（二）实时信息共享

供应链成员企业间的协同，必须建立在实时信息共享的基础上。而传统供应链渠道长、环节多，需求信息易扭曲、失真。为此，企业一方面要优化供应链的结构，实现供应链的简约化，另一方面要借助 EDI、（移动）互联网以及物联网等现代信息技术手段，打造透明的供应链，实现供应链的可视化（visibility），为成员企业的协同运作奠定良好的基础和条件。

（三）根据客户所需的服务特性进行市场细分

传统意义上的市场细分一般是根据顾客的产品需求特性划分目标客户群体，往往忽视了客户的服务（尤其是物流服务）需求特性；而实施供应链管理则强调根据客户的服务需求特性进行市场细分，并在此基础上决定提供的服务方式和服务水平，尽可能满足客户的个性化需求。

［案例］　　根据客户需求进行市场细分

一家造纸企业在市场调查的基础上，按照传统的市场细分原则划分客户群，其结果是，有三种类型的客户群对纸张有需求：印刷企业、经营办公用品的企业和教育机构。接下来，该公司针对这三类客户制定差别化的服务策略。但若是实施供应链管理，还须进一步按照客户所需的服务特性来细分客户群，比如印刷企业，就应再细分为大型印刷企业和小型印刷企业，因为这两类企业的需求有差异，前者允许较长的供应提前期，而后者则要求 JIT 供货（要求在 24 小时内供货）。

（四）根据客户需求和目标盈利率设计供应链物流网络

客户需求是供应链运作的驱动源，而实现目标盈利率是企业实施供应链管理要达成的目标。因此，在设计供应链物流网络时，企业必须考虑这两个要素。

［案例］　　根据客户需求和盈利率设计物流网络

在上例中，这家造纸企业过去无论是针对大型印刷企业还是小型印刷企业，均只设计一种物流网络，即在印刷企业较集中的地区设立一个中转站，并建立仓库。这往往造成对大型印刷企业的供应量不足；而小型印刷企业则持有较多的库存，引起小型印刷企业不满。因为这既不能满足小型印刷企业的个性化需求，还占用了其较多的资金，成本与风险均上升。实施供应链管理后，这家造纸企业建立了 3 个大型配送中心和 46 个紧缺物品快速反应中心，分别满足了这两类企业的不同需求。

八、供应链管理的产生和发展

供应链管理的产生和发展与企业经营环境的演变有着密切的联系。

（一）环境的演变加剧企业竞争

经济全球化、竞争国际化、信息网络化、知识资源化、管理人文化是新经济时代的重要特征。技术进步，尤其是信息技术的飞速发展，增大了环境的不确定性，加剧了企业之间的竞争。企业面临着市场需求多变，产品生命周期（PLC）及交货期缩短，提高产品质量和服务质量，绿色环保与可持续发展，降低企业经营成本的压力。

21 世纪企业经营环境的特征（微课）

（二）企业管理模式的演变

企业管理模式是一种系统化的指导与控制方法，通过先进、科学的管理，企业把人、财、物、时间和信息等资源高质量、低成本、快速及时有效地转换为市场所需的产品和服务。企业管理模式一般是围绕质量、成本和时间来发展的。质量是企业的立足之本，成本是企业的生存之道，时间则是企业的发展之源。

从传统管理模式到现代管理模式，企业管理模式的发展经历了两个阶段，即基于单个企业的管理模式和基于扩展企业的管理模式。

1. 基于单个企业的管理模式

所谓基于单个企业的管理模式，是指管理模式的设计以某一个企业的资源利用为核心，资源的概念仅局限于本企业。

人们早就认识到，环境变化对企业管理模式会产生重大影响，只有适应环境变化的企业管理模式才能发挥有效作用。为此，人们从技术和组织的角度采取了许多有效措施，采用了一系列适应不断变化的竞争环境的技术与方法，例如：成组技术（GT）、柔性制造系统（FMS）、减少零件变化（VRP）、计算机辅助设计（CAD）、计算机辅助制造（CAM）、计算机集成制造系统（CIMS）、敏捷制造（AM）等。归纳起来，基于单个企业的管理模式都有一个共同特点，即企业主要使用自有资源，企业管理者重点考虑的是本企业制造资源的优化配置问题，很少考虑利用企业外部资源，没有将企业间的合作提高到战略高度来加以重视，甚至将企业间的协作视为不得已之事。

2. 基于扩展企业的管理模式

基于扩展企业的管理模式（微课）

20 世纪 80 年代后期，美国意识到必须夺回在制造业上的优势，才能保持其国际领先地位，于是向日本企业学习精益生产方式，并力图在美国企业中实施。但由于文化背景和各种社会条件的差异，效果不尽如人意。1991 年美国国会提出要为国防部制定一个较为长期的制造技术规划，要能同时体现工业界和国防部的利益。于是，美国国会委托里海大学的亚科卡研究所撰写了一份《21 世纪制造企业发展战略》的报告，该报告提出了“敏捷制造”（agile manufacturing，AM）的概念，描绘了一幅在 2006 年以前实现敏捷制造的蓝图。报告的结论性意见是：全球竞争使市场变化太快，单个企业依靠自有资源进行自我调整的速度赶不上市场变化的速度。为了解决这个影响企业生存和发展的全球性问题，报告提出了以虚拟企业（virtual enterprise，VE）或动态联盟为基础的敏捷制造模式。虚拟企业是一种新的指导思想，如何具体实施还没有确定的模式，正在此时，兴起的供应链管理模式刚好满足了实现敏捷制造所寻找的具体途径的要求。

敏捷制造是指制造企业通过现代通信与组织技术连接相关的各类企业构成虚拟制造环境，以既竞争又合作的原则在虚拟制造环境内动态选配成员，优化、快速配置各种专项资源，从而组成面向某特定任务或市场机遇的敏捷型虚拟企业——动态联盟（agile virtual enterprise，AVE），以敏捷的员工用敏捷的工具通过敏捷的生产过程生产出敏捷的产品，使企业在持续发展、变化中能快速、协调、有效地响应动态变化的市场，从而以较好的价格（P）、时间（T）、质量（Q）、成本（C）、服务（S）、柔性（F）、环境（E）等指标赢得市场竞争，最大限度地满足市场需求的一种先进制造技术。

虽然敏捷制造从提出到现在仅 20 余年的时间，但由于它蕴含的先进生产哲理适应了企业参与全球化市场竞争的需要，因此在诞生之初就受到高度重视。目前，敏捷制造已成为世界公认的 21 世纪最具竞争力的现代生产模式和企业改造与发展的理想目标模式。

（三）供应链管理的产生和发展

管理模式与企业经营环境的关系（微课）

供应链管理产生的历程（微课）

纵向一体化、横向一体化、供应链管理三者的关系（微课）

1. 供应链管理的产生

总体而言，供应链管理模式的产生经历了纵向一体化和横向一体化两个阶段，并将不断发展、完善。

（1）纵向一体化。

［案例］　**福特公司纵向一体化战略的解体**

几乎从一开始，亨利·福特（Henry Ford）就想成为一名完全自给自足的行业巨头。在鲁日河，底特律的正西南，福特开发了一个庞大的制造业联合体，其中包括内陆港口和一个错综复杂的铁路和公路网络。福特的目标是控制。要实现这一目标，他计划发展世界第一个垂直一体化公司的联合体。

为了确保材料供给的可得，福特投资于煤矿、铁矿石、森林地、玻璃厂，甚至买地种植用于制造油漆的大豆。福特自给自足的许诺延伸到在巴西购买了250万英亩土地，发展一个他称为“福特兰地亚”的橡胶种植园。

福特所期望的控制超出了材料和部件范围。为了把材料运输到鲁日河，把制成品运送给零售商，他还投资铁路、运货卡车，以及大湖船舶和远洋船舶。他的想法是要控制一个遍及美国、加拿大、澳大利亚、新西兰、英国和南非，由40多家制造厂、服务商和装配厂组成的网络运输，以及全球零售商的存货。

很显然，这是最富雄心的垂直一体化计划之一，然而福特发现他需要帮助。在福特的一体化扩展的顶峰时期，公司面临着经济调整以及工会的障碍，最终形成由一个以独立供应商组成的网络来提供产品和服务。此外，他最终还发现有效的市场营销的关键是要发展一个由独立零售商组成的网络。

随着时间的流逝，福特发现，专业化公司能够承担其最基本的工作，并且有些工作甚至要比自己的官僚机构干得更好。事实上，这些专业人员在质量和成本方面的表现，都要胜过福特自己的单位。不久，企业家公司就成为福特网络的贡献者。

最后，福特公司的战略从物权型控制转变为发展和谐的渠道关系。福特的金融资源被转移去开发和维持核心的制造能力。福特在最终的分析中发现，没有哪家厂商能够自给自足。

想一想：福特公司的纵向一体化战略为什么会失败？

质量、成本和时间（供应提前期）一直是企业经营的三个核心要素，企业的生存和发展依赖于对这三个核心要素的有效管理。从管理模式上看，企业出于对制造资源的占有和对生产过程直接控制的需要，过去通常采用的策略是扩大企业经营的范围，后向（供应链的上游方向）整合（如兼并供应商或参股供应商或投资建厂内部供应），与为其提供原材料、零部件的供应商形成一种所有权关系，形成典型的“后向一体化（backward integration）”管理模式。若企业经营范围向前方（供应链的下游方向）拓展，进入产品的分销领域，兼并分销商或零售商，或者借助电子商务平台直接与消费者或用户建立联系，即形成“前向一体化（foarward integration）”管理模式。若企业经营范围同时向前方和后方（供应链的上下游方向）拓展，这就是“纵向一体化（vertical integration）”管理模式。需要说明，纵向一体化是典型的传统管理模式。

（2）横向一体化。

随着“纵向一体化”管理模式弊端的暴露，从20世纪80年代后期开始，首先是美国的企业，随后是其他国家的许多企业放弃了这种经营模式，出现了“横向一体化”（horizontal integration）管理思想，企业与其同业竞争者之间从竞争走向合作。其目的是充分利用竞争对手的资源快速响应市场需求，赢得产品在低成本、高质量、早上市等方面的竞争优势。

［案例］　　**雷诺-日产联盟**

1999年3月，雷诺与日产两家汽车公司相互参股，组建了雷诺-日产联盟。联盟建立在相互信任和彼此尊重的基础之上。联盟主要通过双方优势互补、协同增效、横向小组以及技术平台和配件共享来实现合作。2002年，雷诺与日产分别出资50%，在荷兰建立了雷诺-日产私人有限公司（Renault-Nissan B. V.，RNBV），该机构负责在联盟内进行战略管理，旨在实现更为高效的决策，提升经营绩效，利用双方的优势打造协同效应。RNBV的董事会和高管层则涵盖了双方企业的核心决策者。RNBV主要负责对两家公司的战略资源进行整合，包括技术研发、人力资源和供应链管理（包括制造和采购）。RNBV的统筹管理为联盟带来了规模经济效应：技术平台的共享使联盟扩大了产量，制造和采购领域的整合降低了运营成本，人力资源互补的优势提升了联盟的竞争力。2016年5月，日产汽车集团收购了三菱汽车公司34%的股份，成为三菱汽车最大的单一股东。收购三菱后，雷诺日产联盟成为2017年上半年全球汽车销量冠军。如今，雷诺-日产联盟已成为世界第三大汽车制造商，跻身全球汽车第一军团，参与到冠军的争夺战中。

2. 供应链管理的发展趋势

供应链管理的发展趋势主要表现为：全球供应链管理、电子供应链管理、绿色供应链管理以及供应链金融等。

供应链管理的发展趋势（微课）

（1）全球供应链管理。全球供应链管理是指企业在全球范围内构筑供应链系统，根据企业经营的需要在全球范围内选择最具竞争力的合作伙伴，实现全球化的产品设计、采购、生产、销售、配送和客户服务，最终实现供应链系统成本和效率的最优化。构筑全球供应链的策略主要包括：生产专门化（规模经济）、库存集中化、延迟与本土化。构筑全球供应链应遵循决策与控制全球化、客户服务管理本土化、业务外包最大化、供应链可视化等原则。

（2）电子供应链管理。因特网的飞速发展，改变了企业的性质及其竞争方式，基于网络技术协同的电子供应链（e-supply chain）应运而升。电子供应链建立在一体化供应链网络之上，而一体化供应链网络则通过物流网络和信息网络连接在一起。电子供应链管理（e-SCM）是核心企业将电子商务理念和互联网技术应用于供应链管理，通过电子市场将供应商、客户及其他交易伙伴连接在一起，形成电子供应链，或将传统供应链转变成电子供应链。电子市场主要有专有市场和公共市场两种类型。专有市场由核心企业开发和运作，包括电子采购（e-procurement）平台和电子销售平台。公共市场由平台服务商开发和运作，是为核心企业提供定位、管理支持以及核心企业与合作伙伴协同的平台。

（3）绿色供应链管理。面对全球资源的枯竭以及环境污染的加剧，绿色供应链（green supply chain）作为现代企业可持续发展的模式，越来越受到关注。我们可以把从产品形成、消费一直到最终废弃处理作为一个环境生命周期（ELC），通过生命周期评价（LCA）来评估整个供应链对环境的影响。如果企业及其供应链伙伴相互协作能够减少供应链活动对环境的影响，就可以逐步形成环境友好型的绿色供应链。绿色供应链管理（GrSCM）将环境管理与供应链管理整合在一起，可以识别供应链流程对环境的影响。它倡导企业通过内外变革来对环境产生积极的影响，包括要求合作伙伴通过 ISO14001 环境管理体系认证等。绿色供应链管理不仅可以通过确保供应链符合环境法规、将环境风险最小化、维护员工健康以及采取环境保护等措施来避免额外的供应链成本，而且可以通过提高生产率、促进供应链关系、支持创新以及加快增长等途径形成供应链的环境价值。

［案例］　**沃尔玛的绿色供应链**

2009 年，沃尔玛发起了一个计划，帮助供应商们追踪他们使用能源和材料的情况以及碳排放水平。如今这种做法已经成为各大跨国公司效仿的一种趋势。这些公司实施绿色供应链的原因是因为更低的能源和资源消耗会带来更高的利润。他们不是为了绿色而绿色，而在很大程度上是因为看到了实施绿色供应链所带来的好处。在沃尔玛的可持续发展计划中，就包括号召供应商“在 2013 年结束前将包装缩小 5%”。更小的包装意味着每个运输工具可以容纳更多的货物，进而可以减少运输工具的使用数量。沃尔玛估计，这一举措将减少 66.7 万吨的二氧化碳排放，并节省 6 670 万加仑的柴油。追随着沃尔玛，少数大企业已经启动了绿色供应链的计划，如 IBM、宝洁公司等大型跨国公司就是较早加入绿色阵营的企业。

（4）供应链金融。供应链金融（supply chain finance）是面向供应链成员企业的一项金融服务创新，主要通过将供应链核心企业的信用价值有效传递给上下游众多的中小企业，提高其信贷可得性，降低其融资成本，进而提高整个供应链的财务运行效率。供应链金融的行为主体包括核心企业、上下游企业、物流企业、商业银行、电子商务平台以及保险公司和抵押登记机构等其他供应链服务成员。供应链金融包括前向物流金融和后向物流金融等模式。其中，前向物流金融模式最典型的是“厂商银”，又称买方信贷或保税仓融资模式。后向物流金融最典型的是基于应收账款的物流金融服务。基于物流产生的应收账款融资主要包括应收账款质押融资和应收账款保理两种方式。

［案例］　**沃尔玛供应商的应收账款保理融资**

沃尔玛的供应商利用沃尔玛延迟支付的应收账款作为信用凭证，以获得银行的融资服务。其基本流程为：供应商在网上接到沃尔玛的订单后，向银行提出融资申请，用于组织生产和备货；获得融资并生产产品后，向沃尔玛供货，供应商将发票、送检入库单等单据提交银行，银行即可办理应收账款保理融资，归还订单融资；应收账款到期，沃尔玛按约定支付货款资金到供应商在银行开设的专项收款账户，银行收回保理融资，从而完成供应链融资的整套办理流程。

实训项目 1：供应链的认知

实训项目描述

利用“顺博”供应链实战模拟软件等信息技术手段构筑一个虚拟的企业经营环境。通过角色扮演，学生分组模拟供应链上的各节点企业，由各节点企业再组成供应链，从而进行供应链运营管理活动。

实训目标

通过实训，学生应达到以下目标：

（1）能识别供应链，并清楚供应链的组成；

（2）能根据需要选择供应链的类型与结构；

（3）熟悉供应链业务流程，能绘制供应链流程图；

（4）能分析供应链的运作；

（5）会操作供应链管理软件；

（6）感悟职业角色内涵，建立职业认同感。

实训内容

借助“顺博”供应链实战模拟软件等信息技术手段，让学生：

（1）设定物料清单（BOM）、日期、订单和库存周转天数①等基础信息；

（2）设置零售商每日的需求预测数量（系统自动生成订单）；

（3）根据订单制作发货单；

（4）查询库存，查询资产。

建议实训时间

建议实训时间 4h。

一、任务准备

引导问题（1）什么是供应链？

引导问题（2）供应链有哪些主要参与体？

引导问题（3）节点企业如何构成供应链？

引导问题（4）供应链业务活动有哪些？

引导问题（5）如何利用“顺博 SHBS-GSCM”供应链实战模拟软件构筑一个虚拟的企业运营环境？

---

① 库存周转天数也称库存周转期，是指物料从入库起至出库所经历的时间（天数）。库存周转期越短，说明存货变现的速度越快。计算公式为：库存周转天数=一定时期/该期间的库存周转次数，如：年库存周转天数=360/年库存周转次数，月库存周转天数=30/月库存周转次数。

引导问题（6）如何设定各节点企业供应链运营相关的各项参数？

二、软件操作

（一）设置基础信息

1. 登录 SHBS-GSCM

- 打开界面
- 登录

引导问题（7）如何通过软件对节点企业内部相关部门进行管理？

2. 操作步骤

- 部门分类：采购部、市场部、生产部、开发部、销售部。
- 增加，删除，修改部门。
- 各部门员工的管理：删除员工，增加员工，修改姓名，编辑员工。见图 1.8。

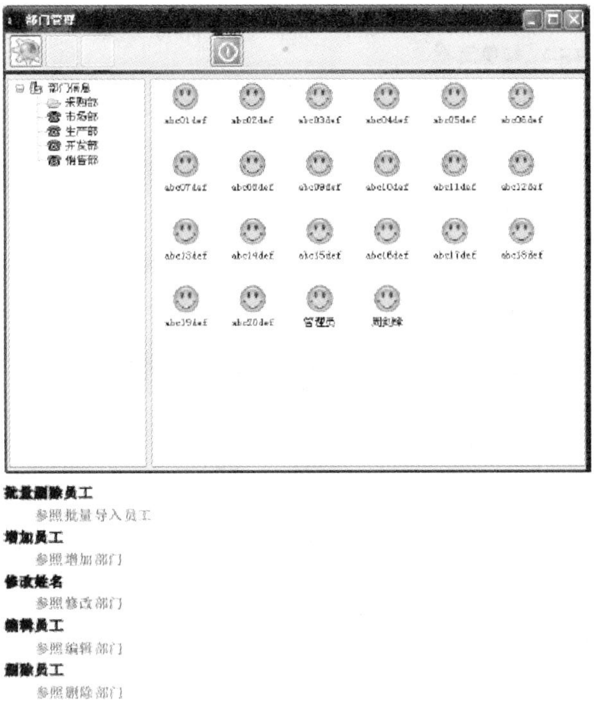

图 1.8　员工管理

（二）SHBS-GSCM 对抗演练

引导问题（8）SHBS-GSCM 的对抗流程有哪些？

请列举 SHBS-GSCM 的对抗流程：

（1）____；

（2）____；

（3）____；

（4）____；

（5）____。

引导问题（9）在 SHBS-GSCM 对抗环境下，如何进行供应链管理？

（1）如何查看并设置订单？见图 1.9。

（2）如何进行发货管理？

（3）如何进行收货管理？

（4）如何进行生产管理？

引导问题（10）在 SHBS-GSCM 系统环境下，如何分角色进行对抗？

（三）SHBS-GSCM 对抗数据的查询与统计

引导问题（11）借助 SHBS-GSCM 管理软件，可以对哪些数据进行查询和统计？

（1）______________________________；

（2）______________________________；

（3）______________________________；

（4）______________________________；

（5）______________________________。

4.4.3 订单查看

4.4.3.1 功能

查看自己的销售订单和采购订单

4.4.3.2 路径

业务管理>>>订单查看

4.4.3.3 界面

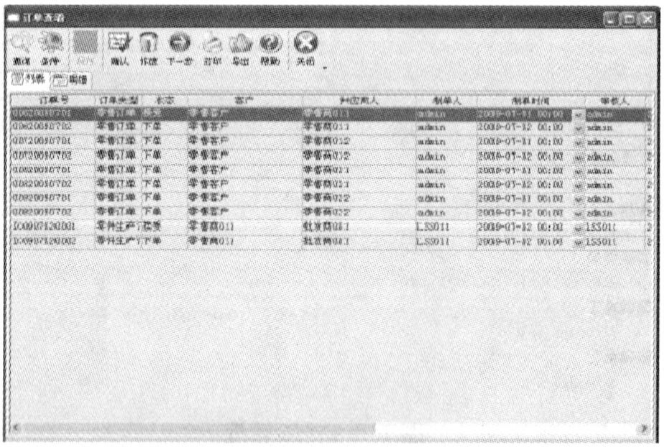

图 1.9 订单查看

引导问题（12）如何对库存进行查询？

引导问题（13）如何查看预测的产品销量，进而确定合理的库存量？

（四）各小组的任务

引导问题（14）各小组成员可以扮演供应链中哪些节点企业的角色？

引导问题（15）所扮演的角色应承担哪些相应的任务？

（五）供应链运作流程

引导问题（16）各小组通过对抗演练，画出供应链运作流程图。

引导问题（17）如何撰写调查报告？请课余完成《某企业供应链运营管理调查报告》。

（六）评价与反馈

1. 小组成果展示

（1）简述本小组的收获与体会。

①____；

②____；

③____。

（2）你对其他小组有哪些建议？

①____；

②____。

2. 评分

采用加权平均法对学生的实训成绩进行评定，包括学生自评（25%）、小组互评（25%）、教师评价（50%）三部分，见表1.3。

表1.3　学生实训成绩评定表

考核项目	评分标准	分数	学生自评（25%）	小组互评（25%）	教师评价（50%）	小计
团队合作	是否默契	5				
活动参与	是否积极	5				
任务方案	是否正确、合理	5				
操作过程	（1）任务准备 ①节点企业的组建； ②供应链的组成； ③相关数据与信息的录入	20				
	（2）对抗演练 ①各供应链的运作状况； ②各供应链的生存时间长短； ③各供应链上节点企业的收益状况	30				
	（3）对抗数据的查询分析 ①对抗数据的查询； ②数据分析与总结，供应链的调整与优化	20				
任务完成情况	是否圆满完成	5				
方法使用	是否规范、标准	5				
操作纪律	是否能严格遵守	5				
总分		100				
教师签名：			年　　月　　日		得分	

注意：没有按照操作流程操作，出现人身伤害或设备严重事故，本任务考核记0分。

小结

供应链是描述商品的需-产-供过程中的实体活动及其相互关系动态变化的网络，具有需求导向性、增值性、交叉性、动态性、复杂性等主要特征。供应链的概念经历了传统供应链、整合供应链、协同供应链、智慧供应链等阶段。供应链管理主要是对成员企业间的合作关系进行协调，并对物流、资金流、信息流进行控制，涉及需求、生产运作、物流及供应四个领域，具有需求驱动、系统优化、流程整合、信息共享、互利共赢等主要特点。供应链管理包括供应链战略管理、供应链计划管理、供应链运作管理、供应链绩效管理和供应链关系管理等内容，其基本要求是建立双赢/共赢合作机制、实时信息共享、根据客户所需的服务特性进行市场细分、根据客户需求和目标盈利率设计供应链物流网络，其主要目标是消除重复与浪费，寻求供应链系统成本与服务水平之间的平衡。供应链管理的产生与企业经营环境的演变有着密切的联系，它经历了纵向一体化和横向一体化两个阶段，目前主要朝全球供应链、电子供应链、绿色供应链、弹性供应链及供应链金融等方向发展。

同步测试

一、判断题

1. 卫星式企业群体的供应链结构中不止一个核心企业。（ ）
2. 供应链中的主体企业就是核心企业，它对供应链的业务运作能起到关键性的推动作用。（ ）
3. 实施供应链管理就是要实现上下游企业的纵向一体化。（ ）
4. 推式供应链比较适合创新型产品，拉式供应链比较适合功能型产品。（ ）
5. 供应链的精益性强调去除多余的环节，精干、高效，而敏捷性则强调快速重构。（ ）
6. 汽车行业企业的供应链属于典型的团队合作式企业群体。（ ）
7. 构建绿色供应链就需要通过生命周期评价（LCA）来评估整个供应链对环境的影响。（ ）
8. 电子供应链应建立在网络技术协同的基础上。（ ）
9. 精益供应链的特点是根据动态联盟的形成和解体，进行快速重构和调整。（ ）
10. 电子供应链建立在一体化供应链网络之上，而一体化供应链网络则通过物流网络和信息网络连接在一起。（ ）

二、单选题

1. 供应链的本质特征是（ ）。

A. 需求导向性　B. 增值性　C. 动态性　D. 交叉性

2. 后向物流金融最典型的是（ ）。

A. 基于应收账款的物流金融服务　B. 基于应付账款的物流金融服务
C. 买方信贷　D. 保税仓融资

3. 下列属于供应链管理的作用与优势的是（ ）。

A. 成本优势　B. 资金优势　C. 库存优势　D. 信息优势

4. 下列不属于创新型产品的特征的是（　　）。
   A. 边际利润高　B. 需求不稳定　C. 产品生命周期长　D. 产品多样性高
5. 供应链管理涉及的主要问题是（　　）。
   A. 资金流问题　B. 全球化问题　C. 结构性问题　D. 协调机制问题
6. 与反应性供应链相匹配的产品是（　　）。
   A. 创新型产品　B. 功能型产品　C. 科技型产品　D. 基本型产品
7. 推式供应链的运作方式是以（　　）为核心的，对需求变动的响应能力较差。
   A. 供应商　B. 制造商　C. 分销商　D. 零售商
8. 下列不属于功能型产品特征的是（　　）。
   A. 产品多样性低　B. 需求稳定　C. 产品生命周期长　D. 边际利润高
9. 供应链管理的最终目标是（　　）。
   A. 优化分销渠道　B. 优化物流管理　C. 提高客户满意度　D. 提高企业利润
10. 虚拟企业也称（　　）。
   A. 动态联盟　B. 静态联盟　C. 敏捷供应链　D. 精益供应链

三、多选题

1. 供应链的概念经历了（　　）阶段。
   A. 传统供应链　B. 整合供应链　C. 协同供应链　D. 智慧供应链
2. 供应链管理主要涉及（　　）领域。
   A. 供应管理　B. 生产运作管理　C. 物流一体化管理　D. 需求管理
3. 供应链管理具有（　　）特点。
   A. 需求驱动　B. 系统优化　C. 流程整合　D. 互利共赢
4. 供应链管理的内容包括（　　）。
   A. 供应链战略管理　B. 供应链计划管理
   C. 供应链运作管理　D. 供应链关系管理
5. 供应链管理的基本要求包括（　　）。
   A. 建立双赢/共赢合作机制
   B. 实时信息共享
   C. 根据客户所需的服务特性进行市场细分
   D. 根据客户需求和目标盈利率设计供应链物流网络
6. 供应链管理的产生与企业经营环境的演变有着密切的联系，它经历了（　　）阶段。
   A. 纵向一体化　B. 横向一体化
   C. 前向一体化　D. 后向一体化
7. 供应链管理的发展方向包括（　　）。
   A. 全球供应链管理　B. 电子供应链管理
   C. 绿色供应链管理　D. 协同供应链管理
8. 供应链金融包括（　　）等模式。
   A. 前向物流金融　B. 后向物流金融
   C. 纵向物流金融　D. 横向物流金融
9. 前向物流金融最典型的模式包括（　　）。
   A. 厂商银　B. 买方信贷
   C. 保税仓融资　D. 仓单质押融资

10. 基于物流产生的应收账款融资主要包括（　　）方式。

A. 应收账款质押融资　　B. 应收账款保理

C. 应收账款保险理赔　　D. 厂商银

四、情境问答题

转变发展方式、提升经济增长的质量和效益是当前和未来我国经济发展的重要指导思想。近年来，许多物流企业纷纷采取多种方式进行业务创新，提升企业的竞争力和服务水平。其中，在仓单质押基础上发展起来的物流金融业务取得了快速发展，成为许多物流企业和商业银行新的业务增长点。但是在2012年及后来的几年里，我国多个地区爆发了通过虚假仓单、重复质押等行为骗取银行贷款的“钢贸事件”，对物流金融及供应链金融业务的发展产生了较大的不利影响。请分析“钢贸事件”发生的原因，并提出如何避免此类问题再度发生的建议。

五、案例分析题

案例1：供应链管理全球顶尖企业的特质

自2006年起，全球著名管理咨询公司高德纳（Gartner）在每年的5月都会发布当年的全球供应链大师及仅次于全球供应链大师的全球顶尖供应链管理25强企业榜单。其中，苹果公司连续11年蝉联全球供应链大师的桂冠并名列榜首。中国的阿里巴巴在2019年全球顶尖供应链管理25强企业榜单中位列13，高于沃尔玛（14位）、3M（17位）、可口可乐（20位）、三星电子（21位）、阿迪达斯（23位）和宝马（25位）等全球知名企业。

高德纳公司对于供应链大师级企业的评选要求是，该企业在过去10年内有7次进入25强榜单的前5名。大师级企业是一个独立于25强排名的顶级桂冠，彰显了这些企业在近10年内供应链管理上的持续卓越表现。

高德纳公司是从全球500强及福布斯2 000强企业榜单中遴选年营业收入超过120亿美金的企业，同时排除主营业务与供应链关联度不高的企业。其排行榜规则包括每家入围公司最近3年的加权平均资产收益率、年库存周转率、最近三年的加权平均营业收入增长率、企业社会责任（CSR）等指标，最终按照企业综合得分排名。其中CSR是高德纳公司从2016年开始采用的新指标，意味着企业社会责任、绿色环保等越来越受到人们的关注。评分与计分公式如下：

企业综合得分=业界专家的评分×25%+高德纳公司专家的评分×25%+资产收益率×20%+库存周转率×10%+营业收入增长率×10%+CSR得分×10%

其中，专家的评价必须基于DDVN模型，即高德纳需求驱动的供应链成熟度模型（gartner's demand-driven model for supply chain maturity）。该模型由供应链战略、绩效驱动、供应链网络规划、供应链运营、客户订单履行、需求管理、产品生命周期管理七部分组成。

2018年，苹果、宝洁、亚马逊、麦当劳4家企业成功入选全球供应链大师。2019年，除了这4家企业外，联合利华也成为全球供应链大师。而高露洁棕榄、Inditex、Nestle雀巢、百事公司和思科公司分别位列2019年全球顶尖供应链管理25强企业榜单前5位。这些全球顶尖的供应链管理企业的成功做法如下：

苹果公司在其自有的设施中已经实现100%使用绿色清洁能源，其23家供应商也已经承诺使用清洁能源来生产苹果公司的产品；宝洁公司通过数字化工具、优化产品组合、战略采购整合等一系列举措，大幅度提升其与供应链合作伙伴之间的协同水平，构建了一个堪称全球最高水准的数字化供应链体系；亚马逊公司目前已经拥有超过10万个正在服役的仓库机器人，其下一个重点投入的产业将会涉及医药供应链；麦当劳与其众多的供应商、服务商、门店之间的协同能力不断提升，已经实现全美1.4万家门店的新鲜牛肉配送替代传统的冷冻牛肉配送；联合利华通过使用RPA流程机器人大幅度提高了其“从订单到现金”的运营效率和服务水平，并将继续以坚实的数字供应链流程和运营为主导，包括利用自动化、数据科学和机器学习，以及通过使用新兴的维护和过程控制技术来改进数字化制造的计划；高露洁棕榄搭建了基于 AI、预测技术和自动化技术的智能工厂，并致力于建立一种以新技术、增强决策能力和领导能力为基础的企业第一思维模式；Inditex 是来自西班牙的时装零售集团，其旗下的 ZARA 的在线订单比例上升到了 10%，同时为了提高拣货效率，ZARA 使用了自动化系统和机器人以提高对订单的响应速度；思科公司基于 SCOR 模型提出了 supply chain as a service architecture（SCaaSA）的架构产品。

高德纳公司副总裁兼分析师迈克·格里斯沃尔德（Mike Griswold）说，全面的客户体验、循环供应链、扩展的数字化供应链是全球供应链未来的发展趋势。

一是企业要大规模地为客户提供真正意义上的个性化服务。提高客户体验并更加注重个性化的客户服务是每家公司的首要任务。能够为客户提供规模化的个性化服务是供应链管理全球顶尖企业的一个特质。格里斯沃尔德说：“为客户提供大规模的个性化服务需要企业具有一定程度的灵活性、供应链柔性和潜在的技术能力”“2019 年领先的供应链管理企业找到了正确的平衡点。在客户需要提供个性化产品或服务的地方，它们以数字方式捕捉客户需求，灵活地设计产品、生产产品、进行客户化包装，并迅速将产品递交给客户。如果标准产品组合的多样性丰富，它们会保持产品组合的最佳表现”。

二是企业要能够充分利用生态系统价值。由于企业面临着诸如培养本土高级技能人才、减少塑料废物的产生及海洋污染等新的挑战，供应链领导企业需要专注于与供应链合作伙伴进行生态系统的合作。这种视角和方法的改变，是供应链领导公司更大范围地转变经营理念、获得更多驱动供应链组织的驱动力的必然选择。

三是企业要实施以商业为导向的数字战略。在过去的 5 年中，自动化和增强现实的技术趋势在企业供应链中迅速传播。而那些供应链顶尖企业往往是新的业务概念和技术的早期采用者。对于那些在供应链数字化转型中走得最远的企业来说，企业主导的数字转型的基本概念正在回归。格里斯沃尔德说：“这些领先的供应链企业将重点放在了解和提升客户需求以及支持这些需求所需的运营绩效点的举措上，并从这些需求向后推进，直达能够实现这些需求的流程和技术变革”“但请记住，变革性创新并不总是立刻转化为及时的投资回报率（ROI）。通常情况下，优化会带来更直接的投资回报”。

对于希望在全球激烈的市场竞争中获得领先优势的企业，供应链管理能力是不可或缺的。如何创新供应链管理模式并通过新技术的运用驱动更加绿色环保、更加贴近用户需求的端到端的供应链体系，已经成为全球顶尖供应链管理企业必须研究和突破的课题。

根据案例提供的信息，请回答以下问题：

1. 供应链管理全球顶尖的企业具有哪些特质？
2. 供应链管理的未来发展趋势是什么？
3. 你如何理解高德纳需求驱动的供应链成熟度模型？
4. 阿里巴巴跻身 2019 年供应链管理全球顶尖企业第 18 位，对你有何启示？

案例 2：天物大宗的在线供应链金融服务

天物大宗是一家为大宗商品贸易提供在线服务的电子商务企业。近年来，该公司大力开发大宗商品贸易的在线供应链金融服务，逐步实现了大宗商品供应链的商流、物流和资金流的在线整合。

天物大宗的母公司是一家大型国有企业，主营业务为钢材、煤炭、矿石和化工产品等大宗商品贸易。天物大宗依托母公司的渠道优势，形成了在线交易、厂家专区、在线竞标和集中采购四种交易模式。其中，在线交易模式是电子商务平台最基本的形式；集中采购模式是通过电子商务平台集中客户的采购需求，

天物大宗的在线
供应链金融服务（微课）

平台以大批量采购优势，为客户提供服务；厂家专区模式是为入驻平台的厂商提供线上商品展示服务，同时为厂商提供融资支撑服务；在线竞标包括采购竞标和销售竞标。如图 1.10 所示。

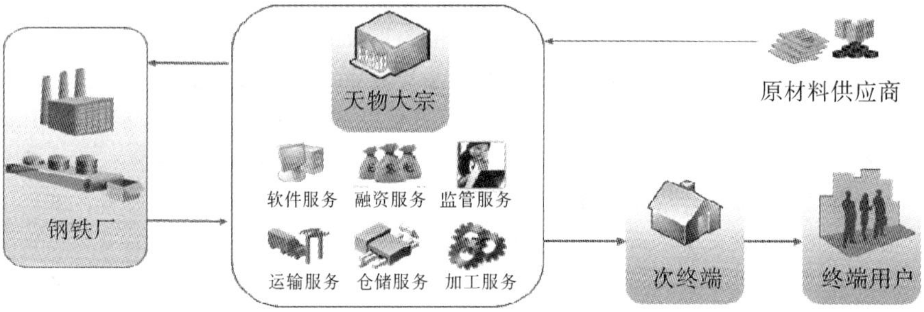

图 1.10　天物大宗在线业务运作模式示意图

利用电子商务平台为贸易双方提供在线供应链金融服务是天物大宗业务的最大特色。天物大宗通过真实的交易信息确定贸易双方的信用等级，并利用网络化、信息化的“物流监管”优势，有效降低了在线供应链金融服务的风险。凭借母公司丰富的自有资金和银行授信额度优势，天物大宗可以为客户提供订货融资、合同融资、仓单融资和应收账款保理融资四种在线融资服务。如图 1.11 所示。

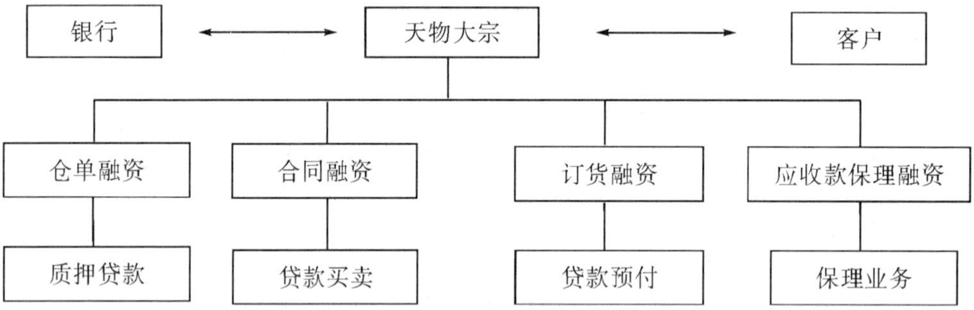

图 1.11　天物大宗电子商务平台融资模式示意图

从线上交易到线上协同的物流服务，再到线上金融服务，天物大宗为上下游企业特别是中小企业提供了线上线下协同的集交易、物流和金融服务为一体的供应链集成服务，打造了一个能够让制造业、流通业、服务业和金融业走向深度融合的专业化供应链集成服务平台。

根据案例提供的信息，请回答以下问题：

1. 天物大宗为客户提供了哪些创新服务？天物大宗为什么能够吸引终端客户？
2. 与传统的物流金融服务相比，天物大宗提供的供应链融资服务有何优势？
3. 天物大宗为什么能够实现对商流、物流、资金流和信息流的整合？
4. 天物大宗应采取哪些措施来控制其在线供应链金融服务的风险？

学习情境二

供应链的构建

【知识目标】

1. 掌握典型的供应链设计策略
2. 了解供应链的设计原则
3. 了解供应链的设计步骤

【能力目标】

1. 能绘制供应链的网链结构图
2. 能正确运用基于产品的供应链设计策略设计供应链
3. 能正确运用供应链的设计原则设计供应链
4. 能进行中小企业供应链的设计与优化
5. 能运用供应链的构建方法构建供应链

【引例】

校园超市供应链的设计

学院后勤公司打算在学生生活区设立一家超市，面积约150平方米。

学习性工作任务：

请你完成“校园超市供应链的设计方案”。

引导问题：

1. 在设计供应链时应遵循哪些基本原则？
2. 供应链的设计包括哪几个步骤？
3. 如何进行供应链的设计？

有效构建供应链是企业成功进行供应链管理的基础，而科学合理地设计供应链则是有效构建供应链的前提。为了供应链设计的有效性，我们有必要进一步明确供应链的结构模型。

任务1　供应链结构模型的认知

供应链的结构(微课)　　典型行业企业的供应链结构(微课)

一般而言，供应链的结构模型包括链状结构（分静态链状结构和动态链状结构）、网状结构、网链结构以及石墨层状结构等几种模型，其中，网链结构模型是较常见的供应链结构模型。

一、供应链的链状结构模型

结合供应链的定义与结构，我们不难发现供应链的链状结构最简单。供应商、制造商、分销商、零售商和用户在一条线上时，就形成供应链的链状结构。原材料来自供应源，经过采购、供应、生产、分拨、配送，产品到达用户。供应链的链状结构模型如图2.1所示。

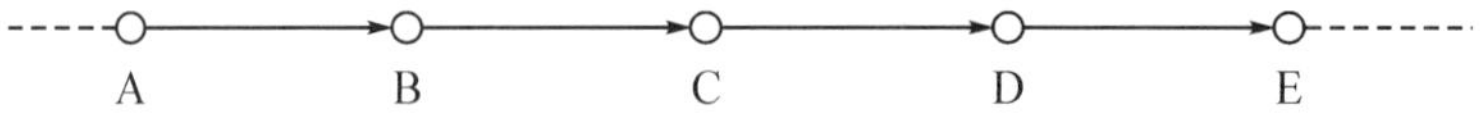

图2.1　供应链的链状结构模型

如果把满足顾客需求的各个环节都抽象成一个个节点，则众多的节点连接起来就形成供应链。假如把C点定义为制造商，则B为C的一级供应商，A为C的二级供应商；同样，D为C的一级分销商，E为C的二级分销商；依次类推。通常，企业可能有多级供应商或多级分销商，这与企业所在的行业及企业管理者对供应链的设计有关。了解多级供应商和多级分销商的概念，有利于从整体上把握供应链的运行状况。

想一想：为什么很少有企业采用链状供应链结构？

链状供应链结构的缺陷是明显的，企业面临着供应中断的风险，也不利于产品快速、大幅度覆盖市场，还存在链中信息的扭曲与失真，因而在实务中很少有企业采用，除非是为了加强对供应链的控制（如军事供应链）。

二、供应链的网状结构模型

事实上，在一个行业中同类企业往往不止一家，比如链状结构模型中C的同业竞争者可能有C_1，C_2，$\cdots C_k$等k家，C的供应商也可能不止一家，而是有B_1，B_2，$\cdots B_n$等n家，分销商也可能有D_1，D_2，$\cdots D_m$等m家。于是上面的链状结构就演变成了网状结构，如图2.2所示。

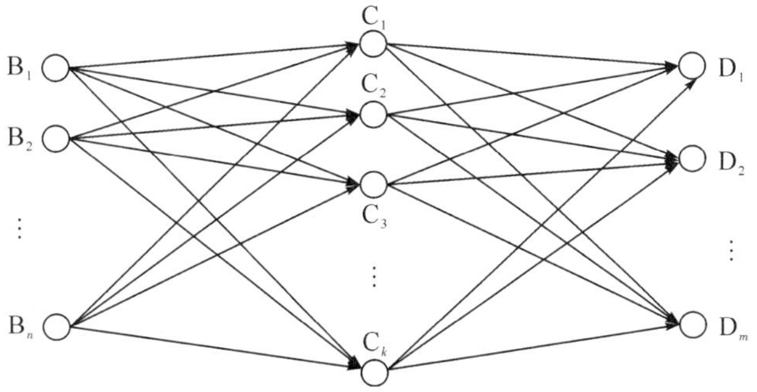

图 2.2　供应链的网状结构模型

网状结构模型更能说明企业经营运作中产品的复杂供应关系。下面以裘皮服装的供应链（见图 2.3）为例说明供应链的网状结构。

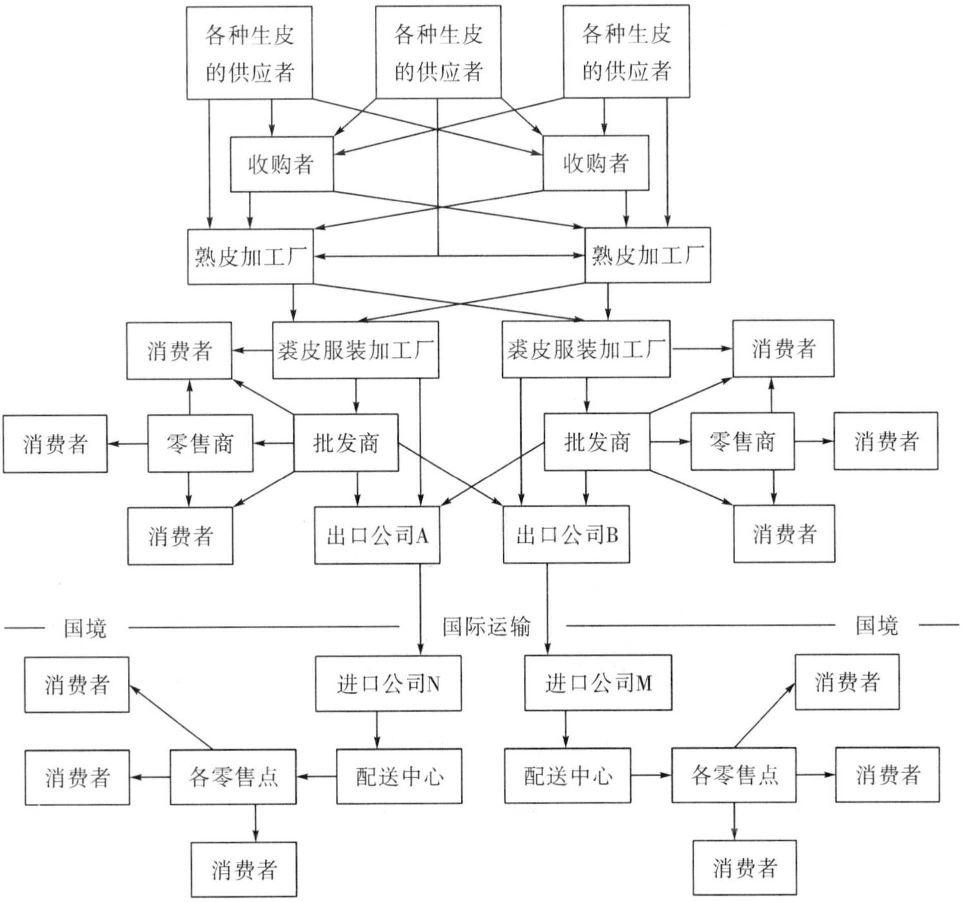

图 2.3　裘皮服装供应链示意图

从图 2.3 不难看出，供应链不是一条单一的链条，供应链中包含原材料供应商、制造商、批发商、零售商、配送中心、承运人和消费者等参与体。供应链网络中的企业并非独立地运作，因业务联系而形成很多交叉点，交叉的程度因行业企业而异。

在网状结构模型中，各参与体之间存在着联系，这些联系有强有弱，并且总在不断地变化着。网状结构模型更有利于我们对供应链的整体把握。相对于链状结构模型而言，网状结构模型更为复杂。

在网络时代，任何一家企业和用户都可以通过因特网成为全球网络供应链中的一个节点（见图 2.4）。例如，我们可以通过因特网向美国的亚马逊书店购买我们所需要的图书，而亚马逊书店对我们的这一需求也会做出响应。在跨境电子商务快速发展的今天，全球网络供应链比比皆是。

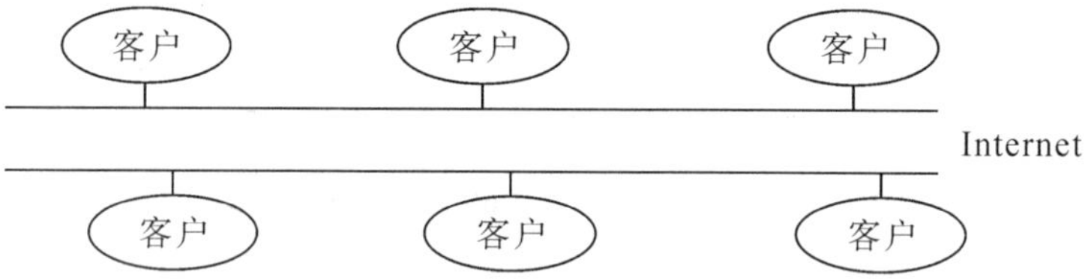

图 2.4 基于因特网的全球网络供应链

三、供应链的网链结构模型

供应链的网链结构模型见学习情境一任务 1“供应链的认知”部分，这里不再赘述。

任务 2 供应链的设计

设计和构建一个有效的供应链，对于企业的成功至关重要。有效率和有效益的供应链可以增强企业的运作柔性，降低运作成本，提高客户服务水平，提升企业竞争力。

一、供应链的设计策略

基于成本的供应链设计策略（微课）

基于产品的供应链设计策略（微课 1）

基于产品的供应链设计策略（微课 2）

基于多代理的供应链设计策略（微课）

供应链的设计策略主要有基于成本的供应链设计策略、基于产品的供应链设计策略、基于多代理的供应链设计策略等。

1. 基于成本的供应链设计策略

该策略是根据供应链总成本优化的原则来选择供应链节点，实现最佳的供应链节点组合的一种设计策略。该策略的要旨是，在特定的时间期限内，综合考虑供应链的物料成本、劳动力成本、运输成本、设备成本及其他变动成本等因素，同时考虑经验曲线、相关国家的汇率、通货膨胀等影响成本的因素来完成供应链的设计。其设计步骤如图 2.5 所示。

基于成本的供应链设计策略注重供应链运作成本的降低，但可能会导致次优的结果。

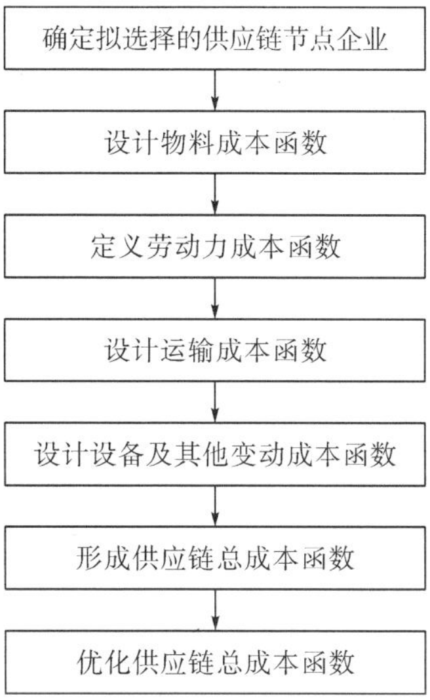

图 2.5　基于成本的供应链设计策略的步骤

2. 基于产品的供应链设计策略

该策略比较成熟、应用较广。其提出者美国宾夕法尼亚大学沃顿商学院的马歇尔·费希尔（Marshall L. Fisher）教授认为，供应链的设计要以产品为中心。供应链的设计者首先要清楚顾客对产品的需求，包括产品类型以及需求特性（不同的产品可以满足不同的客户需求）。此外，还应该明确不同类型供应链的特征，在此基础上，设计出与产品特性相一致的供应链。

供应链管理-协调供需关系（拓展资源）

传统意义上，生产系统的设计主要考虑制造企业的内部环境，侧重于生产系统的可制造性、质量、效率以及服务性等因素，对企业外部环境因素考虑较少。在供应链管理环境下，企业不仅要考虑企业内部因素对产品制造过程的影响，还要考虑供应链对产品成本和服务的影响。供应链管理扩大了原来的企业生产系统设计范畴，把影响生产系统运行的因素延伸到了企业外部，与供应链上的所有企业都联系起来，因而供应链系统设计就成为构造企业系统的一个重要方面。但是供应链也可能因为设计不当而导致失败，因此最重要的是设计出与产品特性相一致的供应链，这就是所谓的基于产品的供应链设计策略（product-based supply chain design，PBSCD）。

我们知道，根据产品生命周期、产品边际利润、需求的稳定性以及需求预测的准确性等指标可以将产品划分为功能型产品和创新型产品两种基本类型，而根据供应链的功能模式可以将供应链划分为效率型供应链和响应型供应链两种类型。企业根据这两类产品的特性以及这两种类型供应链的特征，就可以设计出与产品类型相一致的供应链。基于产品的供应链设计策略矩阵如图 2.6 所示。

	功能型产品	创新型产品
效率型供应链	匹配	不匹配
响应型供应链	不匹配	匹配

图 2.6　基于产品的供应链设计策略矩阵

策略矩阵中的四个元素代表四种不同的产品类型与供应链类型的组合，从中可以看出产品和供应链的特征，管理者据此就可以判断企业的供应链类型是否与产品类型相匹配。显然，这四种组合中只有两种是有效的，即效率型供应链与功能型产品相匹配的组合及响应型供应链与创新型产品相匹配的组合。

显然，上述供应链设计思想主要考虑了产品类型及需求特性，忽略了供应特性（如供应市场的复杂度与不确定性）。事实上，不同的行业，不同的产品市场领域，企业所面临的供应风险是不同的。如果综合考虑需求的不确定性以及供给的不确定性，上述供应链设计策略矩阵可以进一步优化，如图 2.7 所示。

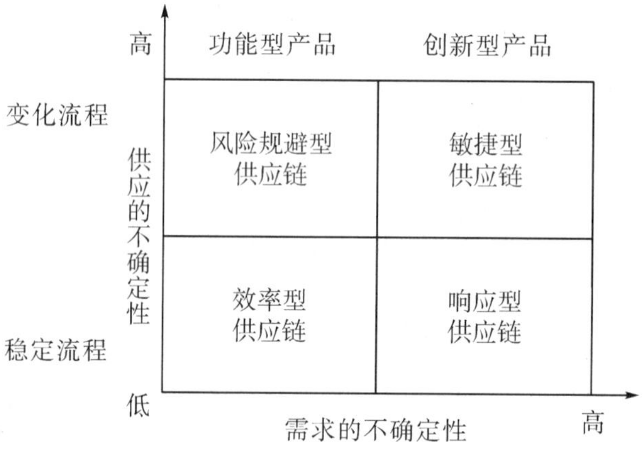

图 2.7　供应链设计策略矩阵

若需求与供给都相对稳定，可以设计为效率型供应链；若需求与供给的不确定程度都高，可以设计为敏捷型供应链；若供给稳定而需求的不确定性程度高，可以设计为响应型供应链；若需求稳定而供给的不确定程度高，可以设计为风险规避型供应链。

需要指出的是，基于产品的供应链设计策略应该与公司的业务战略相适应，并能最大限度地支持公司的竞争战略。许多学者也认为应该在产品开发的初期设计供应链。因为产品生产和流通的总成本最终取决于产品的设计，这样就能使与供应链相关的成本和业务得到有效的管理。

二、供应链的设计原则

供应链的设计原则（微课）

企业在设计供应链时，应遵循如下一些基本原则，其目的是确保在供应链的设计、优化乃至重构过程中能贯彻落实供应链管理的基本思想。

（一）双向原则

该原则是指自上而下与自下而上相结合。自上而下即从全局到局部，是设计目标和任务逐级分解的过程，自下而上则是从局部到全局，是设计方案的系统集成的过程。在进行供应链设计时，一般由企业供应链管理者（如供应链总监 CSCO）根据企业所在的产品市场领域以及客户的产品与服务需求特性进行供应链规划，再结合采购与供应、生产运作、分销（拨）、客户服务以及物流等相关职能领域的业务流程特点进行详细设计。在供应链运营过程中，还要充分利用自下而上不断反馈的信息，对供应链进行优化、整合。因而供应链的设计与优化是自上而下与自下而上两种策略的有机结合。

（二）简约化原则

该原则也称简洁性原则。为了能使供应链具有快速响应市场需求变化的能力，供应链的环节要少，同时每个节点都应该是敏捷的，能够根据客户订单进行供应链的快速重构。因此，合作伙伴的选择就应该遵循“少而精”的原则。企业通过和少数业务伙伴建立战略联盟，努力实现从精益采购到精益制造，再到精益供应链这一目标。

（三）集优原则

供应链成员企业的选择应遵循“强强联合”的原则，以实现企业内外资源的优化整合。每个节点企业都应该具有核心业务，在理想的情况下都应该具有核心能力。并且需要实施“归核化”战略，将资源和能力集中于核心业务，培育并提升本企业的核心能力。成员企业间的“强强联合”将实现成员企业核心能力的协同整合，全面提升整个供应链系统的核心竞争力。

（四）优势互补原则

供应链成员企业的选择还应遵循“优势互补”的原则。“利益相关，优势互补”是组织之间或个体之间合作的一条基本原则。尤其是对企业这种营利性的经济组织而言，合作的前提是成员企业能实现优势互补。成员企业通过合作，取长补短，实现共赢。

（五）协调性原则

供应链的设计应体现协调性原则。每个成员企业在供应链中所处的位置与作用，在很大程度上取决于供应链管理目标实现的需要。为此，供应链中各个参与体的存在，应当根据供应链管理目标的达成进行取舍。同时，各成员企业至少要能够承担供应链的某一项职能，要能够从供应链绩效目标达成的角度体现出整个供应链的协调性。

（六）动态性原则

动态性是供应链的一个显著特征。一方面，企业经营环境是动态、复杂多变的，另一方面，由于成员企业间的相互选择，供应链的构成发生变化。为了能适应竞争环境，供应链节点应根据企业经营的需要动态更新。因此，供应链的设计应符合动态性原则，应根据企业发展的需要优化乃至重构供应链，以适应不断变化的竞争环境。此外，处于不同产业的企业，其供应链的类型与结构也有所不同，在设计、构建供应链时应体现权变、动态的原则，不可盲目照搬。

（七）创新性原则

市场竞争日益激烈，企业不创新便不能生存，更谈不上发展，因而创新是供应链设计的一条重要原则。要进行创新性设计，就要敢于突破现状、抛弃传统、破旧立新、标新立异，用新的思维审视既有的供应链模式，进行大胆的创新设计。

企业在对供应链进行创新设计时，要注意以下几点。

第一，目标导向。创新必须在企业总体目标和战略的指导下进行，并与企业的战略目标保持一致。

第二，客户导向。供应链的设计要从用户的需求出发，体现市场导向、需求导向的理念，最大限度地满足客户需求。

第三，集思广益。要充分发挥企业供产销、物流以及客户服务等相关人员的积极性、主动性和创造性，并加强与关键供应商和关键客户及其他关键合作伙伴的沟通，群策群力，确保供应链创新设计的有效性。

第四，科学决策。要建立科学的供应链设计项目评价体系和组织管理体系，并进行技术经济分析以及可行性论证。

（八）战略性原则

供应链的设计应具有前瞻性，应在企业竞争战略和供应链管理策略的指导下进行。供应链的规划与设计应从长计议，不能仅仅着眼于满足眼前企业运营的需要，还应该能够满足企业未来发展的需要。为此，供应链高级经理应至少对企业未来 5 年涉足的产品市场领域进行展望，并在此基础上进行供应链的顶层设计，确保战略性原则的贯彻与落实。

三、供应链的设计步骤

基于产品的供应链设计主要有以下八个步骤，如图 2.8 所示。

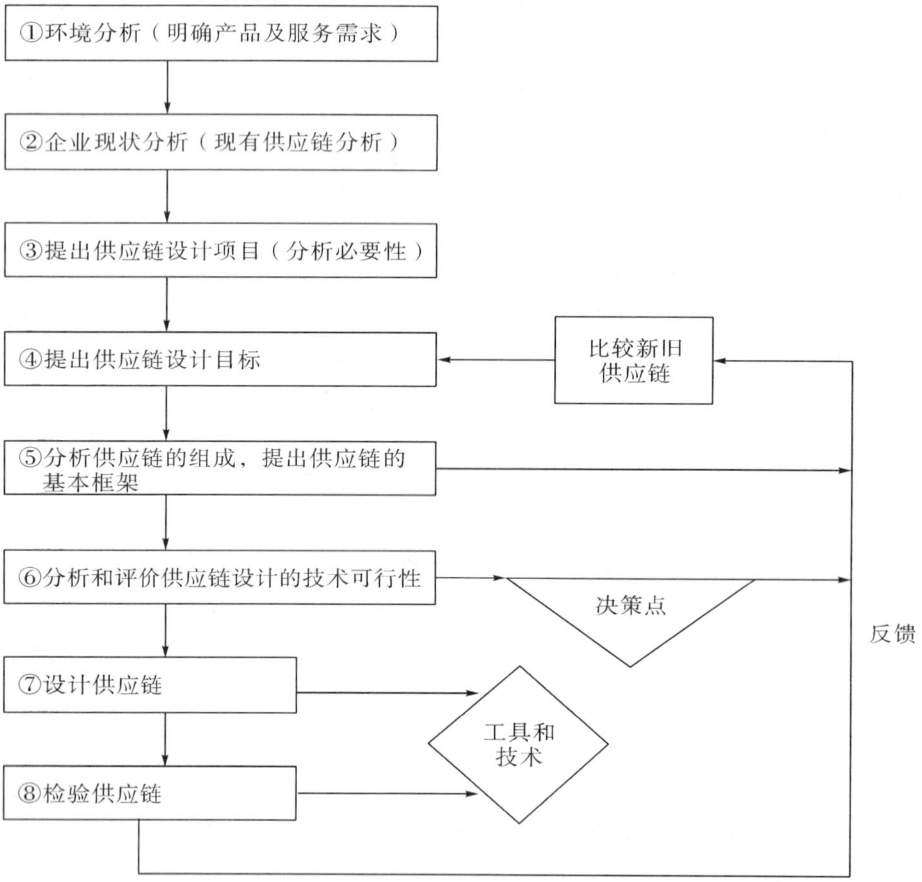

图 2.8　供应链的设计步骤

供应链的设计步骤（微课）

日本某服装制造商的经营策略（微课）

波特竞争模型和 PEST 模型在公司环境分析中的应用（微课）

（一）环境分析

市场竞争环境分析的主要目的是明确顾客的产品需求及相关服务需求，包括产品类型及其特征、相关服务需求及其特性。为此，企业需要运用PEST模型、波特竞争模型、产品生命周期（PLC）模型①等多种管理工具，分析经营环境，包括环境的不确定性、所在行业的成长性、市场的竞争性（特别是同业竞争者、关键的用户、关键原料或产品供应商、替代品或替代服务供应商、新入侵者/潜在进入者等特殊环境要素所构成的竞争威胁）；在市场调查、研究、分析的基础上确认用户的需求以及市场竞争压力。第一步输出的结果是按每种产品的重要性排列的市场特征。

（二）企业现状分析

这一步主要是分析企业供求管理的现状（若企业已经在实施供应链管理，则应着重分析供应链及其运营管理的现状），其目的是发现、分析、总结企业存在的问题（特别是影响供应链运营绩效的问题），找出影响供应链设计（或再设计/优化设计）的瓶颈环节，并明确供应链开发或改进的方向。

（三）提出供应链设计项目

这一步主要是针对存在的问题提出供应链设计项目，并分析其必要性。例如，是供应渠道需要优化还是分销渠道需要优化；是生产系统需要改进，还是客户服务水平需要提高；是供应链物流系统需要构筑，还是供应链信息系统需要集成，等等。

（四）提出供应链设计目标

供应链设计的主要目标在于寻求客户服务水平与服务成本之间的平衡，同时还可能包含以下目标：进入新市场、开发新的分销渠道、开发新的供应渠道、建立新的生产基地、改善售后服务水平、提高供应链的运营效率、降低供应链的运营成本等。

（五）分析供应链的组成，提出供应链的基本框架

供应链由供应商、制造商、分销商、零售商和用户等节点组成，进一步分析，供应链系统还包括供应链物流系统、供应链信息系统等子系统。因此，分析供应链包括哪些节点、哪些物流结点、这些节（结）点的选择与定位以及评价标准，提出供应链的基本框架，就成了这一步的主要任务。

（六）分析和评价供应链设计的技术可行性

本阶段的主要任务是进行供应链设计的技术可行性分析。如果技术可行，就可以进行下一步的设计；否则，就要进行回溯分析，对供应链的设计项目、设计目标、供应链的组成等进行重新评估。

（七）设计供应链

这一步是供应链设计的主要环节，包括以下主要内容。

（1）确认供应链的成员组成。成员主要包括供应商、制造商、分销商、零售商、用户、物流服务商、银行等金融机构、IT服务商等。

（2）明确物料的来源。企业需要考虑以下问题：是企业内部自制还是外购，是直接供应还是间接供应，是采用多层次的供应商网络还是单源供应等。

（3）生产系统设计。其主要包括产品决策、生产能力规划、生产物流系统设计等问题。

（4）分销系统与能力设计。其主要包括需求预测、目标市场选择、分销渠道设计（如

① 产品生命周期是分析企业所在行业成长性的一种重要工具。

采用多级分销还是直销模式，抑或采用多渠道系统）等问题。

（5）供应链物流系统设计。其主要包括：其主要生产资料供应配送中心、成品库、物流中心、区域分拨中心（RDC）、成品配送中心等物流结点的选择、选址与定位；运输方式的规划；物流管理信息系统的开发，包括仓库管理系统（WMS）、运输管理系统（TMS）、库存管理系统（IMS）以及进货管理系统等子系统的开发与集成；物流系统流量预估等。

（6）供应链信息系统设计。其主要解决基于 Internet/Intranet、EDI 的供应链成员企业间的信息组织与集成问题。

企业在设计供应链时，需要用到许多设计方法、工具和技术。前者如网络图形法、数学模型法、计算机仿真分析法、CIMS-OAS 框架法，后者如设计软件、流程图等。

（八）检验供应链

供应链设计完成以后，企业应采用一些方法和技术进行测试，抑或通过试运行进行检验。如果不可行，则要返回到第四步进行重新设计；如果可行，便可实施供应链管理。

任务 3　供应链的构建

供应链的构建包括供应链合作伙伴的选择、供应链组织机制的建立、供应链物流系统的构筑、供应链信息系统的构建以及供应链管理流程的设计等内容。

一、供应链合作伙伴的选择

供应链成员的选择是构建供应链的前提。供应链包括采购、供应、生产、分销、零售以及客户服务等多个环节的多家供应商、制造商、分销商、零售商、消费者（或用户）以及为这些节点提供服务的物流服务商、IT 服务商和银行等金融机构。可以说，供应链包括为满足客户需求，直接或间接涉及的所有环节。

一般而言，供应链节点企业在市场交易的基础上，为了共同的利益而结成相对稳定的伙伴关系。但供应链的主体企业，尤其是核心企业，通常主导供应链的运作和管理，因而其在合作伙伴的选择上往往具有一定的话语权。而供应链的非主体企业，其规模和竞争实力相对较弱，在供应链中常处于从属地位，往往无法主宰自己能否成为特定供应链的成员。能否成为合作伙伴，是企业间相互选择的结果。

合作伙伴的选择方法和步骤详见学习情境六任务 3“供应链合作伙伴的选择”。

二、供应链组织机制的建立

供应链组织机制是保证供应链有效运行的基础。由于供应链涉及多家企业的多个业务环节，而这些企业都是独立的市场经济主体，在管理上自成体系。要实现供应链的无缝衔接，各节点企业必须在相关业务环节上达成一致（形成无缝衔接的一体化流程），才能保证供应链运作的整体协调性。因而，供应链组织机制是各成员企业相关业务组织机制的集合，各成员企业必须从供应链整体出发，设计并构建相关的组织机制。

供应链组织机制由供应链成员、成员间的关系以及供应链业务衔接方式等要素组成。供应链组织机制的建立，是为了保证能合理利用和配置供应链资源，提升供应链运营效率，实现供应链价值的最大化。

三、供应链物流系统的构筑

供应链管理目标的实现离不开供应链物流系统的有力支撑。为此，我们需要从企业竞争战略的高度对供应链物流系统进行运筹和规划，并把供应链管理策略通过物流策略的贯彻实施得以落实。

供应链物流系统是供应链系统的一个子系统，它是以供应链管理及物流系统管理为基础，在物流系统设计与运作中注重网络关系管理，将物流网络的整体性与协作性作为突出特点的物流系统。与传统物流系统设计相比，供应链物流系统的设计更加强调成员企业的全员参与性、系统整体性、成员协作性以及运作协同性，通过企业间的合作来配置物流资源，以提高物流运作效率，降低物流运作成本，在实现供应链价值最大化的同时，达成成员企业的经营目标。

在构筑供应链物流系统时，要充分考虑供应链物流网络的优化、物流结点的选址、运输线路的优化、物流作业方法的选择与优化等问题，充分运用各种支持物流运作与管理决策的技术与方法来构建与供应链相匹配的物流系统，以对供应链的有效运行提供支持和保障。

四、供应链信息系统的构建

供应链信息系统的构建，主要解决基于 Internet/Intranet、EDI 的供应链成员企业间的信息组织与集成问题。传统的企业管理信息系统是以企业内联网和 ERP 为核心的，当今的供应链管理系统在 Internet 技术的推动和支持下，成为构建在电子商务基础之上的，以供应链管理软件为核心，以 EDI、条形码和 POS 系统等多种信息技术为辅助的体系结构。

首先，企业可以通过高速数据专用线连接到 Internet 骨干网中、通过路由器与自己的 Intranet 相连，再由 Intranet 内主机或服务器为其内部各部门提供数据服务。

其次，在集成化供应管理环境下，要实现企业内部独立的信息处理系统之间的信息交换，企业需要设计系统之间信息交换的数据接口。以往企业各部门的信息系统之间往往由于系统结构、网络通信协议、文件标准等环节的不统一而呈现分离的局面，而通过 Internet 或 EDI 的“标准化”技术，将以更方便、更低成本的方式来集成各类信息系统，更易达到数据库的无缝连接，使企业通过供应链管理软件将内外部信息环境集成为一个统一的平台整体。

最后，还要注意网络安全问题。安全问题至关重要，安全性是一个多方面的问题，系统必须保证只允许适当的人访问适当的信息，同时，必须解决 Web 服务器为服务器和浏览器之间的通信提供保密层加密。这可以保证有效地获取信息并防止信息被窃取。

五、供应链管理流程的设计

供应链的管理流程是保证供应链有效运营的关键。供应链的管理流程包括：供应链战略管理、供应链计划管理、供应链运作管理、供应链绩效管理和供应链关系管理（见图 1.7）。其中，供应链战略包括快速反应（QR）、有效客户反应（ECR）以及供应链集成战略等类型；供应链计划管理主要包括供应链需求预测与管理、匹配供需的供应链需求与供应计划（包括供应链综合计划、销售与运作计划等计划模式）、协同库存管理等内容；供应链运作管理包括供应链采购管理、供应链生产管理、供应链物流管理等内容；供应链绩效管理主要涉及供应链流程管理、供应链策略成本管理、供应链绩效评价等内容；供应链关系管理贯穿前述四个流程，主要涉及供应链协同管理、供应链可视化管理、供应链风险管理等内容。

实训项目 2：校园超市供应链的设计

校园超市供应链的设计（微课）

实训项目描述

学院后勤公司打算在学生生活区设立一家超市，面积约 150 平方米，经营的商品拟以小食品、学生生活用品以及学习用品等为主。假如你是学院后勤公司的业务主管，请你完成“校园超市供应链的设计方案”。

实训目标

学生通过实训，应达到以下目标：

（1）能有效开展市场调查；

（2）能正确进行市场竞争环境分析；

（3）能正确进行校园超市目标客户群体的需求分析；

（4）能正确进行校园超市经营商品的品类决策；

（5）能正确进行校园超市的选址决策；

（6）能正确绘制校园超市供应链的网链结构图；

（7）能正确绘制校园超市供应链的业务流程图。

实训内容

学生以小组为单位，完成以下实训内容：

（1）开展校园超市所在区域或服务区域的市场调查，并完成调查报告；

（2）进行校园超市所在区域或服务区域的市场竞争环境分析；

（3）进行校园超市服务的目标客户群体的需求分析；

（4）进行校园超市经营商品的品类决策；

（5）进行校园超市的选址决策；

（6）绘制校园超市供应链的网链结构图；

（7）绘制校园超市供应链的业务流程图；

（8）完成校园超市供应链的设计方案。

建议实训时间

8h（其中课内 4h，课余 4h）

注意事项

（1）校园超市供应链主要涉及供应商、零售商、消费者三个层级；

（2）供应商可能包括学习用品供应商、日用品供应商、食品供应商、饮料供应商、假日用品供应商等类型；

（3）校园超市的目标客户群体主要是在校大学生，此外还涉及老师、外来人员等参与体；

（4）校园超市供应链的流程包括：需求预测、销售与运作计划的制订、商品采购与供应、退货、客户服务等。

小结

有效构建供应链是成功进行供应链管理的基础，而科学合理地设计供应链则是有效构建供应链的前提。供应链有链状、网状、网链状以及石墨层状等几种结构模型，其中网链结构模型比较典型。供应链的设计策略主要有基于产品、基于成本、基于多代理的供应链设计策略，其中，较成熟、应用较广泛的是基于产品的供应链设计策略。根据该策略，功能型产品与有效性供应链相匹配，创新型产品与响应型供应链相匹配。按照供应链设计策略矩阵，根据需求与供给的不确定性程度，可以将供应链设计为效率型、响应型、敏捷型以及风险规避型等类型的供应链。供应链的设计应遵循双向、简约、集优、互补、协调、动态、创新以及战略性原则。供应链的构建包括供应链合作伙伴的选择、供应链组织机制的建立、供应链物流系统的构筑、供应链信息系统的构建以及供应链管理流程的设计等内容。

同步测试

一、判断题

1. 构建供应链的前提是科学合理地设计供应链。（　）
2. 在跨境电子商务快速发展的今天，全球网络供应链越来越多。（　）
3. 设计和构建一个有效的供应链，对于企业的成功至关重要。（　）
4. 供应链包括链状、网状、网链状等基本结构模型。（　）
5. 产品类型不同，供应链的类型和结构往往也不同。（　）
6. 供应链的结构因行业而异。（　）
7. 链状供应链比网状供应链更加容易控制，因此，未来供应链的发展趋势是朝链状结构方向发展。（　）
8. 基于成本的供应链设计策略主要注重供应链运作成本的降低，可能会导致次优的结果。（　）
9. 在设计供应链时，企业进行市场竞争环境分析的主要目的是明确顾客的产品需求及相关服务需求，包括产品类型及其特征、相关服务需求及其特性。（　）
10. 基于产品的供应链设计策略应该与企业的业务战略相适应，并能够最大限度地支持企业的竞争战略。（　）

二、单选题

1. 基于（　）的供应链设计策略是根据供应链总成本最优的原则来选择供应链节点，实现最佳的节点组合的一种供应链设计策略。

A. 产品　B. 成本　C. 多代理　D. 时间

2. （　）是分析企业所在行业成长性的重要工具。

A. SWOT　B. PEST　C. PLC　D. 五力模型

3. 下列属于比较典型的供应链结构模型的是（　）。

A. 链状结构模型　B. 网状结构模型

C. 网链状结构模型　　D. 石墨层状结构模型

4. 下列不属于供应链设计原则的是（　　）。

A. 简洁性原则　　B. 协调性原则　　C. 战略性原则　　D. 互利性原则

5. 我们应该在（　　）设计供应链。

A. 产品开发的初期　　B. 产品生产的过程中

C. 产品销售的过程中　　D. 售后服务时

6. 根据基于产品的供应链设计策略矩阵，经营创新型产品的企业应该将其供应链设计为（　　）供应链。

A. 有效性　　B. 反应性　　C. 创新性　　D. 功能性

7. 基于产品的供应链设计策略矩阵，经营功能型产品的企业应该将其供应链设计为（　　）供应链。

A. 有效性　　B. 响应性　　C. 反应性　　D. 功能性

8. 基于产品的供应链设计策略是（　　）提出的。

A. 迈克尔·波特　　B. 马歇尔·费希尔　　C. 拉舍尔　　D. 彼得·德鲁克

9. 供应链管理目标的实现离不开（　　）的有力支撑。为此，我们需要从企业竞争战略的高度对供应链物流系统进行运筹和规划，并把供应链管理策略通过物流策略的贯彻实施得以落实。

A. 供应链信息系统　　B. 供应链物流系统

C. 供应链管理系统　　D. 供应链物流作业系统

10. 供应链管理系统在因特网技术的推动和支持下，成为构建在电子商务基础之上的，以（　　）为核心，以 EDI、条形码和 POS 系统等多种信息技术为辅助的体系结构。

A. ERP　　B. 企业内联网　　C. 供应链管理软件　　D. MIS

三、多选题

1. 供应链的结构模型包括（　　）。

A. 链状结构模型　　B. 网状结构模型

C. 网链状结构模型　　D. 石墨层状结构模型

2. 供应链的设计策略包括（　　）。

A. 基于产品的供应链设计策略　　B. 基于成本的供应链设计策略

C. 基于多代理的供应链设计策略　　D. 延迟策略

3. 按照供应链设计策略矩阵，根据需求与供给的不确定性程度，可以将供应链设计为（　　）供应链。

A. 效率型　　B. 响应型　　C. 敏捷型　　D. 风险规避型

4. 供应链的设计应遵循（　　）原则。

A. 协调　　B. 简约　　C. 集优　　D. 互补

5. 供应链的构建包括（　　）内容。

A. 供应链合作伙伴的选择　　B. 供应链组织机制的建立

C. 供应链物流系统的构筑　　D. 供应链信息系统的构建

6. 链状供应链结构的缺陷包括（　　）。

A. 供应链容易中断　　B. 不利于产品快速、大幅度覆盖市场

C. 供应链容易出现信息的扭曲和失真　　D. 有利于加强对供应链的控制

7. 供应链参与体包括（　　）。

A. 制造商　　B. 供应商　　C. 零售商　　D. 物流商

8. 下列说法正确的是（　　）。
   A. 若需求与供给都相对稳定，可以设计为效率型供应链
   B. 若需求与供给的不确定程度都高，可以设计为敏捷型供应链
   C. 若供给稳定而需求的不确定性程度高，可以设计为响应型供应链
   D. 若需求稳定而供给的不确定程度高，可以设计为风险规避型供应链
9. 企业在设计供应链时需要进行环境分析，一般用到的工具包括（　　）。
   A. PEST 模型　　B. 波特竞争模型
   C. 产品生命周期（PLC）模型　　D. 鲁棒模型
10. 关于供应链信息系统构建的说法正确的是（　　）。
   A. 应主要解决基于 Internet/Intranet、EDI 的供应链成员企业间的信息组织与集成问题
   B. 供应链信息系统应该以供应链管理软件为核心
   C. 供应链信息系统应该以 EDI、条形码和 POS 系统等多种信息技术为辅助手段
   D. 供应链信息系统应该以企业内联网和 ERP 为核心

四、案例分析题

惠普打印机供应链的优化

惠普公司成立于 1939 年。惠普台式喷墨打印机于 1988 年进入市场，并成为惠普公司的主要成功产品之一。惠普公司生产的台式喷墨打印机系列产品在全球打印机市场上享有盛誉。

一、惠普打印机原来的供应链

供应链是由采购原材料，将其转化为中间产品和成品，最后交到用户手中的过程。供应商、制造商、分销中心、零售商和用户一起构成了原来的供应链。如图 2.9 所示。

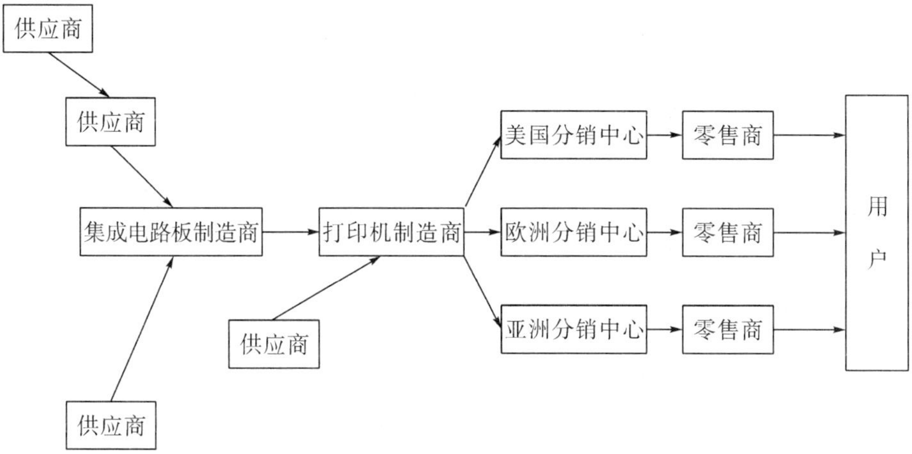

图 2.9　惠普公司打印机产品原来的供应链

惠普公司拥有 5 个位于不同地点的分支机构负责打印机的生产、装配和运输。在以往的生产和管理方式下，各成品厂装配好通用打印机之后直接进行客户化（customization）包装，产品将分别销往美国、欧洲和亚洲。为了达到 98%的订单及时满足率，及时响应顾客需求，各分销中心需要持有大量的安全库存（一般需要 7 周的库存量）。

二、存在的问题

惠普打印机的生产、研发机构分布于 16 个国家，销售服务机构分布于 110 个国家，而其总产品超过 22 000 类。欧洲和亚洲的用户对于台式打印机的电源供应（电压有 110v 和 220v 的区别，插件也有

所不同)、语言(操作手册)等有不同的要求,需要对打印机实现定制,以前这些都由温哥华的公司来完成,之后经由北美、欧洲和亚太地区的3个分销中心进行分销。这样的生产组织策略,我们称之为“工厂本地化”(factory localization)。

分销商们都希望尽可能降低库存量,同时尽可能快地满足客户的需求。这样导致惠普公司感到保证供货及时性的压力很大,从而不得不采用备货生产的方式以保证对分销商供货准时的高可靠性,因而分销中心成为持有大量安全库存的物流据点。

工厂本地化与分销中心本地化的区别(微课)

原材料、零部件的交货质量,业务流程效率,需求的变化等因素导致不能及时补充分销中心的库存,需求的不确定性导致库存堆积或者分销中心的重复订货。

此外,需要用大约1个月的时间将产品海运到欧洲和亚太分销中心,这么长的提前期导致分销中心没有足够的时间去对快速变化的市场需求做出反应,欧洲和亚太地区就只能以大量的安全库存来保证对用户需求的满足,占用了大量的流动资金;若某一地区产品缺货,为了应急,可能会将原来为其他地区准备的产品拆开重新包装,造成更大的浪费。但是,提高需求预测的准确性也是一个主要难点。公司管理者希望在不牺牲顾客服务水平的前提下改善这一状况。

三、解决方案

供应链管理者对原来的供应链进行了优化。重新设计的供应链如图2.10所示。供应商、制造商(温哥华,Vancouver)、分销中心、零售商和用户构成了惠普台式打印机新的供应链。

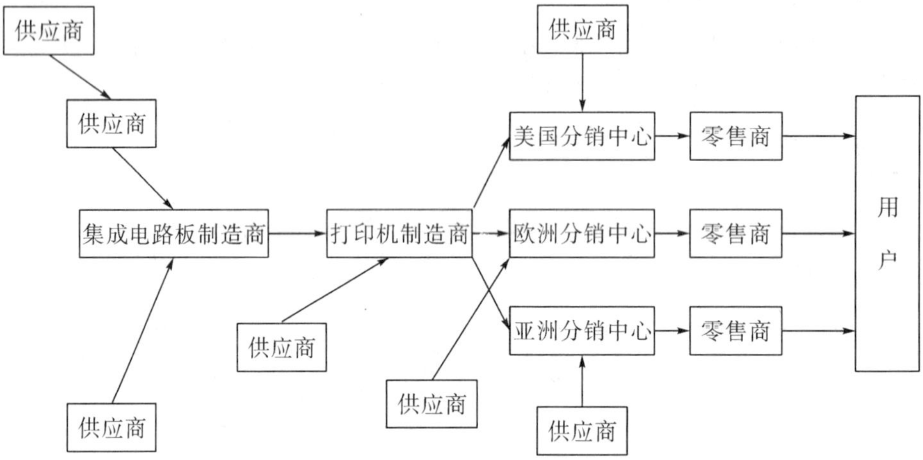

图2.10 惠普公司打印机产品新的供应链

在这个新的供应链中,主要的生产制造过程由在温哥华的惠普公司完成,包括印制电路板的组装与测试(printed circuit board assembly and test,PCAT)和总机装配(final assembly and test,FAT)。PCAT过程中,电子组件(诸如ASTCS、ROM和粗印刷电路板)组装成打印头驱动板,并进行测试;其中的各种原材料、零部件由惠普的子公司或分布在世界各地的供应商供应。在温哥华生产通用打印机,通用打印机运输到欧洲和亚洲后,再由当地分销中心或代理商加上与地区需求一致的变压器、电源插头和用当地语言写成的说明书,完成整机包装后由当地经销商送到消费者手中。这样就改变了以前由温哥华的总机装配厂生产不同型号的产品,保持大量的库存以满足不同需求的情况。为了达到98%的订货服务目标,原来需要7周的成品库存量现在下降到5周,一年大约可以节约3 000万美元,电路板组装与总装厂之间也基本实现无库存生产。同时,打印机总装厂对分销中心实施JIT供应,以使分销中心保持目标库存量(预测销售量+安全库存量)。通过供应链管理,惠普公司实现了降低打印机库存量的目标，通过改进供应商管理，减少了因原材料供应而导致的生产不确定性和停工等待时间。

四、效果

安全库存周期缩短到 5 周，从而减少了库存总投资的 18%，仅这一项改进便节省了 3 000 万美元的库存成本。由于通用打印机的价格低于同类客户化产品，从而又进一步节省了运输费用、关税等成本。此外，延迟策略的实施，使供应链周期缩短，从而对需求预测的不准确性或是外界需求的变化都有很好的适应性，一旦发现决策错误，可以在不影响顾客利益的情况下以较小的损失较快地加以纠正。

（本案例根据华蕊、马常红《供应链管理》中“惠普公司的供应链构建”案例改编）

根据案例提供的信息，请回答以下问题：

1. 惠普公司后来的供应链与原来的供应链有什么不同？请从结构和类型上加以分析。

2. 惠普公司温哥华总厂的生产活动发生了什么变化？

3. 惠普公司分销中心的功能发生了什么变化？

4. 惠普公司分销中心的类型发生了什么变化？

5. 请说明物流中心、分拨中心、分销中心、配送中心的区别与联系。

6. 惠普公司的三个分销中心是否属于 RDC①？是否属于广域物流中心？

7. 惠普公司是否实施了延迟策略？如果实施了，实施的是哪一种延迟策略？有何好处？（本题参见学习情境三任务 2“供应链需求管理”）

8. DP 点（缓冲存货点）发生了什么变化？有何好处？（本题参见学习情境三任务 4“供应链库存管理”）

9. 惠普公司为什么要对其供应链进行重新设计？

10. 请描述惠普公司原来的供应链业务流程和后来的供应链业务流程。

11. 惠普公司将其供应链管理策略进行了怎样的调整？（本题参见学习情境五“供应链管理策略的选择与实施”）

12. 惠普公司采取了何种采购模式？从采购制度来分析，你认为惠普公司应该采取何种采购模式？为什么？（本题参见学习情境四任务 1“供应链采购管理”）

配送中心（DC）的功能与类型（微课）

物流中心、配送中心、分拨中心、分销中心的关系（微课）

① RDF，即区域分拨中心（regional distribution center）。

学习情境三

供应链计划管理

【知识目标】

1. 掌握供应链需求预测的方法
2. 理解延迟策略
3. 理解供应链综合计划的内涵
4. 掌握供应链综合计划的基本策略
5. 理解销售与运作计划的内涵
6. 理解供应链库存计划与控制的关键
7. 理解周转库存和安全库存在供应链中的作用
8. 掌握供应链周转库存和安全库存的确定方法
9. 掌握缓冲存货点的递变规律
10. 掌握供应商管理库存（VMI）
11. 掌握联合库存管理（JMI）
12. 理解牛鞭效应的内涵、危害与成因

【能力目标】

1. 能进行供应链需求预测
2. 能运用延迟策略和定价策略对供应链需求进行管理
3. 能合理设置缓冲存货点
4. 能对供应链库存进行控制与优化
5. 能正确选择协同库存管理方法（方式）
6. 能有效减弱牛鞭效应

【引例】

红番茄工具公司的供应链综合计划

红番茄工具公司是墨西哥一家拥有园艺设备制造设施的小工厂，公司的产品主要通过零售商在美国销售。红番茄公司的生产过程主要是把采购的配件装配成多功能的园艺工具。因为生产线需要有限的设备和空间，所以其产能主要由员工数量决定。

红番茄公司产品需求的季节性很强。需求旺季是春天，因为很多家庭在花园种花时要使用园艺工具。该公司决定使用供应链综合计划来克服需求随季节变化的障碍，同时实现公司利润的最大化。红番茄公司应对需求随季节性变化的方法有：在旺季时增加员工数量、签订转包合同、在淡季时设立库存、延期交货。为了通过综合计划找到最好的方法，该公司的供应链总监把需求预测作为第一项任务。尽管红番茄公司可以独立预测需求，但与零售商和供应商合作，能够产生更理想的预测结果。供应链总监的目标就是制订一个最理想的综合计划来满足需求，同时实现公司利润最大化。

引导问题：

1. 什么是供应链综合计划？
2. 如何制订供应链综合计划？
3. 制订供应链综合计划时为什么要进行需求预测？
4. 如何进行供应链计划管理？

任务 1 供应链需求预测

【引例】

7-11 公司利用预测的特点来改善经营绩效

7-11 公司是日本零售业巨头①、世界最大的连锁便利店集团，也是拥有最先进物流系统的便利连锁店集团。它的成功在很大程度上是因为公司采用了多频次小批量的补货方式。7-11 公司利用长期预测的准确性比短期预测的准确性低的特点来改善经营绩效，公司的补货制度能在几个小时内对市场需求做出快速反应。例如，零售店经理需要在每日上午 10 点向配送中心下达补货通知，而配送中心能确保在当天晚上 7 点准时交货。这样，零售店经理就只需要预测当天晚上的需求量，预测的提前期只有 9 个小时。由于预测提前期的缩短，零售店经理就可以更加准确地把握有关商品的销售信息，如天气状况、竞争者的促销等情况。相应地，零售店经理的需求预测准确率就比提前一周甚至三天预测的准确率高得多。

引导问题：

1. 7-11 公司为什么能取得成功？
2. 供应链需求预测有何特点？
3. 供应链需求预测有哪些方法？
4. 供应链需求预测包括哪些基本步骤？
5. 如何对供应链需求进行预测？
6. 如何对供应链需求进行管理？

供应链需求预测是进行供应链计划管理的首要任务。供应链需求预测是制订供应链需求与供应计划以及进行供应链库存计划与控制的前提。

供应链节点企业之间具有供需关系，而供应链管理的重点是供需的协调。为了匹配供需，企业就需要对供应链需求进行预测。

---

① 7-11 品牌原属美国南方公司，2005 年后属于日本 Seven&I Holdings 公司。

一、供应链需求预测的认知

（一）需求预测的概念

需求的认知（微课）　　需求预测的概念（微课）　　需求预测的原理（微课）

需求预测是针对未来一定时期，企业或用户对产品族或特定产品（或服务）的需求数量和需求金额的估计。需求预测的目的在于通过充分利用现在和过去的历史数据、考虑未来各种影响因素，结合本企业的实际情况，采用恰当的预测方法，提出切实可行的需求目标，为企业制订经营计划、营销计划、生产计划以及采购与供应计划等工作奠定基础。

一般而言，某产品或服务的需求主要取决于该产品或服务的市场容量以及该企业所拥有的市场份额。

（二）供应链需求预测的意义

对供应链管理而言，需求预测具有非常重要的意义，它是制订供应链各项计划的基础和前提。当供应链节点企业独立地预测需求时，预测通常比较困难，还会造成需求与供给的脱节；而当供应链成员企业协同预测需求时，通常会提高需求预测的准确性，提高供给与需求匹配的能力，从而提高供应链的运营绩效。

供应链需求预测的意义（微课）

［案例］　　“李宁”公司的供应链需求预测

“李宁”公司在湖北荆门的李宁工业园内有7家核心供应商，分别组建服装集团和鞋业集团，在该工业园内从事服装和鞋类生产。其中，广东顺德永达制衣有限公司、广东顺德勤顺针织有限公司、广东佛山南海KEE拉链公司、台巨纺织（上海）贸易有限公司（面料供应商）四家公司共同组建的湖北动能体育用品有限公司为“李宁”公司提供运动服装。由广东佛山力天鞋业有限公司、厦门厦福立鞋业有限公司、福建泉州怡德公司（生产鞋底）合资成立的湖北福力德鞋业有限公司为“李宁”公司提供慢跑鞋、足球鞋、篮球鞋、休闲鞋等各类运动鞋。而“李宁”公司负责物流基地和研发中心的建设，成为价值链和供应链的真正整合者、管理者和分配者。“李宁”公司将品牌设计中心、原料供应商、制造商、物流中心、配送中心和分销商等参与体有效地整合在一起，以实现成本最小、效率最高。为了能及时捕捉市场需求变化的信息并对需求做出快速响应，这些供应链参与体必须协同预测需求。图3.1反映了以“李宁”公司为核心企业的供应链需求预测的过程。

通过协同预测，“李宁”公司及其供应链成员企业及时把握了需求，提高了供应与需求的匹配能力。在及时满足市场需求的同时，供应链库存周转天数下降到50天左右，比2003年时缩短了2/3，增强了供应链竞争力。

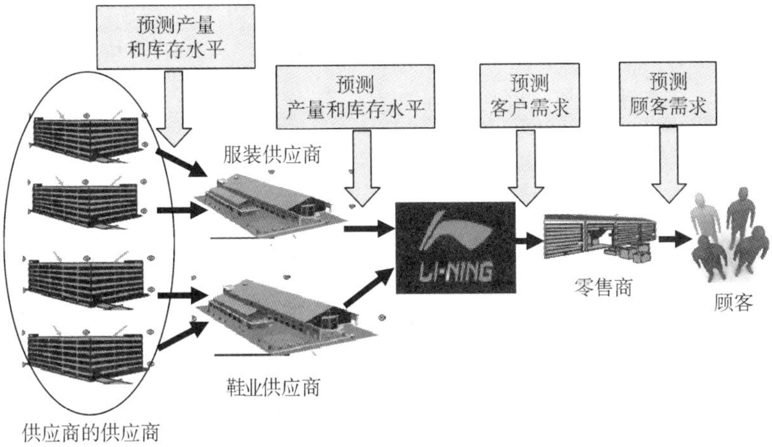

图 3.1　"李宁"公司供应链需求预测

（三）供应链需求预测的特点

供应链需求预测具有以下主要特点：①预测通常有误差；②提前期长短影响预测的精确度；③对产品族的预测精确度高于单品；④上游节点的预测精确度通常低于下游节点。

［案例］　　沃尔玛与宝洁公司的合作

沃尔玛利用需求预测与提前期的关系规律加强了与宝洁公司的合作，提高了协同预测的准确性。图 3.2 反映的是沃尔玛对其经销的宝洁公司的某产品的需求预测误差与提前期的关系。

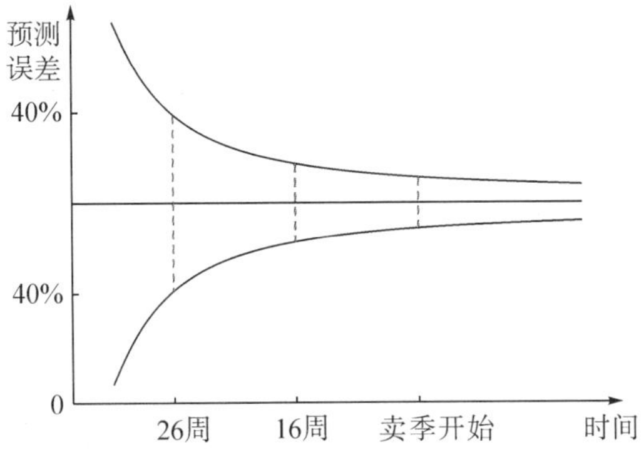

图 3.2　需求预测的误差与提前期的关系

利用需求预测与提前期之间的关系这一规律，沃尔玛加强了与其供应商宝洁公司的合作。沃尔玛在每天晚上将当天销售的宝洁公司产品的 POS 数据通过 EDI 传递给宝洁公司，宝洁公司据此调整其需求预测值，成功地实现了供应商管理库存（VMI）。而在此之前，宝洁公司一般是每月更新一次需求预测值，它所使用的信息至少是过期一周的。

（四）供应链需求预测的分类

按照时间跨度，我们可以将需求预测划分为长期预测、中期预测和短期预测三种类型。

需求预测的分类（微课）

（1）短期预测。短期预测的时间跨度通常不超过 3 个月，最长不超过 1 年，主要用于补货需求预测、物料需求预测以及满足生产作业计划安排等业务工作需要的预测。

（2）中期预测。中期预测的时间跨度通常是3个月到3年，主要用于满足企业销售计划制订、生产计划制订以及编制预算等职能工作需要的预测。

（3）长期预测。长期预测的时间跨度通常在3年及其以上，主要用于满足企业战略规划、新产品研究开发以及财务预测等工作的需要。

二、供应链需求预测的步骤

供应链需求预测一般包括以下六个步骤，如图3.3所示。

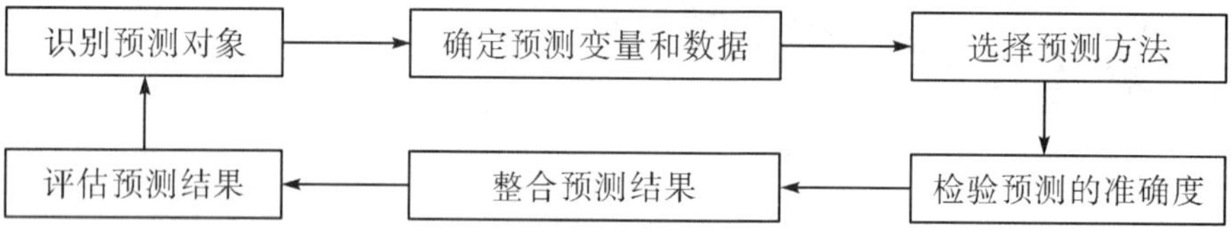

图3.3　供应链需求预测的步骤

（1）识别预测对象。供应链需求预测通常是利用历史数据去预测未来需求。因此，首先要明确预测对象。在供应链的不同环节或企业的不同管理职能上，预测的对象往往不同。例如，营销部门通常预测市场变化的趋势；销售部门一般预测各细分市场上特定目标客户群体的需求量（销售量）；生产部门一般是为了有效制订并管理生产计划而预测每种产品所需的产量；财务部门通常预测的是销售额，并据此编制预算；物流部门一般预测对产品族的物流需求，并据此编制运输、配送等物流计划，目的是提高物流运作的效率，降低物流运作的成本。

（2）确定预测变量和相关的数据及信息。产品（或服务）的需求与供应是基本的预测变量，但需求量和供应量一般不同。因为如果某种产品缺货，企业将无法满足这部分需求。买方会选择使用替代品或直接从竞争对手处购买所需的商品。因此，实际需求量可能会高于供应量。与预测有关的数据和信息包括：①需求量——对某种产品（或服务）的市场总需求量；②供应量——消费者或用户可获得的产品数量；③产品（或服务）特性——影响需求的产品（或服务）特性；④市场竞争情况——目标企业与主要竞争对手的市场占有率、竞争对手（包括替代竞争者）的降价、促销等信息；⑤历史销售数据——目标企业的历史销售数据；⑥促销计划——目标企业的促销计划。

（3）选择预测方法。供应链需求预测的方法主要包括：定性预测法、定量预测法以及计算机仿真（模拟）等几类方法。每一种预测方法都有其优点、缺点和适用范围。例如，如果需求有季节性特征，就应该选择融合了季节性因素的预测方法。同时，还可以采用自上而下或自下而上以及两者相结合的预测方法。自上而下的预测方法是企业首先对产品族的需求进行预测，然后再对单品的需求进行预测；自下而上的预测方法则相反，企业先预测客户对单品的需求，再预测对产品族的需求。一般而言，多种预测方法并用，可以提高预测的准确性。

需求预测的基本方法（微课）

需求预测方法综述（微课）

（4）检验预测的准确度。准确度反映的是预测值与真实值之间的吻合程度。此外，企业还可以用偏差来衡量预测结果偏离实际需求量的程度。如果偏差过大，抑或偏差持续过高或过低，可能的原因之一是预测方法选择不当。

（5）整合预测结果。由于供应链的不同环节或企业的不同职能部门预测的对象不同，尽管从理论上讲，这些环节或部门预测的结果应该相同，但事实上，由于预测主体不同，各预测主体采用的预测方法不同，预测使用的数据不同，多种因素往往会使预测的结果不一致。为此，企业可以先按照职能进行预测，再整合预测的结果，以提高预测的准确性。

（6）评估预测结果。预测的结果应由供应链各级管理人员进行评估，以确保预测结果的正确性和合理性。我们通过评估可以发现问题，分析原因，对症下药，不断完善预测的过程和所使用的数据。为此，企业应确定需求预测绩效的评估方法，以评价需求预测的准确性与时效性。一般地，可以用“平均预测时间”来衡量需求预测的时效性，以反映需求预测工作的效率；可以用“需求预测偏差率”来衡量需求预测的准确性。需求预测偏差率计算公式如下：

需求预测偏差率=(需求预测值-实际需求量)/实际需求量×100%=(预测的销售量-实际销售量)/实际销售量×100%

［**案例**］　　**A 电子商务企业的需求预测绩效评估**

A 电子商务企业根据需求预测的结果从供应商那里进货。供应商的供应提前期是两个月。因此，A 电子商务企业必须在卖季开始前两个月进行需求预测。在卖季结束后，A 电子商务企业的管理人员把实际销售量和预测的销售量进行比较，以判断需求预测的准确程度。接下来，管理人员分析需求预测误差产生的原因，并采取有效措施来减少误差，或对预测值进行修正，使其尽可能与真实的需求量一致。

三、供应链需求预测的方法

供应链需求预测的方法（微课）

供应链需求预测的方法主要包括：定性预测法、定量预测法以及计算机仿真（模拟）等几类方法。其中，定性预测法也称判断预测法，主要包括专家预测法（包括专家会议法和德尔菲法等方法）、主观概率法、部门主管讨论法、市场人员意见汇集法（销售人员估计法）等方法；定量预测法又包括时间序列分析法、因果关系分析法（因果联系法）等几类方法。其中，时间序列分析法包括移动平均法（简单移动平均法、加权移动平均法）和指数平滑法（简单指数平滑法、趋势矫正指数平滑法）等方法；因果关系分析法包括回归分析法（一元回归分析法/多元回归分析法、线性回归分析法/非线性回归分析法）和经济计量法等方法。

在进行供应链需求预测时，企业应该选择什么预测方法，需要结合企业经营的产品类型、需求特性及供应链的类型等因素进行考虑，从需求量和需求特性（需求的不确定性）两个维度去分析，结合企业的实际情况进行选择。如图 3.4 所示。

在效率型供应链中，由于企业经营功能型产品、面临的市场需求相对稳定，可预测性程度高，因此其适合采用时间序列法来预测产成品需求；在响应型供应链中，由于企业经营创新型产品或个性化较突出的产品，需求的不确定性程度高、可预测性差（预测的误差较大），因此其需要预测供应链的系统柔性和产能储备。若需求的不确定性程度高且需求量大（如电脑），则企业可以用时间序列法来预测零部件的需求，用定性预测法和因果分析法来预测产成品的需求变化趋势；若需求的不确定性程度高且个性化较突出（如汽轮机），则企业可以用定性预测法和因果分析法来预测产成品的需求变化趋势。

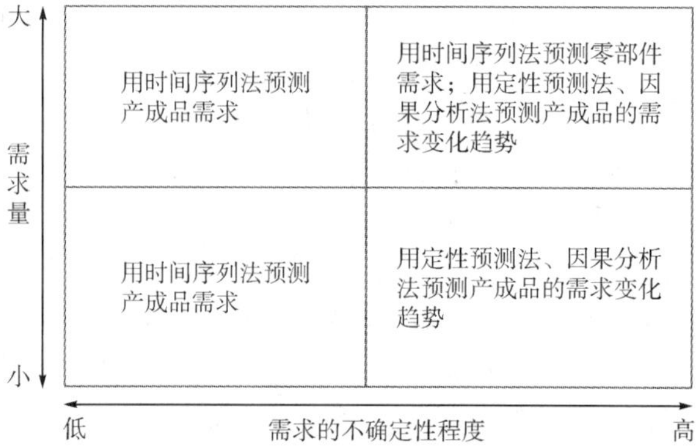

图 3.4 供应链需求预测的方法

（一）定性预测法

定性预测法是指预测者依靠熟悉业务知识、具有丰富经验和综合分析能力的市场人员、业务主管与相关领域的专家，根据已掌握的历史资料和直观材料，运用上述人员的经验和分析判断能力，对未来需求进行预测的方法。这类方法是基于有根据的推测或根据专家的知识、智慧与经验进行预测，简单易行、方便、灵活，可以较快地得出预测结果，常用于预测市场需求的变化趋势。但该法易受预测者主观因素的影响，易受预测者的知识、经验和主观判断能力的限制，尤其是缺乏对需求变化的精确描述。当企业对预测对象的数据资料掌握不充分或缺乏历史数据（例如新产品研究开发之前的需求预测）、预测影响因素复杂且难于进行定量预测时，这类方法是不错的选择。定性预测法包括专家预测法、主观概率法、部门主管讨论法、市场人员意见汇集法（销售人员估计法）等方法。

1. 专家预测法

专家预测法是指由专家来进行需求预测的一种方法。其突出特点是参加预测的人员必须是与预测问题有关的专家，即具有专业知识、精通业务、在预测领域积累丰富经验、富有创造性和分析判断能力的人。专家预测法包括专家会议法和德尔菲法两种方式。

（1）专家会议法。

专家会议法是组织有关专家进行调查研究，通过座谈、讨论得出预测结论的一种预测方法。具体而言，企业要根据预测的目的和要求，向一组经过严格挑选的专家提供相应的背景资料，通过会议的形式让其对预测对象及其前景进行分析与评估，企业进而在综合专家分析与判断的基础上，对需求变化趋势做出量的推断。

（2）德尔菲法。

[**案例**] **德尔菲法的由来**

美国著名的兰德咨询公司在 20 世纪 50 年代接受美国空军委托的课题“如果苏联对美国发动核袭击，其袭击目标会在什么地点及后果如何”（因为是军方的绝密课题，故以古希腊阿波罗圣殿所在地“德尔菲”来命名）时，发现通过建立数学模型进行定量预测，很难准确地预测出结果，遂改为专家估计（背靠背）的方法，依靠其独创的行为集结法成功地综合了众多专家的智慧和直觉判断。从此以后，该法就被冠以“德尔菲法”而广泛应用于复杂问题的预测与决策中。

德尔菲法属于专家预测法的一种。该法是按照一定的程序，采用“背靠背”的方式反复征询专家小组成员的意见。经过几轮意见征询与信息反馈，使各种不同的意见渐趋一致。

最后经汇总并采用数理统计的方法进行收敛，得出比较合理的预测结果，供决策者参考的预测方法。该法主要有3个特点：匿名性、反馈性与收敛性。实施德尔菲法一般包括以下5个步骤：第一，成立预测课题小组，确定预测目标；第二，选择和邀请专家；第三，设计征询表；第四，逐轮咨询和信息反馈；第五，采用统计分析方法对预测结果进行定量评价和表述。

定性预测方法——德尔菲法(微课)

［小贴士］　**运用德尔菲法进行需求预测的程序**

在运用德尔菲法进行需求预测时，由协调者以函件形式，向互不见面的有关专家发出问题表，要求专家对所列问题做出明确回答。收回的答案经协调者归纳、整理和分析后，再将结果以函件形式发送给有关专家。如此反复多轮沟通。在此期间，专家可以根据上轮归纳的结果，修改或坚持自己的意见，并提出坚持或修改的理由。采用该法须运用特制的调查表格，并将结果进行整理、综合和归纳。

2. 主观概率法

主观概率是预测者凭经验或预感估算出来的概率。它与客观概率不同。客观概率是人们根据事件发生的客观性统计出来的概率。在很多情况下，预测者没有办法去准确计算事件发生的客观概率，而只能用主观概率来取代。主观概率法是一种适用性很强的统计预测方法，可以用于供应链需求预测。运用该法进行需求预测主要包括四个步骤：准备相关资料、编制主观概率调查表、汇总整理、判断预测。

3. 部门主管讨论法

该法是将企业中与需求预测有关的各级主管（如市场部经理、营销部经理等）召集起来，让他们对未来需求及其变化趋势或特定目标市场的需求进行预测。在此基础上，将各级主管预测的意见汇总、研究、分析并综合处理，得出最终的预测结果。

4. 销售人员估计法

由于销售人员直接与用户打交道，他们对市场情况比较熟悉，对商品是否畅销比较了解，清楚地知道消费者对商品（或服务）的需求规格、品种与款式，因此，企业可以让销售人员或市场人员分别对需求进行预测，再将这些预测值汇总、分析并综合处理，得到最终的预测结果。

［案例］　**X公司采用销售人员估计法进行需求预测**

X公司通过听取销售人员的意见来预测市场需求。具体做法是先让每个销售员对下一年度某产品的最高销售量、最可能销售量、最低销售量及其概率分别进行估计，并提出书面意见，再由预测管理部门取其算术平均均值作为需求预测值。X公司的需求预测计算过程如表3.1所示。

表3.1　X公司的需求预测表

销售员	最高销售量（件）(P_1)	最可能销售量（件）(P_2)	最低销售量（件）(P_3)	加权平均值（件）$\sum_{i=1}^{3} X_i P_i$
甲	1 000（0.3）	800（0.5）	500（0.2）	800
乙	1 000（0.2）	700（0.5）	400（0.3）	670
丙	900（0.2）	600（0.6）	400（0.2）	620
算术平均值（件）$(\sum_{i=1}^{3}\sum_{i=1}^{3} X_i P_i)/3$	—	—	—	697

该法简单明了，易于操作。而且由于预测值源自市场人员，可靠性比较大，能较真实地反映公司下个年度的产品需求。实践证明，采用销售人员估计法进行需求预测比较奏效。尽管销售人员的预测值存在偏差，但取其算术平均值后，预测偏差可相互抵消，结果仍然比较理想。另外，有些预测偏差可以预先识别并及时纠正，能进一步提高预测的准确性。

（二）定量预测法

定量预测法是指预测者根据比较完备的历史性销售数据等统计资料，运用一定的数学方法对统计数据进行科学的分析、处理，找出预测目标与有关变量之间的规律性联系，用于预测未来需求的一类预测方法。其主要特点是充分利用统计资料并建立数学模型来进行需求预测。这类预测方法偏重于对未来需求的量化分析、描述与判断，更多地依据历史性统计资料来预测需求，较少受预测者主观因素的影响，因而预测结果比较客观。定量预测法主要包括时间序列分析法和因果关系分析法（因果联系法）两大类预测方法。

从定性预测方法和定量预测方法的优点和不足中我们不难发现，两者并非相互排斥的，而是相互补充的，因而在实务中应该把两者结合起来正确使用。

1. 时间序列分析法

时间序列是指同一经济现象或特征值按照时间先后顺序排列而成的数列。时间序列分析法是人们运用数学方法找出数列（历史数据）的发展趋势或变化规律，并使其向外延伸，预测市场（需求）未来变化趋势的一类预测方法。简言之，时间序列分析法是根据历史数据的特征来预测未来需求。

时间序列分析法的应用范围比较广泛，如对商品销售量的平均增长率的预测、季节性商品的供求预测、产品生命周期预测等。当需求模式不变、市场条件稳定、历史数据真实可靠时，用时间序列分析法预测需求比较奏效。该类方法常用于短期（需求）预测。

（1）简单移动平均法。

当需求模式稳定，即需求既没有季节性变化，也没有趋势性等变化时，企业可以用简单移动平均法来预测需求。该法是将若干期历史数据作为计算的依据，在每次预测时增加一期最新的数据，同时剔除最早的一期数据，把计算期的历史数据求算术平均值，将其作为当期的需求预测值。该法能有效消除预测中的随机波动。同时，选择最佳的历史数据区间对提高预测结果的准确性也很关键。

计算公式如下

$$F_t = (\sum_{i=1}^{n} A_{t-i})/n = (A_{t-1} + A_{t-2} + \cdots + A_{t-n})/n$$

式中：

F_t—— 当期的需求预测值；

A_{t-i}—— 第 i 期的需求观测值；

n—— 移动平均的时期个数（计算均值所用的时期数）。

例 3-1 某商场经销的某种商品的需求如表 3.2 所示，请用移动平均法对 10 月、11 月、12 月的需求进行预测（n=4）。

表 3.2 移动平均法需求预测示例

月份	需求观察值（件）	需求预测值（件）
6	97	
7	112	
8	98	

表3.2（续）

月份	需求观察值（件）	需求预测值（件）
9	96	
10	102	101
11	94	102
12		98

解：$F_{10}=(A_6+A_7+A_8+A_9)/4=(97+112+98+96)\div 4\approx 101$（件）

$F_{11}=(A_7+A_8+A_9+A_{10})/4=(112+98+96+101)\div 4\approx 102$（件）

$F_{12}=(A_8+A_9+A_{10}+A_{11})/4=(98+96+101+102)\div 4\approx 99$（件）

一般而言，用于预测未来需求的历史数据期数越少，预测就越能准确地反映出近期的需求变化趋势；反之，使用的历史数据期数越多，预测值就越能准确地反映出历史需求均值。

（2）加权移动平均法。

简单移动平均法同等对待历史数据，各数据的权重相同。但事实上，越是近期的数据，对预测的参考价值越高，权重应该更大；而对于那些存在季节性变化的需求来说，在预测时，季节性数据的权重也应该更高。由于加权移动平均法能区别对待历史数据，因而在这方面要优于简单移动平均法。经验法和试算法是选择权重的最简单方法。

计算公式如下

$$F_t=\sum_{i=1}^{n}\omega_i A_{t-i}=\omega_1 A_{t-1}+\omega_2 A_{t-2}+\cdots+\omega_n A_{t-n},\quad \sum\omega_i=1$$

式中：

F_t—— 当期的需求预测值；

A_{t-i}—— 第 i 期的需求观测值；

ω_i—— 第 i 期数据的权重。

例3-2　一家百货店经理发现，在某四个月的期间内，某商品的最佳预测结果由当月该商品实际销售量的40%、倒数第2个月销售量的30%、倒数第3个月销售量的20%和倒数第4个月销售量的10%组成。这四个月（由远到近）的销售量分别是100件、90件、105件、95件。求第五个月的需求预测值。

解：$F_5=\sum_{i=1}^{4}\omega_i A_{t-i}=0.4\times 95+0.3\times 105+0.2\times 90+0.1\times 100\approx 98$（件）

第五个月该商品的需求预测值是98件。

（3）指数平滑法。

简单移动平均法和加权移动平均法都必须要有大量连续的历史数据才能进行需求预测。有时，仅仅只能根据上一期的历史数据就要预测当期的需求。换言之，当需求没有季节性或趋势性等变化时，企业可以使用指数平滑法来进行需求预测①。该法无须大量连续历史数据，建立数学模型容易，计算过程简单，预测的准确度较高，但预测的误差有传递性。特别地，平滑系数（α）越大，预测结果受上一期预测误差的影响就越大。

定量预测方法——指数平滑法（微课）

计算公式如下

① 当需求有趋势性变化但没有季节性变化时，企业可以用趋势矫正指数平滑法来预测。

$$F_t = F_{t-1}+\alpha\ (A_{t-1}-F_{t-1}),\ 0<\alpha<1$$

式中：

F_t——当期的需求预测值；

F_{t-1}——上一期的需求预测值；

A_{t-1}——上一期的需求观测值；

α——平滑系数。

例3-3 假设某产品的长期需求相对稳定，平滑常数α为0.05，并假设上个月的预测值为1 050件，而上个月的实际需求量是1 000件。请预测本月的需求量。

解：$F_t = F_{t-1}+\alpha\ (A_{t-1}-F_{t-1}) = 1\ 050+0.05\times(1\ 000-1\ 050)\approx 1\ 048$（件）

即本月该产品的需求预测值是1 048件。

2. 因果关系分析法

当某种产品（或服务）的需求量与自变量（如价格、消费偏好等）之间存在因果联系时，企业可以使用因果关系分析法（因果联系法）来预测需求。这类预测方法是从事物变化的因果关系出发，用统计方法寻求市场变量之间依存关系的一类预测方法。在市场（需求）预测中，常见的因果关系分析法有回归分析法和经济计量法。

（1）回归分析法。

回归分析法是指人们在掌握大量观察数据的基础上，利用数理统计方法建立因变量与自变量之间的回归关系函数，通过回归方程来描述因变量与自变量之间数量平均变化关系的预测方法。

回归分析法有多种分类方法。若按照自变量的个数，可将其划分为一元回归分析和多元回归分析。当研究的因果关系只涉及因变量和一个自变量时，称为一元回归分析；当研究的因果关系涉及因变量和两个或两个以上自变量时，称为多元回归分析。此外，根据自变量与因变量之间因果关系的函数关系是线性还是非线性，可将其划分为线性回归分析和非线性回归分析。其中，线性回归分析是最基本的回归分析方法，也是一种重要的需求预测方法。

（2）经济计量法。

经济计量法是揭示市场变量之间复杂的因果关系数量变化的方法。该法是以经济理论和事实为依据，在定性分析的基础上，利用数理统计方法建立一组联立方程式，通过经济计量模型来描述预测目标与相关变量之间经济行为结构的动态变化关系的预测方法。

综上所述，每一种预测方法都有其优点、缺点和适用范围。多种预测方法结合使用，得到的综合预测结果比仅仅使用一种预测方法更准确。例如，仿真法是通过计算机模拟消费者来进行需求预测。在做仿真分析时，人们可以结合时间序列法和因果分析法进行预测，以此来提高预测结果的准确性。

任务2 供应链需求管理

[案例] **Benetton公司供应链管理的创新**

Benetton公司是一家服装制造商，该公司过去在生产服装产品的时候，一般是先把纱线染成各种各样的颜色，然后再把染色的纱线编织成最终产品。但该公司对服装产品的颜色需求预测不准确，往往导致季末大减价，给公司造成了巨大损失。后来，公司的总裁创造性地通过调换染色和编织这两个工艺过程改变了供应链。现在，公司先把经漂白的纱线编织成各式各样的服装，等到卖季来临时，根据更加充分的市场信息再将这些产品染色，从而得到成品。

想一想：该公司的管理创新体现了何种经营策略？

供应链需求管理的目的是控制客户对产品需求的时间、数量和规格，主动管理需求的不确定，保持供需平衡，在提高客户需求满足率的同时，降低需求满足成本。供应链需求管理的主要策略有延迟策略和定价策略。

一、延迟策略①

延迟策略的概念与内涵（微课）

延迟策略的实质（微课）

（一）延迟策略的概念

所谓延迟策略（postponement strategy）是指“为了降低供应链的整体风险，有效地满足客户个性化的需求，将最后的生产环节或物流环节推迟到客户提供订单以后进行的一种经营策略”（GB/T 18354-2006）。其实质是通过合理设置“顾客需求延迟缓冲点”（customer order postponement decoupling point，COPDP）②，即“延迟顾客需求差别化的决策点”，达到既满足顾客的个性化需求，同时降低供应链系统风险的双重目标。也可以这样讲，实施延迟策略的主要目的是为了降低需求的不确定性，使供应链在降低运作成本的同时，快速响应用户需求。延迟策略在戴尔、松下、福特、惠普、耐克等公司得到了广泛的应用。

（二）延迟策略的类型

延迟策略的类型（微课）

在供应链中，根据顾客需求延迟缓冲点（COPDP）所在的领域③，我们可以将延迟策略划分为生产延迟、物流延迟、形式延迟和完全延迟等几种类型。

（1）形式延迟策略，也称结构延迟策略，是指在产品设计阶段，采用模块化设计理念，使零部件或工艺流程标准化、通用化和简单化，尽量减少产品设计中的差异化部分，使产品由结构简单、具有通用性的模块构成。

［案例］　　**某公司的结构延迟策略**

某公司生产打印机产品，根据打印机中的某关键部件，可将打印机区分为彩色和黑白两种产品。要预测这两种产品的需求难度较大，为此，该公司在产品设计阶段把该部件的相关零件和工艺流程实施集成，将其标准化、通用化，这就从根本上延迟了不同产品的差别化。既方便了生产，又简化了对零部件的库存管理。

（2）生产延迟策略。此策略是尽量使产品处于“基型”或“雏形”的状态，由分销中心完成最后的生产或组装。其本质是将生产加工与流通加工从时间或地点上进行合理分离。例如，在工厂中将打印机加工成未配备操作手册或用户使用说明书及电源插件的“通用机”，在分销中心根据客户的需求完成最后的流通加工；再如，在工厂中将果汁饮料生产好后先储存在容器中，在接到客户订单后，再按其要求进行罐装或分装，都是实施生产延迟策略的实例。

（3）物流延迟策略。在供应链中，产品的实物配送尽量被延迟，产品仅储存在工厂成品库中，接到订单后，采用直接配送的方式将产成品送到零售商或顾客手中。

---

① 参见：①胡建波. 延迟策略在供应链管理中的应用［J］. 企业管理，2012（2）；②胡建波. 延迟策略的实质与缓冲点决策［J］. 企业管理，2017（2）.

② COPDP 是预测驱动的推式流程与订单驱动的拉式流程的分界点。在供应链中，该点之前的是无差异业务，由预测驱动，该点之后的是差异化业务，由订单驱动。

③ COPDP 可以发生在价值链的多个环节，如流通领域、生产领域、研发领域（产品设计），甚至供应链业务流程的起点。

（4）完全延迟策略。对于客户的个性化需求，订单直接（或经由零售商）传递给制造商。在得到产成品后，由制造商直接将产品运送给顾客或零售商。顾客的订货点已经移至生产流程阶段，生产和物流活动完全由订单所驱动。

［案例］　　**阿迪达斯公司的鞋店**

阿迪达斯公司在美国开了一家鞋店，该店不卖成品，仅有鞋底 8 种，鞋面 85 种，鞋带 10 种，顾客可自由选配，十分钟后即可完成成品，该店生意兴隆。

［案例］　　**戴尔公司的延迟策略**

戴尔公司将生产延迟与物流延迟策略实施有机结合，在完成大规模生产的同时，又实现了个性化定制，在全球范围内使客户对电脑产品的订货提前期缩短到 48 小时以内，堪称延迟策略成功实施的典范。

（三）延迟策略成功实施的条件

延迟策略成功实施的条件（微课）

实施延迟策略，需要具备以下基本条件。

（1）模块化产品设计，即产品可以由一些标准模块组合而成，而这些模块具有不同的功能。我们通过组合不同的标准模块，形成不同的产品，以满足客户的多元化产品需求。

（2）零部件通用化、标准化。通用、标准的零部件，不但有利于企业在零部件的生产加工阶段实现规模经济，降低生产成本，而且有利于企业在接到订单后通过快速装配，得到个性化的产品，以满足客户的差异化需求。

（3）产品规格标准化。对于同种产品，不同用户对其规格、型号的需求仍然不同。如果对所有客户的不同需求都要个性化地满足，必然会增大企业的生产成本。为此，可将产品规格标准化，例如根据目标客户的身高特性将衣服的尺码进行分类，设为大、中、小三种规格、型号，以此来延迟需求的差别化。

（4）业务流程再造（BPR）。BPR 即对供应链业务流程进行重组或优化，使能满足客户差异化、个性化需求的业务尽可能延迟到接到客户订单或明确需求以后。例如，将毛衣的加工工艺由传统的先染色后编织变为先编织，等到卖季来临之前，根据更加充分的市场信息再完成染色业务，这样的产品就会更加适销对路。

（5）IT 手段的支撑。充分借助销售时点系统（POS）、电子数据交换（EDI）等信息技术手段，实现上下游企业的实时信息共享，及时获取准确的需求信息，是延迟策略成功实施的重要条件。特别是在物流延迟策略的实施中，企业需要采用越库配送①等物流运作方式，而其前提条件就是制造商能充分共享零售商或用户的需求信息。

（6）经济合理。即实施延迟策略的投入产出比要合理。一般而言，对客户个性化需求的满足往往会导致高成本，但是，由于产品适销对路又会增加收益。为此，企业需要权衡利弊得失。只有收益大于成本，这样的延迟才有意义。

二、定价策略

企业实施定价策略的目的是为了通过更好地平衡供需提高供应链的利润。定价既影响客户需求又影响企业的销售收入，它是调节客户需求的杠杆。当需求减少时，企业可以通过

① 越库配送/直接换装（cross docking）是指“物品在物流环节中，不经过中间仓库或站点存储，直接从一个运输工具换载到另一个运输工具的物流衔接方式”。——中华人民共和国国家标准《物流术语》（GB/T 18354-2006）

降价促销来刺激需求；当需求量大于供给量时，企业可以通过提高价格来抑制需求。一般而言，以下情形适合企业采用降价促销策略：①企业为了提高市场占有率；②新产品研发成功后投放市场；③企业为了改变需求时机以减轻经营运作的压力；等等。当卖季到来时，企业也可以先定一个高价，等到换季时再降价。正确使用定价策略，有利于企业有效管理需求，取得经营运作的成功。

（一）多样化细分市场的定价策略

企业在多样化细分市场的定价策略是差别定价。当企业服务于多个细分市场时，必须基于每个细分市场顾客所感知的价值进行定价，为每个细分市场制定不同的价格并分别对需求进行预测和管理。例如，在同一个航班中，头等舱座位的价格高，而普通舱座位的价格低。通过差别定价，航空公司获得了最大化的利润。再如，石油公司在不同的目标市场上制定不同的燃油价格，同样获得了最大化的利润。一般地，在企业采用差别定价策略时，低价市场的需求比高价市场的需求率先出现。为了能获得最大化的利润，企业必须限制低价购买者的需求量。为此，管理者就必须进行科学的产能预留决策，而基本的方法就是收益权衡，即把企业接受低价购买者的订单收益和等待将要到来的高价购买者订单的预期收益进行比较，并进行产能的权衡与分配。与此同时，企业必须给愿意支付高价或全价的客户提供更好的服务。

（二）易逝产品的定价策略

企业针对易逝产品的定价策略是动态定价。所谓易逝产品，是指随着时间的推移，价值逐渐贬损的产品。像蔬菜、水果、药品、IT 产品、新潮时装等都属于易逝产品。蔬菜、水果和药品等商品具有一定的保值期，过期以后产品的价值和使用价值就会逐渐衰竭。而 IT 产品和新潮时装等属于创新型产品，这类产品的生命周期短，更新换代快。一旦新产品问世，老产品的价值就势不可挡地衰减。因而，企业对于易逝产品的定价策略是动态定价，即随着时间的推移，动态地改变产品的价格以使预期的收益最大化。

［案例］　　某服装零售商的定价策略

某服装零售商主要经营成衣制品。其经营的商品主要包括春秋装、夏装和冬装三大类。在卖季到来之前需要进行需求预测、进货和商品定价。一般而言，换季后上个季节商品的需求锐减，老产品需要“下柜”，否则，这些产品不但会占压资金而且会产生不必要的运营成本。比如冬装，该零售商在当年的十月份进货，到了来年的四月份就基本上没有销售量。为此，老板必须进行动态定价。他可以采用的定价策略主要有两种，第一种策略是在刚进入卖季时定高价，销售量较低，在季末时降价出售；第二种策略是采用低价策略，薄利多销，剩下的产品在季末时打折售罄。采用哪一种动态定价策略，决定了该零售商能获取的利润水平。

对于易逝产品，企业经营管理者必须估计产品随时间推移的价值贬损，并且要能够有效预测价格对需求的影响。此外，对于那些愿意支付产品全价的客户，企业还必须提高对这些客户的产品可得性，以便增加企业的利润。

（三）季节性需求的定价策略

在供应链的运营中经常会出现季节性的需求高峰。对于季节性需求，企业应采取的定价策略是通过在非高峰期的价格折扣来引导和管理需求，将需求从高峰期转移至非高峰期，从而使需求均衡。这不但有利于企业合理配置资源，减轻企业在需求高峰时的压力，而且还会增加潜在客户，提高企业的收益。此外，该策略的实施，能使企业给预先购买的客户提供让渡价值，使客户获得消费者剩余，最终实现企业和顾客的双赢。航空公司在旅游淡季进行机票打折就是采用季节性需求定价策略的典型案例。

［案例］　　亚马逊公司的季节性需求定价策略

通常，很多零售商在12月份的销售收入会占据全年销售收入较高的比例，因为12月份的重大节假日比较多。当这些重大节假日来临时，需求呈“井喷式”增长，订单数量是平常的5~8倍。季节性需求高峰的来临，对亚马逊公司的货物拣选、包装、运输、配送等物流服务能力的需求急增。而在此期间，公司外购物流服务的成本也比较高。在需求急增的情况下，公司的物流资源有限，自然会影响公司的订单履行能力。这不但会影响公司的客户服务水平，影响公司的商誉，还会降低亚马逊公司的利润。为此，亚马逊公司采用了季节性需求定价策略。具体做法是，亚马逊公司在11月份为订单客户免费提供送货服务，这实际上是变相的降价促销。在该价格折扣策略的鼓励下，一些客户将订单从12月份转移至11月份，从而减少了亚马逊公司的高峰需求，使需求变得均衡，公司能更好地配置资源，更有效地履行订单，从而降低了公司的运营成本，同时增加了潜在客户，提高了公司的收益。

任务3　供应链计划模式的选择与实施

供应链计划主要包括供应链综合计划和销售与运作计划两种典型的模式，其目的是为了实现供需平衡。

一、供应链综合计划

企业制订供应链综合计划的目的（微课）

企业需求响应策略（微课）

企业制订和实施供应链计划的主要目的是确保供应链的供应与需求相匹配。然而，需求是不断变化的，具有不确定性特征。一般地，企业可以采用以下两种策略来适应需求的变化：其一是增加生产的柔性，根据需求来调节生产；其二是通过改变库存量来满足需求。无论采用哪种策略，都需要相应的人力、物力、财力等资源。为此，企业就需要制订供应链综合计划来平衡各种资源，而制订该计划的主要依据就是客户需求。

（一）供应链综合计划的内涵

产品族与SKU的关系（微课）

供应链综合计划（supply chain aggregate planning，SCAP）是关于供应链全局性、综合性的计划，它是企业根据一定时期的客户需求，综合考虑企业内部以及供应链合作伙伴的资源约束，决定理想的生产能力、生产运作、业务外包、库存水平、缺货水平以及产品定价等而制订的有关产品族的计划，其目标是确保供应链的供应与需求平衡，旨在满足用户需求的同时实现供应链利润的最大化。借助于供应链综合计划，企业能够有效配置本企业和供应链成员的资源并充分发挥供应链企业群体的能力，确保供应链能低成本地满足客户需求。

供应链综合计划为企业的生产运营提供指导，为企业的短期生产和分销决策提供依据，使供应链能有效配置资源并加强和成员企业之间的柔性合作。该计划能进一步增强供应链成员企业之间计划的协同性，使整个供应链企业群体能协同运作。例如，一家制造企业计划在某个季度增加产量，那么，与之合作的供应商、物流商、分销商等合作伙伴都必须了解该计划并对本企业的计划做出相应调整。在理想的情况下，供应链参与体通过合作共同制订综合计划，在该计划的指导下协同运作，就能确保供应链的运营绩效最优。如果供应链的各个参与体独立地制订本企业的运营计划，彼此间缺乏沟通与协调，就很容易造成计划之间的冲突，从而导致供应链的供给短缺或产品过剩。由此可见，供应链综合计划是供应链管理不可或缺的一个重要内容。为了提高供应链综合计划的有效性，需要共享供应链各个环节的信息。而供应链综合计划实施的结果对供应链的运营绩效也会产生重大影响。

供应链综合计划要解决的关键问题是，根据计划期内每个时期预测的需求量和客户订单，来确定各个时期适当的生产水平、库存水平、产能水平（包括企业内部的产能和通过外包可以获得的产能）以及允许延迟交付的产品数量，目的是实现该计划期内供应链利润的最大化。而要制订供应链综合计划①，企业首先必须确定恰当的计划期。通常，供应链综合计划以月或季度作为计划时间单位。接下来，企业需要确定制订供应链综合计划和做出决策（供应链综合计划将为这些决策提供建议）所需的关键信息。这些信息包括：

（1）计划期内每个时期的需求预测值。

（2）生产成本。其包括正常生产的人工成本、加班生产的人工成本、外包（或转包）的生产成本、产能变更成本（增加或减少机器设备等产生的成本）。

（3）生产单位产品所需的劳动力工时和机器设备的工作时间（台时）。

（4）库存持有成本。

（5）缺货成本或延期交货成本。

（6）约束。约束包括加班的限制、员工解雇的限制、可用资本的限制、缺货与延期交货的限制、供应商的供应约束等。

根据预测的需求和客户订单，供应链综合计划系统通常会对未来一年的生产进行计划，并通过每个月检查、每个季度修订的方式来更新计划以适应需求的变化。供应链综合计划系统可以提供以下信息：

（1）各产品族在每个时期所需的产量；

（2）每个时期所需的库存量；

（3）每个时期维持生产所需的资源，包括原材料、劳动力和其他资源；

（4）每个时期允许的延迟订单水平；

（5）每个时期允许的缺货水平；

（6）允许的业务外包量。

供应链综合计划的质量会对企业的盈利水平产生很大影响。若供应链综合计划失调，可能会导致企业库存和产能不能满足需求，从而丧失销售机会，导致企业利润损亏。因此，供应链综合计划是实现供应链利润最大化必不可少的工具。

（二）通过供应链综合计划转换需求

制订供应链综合计划的意义（微课）

供应链综合计划的约束与对策（微课）

供应链综合计划的逻辑结构（微课）

供应链综合计划与生产计划大纲的区别（微课）

---

① 供应链综合计划可以通过线性规划来制订，也可利用 Excel 来进行规划求解。

如图 3.5 所示，预测的需求是供应链综合计划系统的主要输入，为了提高供应链综合计划的有效性，需要供应链成员企业在信息共享的基础上协同预测需求。而事实上，供应链综合计划的约束往往来自供应链参与体，这是传统企业单打独斗的经营思想留下的后遗症。供应链综合计划的输出对上下游都有价值，它既决定了对上游供应商的需求，同时也形成对下游客户的供应约束。供应链综合计划结合各项具体计划构成了一个多层次的需求转换流程，如图 3.5 所示。

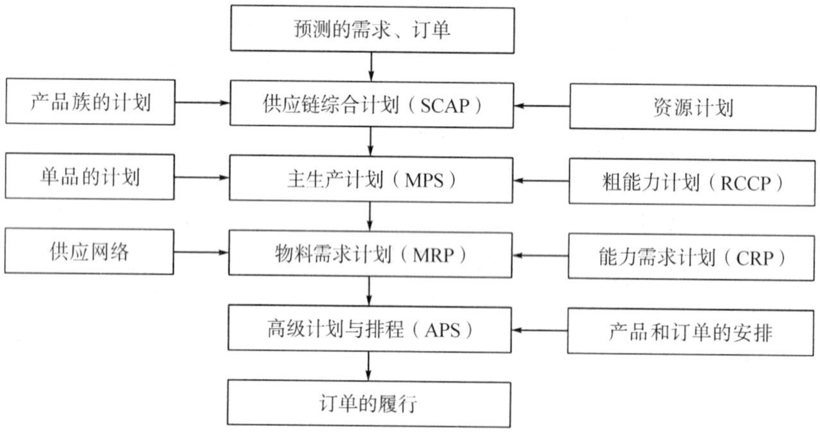

图 3.5　需求转换流程

1. 主生产计划

主生产计划（master production schedule，MPS）是根据库存持有单元（SKU）制订的，它由供应链综合计划分解得到。例如，某企业根据供应链综合计划要求在 8 月份生产 400 幅窗帘，可以将其分解为第一周生产 100 幅绿色的窗帘，第二周生产 100 幅蓝色的窗帘，第三周生产 100 幅黄色的窗帘，第四周生产 100 幅白色的窗帘。这种分解最终产品生产任务的过程被称为分解综合计划（disaggregation）。

主生产计划是确定每种最终产品在每一具体时间段内生产数量的计划。它是独立需求计划。主生产计划基于实际的客户订单和需求预测，详细规定了企业生产什么、生产多少、何时生产。主生产计划的时段通常以周为单位，有时也可以日、旬、月为单位。它是制订物料需求计划的主要依据，在企业的计划体系中起到了从供应链综合计划向具体计划过渡的承上启下的作用。

主生产计划必须是可行的，因为接下来企业投入的原材料和产能都要以此为依据来确定。在主生产计划的制订阶段，我们可以用粗能力计划（rough cut capacity planning，RCCP）评估主生产计划的可行性，即通过将关键工作中心（work center，WC）的生产能力和计划产量进行对比，以判断主生产计划是否可行。如果关键工作中心的产能能够满足计划产量的需要，则说明主生产计划是可行的；反之，就要修改主生产计划，或者增加产能，或者进行生产外包，或者延迟供货。该过程通常被称作粗能力分析。粗能力计划是一种中期能力计划，根据行业和企业情况的不同，其时间跨度通常从一周到一个季度不等。

2. 物料需求计划

ERP 的发展历程（微课）　　时段式 MRP 的逻辑结构（微课）　　闭环式 MRP 的逻辑结构（微课）　　MRPII 的逻辑结构（微课）

物料需求计划（material requirements planning，MRP）是“制造企业内的物料计划管理模式，是根据产品结构各层次物品的从属和数量关系，以每个物品为计划对象，以完工日期为时间基准倒排计划，按提前期长短区别各个物品下达计划时间先后顺序的管理方法”（GB/T 18354-2006）。MRP 既是一种管理模式，又是一个基于计算机的信息系统，是一种解决既不出现物料短缺，又不出现库存过多的物料管理信息系统。MRP 可用于安排非独立需求库存的订货与时间进度。从预定日期开始，把产成品特定数量的生产计划转换成组合零件与原材料需求，用生产提前期及其他信息决定订货时间及订货量。因此，对最终产品的需求产生对被计划期分解开来的底层组件的需求，使订货、制造与装配过程都以确定的时间安排，及时完成最终产品的生产，并使存货保持在合理的水平上。MRP 按照其发展阶段又可分为时段式 MRP 和闭环式 MRP，如图 3.6 和图 3.7 所示。

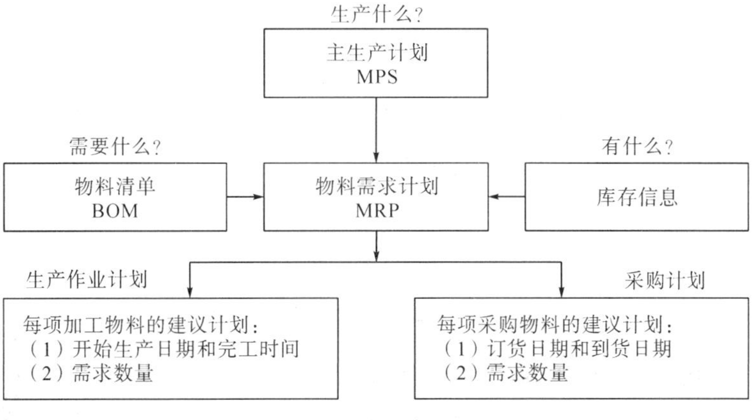

图 3.6　时段式 MRP 的结构原理

MRP 系统通常包括运算逻辑和决策规则的程序、物料清单（bill of materials，BOM）和库存状态文件（inventory status file，ISF），通过输入主生产计划的结果进行系统运算，便可输出应该订购物料的批量和时间，以及需要生产的零部件（组件或加工件）数量与时间安排。此外，MRP 系统还会报告物料需求计划的状态，以便企业每天对其进行检查和调整。

在 MRP 的制订阶段，还需要进行细能力分析，目的是确保关键作业流程有足够的产能保证。为此，企业就要用到能力需求计划（capacity requirements planning，CRP）。能力需求计划也称细能力计划，是指在闭环 MRP 通过运算得出对各种物料的需求量以后，计算在各时段分配给工作中心的工作量，以判断工作量是否超出工作中心的最大工作负荷。具体而言，细能力计划是计算所有生产任务在各相关工作中心加工所需的能力，并将所需的加工能力与实际可供能力进行对比，以判断当前能力能否满足生产的需要。若能满足，说明生产计划可行；反之，说明生产计划不可行，需要调整生产任务或工作时间，直至能力能满足所有生产任务的需要为止。闭环式 MRP 的结构原理如图 3.7 所示。

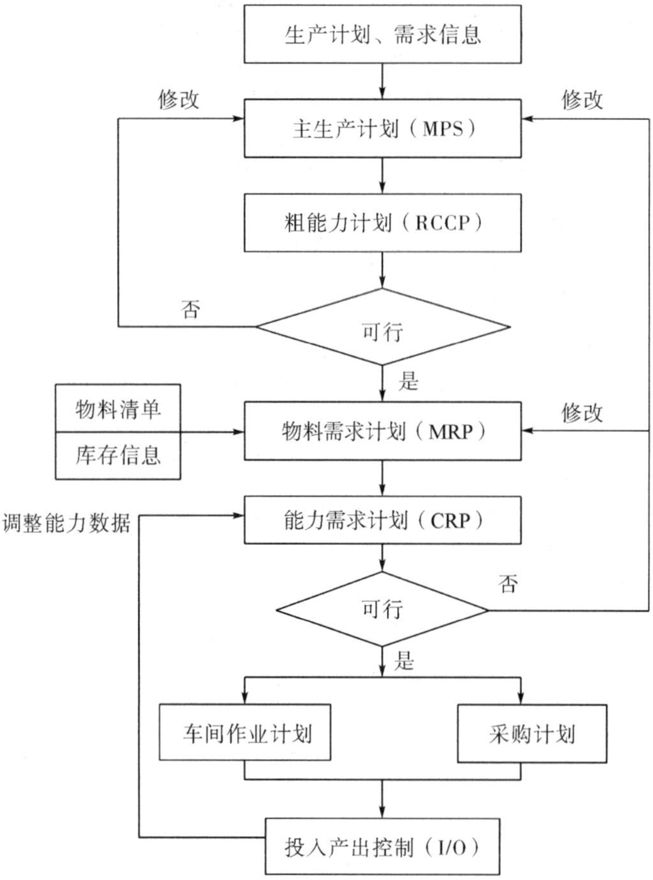

图 3.7　闭环式 MRP 的结构原理

［小贴士］粗能力计划（RCCP）与细能力计划（CRP）的区别

粗能力计划（RCCP）和细能力计划（CRP）的区别主要体现在以下三个方面：①参与闭环 MRP 计算的时间不同。粗能力计划在主生产计划确定后即参与计算，而细能力计划则是在物料需求计划运算完毕后才参与计算；②粗能力计划只计算关键工作中心的负荷，而细能力计划需要计算所有工作中心的负荷；③粗能力计划计算的时间比较短，而细能力计划计算的时间比较长。

粗能力计划（RCCP）与细能力计划（CRP）的区别（微课）

3. 高级计划与排程

高级计划与排程（advanced planning and scheduling，APS）是一种基于供应链管理和约束理论（TOC）① 的先进计划与排产工具，包含了大量的数学模型、优化及模拟技术，为复杂的生产和供应问题提供最优化的解决方案。高级计划与排程是需求转换的最后实现阶段。在这一阶段，企业根据客户的订单，把完成订单所需的物料和产能准备好，并着手生产，随后将客户订购的产成品运送给客户，完成客户订单的履行。

高级计划与排程（APS）（微课）

（三）供应链综合计划的基本策略

制订供应链综合计划需要在产能成本、库存成本和延迟交货成本之间进行权衡。因为其中一项成本增加，通常会导致其他两项成本减少。例如，如果要降低库存成本，就可能导致产能成本和延迟交货成本增加。由于需求随时间不断变化，因此三种成本的相对水平导致其中一项成本成为企业实现利润最大化的关键杠杆。如果改变产能的成本较低，企业就不需要设立库存或延期交货；如果改变产能的成本较高，则企业可以设立库存，或者将旺季的订单延迟到淡季交货。为了更好地满足需求，企业需要在上述三项成本之间进行权衡。企业通常可以采用均衡策略、追赶策略和时间弹性策略这三种供应链综合计划策略，这些策略涉及资本投资、员工数量、工作时间、库存水平以及延期交货成本（或缺货成本）之间的权衡。

供应链综合计划的基本策略（微课）

1. 均衡策略（level strategy）

该策略是保持生产均衡，将库存作为杠杆。实施均衡策略，企业保持稳定的设备产能和劳动力数量，以使产出均衡。在这种情况下，企业根据需求预测来设置库存，往往导致生产与需求不一致。当需求旺盛时，可能出现供不应求的局面，企业将延迟供货。该策略的优点是产能利用率高，生产成本低，员工享有稳定的工作环境。缺点是需求预测可能不准，从而造成库存积压。均衡策略适用于库存成本和延迟交货成本较低的情况。

2. 追赶策略（chase strategy）

该策略以产能为杠杆，通过调整设备产能或者雇佣或解雇劳动力，使生产水平与需求保持同步。事实上，企业在短期内改变产能和劳动力是有难度的，因此，要实现生产与需求保持同步并不容易。若调整设备产能和劳动力的代价比较高，采用该策略的成本会比较高，而且还会导致士气低落。追赶策略的优点是供应链库存水平较低，设备产能和员工数量的变动水平较高，适用于库存成本高而改变产能容易的情形。

3. 时间弹性策略（time flexibility strategy）

该策略以设备产能和劳动力的利用率为杠杆，适用于产能过剩、库存成本较高、设备产能占用成本较低、劳动力安排比较灵活性的情形。实施时间弹性策略，员工的数量固定不变，而员工的工作时间根据生产的需要而改变，目的是使生产与需求保持同步。在制订生产

---

① 约束理论（theory of constraints，TOC）是以色列物理学家、企业管理顾问戈德拉特博士在他开创的最优生产技术（optimized production technology，OPT）的基础上发展起来的管理哲理，是关于进行改进和如何最好地实施这些改进的一套管理理念和管理原则，可以帮助企业识别出在实现目标的过程中存在着哪些制约因素——“约束”，并进一步指出如何实施必要的改进来一一消除这些约束，实现持续改善，从而更有效地实现企业目标。

计划时，可以利用不同的班次、灵活调整工作时间来使生产与需求保持一致，而无须员工数量具有弹性，从而避免了追赶策略带来的士气低落等问题。

在实务中，上述三种供应链综合计划策略应综合、灵活地加以利用，即采用所谓的混合策略（mix strategy）。

二、销售与运作计划

销售与运作计划（S&OP）（微课）

（一）销售与运作计划产生的背景

传统意义上，企业通常连续地、独立地编制财务计划、销售计划以及采购、生产、物流等供应链运作计划。为了实现利润最大化的经营目标，企业首先要进行财务预测，并在此基础上编制财务计划。财务预算的目的主要有两个，一是为供、产、销、物流等职能运作提供资源保障，二是进行成本控制。其次，为了实现营利目标，企业需要编制营销计划及其派生的销售计划。最后，由相关部门制订采购与供应计划、生产计划、物流计划等供应链运作计划。但缺乏协调一致的计划体系及部门业绩导向的传统绩效考核体制，导致很多企业滋生出以部门本位主义为主要特征的“大企业病”。

例如，销售部门和采购、生产、物流等供应链运作部门之间经常发生目标和计划的冲突。销售部门为了提高产品销量，希望企业的产品种类齐全，以便能给客户提供更多的选择；希望存货能够调运到目标市场、库存服务水平高、供应提前期短、能够对客户订单做出快速响应，但很少顾及企业的运作成本。但运作部门则倾向于更少的产品种类和运作变更，希望更长的提前期，以便实现采购、生产、物流等职能运作的规模经济性。为了解决上述职能目标以及计划之间的冲突，销售与运作计划应运而生。

（二）销售与运作计划的内涵

销售与运作计划是企业用以解决职能冲突、确保运作与经营方向一致的计划。它介于企业经营计划和销售、采购、生产、物流等职能计划之间，其任务是把企业经营计划具体化，使销售计划和采购、生产、物流等供应链运作部门的计划协调一致，实现职能间的协同运作，共同支撑企业经营目标的实现。销售与运作计划自 20 世纪 80 年代末提出至今，已逐步发展成为重要的供应链计划模式。

销售与运作计划（sales & operations planning，S&OP）是跨部门、跨职能协同的供应链计划，它是针对产品族的计划，其目的是实现供需平衡。销售与运作计划包括需求预测、产品导入（用以满足需求）、销售目标的确定和运作（采购、生产、物流）计划的制订四个关键内容。它借助 IT 形成应用系统，使企业经营计划、不受约束的营销计划和有约束的资源计划一体化同步运作，能够在企业资源约束的条件下实现供需平衡，快速响应市场需求，实现企业的财务目标（见图 3.8）。

如图 3.8 所示，销售与运作计划的制订依据是建立在财务预测和相关预算基础上的企业经营计划。该计划用于指导企业的经营活动，并决定企业的总产量和所需要的资源。销售与运作计划的第一个组成部分是根据不受约束的营销计划制订的销售计划。所谓不受约束的营销计划，是指在没有供应链约束时，企业能够达到的理想销售数量和盈利水平的营销计划。第二个组成部分是供应链运作计划，它是根据企业内部以及供应链合作伙伴的资源和能力的约束而制订的运作计划。它综合了所需的资源和资源约束，并在评估、权衡和确定两者之间潜在损益的基础上制订。销售与运作计划的核心是运营系统，反映出来就是流程和数据。

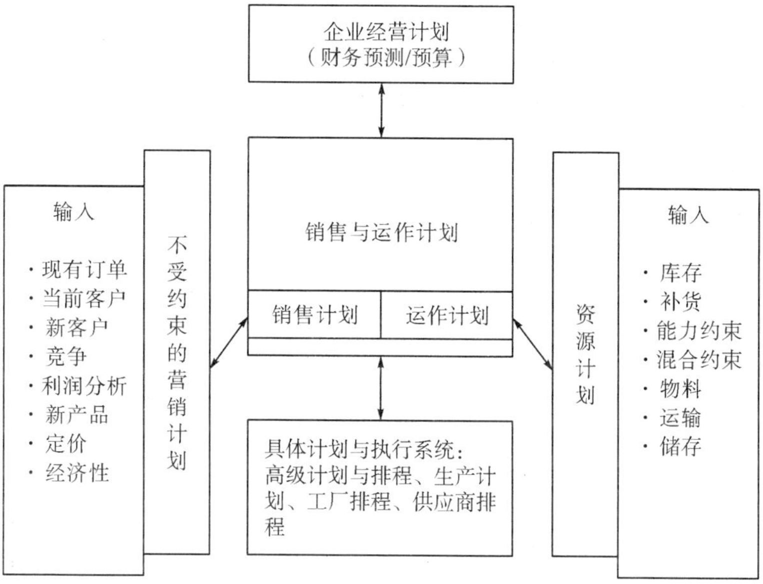

图 3.8 销售与运作计划的框架

销售与运作计划使用技术方法来识别、评估约束，同时采用管理方法来确定哪些约束可以用优先客户订单发货、变更销售计划、加班作业或生产外包等方式加以消除。一旦制订出当前或未来时间段内的销售与运作计划，它就成为企业内部相关部门和职能共同遵循的供应链计划。它是开发具体计划与执行系统的基础。

销售与运作计划给出单位时间（如每月）内产品族的产量，便于指导生产和均衡地利用资源。它可以均衡产量与可用的资源，保持企业供应链运作的稳定。它是编制主生产计划的依据。

销售与运作计划和供应链综合计划都是典型的供应链计划模式，它们在企业经营管理体系中处于相同的层级（见图 3.5）。销售与运作计划位于企业经营计划和主生产计划（MPS）之间，将企业经营计划的要求转化为具体的生产运作活动，并将经营计划规定的营业额、销售收入和利润等财务指标转化为企业产品族的品种和产量计划。因此，销售与运作计划在企业战略层计划和战术运作计划之间起着承上启下的作用，它是联系企业战略层计划和供应链运作活动的桥梁和纽带。其目的是在企业经营计划的指导下，根据市场需求建立统一的、协调一致的运作计划，确保企业在资源和能力约束的条件下，最大限度地满足客户需求，实现企业的盈利目标。

销售与运作计划以其市场导向和动态平衡原理，在帮助企业应对多变的供应链环境中卓有成效，可以显著改善并提高预测的准确性和配送的准时性，提高生产率，降低库存量，正被越来越多的企业所推行。

（三）销售与运作计划的实施

销售与运作计划作为企业的核心计划，它的执行是一个双向的过程，向下可以推进销售和采购、生产、物流等供应链运作活动的顺利开展，向上可以使公司的财务报表能够恰当地反映企业当前的状况和未来的经营计划。

销售与运作计划在实施时，首先要建立有效的运作框架，需要可得信息的协同分析、制订共同的运作指标以及卓越的高层领导。

销售与运作计划的实施要点如下。

1. 每月执行一次流程

尽管销售与运作计划的流程执行起来比较麻烦，但除了那些在市场、渠道、供应品种、产品供应等方面变动较小的业务可以降低计划执行的频率外，原则上每月召开一次管理层会议来执行流程。

销售与运作计划的月度实施步骤如图 3.9 所示。

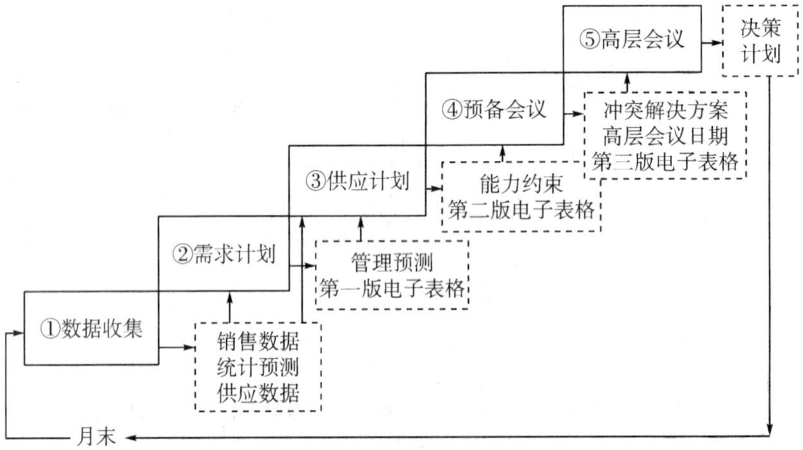

图 3.9　销售与运作计划的月度实施步骤

第一步是供求数据的收集、统计、分析与预测。首先是整理月末报表，收集相关数据，包括实际销售数量、销售额以及产品供应数量。在此基础上进行数据的统计与分析，分析供应与需求是否平衡，并进行需求与供应的预测。

第二步是明确需求计划。即在客户订单、销售合同和需求预测的基础上制订销售计划，要求以电子报表的形式呈现，并附上最新的需求预测信息。

第三步是确认产品供应计划。即在分析产能约束、供应约束、物流约束等能力约束的基础上制订产品供应计划，要求以电子报表的形式呈现，并附上最新的产品计划。

第四步是召开 S&OP 的预备会议。预备会议主要包括销售计划与采购、生产、物流等供应链运作计划的冲突解决方案以及 S&OP 高层会议举行的日程安排等内容。其中，达成共识的冲突解决方案要包含经过供需平衡的需求计划和供应计划，这两个计划文件均要求以电子报表的形式呈现。

第五步是召开 S&OP 的高层会议。该会议的主要任务是进行经营决策，并审议公司的运营计划。

2. 明确领导者及职责分工

销售与运作计划的实施需要一个领导者来推动，以便与相关部门的管理者进行沟通与协调，指导部门运作，确保其不背离企业经营计划指明的方向。理想的管理者既是整个流程的推进者，又是企业的战略决策者。

3. 确保需求预测的准确性

明确需求是整个供应链运作的起点。为此，企业要综合运用前述各种供应链需求预测方法，加强对需求预测人员的考核和激励，提高需求预测的准确性，为供应链管理决策提供服务支持。

4. 确定适当的计划周期

销售与运作计划的时间跨度一般为一至三年，而理想的计划周期是一年半。计划周期过短，不利于把握需求变化的趋势。适宜的计划期可以确保销售与运作计划更加可靠，实施性更强。

5. 形成整合各部门行动的一体化计划

销售与运作计划系统的基本目的是审核供、产、销、物流等职能运作与企业经营计划的偏差，必须确保销售与运作计划流程的每一步都按照企业战略规划和经营计划来执行。

6. 由高层管理者做出决策

销售与运作计划流程的最后一个环节是决策制订。因此，S&OP 的管理层会议不应该仅仅是听取各部门的汇报，该会议更是高层管理者做出决策和布置任务的重要环节。

7. 进行供应链绩效评估

供应链绩效改善是衡量销售与运作计划的制订与实施取得成功的关键指标。评估结果可以反映企业供应链的运行状况，并指明改进的方向。

8. 正确处理销售与运作计划的实施结果

在多数情况下，销售与运作计划的实施结果可能与企业的预算不一致，这无须进行人为调整。因为销售与运作计划的实施结果是制订其他供应链决策的依据，人为调整既费时费力，又对达成预算目标于事无补。只有分析结果与预算之间差异的原因，并努力缩小差距，才能获得最大的收益。

在销售与运作计划的实施过程中，企业常常会遇到组织定位的问题。销售与运作计划是跨部门的流程，因此其实施需要相关部门的通力合作。为此，需要成立专门的部门来管理后续的计划。高效的销售与运作计划系统是企业在实施供应链管理过程中，不同组织责任共担、共同行使权力的最佳体现。

［**小贴士**］　　**销售与运作计划的实施效果**

根据国内外有关企业的实践经验，实施销售与运作计划后，企业的生产效率提高 5%～20%，采购成本降低 4%～13%，库存水平降低 8%～30%，客户服务水平提高 8%～26%。此外，还有一些潜在效益，包括为高层决策提供科学的决策依据，增进部门沟通，促进企业文化建设，有利于流程型组织的构建，等等。

任务 4　供应链库存管理

【引例】

摩托罗拉公司的库存管理模式

摩托罗拉公司位于天津港保税区的原料库采用全球先进的供应商 HUB 系统管理模式，大约有 30 家零部件供应商在摩托罗拉公司天津工厂周边地区设有工厂或仓库。摩托罗拉公司每天将原材料、零部件的需求计划提供给这些供应商，供应商根据摩托罗拉公司的需求计划管理库存，并且每天安排 4 次送货，使摩托罗拉公司真正实现了 JIT 生产。

摩托罗拉公司的库存管理模式（微课）

引导问题：

1. 摩托罗拉公司采用了何种库存管理模式？
2. 这种库存管理模式有何优点？
3. 这种库存管理模式可能存在哪些风险？
4. 摩托罗拉公司采用该库存管理模式成功的原因是什么？
5. 供应链库存管理策略与传统库存管理策略有什么区别？有什么优势？

库存管理是供应链管理的重要内容之一。由于企业组织与管理模式的变化，传统库存管理方法的弊端日益显现。在供应链管理环境下，企业迫切需要采取一系列新的库存管理策略与方法。

一、辨识传统库存管理方法的局限性

某零售企业的库存管理模式（微课）　　传统库存控制方法的局限性(微课)

传统企业管理是相对于供应链管理而言的，其核心思想是企业本位，即以单个企业为对象的企业运营管理。库存控制的主要目的是针对单个企业的库存进行管理，确定订货点及订货量，确保单个企业的库存总成本最低。

1. 传统库存管理方法

传统库存控制方法主要包括：对单一品种实施库存控制的定量订货法、定期订货法、双堆订货法等，对多品种实施库存控制的 ABC 分类法[1]、多品种联合采购法等。这些方法一般是利用经济订货批量来决定库存量，而经济订货批量是利用数学方法求得在一定时期内库存总成本最低时的订货批量，它的运用受到许多与现实不相符的假设条件的约束。另外，传统管理模式下的库存控制方法主要针对单一企业而设定，企业间的协作程度普遍偏低，对市场的反应速度不快，方法的实施需要依靠大量的历史数据，并结合经验进行预测分析，获取信息的时间长，信息的准确度不够高，一旦需求预测不准或市场发生突变，对企业经营运作将产生难以估量的影响。

2. 传统管理模式下库存控制的局限性

传统库存控制方法与供应链管理环境下的库存管理方法相比，存在许多不同之处。在传统管理模式下，企业库存控制侧重于优化单一企业的库存成本，主要从储存成本和订货成本出发，确定经济订货批量和订货点。从库存管理的角度看，这种库存控制方法有一定的适用性，但从供应链管理的角度分析，该方法只能实现供应链局部库存的优化，不能避免节点企业间库存的重复设置，不能实现供应链系统库存的全局最优。其局限性主要体现在以下几方面：

---

① ABC 分类法（ABC classification）是指“将库存物品按照设定的分类标准和要求分为特别重要的库存（A 类）、一般重要的库存（B 类）和不重要的库存（C 类）三个等级，然后针对不同等级分别进行控制的管理方法。”——中华人民共和国国家标准《物流术语》（GB/T 18354-2006）

（1）基于传统模型的假设条件的真实性较差。①假设条件之一，对物料的需求是连续的。现代企业面向市场，面向客户，产品的生产数量是变化的，对物料的需求是不均衡、不稳定的，对库存的需求是非连续的。②假设条件之二，库存消耗以后，立即补货。在传统库存管理中，库存量一旦低于订货点或库存被消耗，就会立即发出订单，补充库存。这种不依需求而定的做法没有必要，也很不合理，在需求非连续的条件下，必然造成大量的库存积压。

（2）没有整体观念，缺乏合作性与协调性。在传统管理环境下，企业都是独立的单元，企业间缺乏合作与协调，缺乏全局观念。例如，制造商的生产计划一般根据自己的产能制订，一味追求规模经济效益。零售商也往往以自己为中心，总是希望供应商的产品能够“随叫随到”，有时为了能采购到紧缺商品，甚至不惜夸大订货量。企业这种“画地为牢、各自为政”的意识普遍存在，不信任、竞争和敌对的态度导致的组织障碍，更是影响企业库存控制的成效。

（3）库存绩效指标的设置不合理。传统管理环境下的库存控制，其考核指标是基于单个企业或单个部门的，没有考虑到供应链的整体绩效，如很多企业仅使用库存周转率等指标对库存控制的优劣进行评定，没有考虑到对用户需求的反应时间和服务水平，而类似于缺货率、订单满足率、准时交货率或延迟交货率（误点交货率）、客户订货周期等服务指标也常常被忽略。比如某些企业经常用仓储费用考核物流成本和库存控制水平的高低，却忽略了运输费用的存在，由于这两项费用具有“二律背反”的特征，仅考核其中的某一项指标，并不能说明企业物流总成本的控制情况，这种“短视”现象在单一企业的库存控制中普遍存在。

（4）库存控制策略过于简单化。许多公司对所有的货物采用统一的库存控制策略，货物的分类没有反映供应与需求中的不确定性。在传统的库存控制策略中，多数是面向单一企业的，采用的信息基本上来自企业内部，其库存控制没有体现供应链管理的思想。

事实上，无论是生产企业还是物流企业，库存控制的目的都是为了保证供应链运作的稳定性与连续性，供应链系统能以最低的成本满足市场需求，特别是不稳定的需求。而了解和跟踪不确定因素是第一步，接下来要利用跟踪到的信息去制定相应的库存控制策略。这是一个动态的过程，因为不确定因素在不断地变化。此外，有的供应商在交货与质量方面的可靠性高，而有的供应商差；对货品需求的可预测性有的强，有的弱。库存控制策略应能反映这些情况。

（5）库存信息的共享度低。供应链各节点企业的需求预测、库存状态、生产计划等都是供应链管理的重要基础数据，而在传统的管理模式下，这些数据分布在不同的节点企业。为了快速响应用户需求，必须实现数据同步传输，实时信息共享，为此，需要将各节点企业的信息系统有效集成。然而，在传统的管理环境下，许多企业的信息系统未有效集成，节点企业提供的信息往往是延迟和不准确的。由于信息延迟或误差影响到库存量的精确度，短期生产计划的实施也会遇到困难。例如，企业制订生产计划需要获得关于需求预测、当前库存量、采购运输能力、生产能力等信息，这些信息需要从不同节点企业的数据库中获得，数据调用的工作量很大。数据整理完后制订主生产计划，再根据物料需求计划（MRP）制订采购计划和车间作业计划，整个过程一般需要很长时间。时间越长，制造商对市场需求的反应能力也就越弱，生产出过时的产品和造成过高的库存也就不足为奇了。

二、辨识供应链库存计划与控制的关键

供应链库存计划与控制的关键主要有两点，一是确定供应链系统成本最小的周转库存水平，二是在不降低产品可得性的前提下，降低供应链系统的安全库存水平。

供应链库存计划与控制的关键（微课）

（一）确定供应链系统成本最小的周转库存水平

1. 周转库存在供应链中的作用

周转库存是供应链各环节因采购的物料（或产品）以及生产的产品的数量大于实际需求量而在供应链上积累起来的库存。周转库存产生的原因在于，供应链各参与体都希望通过批量采购或生产获得规模经济性收益。批量是指供应链某一环节在一定的时段内所采购或生产的产品数量，如果不考虑需求变化的因素，该时段内的平均周转库存水平是批量的一半。

在供应链中持有周转库存，是为了利用规模经济性来降低供应链各环节的成本。因此，应该通过供应链各环节的损益权衡，合理确定订货批量和生产批量。

2. 周转库存水平的确定

在采购中，就是要确定适宜的订货批量。需要指出，在经济订货批量（EOQ）附近，供应链成本相对稳定，但订购一个接近 EOQ 的便于处理的合适的批量，可能比精确的 EOQ 更加合理。这一方面是因为供应商可能有批量折扣，另一方面是因为在 EOQ 曲线（见图 3.10）中，EOQ 右边的曲线更加平缓，这意味着略高于 EOQ 的订货批量导致库存总成本的增加幅度并非与订货量的增加保持同步。换言之，这部分曲线随着订货量的增加，库存总成本对订货量变化的响应程度并不敏感。此外，从企业间合作的角度看，采用供应商管理库存（VMI），以信息代替库存，以更小的订货与供应批量满足买方的需求，将导致更低的供应链总成本。

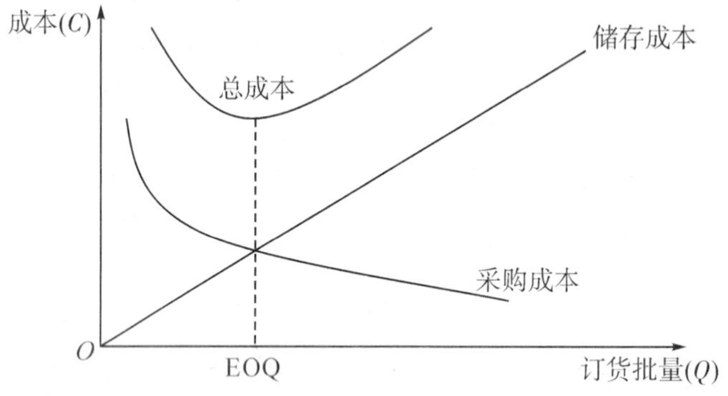

图 3.10　经济批量订货模型

因此，从供应链管理的角度来看，通过供应链总成本最优的原则来确定供应链各环节的订货量时，还应该考虑供应链各环节的相互协调对周转库存的影响，其目的是实现供应链系统成本最小化。比如商业促销，通常总量折扣比批量折扣更有利于供应链的协调与优化。一般而言，商业促销可以刺激销售，带动整个供应链产品的销量增长，同时将供应商的产品库存转移至下游，使下游企业的订货量和周转库存水平明显增加，但不一定能导致顾客需求的显著增长。除非商业促销能够减小需求波动，否则一般会降低整个供应链企业群体的利润水平。

而企业在生产中，就是要确定适宜的生产批量，即经济生产量（EPQ/EPL），其原理与 EOQ 类似。

（二）在不降低产品可得性的前提下降低供应链系统的安全库存水平

1. 安全库存在供应链中的作用与设置

前已述及，安全库存是在给定的时期内，企业为满足客户需求而持有的超过预测数量的库存。企业持有安全库存的目的是为了应对供应链中需求和供给的不确定性。而供应链的平均库存量是周转库存量和安全库存量之和。

在设置安全库存时，企业应综合考虑库存物品的需求特性（需求的不确定性）以及产品的可得性等因素。通常用周期服务水平（cycle service level，CSL）来衡量产品的可得性，即在所有的补货周期中，能够满足客户所有需求的补货周期所占的比重，相当于在一次补货周期内不出现缺货的概率。一般可以根据客户的重要度、产品特性设置安全系数（安全系数与库存服务水平有关）。在明确了需求的不确定性分布以及设定了产品的可得性水平之后，就可以根据所采取的补货策略通过数理统计的方法计算出安全库存水平①。

我们在设置安全库存时还需权衡利弊：一方面，增加安全库存量可以提高库存服务水平，提高产品的可得性，使企业从产品销量的提高中获益；另一方面，提高安全库存水平会导致供应链库存成本上升。这一悖论在产品生命周期很短或产品需求极不稳定的行业尤为突出。增加库存可以帮助企业应付需求波动，但是如果新产品上市，原有的库存就会大大贬值。因此，供应链库存计划与控制的另一个关键点，是在不降低产品可得性的前提下，降低安全库存水平。

2. 降低安全库存水平的途径

（1）降低需求的不确定性。一是加强需求预测与管理，二是采用集聚策略。后者如将库存集中储存在物流中心或配送中心，在提高库存共享度的同时，降低供应链系统的库存量，而又能够保证货物需求的满足，这实质是实施物流延迟策略。亦可采用虚拟集聚策略，即通过信息共享来实现货物的虚拟集聚，使绝大多数订单由距离客户最近的仓库配送满足，从而确保产品的可得性。还可以结合 ABC 分类法，根据产品的需求特征实施库存的差别化管理，如畅销品分散储存，滞销品集中储存。也可采用替代品来满足需求，保证产品的可得性。此外，采用通用零部件来满足产品的生产需要，也不失为一种有效的策略，其实质是实施生产延迟策略。

（2）降低供应的不确定性。缩短供应提前期，降低供应的不确定性，可以有效降低安全库存量。这需要供需双方加强沟通与协调，需求一方合理组织订货，供应商合理安排生产。

（3）优化产品可得性水平。产品可得性是供应链客户服务水平的重要体现。提高产品可得性，可以吸引客户，扩大销量，但同时也会增加安全库存量，导致供应链系统成本上升。因此，企业需要在库存持有成本和缺货成本之间进行权衡，寻求最优的产品可得性水平。企业可以通过寻找后备货源或者从竞争对手那里采购产品来降低缺货损失，这样，在降低安全库存水平的同时，又能维持产品的可得性水平。

三、合理设置缓冲存货点②

企业要实现利润最大化的经营目标，关键是要在客户服务水平与经营成本之间寻求平衡。为此，一方面要合理设定客户服务水平，另一方面要有效控制经营成本。通常，物流成本在企业经营成本中所占的比例较高，而物流服务又在很大程度上影响着企业的客户服务水平，两者

---

① 胡建波. 现代物流概论［M］. 北京：清华大学出版社，2018：260-263.

② 胡建波. 合理设置缓冲存货点［J］. 企业管理，2011（6）.

之间是一种此消彼长的二律背反关系。特别地，缓冲存货点的设置合理与否，直接影响到企业的物流服务水平，又影响到企业库存成本的高低，最终影响到企业竞争力的强弱。

（一）缓冲存货点的类型及特点

缓冲存货点（DP）的概念与内涵（微课）

COPDP、DP、流程推拉边界三者的关系（微课）

缓冲存货点（DP）的类型（微课）

在供应链中，预测驱动的推式流程与订单驱动的拉式流程的边界上，企业为满足客户的个性化需求同时规避供应链风险而设置的库存称为缓冲存货，其对应的库存点称为缓冲存货点（decoupling points），简称 DP 点。

按照制造企业采用的需求响应策略（即生产策略）、缓冲存货的形态及其在供应链中的位置，我们可以把 DP 点划分为以下五种类型。

（1）DP1。企业按备货方式生产（存货型生产，make-to-stock，MTS），并将产品运送至分销中心（DC）。在接到客户订单后，从分销中心提货配送。DP1 最靠近客户。企业根据需求预测，以备货生产的方式补充库存。

（2）DP2。企业按备货方式生产（MTS），但成品集中存放于工厂成品库内，在接到客户订单后，从成品库直接将产品运送给客户。

（3）DP3。企业按订单组装（assemble-to-oder，ATO），存货以在制品或半成品的形态出现，没有成品库存。在接到客户订单后开始组装产品，然后运送给客户。

（4）DP4。企业按订单生产（make-to-order，MTO），只有原材料和零部件库存，不设成品库存。一旦接到客户订单，立即投入生产，然后将成品运送给客户。

（5）DP5。企业按订单设计（engineering-to-oder，ETO），不设置原材料及产成品库存。在接到客户订单后开始设计产品，并根据客户订单的需要采购原材料和零部件，生产完成后直接将产品运送给客户。

从企业需求响应策略或生产策略的角度，我们可将上述五种形式的 DP 点归纳为三类：备货生产（DP1、DP2），订单生产（DP3、DP4），定制生产（DP5）。如图 3.11 所示。

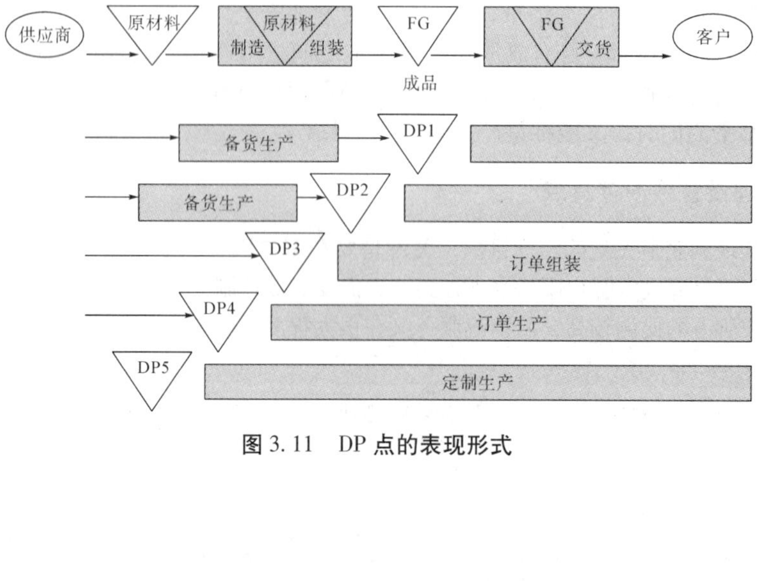

图 3.11　DP 点的表现形式

（二）缓冲存货点的递变规律

缓冲存货点（DP）的递变规律（微课）

由图 3.11 不难发现，DP 点呈现出以下递变规律。

从 DP5 到 DP1，缓冲存货点逐渐从上游往下游移动。成品存货离用户越来越近，产品的附加价值越来越高，客户订单响应的前置期（LT）越来越短，库存服务水平逐渐提高，但库存投资与库存风险也逐渐上升。相应地，缺货成本下降，但供应链的柔性减弱，逆向物流成本及在不同目标市场或客户之间调货的成本增加。

（1）DP1。DP1 最靠近客户，因而库存服务水平较高，缺货成本较低。但库存投资与库存风险较高。一般而言，由于产品的多样性有限，按 DP1 设置缓冲存货，很难满足不同客户的多元化、个性化需求，因而，弹性不足，柔性较弱。特别地，在需求信息不明朗或需求预测不准确的情况下，盲目地将存货置于下游，靠近目标市场，一旦市场需求发生变化（或与预期存在较大差异），存货或成为呆滞库存，将使企业蒙受巨大损失。而事实上，各目标市场上的需求往往不均衡（与客户购买力、市场供给和竞争等因素有关），这样就会出现一些地区供不应求，而另一些地区供过于求的局面，这无疑会增大企业的调货成本。按 DP1 设置缓冲存货，在增大企业的储存成本，以及库存资金的机会成本的同时，还可能会使企业的缺货成本上升。

（2）DP2。按该方式设置缓冲存货，成品库存离客户的距离比 DP1 远，从理论上讲，库存服务水平有所下降，但库存的盲目性得到了有效避免。特别地，由于库存集中存放，在接到客户订单后，直接从成品库将产品运送给客户，极大地提高了库存的共享性，相应地，企业在降低库存总投资的同时，有效地加快了库存周转，提高了库存周转率，缩短了库存周转期，库存管理的有效性明显增强。按该方式设置库存，其实质是“物流延迟”策略的具体体现。

（3）DP3。按 DP3 设置缓冲存货，是订单驱动的库存控制策略的一种表现形式。该方式不设成品库存，只设置在制品或半成品库存，在接到客户订单后才开始组装产品，配送给客户。与前两种方式相比，客户订单响应的提前期有所增长，但能较好地满足客户的多元化、个性化需求，供应链的柔性增强。同时，库存总投资减少，库存风险降低。

（4）DP4。按 DP4 设置缓冲存货，也是订单驱动的库存控制策略的一种表现形式。该方式同样不设置成品库存，只保有原材料和零部件库存，在接到客户订单后，根据订单进行生产，按订单进行配送。与 DP3 相比，库存总投资进一步减少，库存风险进一步降低，但订单响应的提前期更长。

（5）DP5。该方式不设置库存，企业经营运作完全按订单驱动，包括产品设计、采购、生产、配送等。从理论上讲，企业可实现零库存、零风险，客户的个性化需求也得到了满足，但订单响应的周期更长。

DP3～DP5，企业的经营运作（包括产品的生产与配送）是在客户订单的驱动下进行的，生产与库存的盲目性得到了有效避免，其实质是“完全延迟”策略的具体体现。

综上所述，可得出以下结论。

第一，DP1～DP2 体现了预测驱动，DP3～DP5 则体现了需求驱动。

第二，DP 点好比一把“双刃剑”，将风险分割为两部分：DP 点向下游移动意味着库存投资风险增大，DP 点向上游移动意味着失去订单的风险增高。

第三，按 DP2～DP5 方式设置缓冲存货，均是实施供应链管理延迟策略的具体体现，其好处是既可以延迟不同客户对产品需求的差别化，满足买方的个性化需求，又可以降低企业的库存投资。即在提高客户服务水平的同时，又降低了库存量，减少了投资，最终提高了投资周转率和投资收益率，提升了企业的竞争力。

（三）缓冲存货点的影响因素

通常，DP 点与企业经营的产品类型及其特点、客户的需求特性、企业需求响应策略、企业是否实施延迟策略等因素有关。

缓冲存货点(DP)的影响因素（微课）

（1）产品类型及其特点。一般而言，企业可以根据产品生命周期（PLC）、产品边际利润、需求的稳定性以及需求预测的准确性等指标，将企业经营的产品划分为功能型和创新型两类，前者如日用百货，后者如时装、IT 产品等。功能型产品的通用性、替代性较强，市场竞争比较激烈，客户对送货前置期的要求较高，甚至有时就是因为受到营销刺激而临时决定购买（如饮料等冲动购买品），因此，DP 点应尽量靠近下游，可设置为 DP1 或 DP2；创新型产品的生命周期较短，产品更新换代较快，需求多变，客户对这类产品的个性化需求突出，因此，DP 点应尽量靠近上游，设置为 DP3 或 DP4，否则，库存风险非常高，供应链的柔性会大大减弱；而对于一些价值很高，且客户的个性化需求比较突出的产品（如汽轮机），则应将 DP 点设置为 DP5。

（2）客户需求特性。主要指客户对产品及物流服务（如存货的易得性、配送时效性等）的个性化需求是否明显。如果均质、标准化产品能满足客户的需求，且客户对配送的时效性要求较高（即要求配送前置期较短），则 DP 点应尽量靠近下游，设置为 DP1 或 DP2，否则，应设置为 DP3～DP5。

（3）企业需求响应策略。显然，对于功能型产品，由于产品生命周期较长，需求较稳定，需求预测的准确性相对较高（与创新型产品相比），因此，企业应采取“备货生产”（MTS）的需求响应策略，将 DP 点设置为 DP1 或 DP2，预测驱动企业的经营运作，并尽量提高预测的准确度（可通过设置“销售预测偏差率”等 KPI 来衡量）；而对于创新型产品，由于技术进步快，产品更新换代快，产品生命周期短，需求不稳定，需求预测的准确性较低，因此，企业应采取订单驱动的需求响应策略（如 MTO、ATO、ETO），将 DP 点设置为 DP3 或 DP4 或 DP5。

（4）延迟策略的使用。一般而言，预测准确度的高低是相对的，提前预测总是有风险的，为此，企业应尽量考虑采取延迟策略，包括生产延迟、物流延迟、形式延迟和完全延迟等策略。相应地，应将 DP 点设置为 DP2 或 DP3 或 DP4 或 DP5。

DP 点的影响因素如表 3.3 所示。

表 3.3　DP 点的影响因素

影响因素		DP 点类型				
		DP1	DP2	DP3	DP4	DP5
产品类型		功能型（如日用百货）	功能型（如日用百货）	创新型（如 PC）	创新型（如时装）	价值高且个性化突出的产品（如汽轮机）
企业需求响应策略		MTS	MTS	ATO	MTO	ETO
延迟策略		无	物流延迟	完全延迟或生产延迟	完全延迟或生产延迟	完全延迟
物流服务特性	存货易得性	易	较易	较易	较难	难
	LT 长短	短	较短	较短	较长	长

总的说来，企业为满足客户高水平的物流服务需求（如供货的可靠性、JIT 供应等），将使 DP 点向下游移动；企业对客户个性化产品需求的满足，将使 DP 点向上游移动；企业生产或供应过程的约束，将使 DP 点向下游移动；企业为降低库存成本及风险，将使 DP 点向上游移动。

缓冲存货点（DP）的移动规律（微课）

［案例］ **IBM 公司和戴尔公司 DP 点的设置**

关于 DP 点的设置，就是一些知名企业也是有前车之鉴的，当年 PC 的鼻祖——开发个人计算机成功的 IBM 公司就是没有认识清楚计算机的产品类型，错误地将计算机当成功能型产品来对待，将缓冲存货点设置成 DP2（大量存于地区仓库中），结果导致许多库存成为呆滞库存，损失惨重。而 DELL 公司则采用 ATO 需求响应策略，将缓冲存货点设置成 DP3（只保有零部件库存），实施生产延迟策略，在降低库存的同时，增强了对市场的适应性，在经营中取得极大成功，成为众多竞争者的标杆。

（四）缓冲存货点的设置与企业竞争力的关系

在供应链中，DP 点的设置合理与否，关系企业的服务水平与经营成本，关系企业竞争力的强弱。

从 SRM 的角度出发，如果企业加强与上游供应商的合作（如实施 VMI），可缩短供货准备的提前期，可使 DP 点向上游移动，其实质是将存货风险转移给供应商或让供应商分担存货风险；

DP 点的设置与企业竞争力的关系（微课）

从制造商的角度出发，优化供应过程，实施生产延迟或物流延迟策略（前者如采用模块化设计、标准化组件，按订单装配；后者如将成品存放于成品库中，接到客户订单后直接运送），均可使 DP 点将朝上游移动，降低企业的存货风险；

从 CRM 的角度出发，通过加强与客户的合作（如实施 VMI），抑或通过谈判让客户接受更长的交货时间，也可使 DP 点将朝上游移动，对供方有利；

从整个供应链的角度出发，核心企业在加强与上下游企业战略性合作的同时，建立健全供应链信息系统，共享客户的需求信息与供应商的供应信息，通过 POS 系统、RFID、EDI 等 IT 手段，打造透明的供应链，实施 CPFR，提高供应链战略联盟的协同性，尽量降低供应链系统的总库存量，减少缓冲库存，合理设置 DP 点，必将提升供应链竞争力。

四、协同库存管理①

供应链管理环境下的库存管理（协同库存管理）策略、方法及方式主要包括：供应商管理库存（VMI）、联合库存管理（JMI）、多级库存控制，以及协同计划、预测与补货（CPFR）等。

（一）供应商管理库存

1. VMI 的概念与内涵

国外有学者认为："供应商管理库存是一种在用户和供应商之间的合作性策略，其目的是以最低的成本优化产品的可获得性，在一个相互同意的目标框架下由供应商管理用户的库存，这样的目标框架

供应商管理库存（VMI）（微课）

VMI 的概念与内涵（微课）

① 胡建波，陈敏．供应链库存管理策略［J］．企业管理，2013（4）．

被经常性地监督和修正，以产生一种连续改进的环境”。

我国国家标准《物流术语》（GB/T 18354-2006）对供应商管理库存（vendor managed inventory，VMI）的定义是，“按照双方达成的协议，由供应链的上游企业根据下游企业的物料需求计划、销售信息和库存量，主动对下游企业的库存进行管理和控制的库存管理方式”。“以信息代替库存”，用户和供应商的库存水平都可以得到有效控制。

2. VMI 的运作模式

在供应链中，制造商和供应商之间、制造商和零售商之间都可以实施 VMI。一般而言，实施 VMI 的主导企业是制造商，它可以分别与上游供应商和下游零售商协同实施 VMI。

VMI 的运作模式（微课）

（1）“供应商-制造商”VMI 运作模式。

该模式以汽车行业和 IT 行业最为典型。制造商和供应商的相关业务运作具有以下特点：①制造商的生产规模较大且生产较稳定，由此产生的对原材料、零部件每天的需求量比较稳定；②制造商要求供应商多频次、小批量供货。制造商通常要求供应商一天供货 2~3 次，以满足其几个小时或一天的物料需求；③为了确保制造商生产的连续、稳定，一般不允许缺货。制造商要求供应商的供货服务水平达到 99%以上。

在“供应商-制造商”VMI 运作模式中，通常有几十家乃至几百家供应商为制造商供应原材料或零部件（汽车制造商的供应商一般达到 700 家左右）。如果每家供应商都在制造商的生产基地旁边设立仓库，这既不经济也不现实。为此，该模式的实施通常需要引入第三方物流服务商（TPLs），由其在制造商的生产基地附近（一般不超过 5 千米）建立 VMI 中心仓库，并配置 VMI 软件系统。企业藉此整合供应商资源，并由第三方物流服务商集中管理库存，同时配合制造商的生产活动达成物料的整体补给。“供应商-制造商”VMI 运作模式如图 3.12 所示。

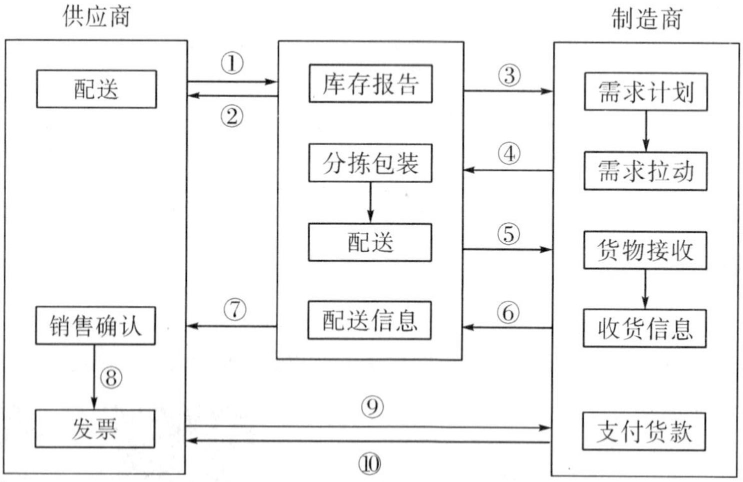

图 3.12 “供应商-制造商”VMI 运作模式

图 3.12 中 VMI 运作的基本业务流程为：①供应商向 VMI 中心仓库补货；②VMI 中心仓库向供应商报告库存状态；③ VMI 中心仓库向制造商报告供应商的库存状态；④制造商向 VMI 中心仓库发出供货需求；⑤VMI 中心仓库向制造商出库配送物料；⑥制造商向 VMI 中心仓库发出收货信息；⑦VMI 中心仓库向供应商发出销售信息；⑧供应商确认销售信息；⑨供应商向制造商开具发票；⑩制造商向供应商支付货款。

建立 VMI 中心仓库具有以下作用。

一是集成/整合作用。由于一家制造商通常拥有多家供应商，若制造商对供应商的供货频次要求比较高，在多家供应商同时将货物送达的情况下，货物的验收工作会比较复杂。若制造商事先未制订好收货计划或未做好验货收货的精心安排，货物验收现场可能会比较混乱，这极有可能严重影响生产秩序。在设立了 VMI 中心仓库以后，制造商可以将多供应商背景下的供应物流进行一体化整合，并结合其生产进度将物料排序上线，由此实现供应物流和生产物流的无缝衔接。

二是提供增值服务的作用。在未设立 VMI 中心仓库时，每家供应商的物料供应是独立运作的，送达的货物也是未集成/整合的。在设立 VMI 中心仓库以后，第三方物流服务商可以在物料上线配送之前为制造商提供拣货、排序、预装配等增值服务，即第三方物流服务商根据制造商生产的要求把零配件按照成品组装的比例进行组配，或者将零件预先装配为部件，再排序上线，这样大大提高了制造商的生产效率。

（2）“供应商-零售商” VMI 运作模式。

该模式以快速消费品行业最为典型。作为主导 VMI 运作的大型制造商一般位于供应链的上游，其作为供应商为大型零售商实施供货。“供应商-零售商” VMI 的运作框架如图 3.13 所示。

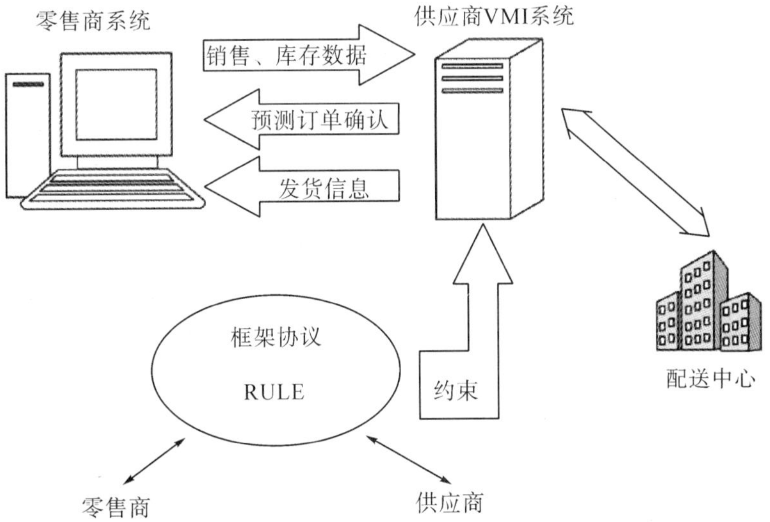

图 3.13　“供应商-零售商” VMI 的运作框架

在该模式下，供需双方首先应签订合作框架协议，以明确双方的责任、权力和义务，以及 VMI 的运作范式和流程（“供应商-零售商” VMI 的典型运作模式见图 3.14）。接下来，零售商应让供应商共享其库存数据和需求信息（如 POS 数据），供应商随之预测用户的补货需求，并制订建议订单和补货单，待零售商确认后实施补货。

具体而言，零售商把产品的销售数据（POS 数据）和库存数据实时传输到制造商的 VMI 仓库，再由制造商的 VMI 系统做出决策。如果制造商的现有库存能够满足零售商的需求，即由制造商的仓储与配送系统将产品配送给零售商；否则，制造商必须通知生产系统生产出产品后才能进行配送。其中，在生成正式订单之前，制造商还应该将其交由零售商审核，经其调整确认后再形成订单。

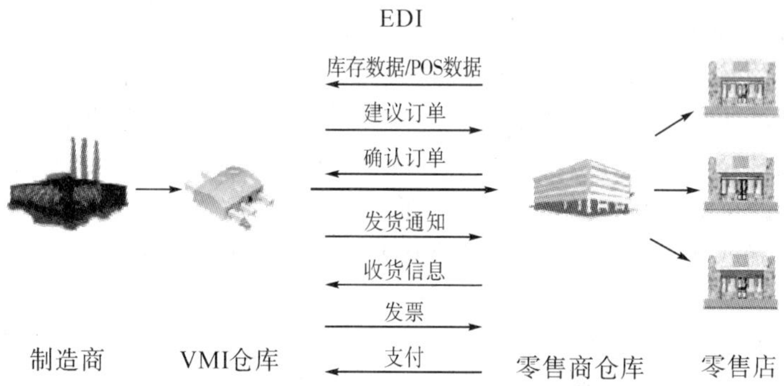

图 3.14 “供应商-零售商”VMI 的典型运作模式

从 VMI 的典型运作模式中我们不难发现，VMI 的核心思想是供应商在共享用户的 POS 数据或 MRP 信息及库存信息的前提下，主动预测需求，制订建议订单和补货计划，在得到用户确认的基础上实施补货。

3. VMI 的优势

［**案例**］ **企业实施 VMI 的益处**

北京富士通系统工程有限公司在对我国汽车整车和零部件行业进行深入细致的调查之后，结合富士通多年为日本汽车行业的服务经验，推出了应用于汽车行业基于 VMI（供应商管理库存）模式的富华恒通综合物流管理系统。采用 VMI 库存管理模式，可以使企业降低库存成本、加快反应速度。据测算，实施 VMI 可以实现在提高顾客满意度的同时降低 50%的库存成本，库存降低近 30%，平均库存周转率提高一倍，缺货损失降低 20%，库存积压减少 23%。

企业实施 VMI 有以下优势。

对于用户来说，其可以省去订货业务，节省订货费用；可以优化采购流程，提高流程效率，降低供应成本；可以加快库存周转，减少资金占用，降低库存成本；可以降低供应风险（有稳定的货源保障）；可以实现资源的外向配置，提升企业竞争力。

对供应商而言，首先，其可以加强供应商与客户的合作，强化客户关系管理（CRM），确保有稳定的需求，在市场转型，竞争激烈的今天，这具有非常重要的战略意义。其次，共享客户的 POS 数据或 MRP 信息及库存信息，有利于供应商准确地预测需求，科学地制定生产计划和补货计划，防止盲目生产产生库存或货品的非正常调拨增大运输成本，抑或备货不足出现脱销；有利于供应商合理设置库存，减少库存资金投入，提高资金的运营能力；可最大限度地降低供应商经营运作的不确定性。

对供应链系统而言，实施 VMI，其可以实现上下游企业的战略联盟，加强企业间的合作；可以实现供需双方的实时信息共享，提高供应链的系统性、集成性、敏感性和响应性；可以有效降低供应链系统的库存量，降低系统成本；可以有效提升供应链系统的竞争力。

综上所述，实施 VMI，供需双方都改变了传统的独立预测需求的模式，最大限度地降低了需求预测的风险与不确定性，降低了交易费用，降低了供应链系统成本。

4. VMI 的实施

（1）VMI 实施的关键。

VMI 成功实施的关键有三点：一是供应商共享用户的 POS 数据或 MRP 信息。为此，需要改变传统的订货及订单处理方式，将供应商的信息系统与客户的 POS 系统或 ERP 系统集成，实现需求信息的共享。二是库存状态透明。供应商要能实时跟踪用户的库存状态、共享库存数据，并结合 POS 数据或 MRP 信息预测需求，制订建议订单计划。为此，企业需要将供应商的信息系统与客户的 WMS（仓库管理系统）或 IMS（库存管理系统）集成，实现库存数据、信息的共享。三是供应商准确预测需求。为此，供应商应建立需求预测偏差率等 KPI 指标，动态分析零售商的 POS 数据或制造商的 MRP 信息，实时把握用户的库存周转率、库存周转期等反映市场“晴雨”状态的数据，采用科学的预测方法，借助专业的预测软件，建立科学的预测模型，参考历史销量，准确预测需求。

VMI 成功实施的条件（微课）

（2）VMI 的实施步骤。

①资源准备。供需双方需要做好实施 VMI 所必需的信息和物流等资源准备工作。其中，信息资源主要包括销售时点系统（POS）、条码系统和电子数据交换（EDI）等 IT 系统。POS 系统和 EDI 是企业实施 VMI、实现实时信息共享必不可少的条件。其中，EDI 是合作企业彼此间传输 POS 数据和库存信息等的重要渠道。例如，通用汽车公司通过实施 EDI，每年大约节省了 12.5 亿美元的成本。而条码技术的应用，不仅为企业提供了一套可靠的代码标识系统，而且为供应链成员企业提供了通用语言，解决了数据录入和数据采集经常出现的瓶颈问题，为 VMI 的实施提供了有力的技术支持。

②沟通并制订合作框架协议。供应商和用户充分沟通，将合作概念化并签订框架协议。双方要在协议中建立 VMI 运作规程，建立对双方都有利的库存控制系统，确定处理订单[①]的业务流程、库存控制参数（如补货点、补货提前期、最低库存水平、最高库存水平等）、最低到货率及库存信息的传递方式（如 EDI 或 Internet）；要明确库存所有权及其转移的时间以及订货责任等事宜。具体而言，VMI 实施的框架协议应包含以下内容，供需双方在实施 VMI 的过程中需要对其进行经常地监督和修正。

第一，存货所有权问题。包括所有权转移时间及双方责任范围的界定。

第二，资金流问题。主要是付款条款的拟订，包括付款方式、付款期限及有关文件准备等。

第三，绩效评估标准的制定。合理的评估指标是全面评价 VMI 的实施和供应链运营绩效的基础，管理会计为此提供了可行思路，例如作业成本法（ABC）[②]和平衡计分卡（BSC）[③]等。

第四，保密问题。供需双方在多大程度上共享信息并明确相应的责任。需要签订保密协议或制订保密条款。

第五，技术支持问题。双方需就现有的信息技术手段进行改造还是投资引进先进的信息系统进行协商。

第六，供应商的运输方式选择和仓库建立。供应商将如何满足所有参与实施 VMI 的客户门店在送货时间与送货地点等方面的要求；仓库的位置和面积，要考虑不断增长的产品需求。

第七，存货安全保证。结合存货所有权的转移时间明确划分双方的责任，从而有效保证存货的安全。

第八，退货条款的制定。包括退货提前期，退货的运费支付等。

第九，例外条款的拟订。包括意外事件的防范措施、报告及处理制度等。一旦出现例外

---

① 不是由用户向供应商下订单，而是由供应商根据用户的 POS 数据或 MRP 信息产生建议订单由其确认。

② 参见学习情境七任务 5“供应链策略成本管理”。

③ 参见学习情境七任务 3“运用平衡计分卡法进行供应链绩效管理”。

事件，当事一方应该及时履行告知义务。合同应该约定通告的渠道和方式。

第十，违约处罚条款的拟订。其目的是为了明确双方在一些具体情况下的责任范围。例如，供应商装重了货或者装了空箱，他将承担哪些额外的费用；如果用户传递了错误的销售信息或库存信息，应该如何对其进行处罚；如果用户取消订单，但信息沟通不及时或其他原因导致供应商已经送货，谁将承担责任。

第十一，参与VMI的供应商资格认定标准、潜在的供应商选择、供应商培训和退出计划。

第十二，代表供应商管理库存的机构其能力、声誉、财务状况等需要达到的标准。

第十三，货品的种类与补充计划。即在实施VMI的期初应包含哪些产品（品种），何时增加新产品。

第十四，组织结构调整。供应商和用户组建多功能小组来辅助VMI的实施；全体员工必须理解并接受VMI，才能保证其得到顺利实施。具体而言，双方应该根据VMI的业务流程进行组织变革，共同设立实施VMI的协调与评估部门，其作用在于：一是作为合作双方的桥梁和纽带，由其制订一系列工作标准来协调和解决双方在合作中产生利益冲突的有关问题；二是实施VMI以后，需方的库存及仓储运作与管理有关人员的工作岗位面临合并和调整，需要对其工作进行适当安排；三是需要对VMI的实施过程进行监控和评估，以确保达到预期目标，同时为企业高层提供可靠的决策信息支持。

第十五，其他问题。如实施VMI所产生的额外投资成本应该由合作各方按照比例共同承担；实施VMI所带来的收益应该由合作双方共享，特别是在实施VMI的初期，大部分利润可能会被用户（需方）获取，因此在短期内需方应该让渡部分利润给供应商，以调动其参与实施VMI的积极性并增强其信心和决心。

③试验性实施。该阶段是合作双方的磨合期。通过“试合作”，我们可以进一步发现问题并修改、确认协议中的相关内容。

④全面实施。全面实施VMI需要IT手段的支持，销售时点信息要及时传送给供应商；库存、产品控制和计划系统都必须在线，使供应商完成日常补货业务。

过去许多企业自行开发和扩展管理信息系统（MIS）作为解决办法，直接将双方的MIS系统连接，也有企业将MRPⅡ或ERP的功能扩展后直接互联。随着科技发展，更多专业化软件相继出现。国外常用的基于Internet的方案包括i2、Manugistics和mySAP技术。高露洁公司从1999年开始采用mySAP R3来实施VMI，联想集团公司在1998年采用了mySAP R3/ERP系统，在2002年采用了i2/SCM系统。

（3）实施VMI的注意事项。

第一，相互信任。合作需建立在相互信任的基础上，否则就会失败。用户要信任供应商，不要干预供应商对发货的监控，供应商也要多做工作，使用户相信他们不仅能管好自己的库存，也能管好用户的库存。我们只有相互信任，通过交流和合作才能解决存在的问题。

第二，IT支持。只有采用先进的信息技术手段，才能保证数据传递的及时性和准确性。例如，利用条码技术和自动识别与数据采集（AIDC）技术来确保数据的准确性，利用EDI或Internet将销售时点信息和库存信息传输给供应商，并且库存与产品的控制和计划系统都必须是在线的，准确的。

第三，库存权属。与传统买卖关系相比，库存物品的所有权权属有所不同。在过去，买方在收到货物时，所有权也同时转移了，而实施VMI，供应商拥有库存直到物料被消耗或产品被售出。同时，由于供应商具有管理库存的责任，VMI库存管理系统就能够突破传统的条块分割的库存管理模式，以系统的、集成的管理思想进行库存管理，从而供应链系统能够实现同步化的运作。

（4）实施 VMI 应遵循的原则。

第一，合作性原则。在实施 VMI 时，相互信任与信息透明是很重要的，供应商和用户都要有良好的合作精神，才能确保合作取得成功。

第二，互惠原则。VMI 不是关于解决成本如何被分配或由谁来支付的问题，而是致力于使合作双方的成本都得到节省，实现“双赢”。

第三，目标一致性原则。合作双方都明白各自的责任，并在观念上达成一致。双方的权利、义务和责任在框架协议中都有具体的约定。

第四，连续改进原则。企业实施 VMI，应及时发现在运作中存在的问题并加以改进，使供需双方能共享利益并消除浪费。

5. VMI 的支持技术

VMI 的支持技术主要包括：EDI/Internet、ID 代码、条码、条码应用标识符、连续补货计划等。其中，连续补货计划（continuous replenishment program，CRP）是“利用及时准确的销售时点信息确定已销售的商品数量，根据零售商或批发商的库存信息和预先规定的库存补充程序确定发货补充数量和配送时间的计划方法”（GB/T 18354-2006）。CRP 将零售商或批发商向供应商发出订单的传统订货方式，变为供应商根据用户库存和销售信息决定商品的补给数量。这是一种实现 VMI 管理策略的有力工具和手段。为了快速响应用户“降低库存”的要求，供应商通过和用户（分销商、批发商或零售商）建立合作伙伴关系，主动提高向用户交货的频率，使供应商从过去单纯地执行用户的采购订单变为主动为用户分担补充库存的责任，在实现供应商快速响应用户需求的同时，也使用户减少了库存。

（二）联合库存管理

VMI 是一种供应链集成化运作的决策代理模式，它把用户的库存决策权委托给供应商，由供应商代理用户行使库存决策的权力。该策略在大幅度减少用户库存的同时，将库存责任和风险转嫁给了供应商。而联合库存管理则是一种供应链成员企业风险共担的库存管理模式。

联合库存管理（JMI）
（微课）

1. JMI 的概念与内涵

联合库存管理（joint managed inventory，JMI），是一种在 VMI 的基础上发展起来的上下游企业权利责任平衡和风险共担的库存管理模式。它是“供应链成员企业共同制订库存计划，并实施库存控制的供应链库存管理方式”（GB/T 18354-2006）。JMI 强调供应链节点企业同时参与，共同制订库存计划并实施库存控制，使各成员企业都从相互之间的协调性考虑，使各节点的库存管理者对需求的预期保持一致，从而有效遏止了“牛鞭效应”。JMI 体现了供应链战略联盟的新型企业合作关系，强调了供应链成员企业之间的互利与合作。

联合库存管理（JMI）的
概念与内涵（微课）

联合库存管理的思想可以从分销中心的联合库存功能谈起。地区分销中心体现了一种简单的联合库存管理思想。传统的分销模式是分销商根据市场需求直接向厂商订货，比如汽车分销商（或批发商），根据用户对车型、款式、颜色、价格等的不同需求，向汽车制造商订货，商品一般要经过较长的一段时间才能到达。但顾客通常不想等待这么久，因此经销商不得不进行备货，大量的库存使经销商难以承受，以至破产。据估计，在美国，通用汽车公司销售 500 万辆轿车和卡车，平均价格是 18 500 美元，经销商维持 60 天的库存，库存持有成本是车价值的 22%，一年的总库存成本达到 3.4 亿美元。而采用地区分销中心，就大大改变了库存居高不下的现象。现在，借助现代信息技术手段，通过建立经销商一体化的战略联盟，把各个经销商的库存信息集成在一起，实现信息共享，就可以很好地解决这一问题。借助信息系统，每个经销商可以查询其他经销商的库存信息，寻找配件并进行交换，同时，经销商们在制造商的协调下达成协议，承诺在一定条件下交换配件并支付一定的报酬，这样，就可以使每个经销商的库存降低，服务水平提高。

JMI 管理模式如图 3.15 所示。

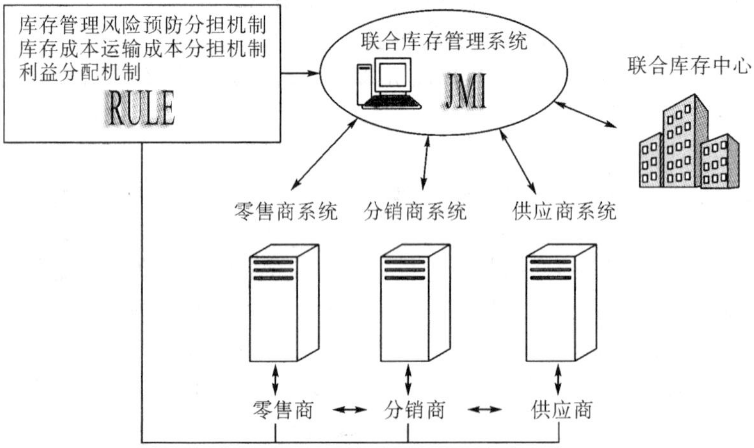

图 3.15　JMI 管理模式

实施 JMI，需要在供应链中建立合理的风险、成本与效益平衡机制，建立合理的库存管理风险的预防与分担机制，建立合理的库存成本与运输成本分担机制，建立与风险成本相对应的利益分配机制，在对供应链成员企业进行有效激励的同时，最大限度地避免供需双方的短缺行为以及供应链“局部最优而整体不优”现象的出现。

2. JMI 的优势

实施联合库存管理有如下优势。

第一，优化供应链库存运作与管理。由于 JMI 将传统的“多级”“多点”库存管理模式转化为核心企业对供应链库存的管理，即“单点”库存管理，核心企业通过对各种原材料、零部件和产成品库存实施有效控制，就能实现对整个供应链库存的优化。

联合库存管理(JMI)的优势(微课)

第二，提高供应链运作的稳定性。实施 JMI，可以把供应链管理系统进一步集成为上游和下游两个协调管理中心（见图 3.16），库存连接的供需双方从供应链全局出发，共同参与供应链库存计划的制订与实施，实现同步化运作，从而在一定程度上消除了供应链环节之间的不确定性和需求信息扭曲导致的供应链库存波动。通过库存协调管理中心，供需双方共享需求信息，从而起到了提高供应链运作稳定性的作用。

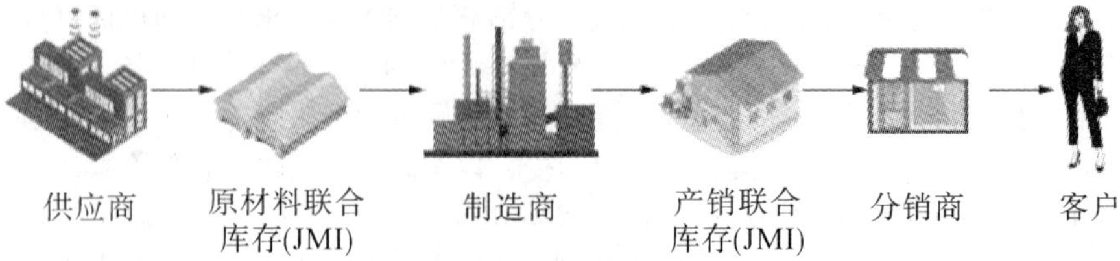

图 3.16　JMI 的运作模式

第三，减少物流环节，降低物流成本，提高供应链的运营效率。在传统的库存管理模式下，供应链各节点都设置了库存，随着供应链物流结点数量的增加，货物的运输路线错综复杂，迂回交叉，导致不合理运输。实施 JMI，可以简化供应链库存层次结构，降低供应链系统的库存数量及库存成本，减少仓储设施的数量及相应的储存保管费用，优化运输路线，降低物流运作成本，提高供应链的运营效率。

第四，对制造商而言，供应商的库存可以直接存放到核心企业的仓库中，这不但保证核心企业对原材料、零部件的供应和取用的方便，而且核心企业可以对库存进行统一调度、统一管理和控制，为核心企业快速高效的生产运作提供强有力的保障。

第五，对经销商而言，可以建立覆盖整个经销网络的库存池、一体化的物流系统，这不但能使经销商的库存量下降、使整个供应链系统的库存水平降低，而且能提高库存服务水平，快速响应用户需求，降低经销商的缺货成本。

第六，实施 JMI 为实现零库存管理、JIT 采购与供应及精益供应链管理创造了条件。同时，也为其他科学的供应链物流管理（如连续补货等）创造了条件。

第七，JMI 体现了供应链管理的基本原则，使供应链成员企业能够实现信息共享、风险共担、共同获利。

3. JMI 的实施策略

（1）建立供应链协调管理机制。

为了发挥联合库存管理的作用，供应链成员企业应从合作的精神出发，建立供应链协调管理机制，建立合作与沟通的渠道，明确各自的目标和责任，为联合库存管理提供有效的机制。没有一个协调的管理机制，就不可能进行有效的联合库存管理。建立供应链协调管理机制，要从以下几个方面着手。

联合库存管理(JMI)的实施策略(微课)

第一，建立供应链共同愿景。要建立联合库存管理模式，供应链成员企业首先必须本着互惠互利的原则，建立共同的合作目标。为此，供应链参与体要理解供需双方在市场目标中的共同之处和冲突点，通过协商形成共同的共赢愿景。

第二，确定联合库存的协调控制方法。联合库存管理中心担负着协调供应链各方利益的角色，起着协调整个供应链的作用。联合库存管理中心需要确定优化库存的方法，包括库存如何在多个需求商之间进行调节和分配，以及确定供应链周转库存和安全库存水平等。

第三，建立利益分配与激励机制。要有效运行基于协调中心的库存管理，必须建立一种公平的利益分配机制，并对供应链各参与体进行有效激励，防止机会主义行为，增强供应链成员企业之间的协作性和协调性。

（2）建立供应链管理信息系统。

为了提高供应链需求信息的一致性和稳定性，减少多重预测导致的需求信息扭曲，应增强需求信息的透明性，并使各成员企业能实时共享这些信息。通过构筑供应链管理信息系统，供应链成员企业能够共享包括库存信息在内的相关信息，为联合库存管理决策、协同补货计划的制订与实施等提供服务支持。

（3）发挥第三方物流系统的作用。

供应链成员企业可以借助第三方物流系统实现联合库存管理（把库存管理的部分功能委托给第三方物流公司）。第三方物流系统是供应商和用户之间的桥梁和纽带（见图 3.17），能够为企业提供诸多好处。通过建立面向供应链库存协调管理中心的第三方物流系统，供应链成员企业可以取消各自独立的库存，同时增强供应链系统的敏捷性和协调性，大大改善供应链的用户服务水平和运作效率。

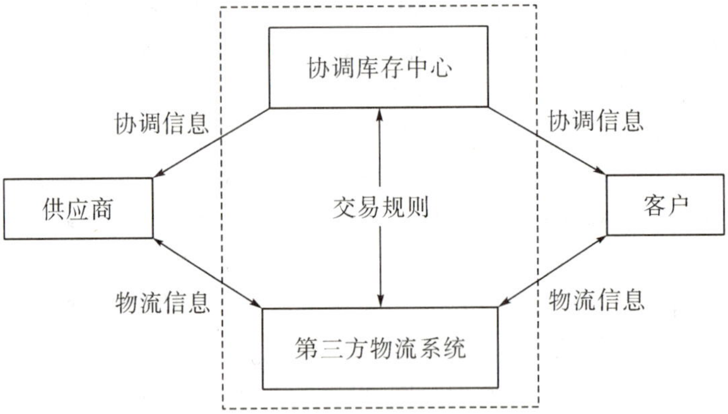

图 3.17　第三方物流系统在供应链中的作用

（4）选择合适的联合库存管理模式。

供应链联合库存管理有如下两种模式。

①集中库存模式，即将各个供应商的零部件等物料直接存入核心企业的原材料仓库中，把各个供应商的分散库存变为核心企业的集中库存。集中库存模式要求供应商采取如下方式进行运作：供应商按照核心企业的订单或订货看板组织生产，一旦物料被消耗，立即采取多频次小批量的供应方式将原材料、零部件等物料补充到核心企业的仓库。在这种模式下，库存管理的重点在于核心企业根据生产的需要保持合理的库存量，达到既能满足生产的需要，同时使库存总成本最低的目标。

②无库存模式，即供应商和核心企业都不设立库存，核心企业实行无库存生产方式。在这种模式下，供应商直接向核心企业的生产线进行多频次、小批量的供应配送，并与之实行同步生产、同步供货，从而实现“在需要的时间把所需要的品种和数量的物料送到需要的地点”。这种准时化供应模式，由于完全取消了库存，效率最高，成本最低。但对供应商和核心企业运作标准化、协作精神与配合程度的要求高，对运作过程的要求严格，而且要求双方的空间距离不能太远。

（三）多级库存优化与控制

多级库存控制策略（微课）

基于协调中心的联合库存管理是一种战略同盟式的供应链库存管理模式，是对供应链库存进行局部（供应链上游或下游）优化与控制的方略，而要对供应链库存进行全局性优化与控制，则必须采用多级库存优化与控制方法。因此，多级库存优化与控制能够实现供应链库存的全局性优化。

多级库存的优化与控制是在单级库存控制的基础上形成的。一般至少包括供应——生产——分销三个层次。多级库存优化与控制的策略主要有两种：一种是非中心化（分布式）策略，另一种是中心化（集中式）策略。非中心化策略是各个库存点独立地采取各自的库存控制策略。例如，我们把供应链成本中心划分为制造商成本中心、分销商成本中心、零售商成本中心，然后由各个成本中心分别制定库存优化控制策略。该策略实施起来比较简单，但不能保证供应链库存的全局优化。如果信息的共享度低，多数情况下产生的是次优结果。

因此，非中心化策略需要实现信息共享。

而集中式策略是将库存控制中心放在核心企业，由核心企业对供应链库存进行控制，协调上下游企业的经营运作活动。例如，围绕大规模生产组装型企业建立多级库存优化系统，就是采用集中式策略将核心企业作为供应链库存管理的控制中心、信息中心和协调中心。采用中心化策略，所有库存点的控制参数是同时设置的，库存控制中心充分考虑各个库存点的相互关系，通过协调进而实现供应链库存的优化。但该策略实施起来的协调管理难度大，特别是当供应链的层次较多（供应链的长度较长）时，协调与控制的难度会进一步加大。

实施多级库存优化的首要任务是明确库存控制目标。一般而言，企业应使供应链系统的库存成本最小，即在订购成本、购置成本、储存成本、缺货成本之和最小的基础上，协调供应链物流系统各结点的库存，使库存量最低。在供应链管理时代，企业之间的竞争更加强调基于敏捷制造和基于时间的竞争。但是，无论是基于成本的控制，还是基于时间的控制，都要体现集成的、多级库存控制的思想。

五、牛鞭效应成因的分析与控制①

牛鞭效应是供应链中普遍存在的现象，其典型表现为从需求源到供应源，需求信息的波动、扭曲越来越明显。牛鞭效应的存在，会对供应链企业群体产生不良影响，尤其是远离需求源的上游企业，影响更加显著。因此，分析牛鞭效应的成因，采取有效的对策与举措，减弱乃至消除牛鞭效应，是供应链企业群体必须解决的共同难题。

如何评价供应商的批量折扣促销策略(微课)

牛鞭效应(微课)

牛鞭效应的概念与内涵(微课)

（一）牛鞭效应的概念与内涵

牛鞭效应（bullwhip effect）是指从供应链的下游到上游，订货量的方差逐级放大的现象。一般地，在未构筑集成化供应链的企业群体中，如果上下游企业未加强合作，没有充分实现信息共享，节点企业主要依据下游客户的订单进行需求预测，并在此基础上制订企业经营计划、销售计划、生产计划和采购与供应计划，进一步向供应商下订单，就不可避免地会引发牛鞭效应。如图 3. 18 所示。

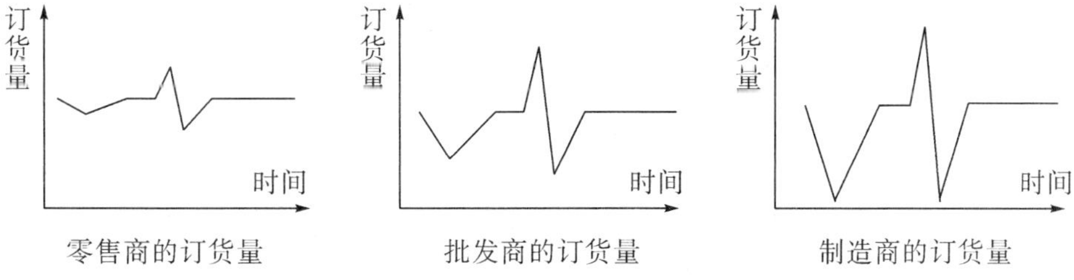

图 3. 18　牛鞭效应示意图

---

① 胡建波. 牛鞭效应的成因与减弱对策［J］. 企业管理，2011（8）.

（二）牛鞭效应对供应链绩效的影响

牛鞭效应的存在，对供应链绩效会产生不良影响，主要表现在供应链系统成本上升，供应链缺乏成本竞争力；供应链对市场需求的响应周期增长，响应能力减弱。具体表现在以下几个方面。

牛鞭效应对供应链绩效的影响（微课）

（1）过度生产，制造成本增加。从供应链的下游到上游，订货量逐级放大，必然导致制造商及零部件供应商过度生产，原材料成本、人工费用、能源水电费以及机器设备等固定资产的折旧加速，最终导致企业的生产成本上升。

（2）物流成本上升。由于制造商的产能扩大，在制造成本上升的同时，供应链系统的物流成本也会大幅度增加。首先是成品库存增加，相应地，制造商及下游各节点企业的库存成本就会上升，包括购置（购买）成本、订购成本、储存成本和缺货成本（由于订货虚增，供应链柔性减弱，不能满足用户的真实需求而产生的缺货损失）。其次，运输成本增加，包括从上游到下游货物正向运输的成本，退货、换货等逆向物流成本，以及因销售不均衡而在目标市场之间发生的调货成本。

（3）补货的提前期增长。由于供应链各节点均持有较多的库存，因此，库存补充的提前期增长。相应地，供应链的柔性减弱，敏感性下降，市场需要的产品可能无法满足，而市场不需要的产品则可能供过于求，最终导致季末打折，过期库存、呆滞库存增加。

总之，牛鞭效应的存在，导致过度生产，物流成本上升，补货提前期增长，浪费了大量的人力、物力和财力，供应链绩效大大降低。

（三）牛鞭效应的成因

产生牛鞭效应的原因是多方面的，有供应链系统与结构的原因，也有运作层面的原因。

牛鞭效应的成因（微课）

1. 供应链系统与结构的原因

一般地，供应链由多个节点企业构成。若核心企业的供应链管理能力不够强，集成化供应链系统未构筑，则供应链的层次一般较多（例如供应链上游多层次的供应商网络，下游的多级分销渠道），这必然会导致上游企业（如制造商、零部件供应商）离末端用户的距离较远。如果供应链信息系统（SCIS）未构筑，则上游企业就无法实时共享末端用户的需求信息。于是，用户的需求信息从供应链末端自下而上传递，经过层层过滤，必然会扭曲、失真。特别地，当供应链“双赢”机制未有效建立时，各节点企业为了追求自身利益的最大化，往往不会把所掌握的全部需求信息真实地与供应商共享。因此，多层次的供应链网络、未集成的供应链系统、节点企业独立地进行库存及订货决策是导致牛鞭效应产生的根本原因，而信息不共享则是牛鞭效应产生的直接原因。

2. 运作层面的原因

产生牛鞭效应的运作层面的原因主要包括：①非联合预测需求及需求预测修正（各节点企业单独预测需求并对预测值进行修正）；②价格波动（下游企业在低价时多进货，其订货模式并不代表终端用户的需求模式）；③批量采购（目的是获取采购进货的规模经济性收益）；④短缺博弈（商品短缺时客户的博弈行为，即在商品短缺时，下游企业为了获得供应商的足额供货而故意夸大订货量）；⑤库存责任失衡（在买方市场背景下，供应商承担了更高的库存责任和风险）；⑥应对环境变化（供应链各节点企业持有较多的库存以应付需求急增）。

（四）牛鞭效应的减弱对策

［案例］松下电器（中国）有限公司通过信息共享遏制牛鞭效应

牛鞭效应的成因与对策（微课）

牛鞭效应的减弱对策（微课）

松下电器（中国）有限公司将零售商的 POS 系统、地区仓库的 WMS 与公司总部的信息系统实施集成，借助于高效的信息网络，公司总部的库存经理动态、实时地掌握销售物流系统中的库存量及其变化的信息，在此基础上预测需求并补货，有效遏制了牛鞭效应。

基于上述原因，本书从供应链系统与结构及运作层面入手，提出以下对策与措施：①减少供应链的环节，提高供应链的集成度，实现供应链的简约化和集成化；②构筑供应链管理信息系统，实现上下游企业的实时信息共享；③实施会员制（VIP 或积分卡），减少商品打折的频率和幅度，稳定销售价格；④借助计算机辅助订货（CAO）、电子订货系统（EOS）等先进的信息技术手段及第三方物流系统，实现多频次小批量订货；⑤加强供需双方的沟通与协调，减弱商品短缺时客户的博弈行为；⑥实施协同库存管理。

［案例］　3M 公司通过订货分级管理来减弱短缺博弈

案例：3M 公司为关键客户提供完美订货服务（微课）

对客户订货实施分级管理是企业减弱牛鞭效应的一条有效措施。对于一般的客户，企业可以对其订货实施满足管理；对于重要的客户，企业可以对其订货实施充分管理；对于关键的客户，企业可以对其订货实施完美管理。企业通过重点管控关键客户的需求变异概率，就能有效减弱牛鞭效应。

3M 公司在货品短缺时，优先保证关键客户的订单满足率不降低。为了提高对关键客户的服务质量，3M 公司推出了一种称之为“白金俱乐部”的服务项目。3M 公司对“白金俱乐部”的成员提供各种意外保障措施，以便当公司的主要供货地点缺货时，公司也能够获得客户所需的存货来满足“白金”客户的订货需要。这些保障措施包括从次要的储存点进行货物调拨，以及在全球范围内搜寻 3M 公司其他物流中心（包括配送中心）的存货。一旦这些措施就绪，公司立即采用溢价运输方式进行货物直送。在特殊情况下，3M 公司还会借用已出售的货物来供给“白金”客户。公司这样做，目的是保证在任何情况下都能够为关键客户提供完善的订货服务。一方面，这可以强化客户关系管理，维持公司的市场份额；另一方面，公司通过管住关键客户，降低其需求变异的概率，减弱其短缺博弈行为，就能有效遏制牛鞭效应。

实训项目 3：啤酒游戏

实训项目描述

学生分组模拟供应链上各节点企业（供应商、制造商、批发商、零售商等）的角色，通过“啤酒游戏”（假定供应链上各节点企业均只经营啤酒一种产品）感悟职业角色内涵，熟悉供应链业务流程，体会企业间不合作带来的恶果。

实训目标

通过实训，学生应达到以下目标：

（1）能正确理解牛鞭效应的内涵；

（2）能分析牛鞭效应对供应链绩效的不良影响；

（3）能分析牛鞭效应的成因；

（4）能提出减弱牛鞭效应的对策与举措；

（5）感悟职业角色内涵，建立职业认同感。

实训内容

学生分组模拟供应链上各节点企业（供应商、制造商、批发商、零售商等）的角色，分组进行“啤酒游戏”（假定供应链上各节点企业均只经营啤酒一种产品）。通过角色分配、游戏规则说明、小组示范、全班参与等步骤，在改变消费者的订货数量、改变供应提前期、信息共享等条件下学生可进行多轮游戏，并将各节点企业的订货数量输入计算机进行统计，绘制需求变异放大效应图像，分析在不同情况下的需求波动，找出牛鞭效应的成因，并合理提出减弱对策。

建议实训时间

4h

一、任务准备

引导问题（1）什么是“牛鞭效应”？

引导问题（2）在供应链中“牛鞭效应”是如何产生的？

引导问题（3）“牛鞭效应”对供应链运营绩效有什么不良影响？

引导问题（4）啤酒游戏实训需要准备哪些道具和设备？

二、操作步骤

1. 角色分配

假设只经营啤酒一种产品。啤酒先由制造商生产出来后销售给批发商，再由批发商销售给零售商，最后由零售商卖给消费者。现实的情况当然要复杂得多，但这里只是做游戏，假定只有零售商、批发商、制造商和游戏记账员四个角色，由这四个人共同组成游戏的一个小组。

2. 游戏规则说明

第一，每次游戏都要分轮进行，一轮代表一个工作日，一次游戏共进行 15 轮。

第二，每轮都会有顾客到零售商那里去买啤酒。每轮老师会从扑克牌中抽出一张牌，牌的点数在 5~10 之间，这就是最终消费者购买的啤酒罐数。老师只把这张牌给零售商看，批发商和制造商是看不到的。要求零售商保守秘密，不能告诉其他人。如果违规，则取消其做游戏的资格，并将影响全组的成绩。零售商从自己的柜台里拿出啤酒来给顾客，然后再向批发商订货，每轮有一次向批发商订货的机会。零售商以每罐 3 元的价格卖给顾客，进价则是每罐 2 元。如果柜台里的啤酒不够的话，就会缺货，需要做延迟订单处理。亦即，若零售商的库存不足以满足客户的需求，那么零售商可以延迟发货，不过对不足的部分，零售商要对客户做出赔偿，赔偿费率为每罐一毛钱。如果下一轮还是不能满足客户的需求，继续顺延，等货到以后再发。零售商向批发商下的订单当天不会到货，要过两天才能到货。换言之，零售商第一轮下的订单，要到第三轮才会进入零售商的柜台。此外，零售商每次向批发商订货时要交手续费和运费，共折合人民币 2 元/次。

第三，批发商的职责是把啤酒销售给零售商，价格为每罐 2 元。批发商有一个仓库，每轮都可以其库存尽量满足零售商的订单。同时，每轮均有一次向制造商订货的机会，订货价是每罐 1.5 元。不过，所订的货也要过两轮才会到达批发商的仓库。同时，批发商也需要负担订货成本，每笔订单的运费和手续费共计 3 元。缺货时需要对零售商进行赔偿，费用是每罐一毛钱。

第四，啤酒制造商也要遵循上述规则，唯一不同的是，制造商不是订货，而是自己生产啤酒。当然，由于生产啤酒需要很多生产资源例如车间和原材料等，所以，批发商每轮向制造商下的订单，其产品要等两轮才能加工完毕进入成品仓库。而且，制造商每次启动生产线都有一个启动成本 3 元，但产量没有限制，换言之，无论批发商下多大的订单，工厂都能如期把产品生产出来。制造商以每罐 1.5 元的价格把啤酒销售给批发商，而制造商自己的生产成本是每罐 1.1 元。缺货时需要对批发商做出每罐一毛钱的赔偿。

第五，仓库里储存啤酒也是有成本的，包括：资金占用成本、仓库租赁费、管理费、雇员的工资等。零售商的仓储成本按每天每罐啤酒平均一毛钱计算；批发商的仓库比较大，有规模效益，按每天每罐啤酒两分钱计算；制造商的厂房在乡下，面积大，而且资金的机会成本相对较低，按每天每罐啤酒一分钱计算。还有在途的货物，就是那些已经下了订单，但是还没有来得及送到的货物——有两天的反应时间，也要作为订货者的存货（在途库存）计算储存成本。当然，其数量不一定就是订货量，因供应商有可能缺货，不能全部满足订单，可能只发了部分货。

第六，游戏开始时每个角色有 30 罐啤酒的库存量，而游戏结束时每个角色也会有结余的库存，记账员要把结余的库存作价 50% 清算掉，然后把亏损记录到毛利中。游戏参与者必须记录每轮自己的销售和库存情况，记账员据此来计算每个角色各自的利润。

3. 游戏进程

（1）小组示范。

先选择一个小组上台演示整个游戏过程。

消费者的消费量由老师在一副扑克中把所有的 5、6、7、8、9、10 拿出来用于产生消费数据，即随机抽取其中的一张扑克，并仅给零售商看。进行 15 轮后，游戏结束。

（2）总结。

提问 ①讨论：游戏中采取了哪些订货策略？（提示：如定期订货、定量订货等）

（A）____；

（B）____；

（C）____。

提问 ②如何撰写游戏报告？

提示：游戏报告的内容包括填写以下零售商、批发商、制造商的表格，游戏进程、游戏中的策略、每一次游戏的收获和最后的总结。

（A）零售商的表格。

第　组　　　　　　第　次　　　　　　零售商（　　）

轮次	客户需求	延迟销售	现有库存	途一	途二	订货量	供应商延迟供货
初始值	0	30	0	0	0	0	0
1							
2							
3							
4							
5							

（B）批发商的表格。

第　组　　　　　　第　次　　　　　　零售商（　　）

轮次	客户需求	延迟销售	现有库存	途一	途二	订货量	供应商延迟供货
初始值	0	30	0	0	0	0	0
1							
2							
3							
4							
5							

（C）制造商的表格。

第　组　　　　　　第　次　　　　　　制造商（　　）

轮次	客户需求	延迟销售	现有库存	途一	途二	生产量
初始值	0	30	0	0	0	0
1						
2						
3						
4						
5						

（D）游戏成绩计算表格。

个人成绩（第　组　第　次）　　　　记账员（姓名：　　　）

姓名	延迟销售	延迟销售赔偿金额	订单次数	订单成本	总计库存	总计库存成本	总订货量	销售总成本	销售总量	销售额	毛利润	净利润

（a）____；
（b）____；
（c）____；
（d）____；

(e) ____。

(3) 全班参与。

每个参与者在不公开自己决策的前提下，全班同学完成一次游戏。

(4) 分析与讨论。

讨论：①游戏中采取的订货策略有什么特点？(提示：如安全库存、EOQ 模型等)

(A) ____；

(B) ____；

(C) ____。

②改变消费者订货随机数产生的情况（之前的是等概率事件），则更加接近于实际生活中的正态分布。还是 5、6、7、8、9、10，但 7、8 出现的机会最大，6、9 次之，5、10 出现的可能性最小。均值为 7.5，方差为 1，游戏的轮次还是 15。客户需求数据为 7、9、7、7、8、8、8、7、8、8、8、7、7、8、8。

引导问题 (5) 在改进策略后为什么还不能有效改进绩效？

(A) 零售商的表格。

第　组　　　　第　次　　　　零售商（　　）

轮次	客户需求	延迟销售	现有库存	途一	途二	订货量	供应商延迟供货
初始值	0	30	0	0	0	0	0
1							
2							
3							
4							
5							

(B) 批发商的表格。

第　组　　　　第　次　　　　零售商（　　）

轮次	客户需求	延迟销售	现有库存	途一	途二	订货量	供应商延迟供货
初始值	0	30	0	0	0	0	0
1							
2							
3							
4							
5							

(C) 制造商的表格。

第　组　　　　第　次　　　　制造商（　　）

轮次	客户需求	延迟销售	现有库存	途一	途二	生产量
初始值	0	30	0	0	0	0
1						
2						
3						
4						
5						

（D）游戏成绩计算表格。

个人成绩（第　组　第　次）　　　　记账员（姓名：　　　）

姓名	延迟销售	延迟销售赔偿金额	订单次数	订单成本	总计库存	总计库存成本	总订货量	销售总成本	销售总量	销售额	毛利润	净利润

（a）____；

（b）____；

（c）____。

（5）完成以上三组游戏后，将所得数据输入计算机，按表格进行整理，绘制曲线图，分析牛鞭效应产生的原因。

①____；

②____；

③____。

引导问题（6）根据以上分析和总结，请提出消除或减弱“牛鞭效应”的对策。

（6）将零售商所下订单的到货提前期由两天改为一天（即在途期为1天），仍然使用第一次游戏的数据。请按要求填写以下表格：

①零售商的表格。

第　组　　　　第　次　　　　零售商（　　）

轮次	客户需求	延迟销售	现有库存	途一	途二	订货量	供应商延迟供货
初始值	0	30	0	0	0	0	0
1							
2							
3							
4							
5							

②批发商的表格。

第　组　　　　第　次　　　　零售商（　　）

轮次	客户需求	延迟销售	现有库存	途一	途二	订货量	供应商延迟供货
初始值	0	30	0	0	0	0	0
1							
2							
3							
4							
5							

③制造商的表格。

第　组　　　　　　第　次　　　　　　制造商（　　）

轮次	客户需求	延迟销售	现有库存	途一	途二	生产量
初始值	0	30	0	0	0	0
1						
2						
3						
4						
5						

④游戏成绩计算表格。

个人成绩（第　组　第　次）　　　　记账员（姓名：　　　）

姓名	延迟销售	延迟销售赔偿金额	订单次数	订单成本	总计库存	总计库存成本	总订货量	销售总成本	销售总量	销售额	毛利润	净利润

引导问题（7）信息共享在啤酒游戏中对“牛鞭效应”有什么影响？

（A）______________________________________；

（B）______________________________________；

（C）______________________________________。

引导问题（8）将本次数据处理的结果与前三组数据处理的结果进行对比，有什么差异？请分析原因。

（A）______________________________________；

（B）______________________________________；

（C）______________________________________。

（7）实现信息共享后，使用以下符合正态分布的数据：7、9、7、7、8、8、8、7、8、8、8、7、7、8、8，再重新做一次游戏。

引导问题（9）将本次游戏结果与前四次游戏结果进行对比，有什么差异？请分析原因。

（A）______________________________________；

（B）______________________________________；

（C）______________________________________。

三、总结

对“牛鞭效应”进行总结：

（A）______________________________________；

(B) ____;

(C) ____;

(D) ____;

(E) ____。

四、评价与反馈

1. 小组成果展示

(1) 简述本小组的收获与体会。

① ____;

② ____;

③ ____。

(2) 你对其他小组有哪些建议?

① ____;

② ____。

2. 评分

采用加权平均法对学生的实训成绩进行评定,包括学生自评(25%)、小组互评(25%)、教师评价(50%)三部分,见表3.4。

表3.4 学生实训成绩评定表

考核项目	评分标准	分数	学生自评(25%)	小组互评(25%)	教师评价(50%)	小计
团队合作	是否默契	5				
活动参与	是否积极	5				
任务方案	是否正确、合理	5				
实训过程	(1) 改变消费者订货数量条件下的实训操作	10				
	(2) 改变供应提前期条件下的实训操作	10				
	(3) 信息共享条件下的实训操作	10				
	(4) 订货数量的统计与需求变异放大效应图像的绘制	20				
	(5) 牛鞭效应的成因分析、减弱对策及措施的合理性	20				
任务完成情况	是否圆满完成	5				
方法使用	是否规范、标准	5				
操作纪律	是否能严格遵守	5				
总分		100				
教师签名:			年 月 日		得分	

注意:没有按照操作流程操作,出现人身伤害或设备严重事故,本任务考核记0分。

小结

供应链需求预测是供应链计划管理的首要任务。需求预测具有误差性、提前期长短影响预测的精确度、对产品族的预测精确度高于单品、上游节点的预测精确度低于下游节点等特点。需求预测通常按照时间跨度分类，包括六个步骤。供应链需求预测主要包括定性预测法、定量预测法以及计算机仿真（模拟）等几类方法。其中定性预测法包括专家预测法、主观概率法、部门主管讨论法、市场人员意见汇集法等方法；定量预测法主要包括时间序列分析法和因果关系分析法（因果联系法）两类预测方法。时间序列分析法包括简单移动平均法、加权移动平均法、简单指数平滑法和趋势矫正指数平滑法等方法，因果关系分析法包括回归分析法和经济计量法等方法。延迟策略和定价策略是供应链需求管理的主要策略，前者主要对需求的不确定性进行管理，包括生产延迟、物流延迟、形式延迟和完全延迟等策略，而后者主要对需求量进行调节和管理。供应链综合计划和销售与运作计划都是典型的供应链计划模式，它们都是针对产品族的计划，其目的都是为了实现供需平衡。其中供应链综合计划的基本策略有均衡策略、追赶策略以及时间弹性策略。

传统库存控制方法主要针对单个企业的库存进行管理，体现企业本位主义思想。而协同库存管理则体现了供应链集成管理思想，它是上下游企业在信息共享的前提下，共同参与对供应链库存的管理和控制的策略与方法（方式）。它能够避免库存的重复设置、减弱乃至消除牛鞭效应、有效降低供应链库存成本，主要包括 VMI、JMI、CPFR 以及多级库存优化与控制等策略（方式、方法）。供应链库存计划与控制的关键，一是确定供应链系统成本最小的周转库存水平，二是在不降低产品可得性的前提下，降低供应链系统的安全库存水平。在供应链中，预测驱动的推式流程与订单驱动的拉式流程边界上的库存点称为缓冲存货点（DP）。DP1～DP2 体现了预测驱动，DP3～DP5 体现了需求驱动。DP 点好比一把“双刃剑”，将风险分割为两部分：DP 点向下游移动意味着库存投资风险增大，DP 点向上游移动意味着失去订单的风险增高。DP 点与企业经营的产品类型及其特点、客户的需求特性、企业需求响应策略、企业是否实施延迟策略等因素有关。牛鞭效应是指从供应链的下游到上游，订货量的方差逐级放大的现象。多层次的供应链网络、未集成的供应链系统、节点企业独立地进行库存及订货决策是导致牛鞭效应产生的根本原因，而信息不共享则是牛鞭效应产生的直接原因。实现供应链的简约化和集成化，信息共享，减弱短缺博弈，小批量订货，实施协同库存管理等策略与举措能够有效减弱牛鞭效应。

同步测试

一、判断题

1. 顾客需求切入点之前是产品有差异的部分，顾客需求切入点之后是产品无差异的部分。（　　）

2. 指数平滑法的误差有传递性。（　　）

3. 对于需求不确定性程度高、需求量少的产品，可以用定性预测法和因果分析法预测成品的需求趋势。（　　）

4. 定量预测法包括时间序列分析法、因果关系分析法（因果联系法）等几类方法。（　　）
5. 牛鞭效应即需求变异放大效应。（　　）
6. 供应链周转库存的主要作用是通过供应链各环节的损益权衡，合理进行批量订货。（　　）
7. 从 DP5 到 DP1，库存投资与库存风险逐渐降低。（　　）
8. DP 点好比一把“双刃剑”，将风险分割为两部分：DP 点向上游移动意味着库存投资风险增大，DP 点向下游移动意味着失去订单的风险增高。（　　）
9. 出现牛鞭效应的根本原因是需求信息的扭曲、失真。（　　）
10. 加强供应链成员企业间的合作，实现信息共享，以信息代替库存，就可以消灭库存，实现零库存。（　　）

二、单选题

1. 企业对需求的不确定性进行管理的策略是（　　）。
A. QR 策略　B. ECR 策略　C. 定价策略　D. 延迟策略
2. 企业对需求量进行调节和管理的策略是（　　）。
A. 延迟策略　B. 定价策略　C. QR 策略　D. ECR 策略
3. 供应链综合计划和销售与运作计划都是典型的供应链计划模式，它们都是针对（　　）的计划。
A. SBU　B. SKU　C. 单品　D. 产品族
4. 供应链综合计划与生产计划大纲的区别是（　　）。
A. 生产计划大纲的制订必须考虑供应链合作伙伴资源和能力的约束
B. 供应链综合计划的制订必须考虑供应链合作伙伴资源和能力的约束
C. 两者在企业的计划体系中位于相同的层级
D. 在企业的计划体系中，供应链综合计划位于生产计划大纲的上面
5. 企业将成品储存在工厂成品库中，在接到客户在线下达的订单后，采用越库配送的方式将成品直接送到顾客手中。企业实施了典型的（　　）延迟策略。
A. 形式　B. 结构　C. 生产　D. 物流
6. 在供应链中，企业持有周转库存的目的是为了利用（　　）来降低供应链各环节的成本。
A. 规模经济　B. 范围经济　C. 经验曲线效应　D. 牛鞭效应
7. 在供应链中，预测驱动的推式流程与订单驱动的拉式流程边界上的库存点称为（　　）。
A. 被动库存点　B. 缓冲存货点　C. 安全库存点　D. 安全存货点
8.（　　）的实质是以信息代替库存。
A. 定量订货法　B. 定期订货法　C. VMI　D. JIT
9. 企业降低（　　）水平的途径包括：降低需求的不确定性、降低供应的不确定性以及优化产品的可得性水平等。
A. 周转库存　B. 循环库存　C. 经常库存　D. 安全库存
10.（　　）的设置需要考虑产品类型及其特点、客户需求特性、企业需求响应策略、企业是否实施延迟策略及其类型等影响因素。
A. 安全库存　B. 缓冲存货点　C. 周转库存　D. 最大库存

三、多选题

1. 销售与运作计划的制订包括（　　）等几个步骤。
A. 需求预测　B. 产品导入

C. 确定市场销售目标　　D. 制订运作计划

2. 供应链综合计划的基本策略包括（　　）。

A. 平稳策略　　B. 追逐策略　　C. 时间弹性策略　　D. 延迟策略

3. 延迟策略包括（　　）等策略。

A. 生产延迟　　B. 物流延迟　　C. 形式延迟　　D. 完全延迟

4. 设置安全库存应考虑的因素包括（　　）。

A. 库存物品的需求特性　　B. 需求的不确定性

C. 产品的可得性　　D. 客户的重要度

5. 牛鞭效应产生的供应链系统与结构的原因包括（　　）。

A. 供应链未有效集成　　B. 供应链层次过多

C. 节点企业独立进行库存及订货决策　　D. 短缺博弈

6. 供应链库存管理的策略、方法或方式包括（　　）。

A. VMI　　B. JMI　　C. CPFR　　D. 多级库存控制策略

7. 供应链库存计划与控制的关键因素包括（　　）。

A. 确定供应链系统成本最小的周转库存水平

B. 在不降低产品可得性的前提下，降低供应链系统的安全库存水平

C. 降低循环库存水平

D. 降低安全库存水平

8. 以下说法正确的是（　　）。

A. 通常用周期服务水平来衡量产品的可得性

B. 周期服务水平即在所有的补货周期中，能够满足客户所有需求的补货周期所占的比重

C. 周期服务水平相当于在一次补货周期内不出现缺货的概率

D. 以上说法都不对

9. 牛鞭效应对供应链绩效的影响包括（　　）。

A. 导致过度生产　　B. 物流成本上升　　C. 补货提前期增长　　D. 以上都不对

10. 导致牛鞭效应产生的运作层面的原因包括（　　）。

A. 非联合预测需求及需求预测修正　　B. 价格波动

C. 短缺博弈　　D. 库存责任失衡

四、情境问答题

1. A 企业采用指数平滑法进行需求预测，预测的准确度令人满意。B 企业的计划员一直为需求预测不准而头疼，听说 A 企业的情况后，专程拜访 A 企业的计划人员，学习了指数平滑法的使用方法，回到本企业后开始使用。经过几个月的比较，发现预测精度没有改善，B 企业的计划员怀疑是计算出错，但反复检查后并没有发现出错。你认为 B 企业预测不准的原因可能是什么？请说明理由。

2. 过去，日本某打印机制造商生产的打印机产品，其主机有两种类型的电源和保险丝装置，相应的打印机产品分别销往北美市场和欧洲市场。其中，电压为 110 伏的打印机销往北美市场，电压为 220 伏的打印机销往欧洲市场。当时，客户的订货周期①很长，并且公司很难能准确地预测北美和欧洲市场打印机产品的需求量，这经常导致一个洲的打印机产品大量积压，而另一个洲的打印机产品供不应求。后来，公司重新设计了打印机的主机，使之具有通用的电源和保险丝装置，这样产品在送达最终用

① 订货周期（order cycle time）是指“从客户发出订单到客户收到货物的时间。”——中华人民共和国国家标准《物流术语》（GB/T 18354-2006）

户之前就无须再对其进行差异化设计与加工。而且，使用通用的电源和保险丝装置还有一个好处，即无论在什么时候，只要产品供求出现不平衡，公司就可以将产品顺畅地由一个洲转运到另一个洲。这样，在日本生产的主机产量就是全球所需打印机数量的总和，就可避免预测失误给公司造成损失。

请问：该打印机制造商是否实施了延迟策略？如果实施了，实施的是哪一种延迟策略？

3. 由于客户对汽车车身的颜色存在不同需求，上海通用汽车公司把喷漆工序延迟到接到客户订单后才进行（立即进行），满足了客户的个性化需求。如果客户对车内音响、座位等设施有具体要求，公司也可以采用类似的策略来满足。

请问：上海通用汽车公司是否实施了延迟策略？如果实施了，实施的是哪一种延迟策略？

4. 在企业的生产计划协调会上，各车间与厂计划科之间总会讨价还价。其中争论最激烈的往往是细能力计划的内容，而对粗能力计划一般没有太大的争议。我们知道，粗能力计划是非常重要的，是决定企业生产目标能否实现的关键计划，但为什么双方在这个阶段没有太多的争议呢？请你给出合理的解释。

5. 王经理是一家工程机械厂的物流经理。该厂在生产过程中严格控制库存并尽量降低库存，原材料和零配件库存量一直很低。然而自2007年年底到2008年上半年，一方面国际和国内钢材等原材料的价格大涨，导致该厂原材料和零配件采购成本大幅上升，遭受很大损失；另一方面又造成供应紧张，生产大受影响。因此，王经理认为，专家和教科书上有关降低库存量、甚至零库存的观点是一种误导，是错误的。对于王经理的观点，你的看法是什么？请阐述理由。

6. 某零售企业为了降低成本，每次订货都严格采用EOQ模型计算经济订货批量，一段时间后发现总成本并无明显下降。你认为问题可能出在哪里？

五、综合分析题

1. 自从20世纪六七十年代日本丰田公司实行准时制（JIT）生产方式以来，消除无效劳动和浪费，实现零库存，成为制造企业生产管理的重要目标。但也有管理者认为，零库存是一把“双刃剑”，虽然可以减少浪费、使物流活动合理化，但不能保障供应，难以应对意外变化。你认为这种观点正确吗？为什么？

2. 制造业和物流业联动是提升制造业和物流业发展水平的重要途径。供应商库存管理（VMI）是实现两业联动的有效切入点。请分析如何实现供应商库存管理及其对两业联动的重要意义。

六、案例分析题

销售与运作计划在上海庄臣公司的应用

一、公司简介

美国庄臣父子公司创建于1886年，是一家有着100多年历史的家族企业。庄臣公司主要经营家庭清洁用品、个人护理品和杀虫产品。庄臣公司在全球50多个国家和地区设立了分公司，雇员超过10 000人。

上海庄臣有限公司成立于1987年，是美国庄臣父子公司与上海日用化学工业开发公司共同投资组建的合资企业。公司拥有一流的办公楼和生产设施，在北京、广州设有分公司，并在全国许多大城市设有办事处。公司的知名品牌包括美国庄臣公司的国际品牌——雷达、碧丽珠、威猛先生、佳丽、密保诺以及红鸟。公司的产品销往全国各地，近年来销量持续增长。

庄臣公司的产品种类繁多，包括六大品牌160多个单品。其中雷达品牌是杀虫系列产品，佳丽品牌是空气清新系列产品，威猛先生是清洁剂系列产品，碧丽珠品牌是家具和皮革光亮剂系列产品，密保诺品牌是家庭储藏系列产品，红鸟品牌是鞋油系列产品。每个产品系列下又设分产品系列。庄臣公司的所有产品都属于日用化学品、快速消费品，一般通过大卖场或杂货店进行销售，直接面对消费者。市场瞬息万变，竞争激烈，需求难以把握。其主打品牌雷达系列产品包括液体蚊香、盘香、气雾罐等杀虫剂主要是在夏季销售，具有很强的季节性特征，对生产的柔性要求高。

二、销售与运作计划的实施情况

（一）导入

根据经营的产品特点，上海庄臣公司采用了销售与运作计划进行供应与需求的平衡管理。同时，公司引入了 ERP 系统，该系统覆盖了分销、制造和财务管理等领域。销售与运作计划与 ERP 系统结合得非常完美。ERP 系统为销售与运作计划的实施提供强大的报表与数据支持，而销售与运作计划为 ERP 系统的运行提供正确的指导与输入，确保公司的业务顺利开展。

（二）成长

导入销售与运作计划容易，困难的是保持其良好的运作。为此，公司一直在努力，将其持续改进，并一步一步迈向成熟。功夫不负有心人，经过七年的探索与持续改善，上海庄臣公司的该项目在总部专家组的审核中获得银奖（B 级）。两年后，在复审中获得金奖（A 级）。与亚洲各国的庄臣子（分）公司相比，这已经是骄人的业绩。当然专家组也提出了一些富有建设性的意见，这些意见有利于对销售与运作计划的进一步完善。

（三）实施过程

销售与运作计划在导入的初期，其运作分为五个阶段：管理新行动、需求回顾、供应回顾、财务评估以及销售与运作计划（S&OP）会议。在该项目实施的第七年，由于公司的组织结构调整，销售与运作计划的流程也进行了整合，将前两步合二为一（需求回顾及新产品/新行动回顾），但其功能并未改变。整合后的四个流程分别由一个小组管理。第一个流程的工作一般始于月初，在第二个周的周末完成，其输出以会议纪要的形式传递给第二个小组。公司要求第二步和第三步工作在每月的第三周完成，以便第四周的 S&OP 会议能够如期举行。第四周的 S&OP 会议是一个高层决策会议，公司每月的业务决策便在 S&OP 会议上形成。所有决议的依据是前三个流程的内容。而庄臣公司的业务运作与管理建立在销售与运作计划的基础之上。

1. 需求回顾及新产品/新行动回顾

（1）第一阶段会议前的准备工作。①销售信息的收集。由于庄臣公司已经运行完整的 ERP 系统，覆盖制造、物流、财务与销售等领域，因此该项工作可以在一至两天之内形成报告。②以品牌为小组进行产品的销售和市场分析，并建议进一步的行动。

（2）第一阶段会议。①各品牌小组对行动进行回顾。②新销售目标的确认。这是会议的主要产出之一，将作为下一步工作的重要依据。会议就 S&OP 数字进行反复磋商，并最后确认。以碧丽珠除尘宝为例，品牌小组展示了最新的记分卡，同时分析了其走向，最终与销售、预测一致，同意调高全年的 S&OP 数字。该会议是第一阶段工作的高潮。前期各品牌小组的工作都将通过该会议转化为下一步行动，并最后形成会议纪要，传入销售与运作计划的下一个流程。

2. 供应回顾

本阶段的工作主要围绕两点展开，一是对第一阶段传递过来的 S&OP 数字（新销售目标）进行讨论，二是对上个月第二阶段的绩效指标（KPI）进行回顾。

（1）供需平衡。这包括短期供需平衡和长期供需平衡。

①短期物料供应。物料需求部门按照第一阶段传递过来的最新销售预测，在 ERP 系统中更新数据。主计划员根据新的预测数据调整生产计划。接下来，在新的生产计划的基础上进行 MRP 运算，以产生新的物料需求计划。接着，各物料计划员调取最新的物料需求计划，并开展协调工作，落实物料计划。最后，将整理好的采购订单和三个月的物料需求信息发给供应商。

②长期物料供应。这部分主要是根据更新的销售预测数据对长期的供应能力进行分析和调整。在这一阶段，必须进行产能分析，并制定相应的措施。以雷达盘香为例，根据预测，某年度的盘香需求

为将近150万箱，相对于上一年度有20%的增长，公司希望供应商能够保有30%的空余产能。为此，公司进行了盘香的产能分析，并制订了相应的措施。

（2）第二阶段会议。会议讨论的核心内容如下。

①产能预测分析。以HD产品为例。公司加强了促销，导致八月份HD产品的销量激增，将当月的安全库存量全部消耗完，并导致九月初出现缺货。同时，由于原先的磨具配套能力是按照七月份的产能预测值来设计的，因此，公司无法在短期内大规模增加产能。经过讨论，会议形成两点决议：首先是迅速增加一副模具，以解决产能的瓶颈问题，同时将HD作为重点产品，对供应的原物料进行审核，增加15万的安全库存量；其次，以此为鉴，审查重要产品的模具能力，必须确保产能与需求之比为1.5∶1，同时重点产品的产能规划要充分考虑是否有电视广告和店内促销等因素。

②库存分析。这包括对周转库存、安全库存、平均库存、最大库存等的分析。同时，还要重点关注滞销品。公司对滞销品的衡量标准为在仓库滞留大于三个月的成品。

③长期生产计划审核。该阶段的主要工作之一是对公司主要产品的年度生产计划进行审核，进而为主生产计划、车间作业计划以及采购与供应计划的制订奠定基础。

3. 财务评估

财务评估对于销售与运作计划的制订与实施显得非常重要。在这一阶段，财务人员将前面各阶段的S&OP数字进行财务核算，并将核算结果与KPI进行比较，以评判业务运行是否良好。评估显示的报告包括销售报告、GP/DP分析报告和P/L报告。以碧丽珠为例，在第一阶段，因家具护理产品的销量在八月份的增长势头有所下降，因此市场部提出通过促销来增加产品销量。为此，市场部提出了具体的促销方案，这包括促销费用以及预测对销量的影响。在财务评估阶段，该方案由财务部人员从财务管理的角度进行审核，需要考虑公司的总体预算，并从促销给公司带来的收益等角度进行分析与评价。该阶段的另一重要任务是为高层决策提供提议。

4. 销售与运作计划会议

这是销售与运作计划的高层会议，通常在一个月的最后一周举行，会议形成的决议将作为庄臣公司的高层指令得以不折不扣地贯彻执行。由于庄臣公司运行销售与运作计划的时间较长，各环节衔接得比较好，因此，S&OP会议的决定基本上是水到渠成。

三、销售与运作计划的实施结果

销售与运作计划在上海庄臣有限公司实施了九年，运行相当成功，为公司业务的快速发展起到了极大的促进作用。这主要表现在生产效率显著提高（每小时人工产出率翻了近1倍）、客户服务水平显著提高（S&OP实施的第九年订单满足率达到了97.5%）、库存始终保持在较低的水平（库存周转天数低于44天，全亚洲庄臣公司中成绩最好）等方面。销售与运作计划的成功实施，极大地提升了上海庄臣有限公司的核心竞争力。

根据案例提供的信息，请回答以下问题：

1. 为什么上海庄臣有限公司要实施销售与运作计划？

2. 上海庄臣有限公司销售与运作计划的实施主要包括哪几个流程？各流程分别包括哪些主要内容？

3. 上海庄臣有限公司销售与运作计划的实施取得了哪些成效？

4. 你认为销售与运作计划的核心是什么？为什么？

学习情境四

供应链运作管理

【知识目标】

1. 理解采购流程变革的动因及方向
2. 树立供应链运作（采购、生产、物流）观念
3. 理解供应链采购的特征
4. 掌握供应商的评估、选择及淘汰流程
5. 理解供应商伙伴关系的内涵及意义
6. 了解供应链采购合同的类型
7. 掌握供应细分分析方法（卡拉杰克模型）
8. 掌握准时采购的含义、特点、实施条件及要点
9. 掌握典型的生产方式及策略
10. 掌握大规模定制
11. 理解物流对供应链运作的支撑作用
12. 理解第三方物流与第四方物流的关系
13. 掌握第四方物流的服务内容及运作模式
14. 掌握物流外包的发展趋势
15. 掌握物流外包的风险及规避

【能力目标】

1. 能正确进行供应链采购决策
2. 能对供应商进行评估、选择及管理
3. 能正确进行物流自营与外包决策
4. 能正确评估、选择第三方物流服务商
5. 能正确进行供应链物流外包管理
6. 能进行供应链运作与管理

任务 1　供应链采购管理

【引例】

德国大众汽车公司的采购模式

德国大众汽车公司把所需采购的零配件按使用频率分为高、中、低三个部分，按其价值高低分为高、中、低三个部分，使用频率和价值都高的为需要即时供应的零配件，这些零配件所占的比例目前为 20%。某种需要即时供应的配件在 12 个月前，由供应商通过联网的计算机得到大众公司的需求量，这个需求量的准确性较差，误差为正负 30%；在三个月前，供应商又从联网的计算机得到较准确的需求量，误差为正负 10%；在一个月前，供应商得到更近似的需求量，误差为正负 1%；在需要前一周，供应商得到精确的需求信息。这批配件在供货的头两天开始生产，成品直接运到大众汽车公司的生产线上。借助于高效的计算机信息网络以及高质量的生产，供应商不仅为用户即时供应所需的配件，而且也得到了经营运作所需的相关信息。通过有效的即时供应，大众汽车公司的库存下降了 4%，运输费用降低了 15%。

引导问题：

1. 德国大众汽车公司对零配件采取了何种管理方法？
2. 德国大众汽车公司采取了何种计划管理方法？
3. 德国大众汽车公司采取了何种采购模式？
4. 德国大众汽车公司怎样才能实现“有效的即时供应”？
5. 与传统的采购流程相比，德国大众汽车公司的采购业务流程发生了什么变化？有何好处？

传统的采购管理是以交易为导向的“战术职能”，而现代的供应管理则是以流程为导向的“战略职能”。企业通过加强与供应商的合作，促进了采购供应流程与生产流程的无缝衔接，使供应链企业群体能快速响应用户需求的变化，从而有效提升供应链系统的竞争力。

供应管理（拓展资源）

一、采购流程及其变革

1. 传统采购流程

传统采购包括以下基本流程：①确认需求，制订采购计划；②供应源搜寻与分析；③供应商的评估与选择；④谈判、议价与签约；⑤拟订并发出订单；⑥订单的跟踪与跟催；⑦验货与收货；⑧开票与付款；⑨记录与信息维护；⑩绩效评估。传统采购流程如图 4.1 所示。

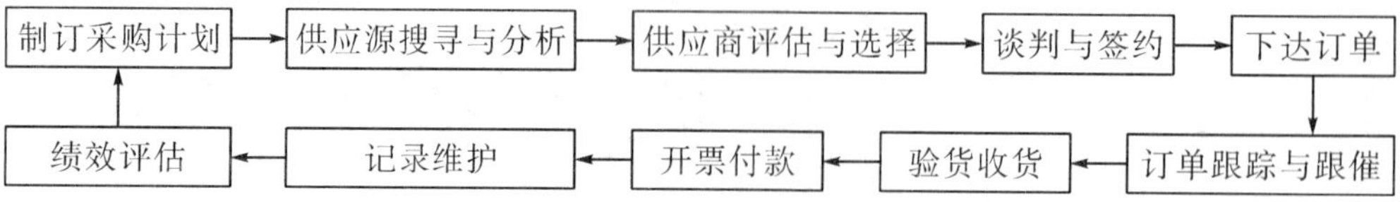

图 4.1　传统采购流程

在目前电子采购、准时采购（JIT 采购）、全球采购等新的采购方式不断出现，新型供应商伙伴关系初见端倪的情况下，企业的采购流程已悄然变革，流程环节减少、流程效率不断提高。

采购流程变革的动因和方向（微课）

2. 采购流程的变革

（1）采购流程变革的驱动因素。经济发展的三大趋势影响和推动着采购流程的变革。第一，全球经济一体化趋势日益明显，跨国公司的全球战略正逐步推行，全球采购已成为跨国公司全球战略的重要组成部分；第二，随着电子商务的发展，电子采购应运而生，B2B 和 B2C 正成为众多公司延伸其采购和营销业务的重要手段；第三，合作与竞争的思想促使大量的采购行为向供应链方向延伸、扩展。

（2）采购流程的变革方向。与传统的采购流程相比，现在许多企业已经采取供应链管理策略来改进其与供应商之间的关系，基于信息技术的协同采购正成为现代企业采购流程的核心，也称为基于供应链管理环境下的电子化协同采购流程（见图 4.2）。它包括企业内部协同、外部协同，强调协同采购的理念。其目标是要实现从“库存采购”向“订单采购”转变，从采购管理向外部资源管理转变，从一般买卖关系向战略伙伴关系转变。通过实施最佳的供应商组合，供应商间建立稳定的伙伴关系，力求实现供应链价值的最大化。这一策略有助于供需双方加强合作，消除非增值环节，提高业务流程效率，降低运作成本；有助于缩短产品研发周期，从源头上改进产品质量，改善产品交付性能；有助于企业为客户提供更多的增值服务。

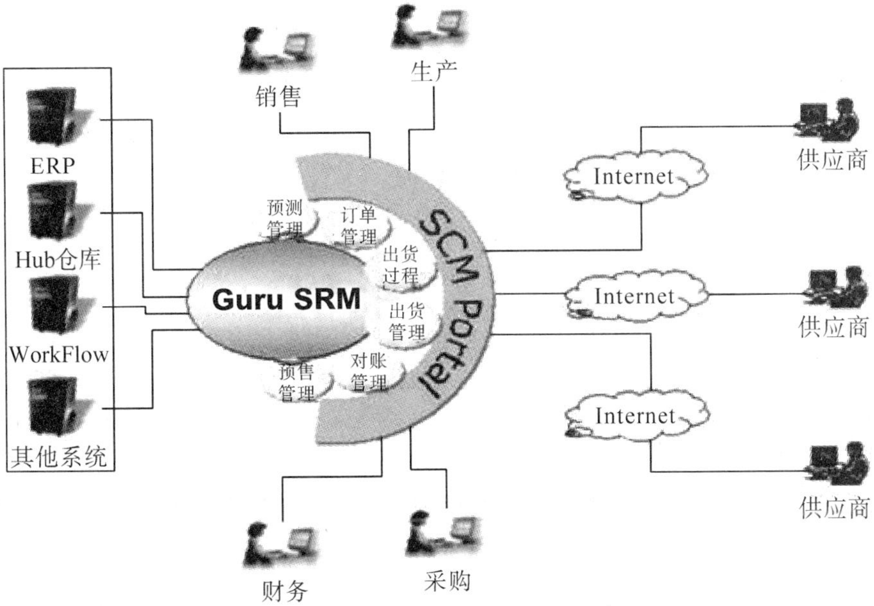

图 4.2 供应链管理环境下的电子化协同采购流程

二、树立供应链采购观念

［案例］ 通用汽车公司与供应商和第三方物流商的合作

一般来说，生产企业除了向供应商采购原材料和普通的零部件外，还需要采购具有高附加价值的复杂部件。为此，通用汽车公司加强与供应商和第三方物流公司的合作，利用一级供应商网络完成组件的装配，然后根据采购企业的需要借助第三方物流服务商将组件直接配送到最终装配线，实现了JIT供应。

在供应链管理环境下，采购企业需要花费比以往更多的精力来有效管理供应商。采购企业不仅要获得采购的物品还要获得供应商的能力。

1. 供应链采购的基本观念

采购是企业从供应商处获取原材料、零部件、产品、服务或其他资源的过程。传统采购被视为一种事务性的活动（战术性采购），其职责仅仅是执行和处理企业的采购订单；其作用仅仅是以尽可能低的价格从供应商处获取所需的资源。供应链采购管理思想使传统的战术性采购演变为战略性采购，成为供应链战略决策的重要内容。

供应链采购管理把供应商看成是企业后向延伸的一部分（扩展企业的观念），强调采购企业通过与供应商建立战略伙伴关系（供应商伙伴关系）来确保供应的连续性，保障供应质量；通过与供应商联合开发产品来缩短产品研究开发周期，加快新产品上市的速度，抢占市场先机，获取占先优势；通过加强与供应商和物流商的合作，建立三方战略联盟，实施准时采购与供应；通过帮助供应商降低成本来实现采购企业与供应商的双赢。

2. 获取供应商的能力

在供应链管理环境下，采购的重点已经从买卖双方之间的竞争转向合作。企业要确保在供应商的支持下实施生产和营销战略。

（1）确保供应的连续性。供应链采购的核心目标之一是确保原材料、零部件及相关物料的持续供应，以满足特定的生产运作要求。为此，采购企业就必须加强与供应商的合作，调动供应商的积极性，获得供应商的持续供应能力。

（2）库存投入最小化。供应链采购的核心目标之一是以尽可能少的库存投入来维持供应的可持续性。为此，采购企业就必须加强与供应商的合作，获得供应商的能力外援，确保采购的物料能够准时供应，最大限度地规避供应中断的风险。

（3）产品质量的持续改善。质量专家克罗斯比有一句名言，企业50%的产品质量问题可以追溯到有缺陷的采购物料。因此，采购企业与供应商共同努力，实现产品质量的持续改善尤为重要。采购企业通过加强与供应商的合作和加强对供应商的监管，甚至通过向供应商颁发免检证书来激励供应商、确保供应质量，也不失为一种对供应商有效管理的策略。

（4）供应商开发。供应链采购的核心目标之一是不断开发更优秀的供应商。为此，采购企业一方面要寻找更优质的供应商，另一方面要帮助现有供应商发展，为供应商提供技术、管理等的支持，实现供应商能力的提升。

（5）降低总体拥有成本①（TCO）。供应链采购不仅关注价格，更关注总的采购支出。因为采购的总支出节省越多，采购的利润杠杆效应和提高资产收益率的作用就越大，采购的竞争力也就越强。而当企业与供应商加强合作时，可以采取多种策略来降低双方的成本，从

① 总体拥有成本包括获取成本、运行成本、维护成本和处置成本。

而使整个供应链更具效率，并能更有效地满足供应链下游伙伴的需求。

三、辨识供应链采购的基本特征

在供应链管理环境下，企业的采购模式与传统采购模式相比有了许多不同的特点。本部分主要是通过与传统采购模式的比较来认识供应链采购的基本特征。

1. 传统采购的特点

传统采购的特点（微课）

（1）传统采购是典型的信息非对称博弈过程。在传统采购模式下，买卖双方都不进行有效的信息沟通，传统采购是典型的信息非对称博弈过程。在传统采购模式下，选择供应商是采购的一项重要任务。采购企业为了能够从多个竞争性的供应商中选择一个最佳的供应商，往往会保留私有信息。因为采购企业给供应商提供的信息越多，供应商的竞争砝码也就越大，这样对采购企业不利。因此采购企业尽量保留私有信息，而供应商也同样会在竞争中隐瞒自己的信息。这样，买卖双方都不进行有效的信息沟通，供应链上的各级企业都无法共享需求及库存信息，各节点企业都独立地进行库存及订货决策，不可避免地产生需求信息的扭曲及失真现象，导致供应链企业群体以持有大量库存告终。

（2）传统采购的质量控制难度大。在传统采购模式下，由于采购企业没有给供应商提供产品质量保证方面的技术支持和必要的信息反馈，采购物品的质量控制只能靠事后把关，检查验收成为采购企业的一项重要事后把关工作。因此传统采购的质量控制难度极大。采购人员通常要考虑的两个重要因素是质量与交货期，但在传统采购模式下，采购企业要有效控制质量和交货期只能通过事后把关来解决。因为采购企业很难参与供应商的生产组织过程、有关的产品质量控制和供应物流活动，彼此的工作是不透明的。因此，采购企业的仓储部门需要依据购销合同中约定的质量条款对采购物品进行检查验收。若采购的物品延迟交付或多数物品不符合质量要求，必然给采购企业带来损失。采购企业或面临停工待料，或面临产品脱销。为规避这样的风险，采购企业往往会加大安全库存量，这必然会增大采购企业的库存持有成本及风险。

（3）传统采购与供应双方竞争大于合作。传统购销关系是一种买卖关系，而买卖关系的本质是“你输我赢”的竞争关系。采购企业与供应商之间以竞争为主、合作为辅，买卖双方最多是一种临时的或短期的合作关系，而且竞争多于合作。由于缺乏有效的合作与协商，采购过程中的冲突比较多，采购人员的精力主要用于解决采购过程中的日常事务性问题，采购管理者也没有更多的时间用于长期的采购预测与相关计划工作。传统采购的供需双方缺乏合作，增大了采购与供应运作的不确定性。

（4）不能快速响应市场需求的变化。在传统采购模式下，供应商对采购企业的需求不能实时响应，采购与供应双方不能快速响应市场需求的变化。在传统采购过程中，供应商对采购企业的生产计划及相关信息不了解，也无须关心制造商的生产活动（对零售商而言，供应商通常不了解零售商的POS数据与库存信息）。供需双方没有充分进行信息沟通，缺乏及时的信息反馈，当市场需求发生变化时，采购企业无法改变与供应商已签订的订货合同，这往往会导致采购企业在市场需求减少时库存增加，而在市场需求增加时又出现供不应求的局面。若重新与供应商订立合同，又会增加谈判交易等费用。因此，在传统采购环境下供需双方缺乏对市场需求变化的响应能力。

2. 供应链采购的特征

在供应链管理环境下，企业的采购模式与传统采购模式有所不同。这些差异主要体现在以下几个方面。

供应链采购管理的特点（微课）

（1）从为库存采购向为订单采购转变。传统采购的目的是为了补充库存，即为库存而采购。采购部门并不关心企业的生产过程，不了解生产进度和产品需求的变化，采购计划与生产计划（或营销计划）脱节，导致采购活动很难能适应需求的变化。供应链采购是订单驱动式采购，即由客户订单驱动企业的生产计划，由生产计划驱动采购订单，再由采购订单驱动供应商。这种准时化的订单驱动模式，使供应链系统得以准时响应用户的需求，从而降低了库存水平，提高了库存周转率。订单驱动的采购模式有如下特点。

第一，由于制造商与供应商建立了战略伙伴关系，签订供应合同的手续大大简化，不再需要双方询盘和报盘的反复协商，交易费用也随之降低。

第二，在同步化供应链计划的协调与指导下，生产计划、采购计划、供应计划能够同步实施，实现了供应链的同步化运作，缩短了客户订单响应周期。采购与供应管理的重点在于协调各种计划的执行。

第三，采购的原材料、零部件及相关物料直接上生产线，减少了非增值活动，促进了流程再造，实现了供应链的精细化运作。

第四，信息传递方式发生了变化。在传统采购模式下，供应商对制造商的生产计划和生产进度等信息不了解，也无须关心制造商的生产活动。但在供应链管理环境下，供应商能够共享制造商的生产计划和生产进度等信息，减少了信息的扭曲和失真，提高了供应商的应变能力。同时，双方在订货过程中不断进行信息沟通，修正订货计划，使订货与需求保持同步。

第五，实现了面向生产过程的采购管理模式的转变。订单驱动的采购模式简化了采购流程，采购部门的作用主要是成为供应商与企业制造部门之间的沟通桥梁，协调供应与制造的关系，为实现精益采购奠定了基础。

（2）从采购管理向供应管理转变。前已述及，采购管理是以交易为导向的战术职能，而供应管理则是以流程为导向的战略职能。传统采购的目的是以尽可能低的价格从供应商处获取所需的资源，但由于供需双方未建立战略伙伴关系，未建立双赢合作机制和有效的沟通协调机制，在采购企业与供应商签订了供货协议后，不能保证供应商能够严格履约。在供应链管理环境下，采购企业把供应商看成本企业向后延伸的一部分，把供应商当成宝贵的外部资源来加以利用，无偿对供应商进行技术与管理的培训和帮扶，实时与供应商进行信息的沟通和协调，促进了采购与供应流程和企业生产流程的无缝衔接，真正实现了供应链的精益化运作。

（3）从普通贸易关系向战略伙伴关系转变。传统购销关系是普通贸易关系，强调单笔交易盈利最大化。这必然导致信息不畅、短期合作、产品质量及服务质量低下，无法以变应变，不能快速响应市场需求的变化。在供应链管理环境下，供需双方加强合作，建立战略联盟，共同将“馅饼”做大，实现双赢。比如，采购企业与关键供应商建立战略伙伴关系，让其共享生产计划信息，以便更好地满足供货需求。

［案例］　**沃尔玛与宝洁公司的战略联盟**

沃尔玛是全球最大的零售巨头，而宝洁公司则是其主要供应商之一。沃尔玛公司曾经要求宝洁公司向其提供所供产品的成本数据，但宝洁公司以商业秘密为由加以拒绝。后来，沃尔玛公司又要求宝洁公司在其门店附近设立仓库，以方便随时供货，宝洁公司无奈只有遵从。但这样做的结果是使沃尔玛的进货成本增加，出现两败俱伤的局面。最后，两家公司决定建立战略联盟。宝洁公司向沃尔玛提供所供产品的成本数据，沃尔玛向宝洁公司提供 POS 数据、库存信息和促销计划，以便宝洁公司能够实时满足沃尔玛门店的配送需求。通过建立战略伙伴关系，沃尔玛与宝洁公司实现了双赢。

综上所述，供应链采购模式与传统采购模式有很大的不同，这种差异详见表 4.1。

表 4.1 供应链采购模式与传统采购模式的比较

比较项目	采购模式	
	供应链采购模式	传统采购模式
供需双方的关系	合作关系	买卖/贸易/竞争关系
供应商数目	少	多
供应商分布范围	尽可能紧密	广
业务合同时限	长	短
订单批量	小	大
物流策略	准时配送	单一产品的大量运输，频次少
质量保证	前馈控制+过程控制	检查验收，事后把关
沟通	充分，实时信息共享	不良或缺乏
买卖双方的早期介入（EPI/EBI/ESI）	有	无

四、供应链采购运作与管理

在供应链采购运作中，企业需要对以下关键环节的活动进行有效管理。

（一）单源供应与多头采购的决策

在选择供应商之前，企业必须在单源供应与多头采购之间进行正确的决策。单源供应意味着企业与供应商建立紧密的合作关系，而多头采购则意味着供需双方存在更多的博弈关系。单源供应与多头采购仅仅代表两种极端的情形，在采购实务中，企业需要将两者实施有机结合。

1. 多头采购的优势

第一，多头采购可以使企业以更低的成本获得更优质的产品和服务。长期以来，标准的采购运作模式是多头采购。采购企业从多家供应商处采购物品，可以引发供应商之间的竞争，从而坐收渔翁之利。换言之，企业可以更低的成本采购到更优质的产品和服务。这样的理念使得在线竞标（即反向拍卖）非常流行。所谓在线竞标，即供应商通过在线的方式实时地竞标某一采购项目。因为供应商可以看到彼此的竞标价格和剩余时间，激烈的竞争使交易价格降低。通过在线竞标，采购企业一般可以节省 10%~30%的成本。

第二，多头采购可以降低企业对单一供应商依赖所产生的风险。

［案例］　　**丰田公司单源供应引发风险**

丰田汽车公司的刹车片是从单一的供应商 Aisin 公司那里采购的。但是，意外发生的一场大火烧毁了 Aisin 公司生产刹车片的关键设备。而丰田汽车公司采用的是准时生产方式，刹车片的库存只能满足四个小时的生产需要。Aisin 公司的这一意外事件使丰田汽车公司的生产线很快处于停滞状态，每分钟的损失高达上万美元。

第三，多头采购能够降低企业的缺货风险。毕竟，东方不亮西方亮。企业从多家供应商处采购同一种物品，如果某家供应商的供货中断，采购企业只需调整另外几家供应商的供货配额，就能够保证满足本企业的采购需求。相应地，多头采购能够有效规避单源供应所引发的缺货风险。特别地，地震、台风等自然灾害会严重影响供应物料的可得性，因此企业必须考虑从不同地区的多家供应商处采购同一种关键物料。

第四，多头采购能够规避技术研发的风险。当某项技术正处于快速发展阶段或正在竞争市场主导权时，企业利用多家供应商的技术研发资源，能够帮助其规避技术研发风险。

［案例］　　**惠普公司利用多头采购策略规避技术研发风险**

惠普公司是IT领域的巨头之一。该公司利用多头采购策略规避技术研发的风险。惠普公司在与英特尔公司共同投资64位芯片开发的同时，购买了AMD公司可兼顾处理32位和64位应用程序的芯片。毕竟某项正处于研究开发阶段的技术最终能否取得研发成功，或者能否占据市场、取得市场主导权，在技术研发阶段还是一个未知数。多头采购策略在很大程度上规避了企业的研发风险。

第五，多头采购能够支持企业的全球化运作。对于跨国公司，其需要为不同国家和不同地区的客户提供产品或服务。由于存在个性化的需求，跨国公司采购的物料也有所不同。多头采购不但能够满足跨国公司不同生产基地的需要，还可能因为供应商的本地化而节约物流费用。

2. 单源供应的优势

单源供应有利于加强企业与供应商之间的合作。通过供应商的简约化，企业能够与供应商建立长期、紧密的合作关系。建立供应商伙伴关系，能够给供需双方带来诸多好处。具体而言，单源供应有利于企业加强供应商管理，降低管理成本；有利于供需双方加强沟通、实时信息共享，提高供应商对订单的快速响应能力；有利于供应商下定决心对采购企业特定的设施、设备和技术进行投资；有利于供应商参与采购企业的新产品开发、改进产品设计，加快新产品上市的速度；有利于提高供应商的供应质量；有利于企业通过集中采购和降低交易费用等途径来降低供应成本。

企业在使用单源供应策略时，需要做好后备供应商的准备工作。

［案例］　　**本田公司的采购策略**

本田汽车公司是世界知名的汽车制造商。本田的发动机技术在全球享有盛誉。该公司把单源供应与多头采购策略实施有机结合，使其在获得单源供应策略好处的同时，又有效规避了该策略的潜在风险。例如，本田公司从一家供应商那里采购汽车的左前灯，从另外一家供应商那里采购汽车的右前灯。一旦某车灯供应商出现供应质量问题或供应中短，其供应的车灯可由另一家供应商及时替代。这一做法使本田公司能够获得单源供应策略的好处，同时又规避了本田公司对该供应商的依赖风险。

3. 单源供应与多头采购的决策影响因素

很多因素对单源供应与多头采购的决策有影响，这些因素包括：

（1）产品的复杂性与独特性。如果采购物品的复杂性与独特性程度高（如汽车发动机），企业一般倾向于从少数供应商处采购；反之，对于简单、标准化的产品（如纸箱），企业可以考虑多头采购。

（2）合格供应商的数量。如果采购物料为少数供应商所垄断（如英特尔和AMD是芯片仅有的几家供应商)，采购企业选择供应商的余地就小；反之，如果潜在供应商的数量多，采购企业选择供应商的余地就大，可以考虑多头采购。

(3) 对技术和产品质量等的要求。如果企业对供应商的技术和产品质量等有特殊要求，则符合企业要求的供应商数量就少，企业对供应商的选择余地也小；反之，如果企业对供应商的技术和产品质量等无特殊要求，则符合企业要求的供应商数量就多，企业对供应商的选择余地就大，企业就可以考虑多头采购。

(4) 企业的采购理念。采购理念也会在一定程度上左右企业对单源供应与多头采购的决策。比如丰田和本田等汽车制造商总是相信与少数供应商建立战略伙伴关系对本企业有利，而通用和福特等汽车制造商只是近期才有这样的观念转变。

(二) 供应商的评估、选择与管理

1. 供应商的评估

(1) 供应商的评估要素。结合近年来供应链管理理论的发展和一些跨国公司的实践经验，一个好的供应商应该具备以下条件，或者说企业在评估供应商时应着重考虑以下因素。

①技术水平。技术水平指供应商提供产品的技术参数应达到采购企业的要求，并且供应商应该具备产品开发能力和项目改进的能力。

②产品质量。供应商必须具备良好的质量保证体系，所提供的产品要能够满足采购企业在生产、装配和实际使用过程中的质量要求。

③供应能力。供应商的生产设施设备必须在数量上达到一定的规模，必须具备相当的生产能力和发展潜力，必须能满足采购企业的需求。

④价格。供应商提供的产品必须具有价格竞争力，该价格不一定是最低的，但供应商应该具备降低成本的能力，即供应商能满足采购企业在时间、数量、质量和服务等方面的需求后，供应商还应该具备持续降低成本的能力及向制造商提供改进产品成本方案的能力。

⑤地理位置。一般而言，就近选择供应商有利于采购企业及时与供应商进行沟通，便于企业管理供应商，降低采购与供应成本。此外，还可以更好地满足采购企业紧急供货的要求。但在全球化采购的今天，地理位置这一制约因素可以通过实施第三方物流等途径加以解决。

⑥可靠性。采购企业应该选择财务实力雄厚、经营状况良好、信誉等级较高的供应商。此外，供需双方应能建立良好的合作关系，应相互信任，共享信息，以确保并进一步提高采购与供应的可靠性。

⑦售后服务。许多产品及服务具有经验属性，因此，供应商提供良好的售后服务非常重要。这是确保供应质量的必要环节。这有利于供需双方对产品质量等相关信息及时进行沟通、交流。同时，这也是供需双方建立并维持战略伙伴关系的关键。

⑧提前期。在供应链管理环境下，由于竞争越来越激烈，顾客越来越挑剔，供应链响应顾客订单的周期在缩短，相应地，要求供应商的供应提前期也要缩短。企业在选择供应商时应该充分考虑到这一点。

⑨交货准确率。在供应链管理环境下，上下游企业间的业务活动是一环扣一环连续进行的，要求各成员企业的业务流程能实现无缝衔接，以实现供应链运营的精益化。显然，这一目标的达成，要求供应商具有较高的交货准确率。供应商要能够及时、准确、无误地供应原料或成品。

⑩快速响应能力。在买方市场的今天，市场需求变化莫测。为了增强供应链的敏感性和

响应性，供应商必须具有较强的快速响应能力。这要求供应商具有完善的信息系统，且生产、供应要有柔性。

总的来说，采购企业应综合考虑以上各要素，制订完善的供应商评估指标体系，对供应商进行评估。而供应商的评估贯穿采购企业与供应商合作前、合作中和合作后整个流程，是一项长期而又重要的工作。

（2）供应商的评估流程。结合企业的采购管理实务，采购企业对供应商的评估一般遵循以下流程（见图 4.3）。

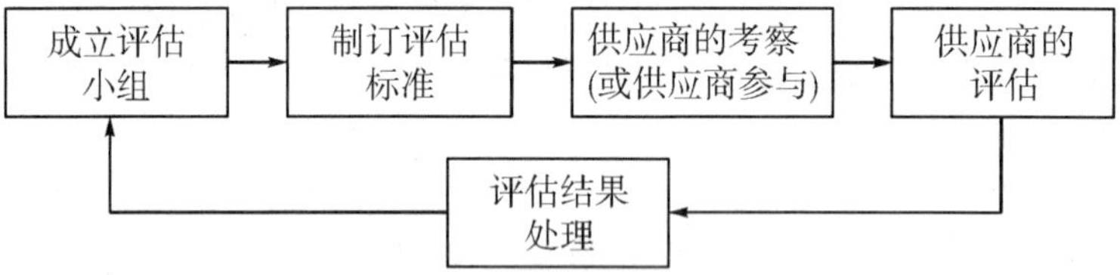

图 4.3　供应商的评估流程

①成立评估小组。该小组通常由企业的采购部门、生产部门、技术部门和财务部门等相关部门的主管构成，必要时还会邀请企业外部有关的技术经济专家参与。

②制订评估标准。评估标准的制订一般是将供应商的评估要素进行分解，得到一系列可量化、可操作的评估指标。同时，赋予每个指标一定的权重和分值度量范围（如满分是 100 分，达到多少分为合格等），形成评估指标体系。

③供应商考察或供应商参与。如果是供应商选择之前的评估，采购企业需要对供应商进行考察。特别的，对于拟发展为合作伙伴关系的供应商和关键物料的供应商，采购企业需要对其进行深入调查。而在评估供应商之前，如果采购企业认为有必要，会让供应商进行初次供货试合作，经过试合作后再对其进行评估。有的企业为了规避供应商选择的风险，会让供应商供应货物 2~3 个月，以便能对供应商的供应能力进行全面把握。同时，在这几个月的试合作中，供需双方有一个磨合的过程（双方相互适应）。经过磨合期的适应、调整，采购企业再次对供应商的供应能力进行评估。经过评估，若供应商合格或达标，采购企业才会与其签订合作协议。在选定供应商以后，采购企业还会对供应商进行跟踪评估（如动态评估、定期与不定期相结合的评估等）。

④供应商的评估。供应商的评估方法有很多，其中加权平均法应用比较广泛。采用该法评估供应商，需要将前述评估要素开发成一系列可量化、可操作的评估指标，形成评估指标体系。在评估指标体系中，需要确定每个指标的权重①。一般而言，重要的指标其权重不超过 0.4，而权数之和为一。同时，还需要确定每个评估指标的标准（如满分为 100 分）。在具体评估时，采购企业的评估小组成员会就每个指标对供应商进行评分，评价分值与其权数相乘再相加，和数越高说明供应商越符合采购企业的需要。

⑤评估结果处理。采购企业会及时将评估的结果反馈给供应商。对于优秀的供应商，采购企业会通过加大订单量或向供应商颁发免检证书等方式对其进行激励；对于不合格的供应商，采购企业会要求其限期整改，或对其进行帮扶，以提升其能力、确保供应。对于那些经过帮扶仍达不到要求的供应商进行淘汰处理。供应商淘汰的流程见图 4.4。

① 经验法和试算法是确定权重最简单的方法。

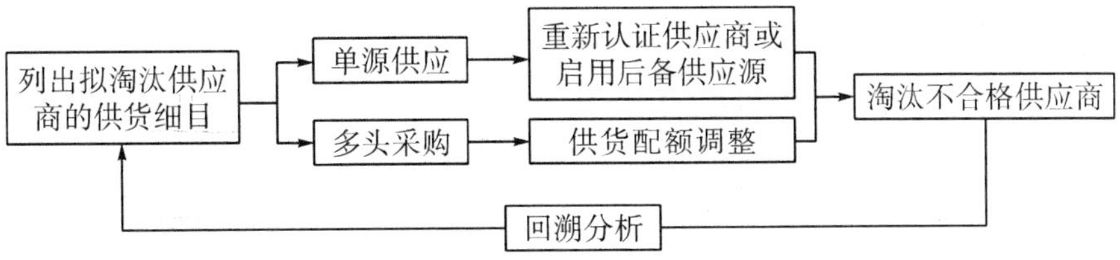

图 4.4　供应商的淘汰流程

如图 4.4 所示，采购企业在确定要淘汰某不合格的供应商时，首先应列出拟淘汰供应商的供货细目，以判定这些货品是通过单源供应还是多头采购获取的。如果供应商只有一家，就需要重新认证供应商，直到新认证的供应商完全能够胜任货物供应时，才能将不合格的供应商淘汰（如果采购企业之前有后备供应商，也可将不合格的供应商由后备供应商替代，然后将其直接淘汰）；如果同一货品的供应商不止一家，只需进行供货配额调整，即将拟淘汰供应商的采购订单分配给其他合格的供应商，然后将其直接淘汰。

例 4-1　某公司决定采用加权平均法来评估某种物料的供应商，拟将供应商分为 ABCD 四个等级：A 为优秀，B 为合格，C 为基本合格，D 为不合格。公司拟从产品质量、价格、合同完成、准时交货四个指标来对供应商进行评估。这四个指标的权重依次为 0.3；0.3；0.2；0.2。已知该物料供应商目前有四家，相关数据见表 4.2 所示。请通过计算对这四家供应商进行评级分类，并确定相应的供应商管理策略。

表 4.2　供应商供货情况一览表

供应商	供应次数	履行合同次数	准时交货次数	收到物料数量（件）	验收合格数量（件）	单价（元）
甲	5	3	3	4 500	4 100	85
乙	4	3	1	3 800	3 650	80
丙	4	3	3	3 000	2 900	75
丁	3	3	2	2 500	2 450	82

解：

（1）物料质量：主要由供应商的产品质量合格率来反映。

甲：$4\ 100/4\ 500\times0.3=27.33\%$

乙：$3\ 650/3\ 800\times0.3=28.82\%$

丙：$2\ 900/3\ 000\times0.3=29\%$

丁：$2\ 450/2\ 500\times0.3=29.4\%$

（2）价格：主要由各供应商的供应价格与最低供应价格比较来反映。

甲：$75/85\times0.3=26.47\%$

乙：$75/80\times0.3=28.13\%$

丙：$75/75\times0.3=30\%$

丁：$75/82\times0.3=27.44\%$

（3）合同完成：主要由供应商的合同完成率来反映。

甲：$3/5\times0.2=12\%$

乙：$3/4\times0.2=15\%$

丙：3/4×0.2=15%

丁：3/3×0.2=20%

（4）准时交货：主要由供应商的准时交货率来反映。

甲：3/3×0.2=20%

乙：1/3×0.2=6.67%

丙：3/3×0.2=20%

丁：2/3×0.2=13.33%

（5）根据加权分值求算总分，见表4.3。

表4.3　各供应商的加权分值一览表

供应商	质量（%）	价格（%）	合同完成（%）	准时交货（%）	总分（%）
甲	27.33	26.47	12	20	85.8
乙	28.82	28.13	15	6.67	78.62
丙	29	30	15	20	94
丁	29.4	27.44	20	13.33	90.17

（6）结论：丙为优质（优等）供应商，丁为辅助（良好）供应商，甲乙淘汰。

2. 供应商的选择

供应商的选择见学习情境六任务3“供应链合作伙伴的选择”。

3. 供应商关系管理

采购企业与供应商除了存在交易关系外，还涉及产品和服务的相互适应、运作衔接以及共同的战略意图等。所有这些构成了采购企业与供应商相互关系的本质。在供应链管理环境下，需要将这种关系保持稳定并不断发展。

（1）供应商分类。企业要加强供应商关系管理，首先需要对供应商进行分类。根据供应商对采购企业的重要度以及采购企业对供应商的重要度，我们可以将供应商划分为普通商业型供应商、重点商业型供应商、优先型供应商和伙伴型供应商四种类型。如图4.5所示。

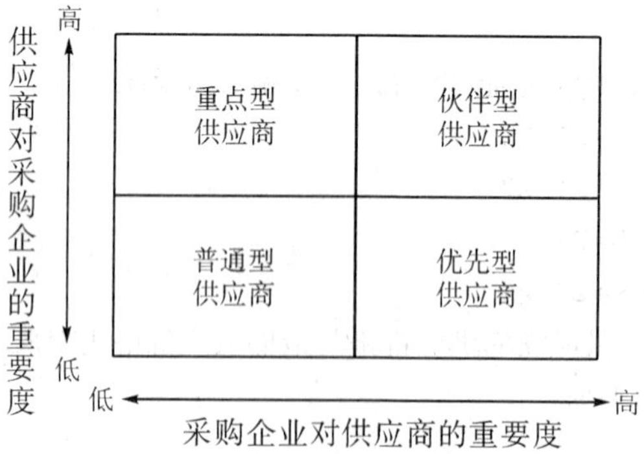

图4.5　供应商的分类矩阵

由供应商的分类矩阵图可知，若采购企业和供应商都认为对方对自己很重要，并且供应商具有很强的产品研发能力和生产能力，则这类供应商就是采购企业的“伙伴型供应商”；若采购企业对供应商很重要，但供应商对采购企业不太重要，这样的供应商无疑有利于采购企业，是采购企业的“优先型供应商”；若采购企业对供应商不太重要，但供应商对采购企业很重要，则这类供应商就是需要采购企业倍加关注并不断促进其改善、提高的“重点商业型供应商”；若采购企业和供应商都认为对方对自己不太重要，则这样的供应商可以很方便地通过市场进行选择、更换，它们就是采购企业的“普通商业型供应商”。显然，采购企业应与不同类型的供应商建立不同程度的合作关系。特别的，采购企业应加强与伙伴型供应商的合作，双方建立战略联盟。

（2）供应商关系分类。在供应链管理中，我们通常将企业与供应商之间的关系大致分为五种类型，即短期目标型、长期目标型、渗透型、联盟型和纵向集成型。

①短期目标型。短期目标型企业关系最主要的特征是，供需双方是传统的贸易关系，或者说买卖关系。买方希望获得稳定的物品供应，卖方希望获得稳定的订单，双方都希望能保持长期的贸易关系，但双方所做的努力通常只停留在具体的某一笔交易上。双方主要关注的问题是谈判、交易，即如何进行谈判，如何提高谈判的技巧，以便在交易中获得更大的利益。当某一笔买卖业务成交后，双方的合作关系也就终止了。他们从来不会考虑通过改善自己的工作，共同降低成本，使双方都获利。通常，买卖双方只有供销人员之间有联系，其他部门的员工一般不参与彼此的业务活动，他们之间也很少有业务往来。此外，供应商提供的仅是标准化的产品或服务，很难满足买方的个性化需求。

②长期目标型。长期目标型企业关系的显著特征是供需双方建立一种长期的合作关系，双方从长远利益出发，相互协作、配合，不断改进产品质量和服务质量，共同降低采购与供应成本，提升供应链竞争力。通常，供需双方合作的范围不仅仅是供销部门。例如，企业新产品开发对供应商提出了新的技术要求，在供应商还没有这种技术能力的情况下，采购企业可以对供应商提供技术支持。而供应商的技术能力提高后将会促进采购企业的产品改进，同时缩短产品开发周期。但对供应商在技术、资金等方面进行投资需要花费采购企业的成本，为了获得投资回报，这种合作必须是长期的。显然，长期合作有利于供需双方的长期繁荣。

③渗透型。渗透型企业关系是在长期目标型企业关系的基础上发展起来的。其基本思想是把合作伙伴看成本企业前向或后向延伸的一部分，因此，彼此的关心程度会进一步提高。为了能够参与对方企业的活动，采购企业或供应商有时会在产权关系上做适当调整，如共同投资、互相参股等，以保证双方利益的一致性。在生产组织上也会采取相应措施，例如双方派员参与对方企业的相关业务活动。这样做的优点是双方都可以更好地了解合作伙伴的生产经营情况。供应商将更加清楚本企业的产品（如原材料、零部件等）在采购企业的生产经营活动中是如何发挥作用的，有利于供应商及时发现问题并及时改进，甚至可以前瞻性地采取预防性措施，提高供应质量。而采购企业则可以对供应商的生产过程进行控制，保证其能满足本企业的生产经营需要。

④联盟型。联盟型企业关系是从供应链管理的角度而言的。其特点是从更长的纵向链条（即：供应链）上管理成员企业间的关系，涉及供应商的供应商和客户的客户，在具有供求关系的多个企业间建立战略联盟。核心企业要很好地协调成员企业间的关系，难度很大，要求也更高。当然，这样的供应链战略联盟其竞争力也更强，各成员企业从合作中获得的利益自然也更多。

⑤纵向集成型。这是一种更复杂的企业关系类型。即把供应链上的成员企业整合起来像一个企业一样运作，但各成员是完全独立的企业，决策权属于自己。在这种关系中，要求每个成员企业在充分了解供应链的目标、要求，以及在实时信息共享的前提下，自觉地做出有利于供应链整体利益的决策。

（3）供应商合作伙伴关系。供应商合作伙伴关系是目前比较受企业关注，并且被证明对供需双方都有较大好处的一种供应商关系。

①供应商合作伙伴关系的内涵。供应商合作伙伴关系是采购企业与供应商之间达成的最高层次的合作关系。它是指供需双方在相互信任的基础上，为了实现共同的目标而建立的信息共享、风险共担、共同获利的长期合作关系。它包含以下几方面的含义：第一，供需双方发展长期的、相互依赖的合作关系。这种合作关系由明确或口头的合约确定，双方共同确认并且在各个层次上都有相应的沟通；第二，供需双方有共同的目标，并且为了实现共同的目标有挑战性的改进计划，共同开发、共同创造；第三，供需双方相互信任，信息共享，风险共担，共同获利；第四，有严格的评估标准来评估合作表现，并不断改善、提高。

供应商合作伙伴关系最初的表现形式是采购企业的注意力由关心成本转移到不仅关心成本，更注重供应商的产品质量与交货的准时性。供应商合作关系进入战略伙伴关系阶段的标志是采购企业主动帮助、敦促供应商改进产品设计，促使供应商主动为自己的产品开发提供设计支持。

需要指出的是，在发展供应商合作伙伴关系时，“供应商的早期参与和采购企业的早期介入”（Early Purchasing Involvement，EPI）非常重要。因为在采购早期，影响价值创造的机会比后期大得多。供应商与采购企业的早期共同介入，将促使采购企业将供应商纳入其交叉职能团队，大大改善产品研究开发、设计与再设计、生产工艺改进以及价值分析等活动，缩短新产品研发周期，降低采购与供应成本，提升联盟的竞争力。此外，供应商会主动参与拯救采购企业的活动，自愿成为继续发展的战略联盟的一部分。

［案例］　**洛克维尔公司参与克莱斯勒公司的产品设计**

美国克莱斯勒公司与洛克维尔公司达成一项协议，两家公司在汽车的设计阶段进行紧密合作。计算机控制是汽车设计与制造过程中的重要组成部分。如果计算机控制与汽车的设计不匹配，就会影响到汽车的质量和汽车进入市场的时间。根据协议，洛克维尔公司成为克莱斯勒公司的总装、冲压、焊接和电力设备等部门计算机控制设计的独家供应商。洛克维尔公司负责总装厂与零部件厂的计算机控制部分的设计。洛克维尔公司的工程师设计、开发相关计算机控制软件，以便能与克莱斯勒公司的工程师同时设计控制系统和整个汽车。双方通过紧密合作，实现了降低产品开发和制造成本、缩短产品开发和制造周期等目标，加快了新款汽车上市的速度。克莱斯勒公司在与洛克维尔公司合作之前，其产品开发和生产周期是26~28周，通过合作，已经缩短到24周。

②建立供应商合作伙伴关系的意义。日本企业的经验表明，采购企业发展与供应商的长期合作伙伴关系具有十分重要的意义。合作可以缩短供应周期，提高供应的灵活性；可以降低原材料、零部件的库存水平，加快资金周转；可以提高原材料、零部件的质量；可以加强与供应商的沟通，使供应商能准确理解采购需求；可以共享供应商的技术与创新成果，加快产品开发速度，缩短产品开发周期；可以与供应商共享管理经验，推动企业整体管理水平的提高；等等。

③供应商合作伙伴关系与传统关系的区别。供需双方之间的贸易关系历史悠久，从企业成立之初便已存在。但这种关系是随着供应市场的变化而不断演变的。传统企业与供应商的关系是简单的买卖关系，采购企业的目标是以最低的成本买到最好的商品，而供应商的目标是通过交易获得最大化的利润。因而，这种买卖关系的典型特征是供需双方讨价还价，关注的焦点是价格，彼此视对方为竞争对手。然而，随着科技进步和社会发展，在过去的几十年

里供应市场发生了深刻的变化。面对日益激烈的市场竞争，许多企业管理者逐渐意识到建立良好的供应商关系的重要性。日本企业的成功使人们重新认识了采购与供应双方之间的关系。为了控制企业上游资源，采购企业不断审视自己与供应商之间的关系，大多数企业顺应潮流，将采购活动由单纯的“做生意”转向了与供应商进行长期合作。在供应链管理环境下，供需双方为了共同的目标而结盟，供应商正在从单纯的货物和服务的提供者转变为采购企业的战略同盟。在共同利益的驱使下，游戏规则从“单赢”变为“双赢”，相应地，供应商成本的各项构成也就成了买方进行供应商管理的内容。

（4）供应商关系的持续改善。供需双方可以通过以下几种方式加强合作，以促进供应商关系的持续改善。

①供需双方定期召开合作策略回顾和发展战略会议。理想的情况是，这类会议应在采购企业和供应商所在地轮流举行，会议应重点就如何改进合作的目标和识别未来发展机会等问题进行深入探讨。

②举行高层主管参与的供应商会议。双方共同探讨在合作期间遇到的问题，努力寻求解决方案，分享技术发展趋势和未来产品计划。

③建立持续改善小组，促进供应商的持续改善。

④建立跨企业边界的流程团队，管理和改善供应商关系。

（三）供应链采购合同的选择

采购合同明确了供需双方的关系，并对供应链各阶段的运作和绩效都会产生重大影响。理想的情况是，采购合同能够提高供应链各参与体的利润，避免信息扭曲，并激励供应商提高绩效。

1. 提高产品可得性和供应链利润的合同

供应链参与体各自采取行动获得的企业利润通常低于在供应链利润最大化目标下协调供应链各方的行动所产生的利润。比如，供应商希望零售商持有大量库存来应对需求的不确定性，但是零售商更愿意持有较少的库存来减少资金占用、降低储存成本、规避库存风险。供需双方的博弈导致供应链达不到最优的结果。如果供应商设计的合同鼓励零售商多品种联合采购，可以在提高零售商产品可得性的同时增加供应链的总利润。

提高产品可得性和供应链利润的合同主要有以下几种类型。

①回购或退货合同。按照供需双方签订的回购或退货合同，供应商允许采购企业以协议价格退回一定数量未销售完或未使用完的货物。

②收入共享合同。按照收入共享合同，供应商允许采购企业以批发价购进货物，但按照协议条款的约定，供应商可以分享采购企业的一部分销售收入。

③弹性数量合同。按照弹性数量合同，采购企业可以根据市场需求的变化或企业经营运作的需要改变订货量。

2. 协调供应链成本的合同

供需双方的成本差异会导致供应链总成本最优决策的产生。比如，下游企业按照经济订货批量（EOQ）订货，会导致供应链周转库存量加大。而当供应商的订货成本较高时（如日用品的采购），采购企业按照 EOQ 订货也会增加供应商的成本。两种情况都会增大供应链总成本。若供应商采用协调供应链成本的合同，如累计数量折扣合同（如会员制、VIP 等）而非批量折扣合同，鼓励下游企业减小订货批量，就能减弱牛鞭效应，同时降低供应链总成本。

3. 促进绩效改善的合同

在多数情况下，采购企业希望供应商参与供应链绩效改善的活动，但是供应商没有积极性。比如采购企业希望供应商缩短供应提前期，以便能更好地预测需求和平衡供需。但是大部分缩短供应提前期的工作需要供应商来做，而采购企业却获取了大部分利益。因为供应提前期缩短以后，需求预测的精度会提高，采购企业的库存量会下降，而供应商的产品销量会减少。为了鼓励供应商缩短供应提前期，采购企业可以使用利益分享合同，让供应商获得一部分缩短供应提前期带来的利益。只要供应商的获益大于其成本，这种激励就会与采购企业的目标一致，带来双赢的结果。

（四）制造商与供应商在产品设计阶段的合作

1. 制造商与供应商在产品设计阶段合作的好处

制造商与供应商在产品设计阶段进行合作，可以获得以下好处。

（1）降低产品成本。目前制造商的采购成本占其经营总成本50%~70%的比重（过去只有20%），制造商的采购成本占其销售收入40%~60%的比重，而一般认为零部件80%的采购成本在产品设计阶段就已经确定。因此，要获得产品的成本竞争力，制造商与供应商在产品设计阶段就必须进行合作。合作可以有效降低产品成本（包括物料的采购成本、物流成本和制造成本）。特别是对于那些提供多样化产品和定制化产品的企业，如果制造商在产品设计阶段不加强与供应商的合作，会极大地增加其产品多样化的成本。

（2）缩短产品开发周期。在产品生命周期缩短、基于时间的竞争（TBC）时代，企业追求的是速度经济效应，缩短产品开发周期非常关键。

（3）让制造商专注于系统集成，以更低的成本制造出更高质量的产品。比如，越来越多的汽车制造商、手机制造商、电脑制造商扮演着系统集成商而非零部件设计者的角色，它们通过整合行业资源，创造了强大的竞争优势。

2. 制造商与供应商在产品设计阶段合作的要求

制造商与供应商在产品设计阶段进行合作，有以下基本要求。

（1）制造商应成为供应链产品设计的协调者。当供应商承担更多的设计角色时，制造商应成为供应链产品设计的协调者。制造商应该为参与产品设计的各方提供共同的零件说明书，并确保当任何一方的零部件设计发生变动时都能够及时与相关各方进行沟通。为此，制造商导入零件与设计数据库非常有必要，这既可以实现参与设计各方的实时信息共享，还能节省大量的时间和成本。

（2）制造商应与供应商充分沟通，确保其为物流和可制造性而设计。当供应商承担更大的设计责任时，制造商应与其充分沟通，确保其为物流和可制造性而设计。

①为物流设计。为物流设计是指供应商通过科学的设计来降低物流成本。例如，供应商通过包装的合理设计来提高运输设备的实载率、减少装卸搬运次数，从而提高物流活动的效率、降低物流活动的成本。再如，制造商和供应商通过实施延迟策略，可降低成品、半成品、零部件的库存水平。具体而言，制造商和供应商通过实施生产延迟策略，可实现大规模定制（包括模块化定制、可调整定制、尺寸定制），这既能满足客户的个性化需求，又可规避供应链的系统风险，还能有效降低产品库存和零部件库存水平。后者主要是通过实施集聚策略，将零部件库存集中储存在物流中心和配送中心等物流设施中，在提高物流结点中零部件库存共享度、保证零部件库存服务水平的同时，大幅度降低零部件的库存水平。

②为可制造性设计。为可制造性设计是指供应商设计的零件应便于制造商产品的制造，

包括设计通用、标准的零件，设计对称零件及组合零件，使用目录中的零件而非新零件，以及设计容易与其他零件和工具配合的零件等。

［案例］ **福特汽车公司与供应商联合开发新产品**

制造商与供应商在产品设计阶段进行合作的做法在汽车行业比较流行。汽车制造商都要求供应商参与汽车产品从概念设计到完成制造的产品开发各阶段工作。其中，福特公司比较有代表性。福特公司通过与供应商在产品设计阶段的合作，可以在项目获得批准36个月内将新车型推向市场。为了保证有效的沟通与交流，福特公司要求所有的供应商使用相同的设计软件平台。福特公司向供应商公开所有内部数据，并与供应商联合办公。福特公司的工程师与供应商保持经常性的沟通，以协调汽车产品的整体设计过程。这样做的结果是，新产品开发的成本、时间和质量都得到了显著改善。

（五）采购执行

采购企业与供应商的交易始于采购企业向供应商下达订单，终于供应商向采购企业交付货品、采购企业验货收货并向供应商支付货款。

1. 正确区分并区别对待直接物料与间接物料

采购企业在设计采购执行流程时，应正确区分并区别对待直接物料与间接物料。直接物料是用于最终产品生产的原材料和零部件等物料（如汽车轮胎），而间接物料是用来支持企业运作的物品（如机器设备的备件、备品和润滑油等）。两者的区别如表4.4所示。

表4.4 直接物料与间接物料的比较

比较项目	比较对象	
	直接物料	间接物料
用途	生产	维护、维修和支持运作（MRO）
会计科目	产品成本	销售、管理与行政费用
对生产的影响	直接（任何延误都会响应生产）	间接（较少的直接影响）
相对于交易价值的处理成本	低	高
交易数量	大	小

直接物料的采购执行应把握好以下两个关键点：一是采购执行流程应当遵循5R原则，即采购企业应该确保供应商在适当的时间（适时），以适当的成本（适价），将适当数量（适量）和适当质量（适质）的零部件交付到适当的地点（适地）；二是直接物料的采购执行需要从供应链的角度出发以确保供需平衡。为此，采购企业应与供应商实时信息共享、同步协调运作，实现采购及供应流程与生产流程的无缝衔接，最大限度地降低库存量。

间接物料采购执行流程的关键是降低交易费用，即降低采购企业搜寻货源、与供应商讨价还价、达成协议、订立合同、执行交易、监督履约以及违约处理整个过程的费用。为此，采购企业可将电子采购和招标采购等采购方式有机结合，最大限度地降低间接物料采购执行的交易费用。

需要说明，无论是采购直接物料还是采购间接物料，集中采购都有利于集中企业的采购订单，增强采购企业对供应商的议价能力，并提高供应商生产运作和物流运作的规模经济性，实现双赢。

2. 基于价值/成本和关键程度对采购物料进行分类

结合卡拉杰克模型（见图4.6），从供应链管理的角度思考，采购物品也可以基于它们的价值/成本和关键程度进行分类。大部分间接物料包含于普通品项中，其采购目标是降低采购成本（包括获取成本和交易成本）。直接物料可进一步划分为大宗采购、关键和战略品项。对于多数大宗采购品项（如包装材料），供应商通常制订相同的销售价格，因此，基于供应商的服务水平以及影响采购企业总体拥有成本（TCO）的绩效指标对供应商进行区分，并对供应商进行分类管理极为重要。招标采购（包括在线竞标/反向拍卖）对降低采购成本比较奏效。关键品项（如供应提前期较长或不稳定的采购物料）的采购目标是确保供应而非降低成本，因此，采购企业应努力提高与供应商供应计划的协调性。对于关键品项，存在一个即使成本高但是响应性好的后备供应源也是有价值的。对于战略品项（如汽车的发动机、变速箱），供需双方应建立长期合作关系，应基于长期的价值/成本对供应商进行评估，应寻找能够进行设计协作并能与供应链其他成员企业协调设计与生产活动的供应商进行合作。

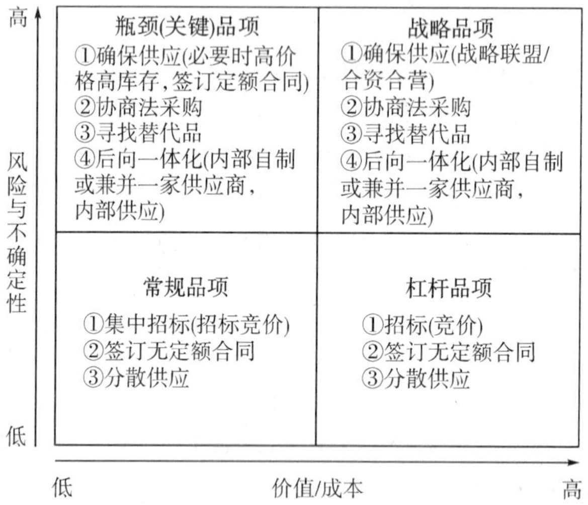

图 4.6　供应细分图（卡拉杰克模型）

（六）采购分析与改善

企业应定期分析采购支出和供应商绩效，并将其作为未来采购决策的依据。企业应分析采购总体拥有成本（TCO）以及对 TCO 有影响的供应商绩效指标（KPI），通过这些 KPI 去评估供应商，从而促进供应商改善其供应绩效。此外，供需双方通过合作，可以获得很多采购与供应的改善机会。

为了确保供应商提高供应质量、实现持续改善，同时降低采购企业对供应商的监督履约成本（特别是到货的检查、验收成本），采购企业应建立供应商质量认证制度。供应商质量认证是指采购企业通过与供应商合作来评估和改进供应商质量的过程。通过认证的供应商可以享受产品免检的待遇，同时有机会获得更多的订单。此外，采购企业也可以增强依赖少数优质供应商的信心，并通过简化货物验收流程节省时间和成本。供应商质量认证过程如图 4.7 所示。

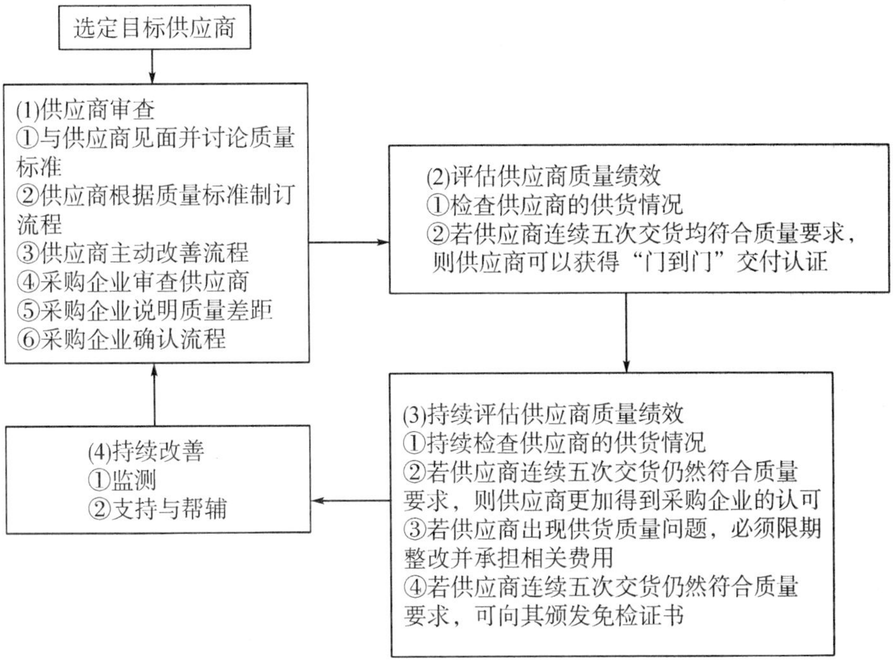

图 4.7　供应商质量认证过程

五、准时采购

［案例］　　**中联重科第二制造公司的准时采购**

中联重科第二制造公司主要承担压路机、泵车臂架、摊铺机、铣刨机、水平定向钻、加热机、旋挖钻机等产品的生产和试制任务。由于产品种类多，且多数产品的生产批量不大，中联重科第二制造公司的领导经过分析、研究后，将采购室与计划室调整在一个办公室办公，为中联重科第二制造公司实施准时采购奠定了基础。

一、准时采购的关键之一是采购计划制订的准时化

中联重科第二制造公司将采购室和计划室合署办公，为采购人员获取准时化的生产计划创造了条件。采购人员与计划人员零距离的交流，使其能在第一时间获取生产计划及其变更的信息。接下来，他们主动与技术人员交流，及时了解产品零配件的变更情况；经常深入装配班组和仓库，准确了解零配件的库存情况。在获取上述信息后，采购人员再回过头来与计划人员协调，真正实现了采购计划制订的准时化。

二、准时采购的关键之二是供应商物料供应的准时化

要实现物料供应的准时化，采购企业需要与供应商进行大量的沟通与协调工作。为了实现零配件的小批量采购，采购室对外购件的库存、资金、生产周期和供应周期进行了深入分析，对零配件及供应商进行了分类管理，通过与供应商即时、有效的信息沟通，准确制订小批量的采购计划。尽可能做到需要的零配件一定按时到，暂不用的零配件坚决不让到，有些零配件甚至直接送货上生产线。为了提高外购零配件的质量合格率，公司的质检部和技术部做了大量工作。公司将供应质量不高的供应商直接淘汰，并转由产品质量较好的供应商供应。

准时采购提高了外购零配件的质量，减少了公司流动资金的占用，降低了公司的库存成本。据不完全统计，仅钢材和进口件两项就减少了300万元的资金占用成本。准时采购的成功实施，增强了中联重科第二制造公司对市场需求变化的快速响应能力。

想一想：中联重科第二制造公司为什么要实施JIT采购？JIT采购成功实施的关键是什么？本案例对你有何启示？

准时采购是一种先进的采购模式，它由准时生产发展而来，是为了消除库存和不必要的浪费而进行持续改进的结果。准时采购对准时生产的顺利实施能起到重要的支持和保障作用。成功的准时采购可以增强供应链的系统性和集成性，提高供应链的敏感性和响应性。

准时(JIT)采购（微课）

（一）准时采购的含义

准时采购也称JIT（just in time）采购，是一种以满足用户需求为目的的采购模式。该采购模式以满足用户需求为根本出发点，通过变革采购方法并优化采购流程，使采购与供应业务既能灵敏地响应生产的变化，又能使原材料、零部件等物料向零库存趋近。

准时（JIT）采购的概念与内涵（微课）

准时采购的基本思想是：采购企业在适当的时间和适当的地点，以适当的方式和适当的成本从上游供应商处采购并使之向企业提供适当数量和适当质量的物料。

（二）准时采购的特点

准时采购和传统的采购模式在质量控制、供需双方的关系、供应商的数量、交货期的管理等方面有诸多不同。其中关于供应商的选择和质量控制是核心和关键。

准时（JIT）采购的特点（微课）

相对于传统的采购模式，准时采购具有以下主要特点。

1. 供应商的数量更少

传统的采购模式一般是多头采购，供应商的数量较多。减少供应商的数量对采购企业更有利。一方面，这有利于采购企业管理供应商，有利于降低采购成本；另一方面，有利于供需双方建立长期稳定的合作关系，供应质量更能得到保证。但是，采用单一供应源（即单一来源采购）往往有风险，比如供应商缺乏竞争意识、采购企业面临供应商的连带经营风险等，前已述及，不再赘述。

［案例］　　**供应商的数量优化**

减少供应商的数量，企业保持同少数实力雄厚的供应商的合作，有利于提高供应质量。英国某大型企业原来经过认证的供应商有23 000家，在过去几年中供应商的数量优化为7 500家。在每年数以亿计的采购支出中，81%的采购支出仅集中在87家优质供应商身上。减少了同类供应商的数量，采购企业就可以将主要的精力和资源投放到少数重要供应商身上，这有利于供需双方商讨合作与变革，实现双赢。

想一想：案例中企业的做法体现了何种管理方法？为什么？

2. 对供应商的选择标准更严

在传统的采购模式中，采购企业在选择供应商时主要关注价格，供需双方一般是临时或短期的合作关系。当需方发现供应商不能满足其需求时，可以通过市场机制对供应商进行重新选择。但在准时采购模式中，由于供需双方是长期的合作关系，供应商的合作意愿与能力、物料供应的可靠性、供需双方计划的协调性、运作的协同性等诸多因素高度影响准时采购的成功实施。因此，准时采购对供应商的选择标准更严、要求更高。

3. 对交货准时性的要求更高

准时采购的一个重要特点是供应商能够准时、准点将物料送达采购企业指定的交货地点（可能是生产线，也可能是生产基地旁边的 VMI 仓库①），以便对准时生产提供有效支撑。能否实现准时交货取决于供需双方计划的协同性、供应商的生产规模与生产能力以及高效的物流运作与组织。必要时，采购企业还需要对供应商进行准时采购与供应的培训。

4. 供需双方实时信息共享

准时采购的实施要求供需双方实时信息共享。为此，需要将采购企业和供应商的信息系统进行集成。采购企业授权供应商在一定的权限范围内访问其信息系统以获取必要的信息，如采购企业的生产计划与生产进度的信息、物料需求计划等信息，以便供应商在需求信息的驱动下制订或调整其生产计划及物料供应计划，实现供应流程与生产流程的无缝衔接。

5. 多频次小批量采购与供应

多频次小批量采购是准时采购的一个基本特征。准时采购与传统采购模式的一个主要区别是，准时采购服务于准时生产，而准时生产需要减少生产批量（多频次小批量生产），相应地，需要采用多频次、小批量的采购与供应方式对其提供有效支撑。

（三）准时采购的实施

1. 准时采购的实施条件

为了保证准时采购的成功实施，采购企业应做好以下几方面的工作：①与供应商建立战略联盟；②建立完善的供应商网络；③采购与供应过程须严格需求拉动；④与供应商进行沟通并向其提供培训服务支持；⑤参与供应商的产品设计和产品质量控制过程；⑥协调供应商的供应计划；⑦高效率、低成本的物流运输；⑧决策层的支持。

准时（JIT）采购成功实施的条件（微课）

2. 准时采购的实施要点

企业在实施准时采购时应该把握好以下要点：①创建 JIT 采购团队；②制订 JIT 采购计划；③精选少数供应商，建立战略伙伴关系；④先试点，再推广；⑤做好供应商的培训，确定共同目标；⑥向供应商颁发物料免检合格证书；⑦实现配合 JIT 生产的交货方式；⑧持续改善，扩大成果。

准时（JIT）采购实施的要点（微课）

任务 2　供应链生产管理

【引例】

R 公司的“插单”生产策略

R 公司是一家化工产品制造商，主要产品为多种加工添加剂，这些添加剂是橡胶、塑料、润滑油和皮革制品等所需的高质量特殊助剂。

案例：R 公司的“插单”生产方式（微课）

① 根据汽车行业和其他典型行业的情况，VMI 仓库离整机组装厂的距离一般不超过 5 千米，以方便物料的排序上线（JIS）。

R公司采用按订单生产和按库存生产两种策略。首先根据市场预测制订生产计划，在生产过程中也会有客户下订单，即插单。对于插单，公司先是检查成品库存，如果成品库存不能满足客户的订单，或是客户要求新配方的产品，公司参照订单的时间要求马上重新制订生产计划，安排生产。R公司共有四条生产线，每条生产线生产一大类产品，可以切换不同的产品，每次切换要对生产线进行清洗，防止前批次生产的残留物影响后批次产品的质量，每次清洗需要1~2个小时。

公司发现成品库存和原料库存都维持在较高的水平上，为此，公司一直在努力降低库存，但收效甚微。计划部门准备增加生产的批次，同时降低每一批次的产量，这引起了生产部门的不满，生产部门与计划部门为此事经常发生争执。

引导问题：

1. R公司的生产线能切换不同产品，这种能力对R公司有什么益处？
2. R公司的插单生产策略要求R公司具备哪些能力？
3. R公司为什么要采用多批次小批量的生产方式，生产部门为什么对此不满？
4. 可能是哪些因素导致R公司的成品与原料库存水平较高？这些因素中，哪些是R公司无法控制或改进的？为什么？
5. 采用什么方法可以较快地解决R公司的成品和原料库存水平较高的问题？
6. 怎样才能从根本上降低R公司的成品和原料库存水平？

在供应链管理环境下，生产运作系统、生产计划的制订和控制与传统生产管理有了较大的区别。认识供应链管理环境下生产运作管理的特点，正确运用供应链管理环境下生产计划与控制基本方法，对提升供应链竞争力具有非常重要的意义。

一、供应链生产系统的认知

生产活动是人类最基本的活动，是创造社会财富的主要来源。生产是供应链的一个关键环节的活动，企业通过生产活动创造产品的价值和使用价值，以此来满足消费者的需求，进而获取利润。供应链生产管理的主要目标是控制产品质量、生产成本、投入与产出的时间（出产循环期或出产节拍）及生产运作的柔性。

（一）供应链生产系统的概念与内涵

1. 生产系统

供应链生产运作系统的概念与内涵（微课）

生产系统是由人和机器构成的，能够将一定的输入资源转化为特定输出（期望产出）的有机整体。生产系统是生产运作与管理的有机结合体。企业通过生产运作活动将物料等资源转换为产品或服务，而管理系统则为生产运作活动设置目标，制订计划，组织实施，并对生产过程进行控制、纠偏与绩效评估，使之适应不断变化的内外部环境条件。生产运作系统如图4.8所示。

由图4.8可知，在生产系统中，首先由企业分解年度经营目标得到生产目标，生产部门据此制订生产计划，接着企业组织生产要素的投入，生产管理部门通过对生产过程的控制，将投入的生产要素转换为产品或服务。生产系统根据控制标准衡量实际生产绩效，发现偏差并纠偏，确保生产过程能够满足企业经营的需要。

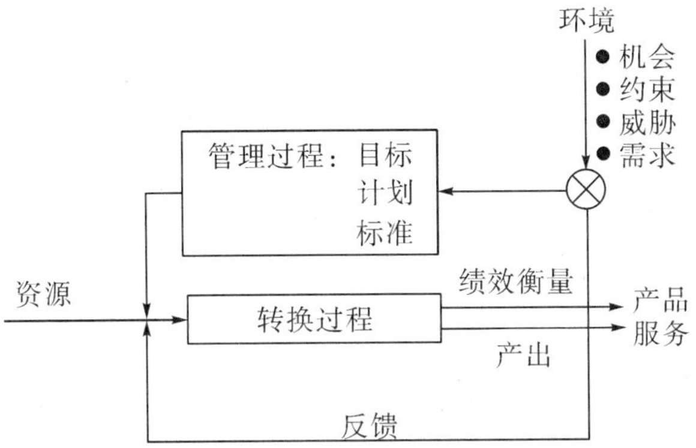

图 4.8 生产系统示意图

在生产系统中存在两个关键的流程：物流和信息流。生产要素的投入、转换和产品的产出反映了物料的流动轨迹，它们从供应商开始，在工厂中按照工艺流程顺序流经各个工作地，最后向需方流动。信息流包括生产计划、生产任务、生产指令、控制标准（如期量标准）及生产物流等信息。生产管理系统通过信息流来控制物流，而生产物流则对生产过程提供有效支撑。因此，企业生产系统信息化水平的高低在很大程度上决定了生产系统的管理效率。

2. 供应链生产系统

随着供应链管理时代的来临，企业生产系统的范围扩大了，供应商和用户也被纳入该系统，成为其中的关键构成要素。我们称之为供应链生产系统（见图 4.9）。

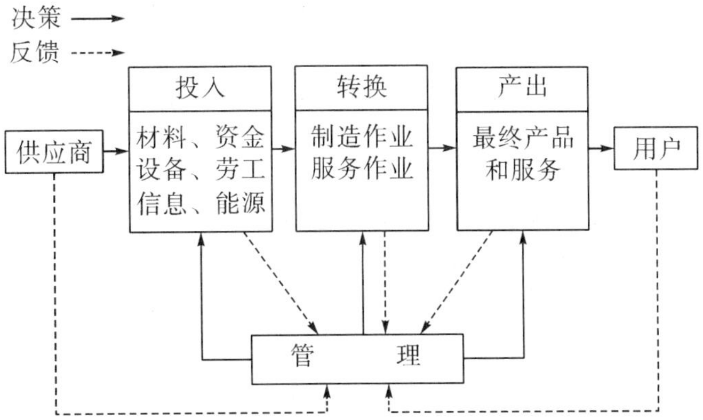

图 4.9 供应链生产系统

由图 4.9 可知，该系统由六个部分组成，即供应商、用户、资源投入、生产转换、产品（或服务）产出和管理系统。下面主要就供应商和用户在供应链生产系统中的作用分别加以说明。

（1）供应商的作用。供应商是生产要素的生产者和供应者。传统意义上，制造商与供应商之间是以价格或合同为基础的委托-代理关系。制造商与供应商之间以竞争为主、合作为辅。制造商甚至挑起众多供应商之间展开竞争，从中获利。制造商往往选择能够为其提供低价格、高质量的资源及服务的供应商。被选择的供应商十分清楚，这一次能够被选择，并不意味着下一次也能够被选择。因此，他们不会在与制造商的合作中为其进行投资，而制造商的物料供应也未必能够得到保障。

在供应链管理环境下，供应商的交货时间和交货质量对制造商十分重要。因而，制造商应该把供应商纳入其生产系统，并与供应商建立互利共赢的合作伙伴关系。理想的情况是，供应商按照制造商的生产计划和生产进度供应物料，实现供应流程与生产流程的无缝衔接。供应商甚至应该参与制造商的产品开发，双方共同为缩短新产品上市的周期及缩短生产周期而通力合作。

（2）用户的作用。用户在供应链生产系统中的作用是为制造商和供应商等上游企业提供产品需求信息。过去，制造商按照自己的想法来开发产品，往往因产品不符合用户的需求而失败。今天，制造商认识到，用户的信息反馈对其新产品的开发与设计至关重要。把用户纳入供应链生产系统，使其参与新产品的开发，制造商根据客户订单开展供应链运作活动，不但能够有效规避供应链运作风险，还能够提高客户满意度。这是用户在供应链生产系统中的价值所在。

（二）供应链生产系统的特征

供应链生产系统具有以下主要特征。

（1）供应链生产系统是供应链生产计划的制订、实施与控制的综合系统。制订供应链生产计划使供应链生产活动有了依据。供应链生产计划是供应链生产活动的纲领，而实施和控制是实现供应链生产计划及生产目标的保证。制订计划、实施计划和控制计划三者之间相互协调，共同促进供应链生产过程均衡、有节奏地进行。

（2）供应链生产系统是人与机器复合的系统。供应链生产系统是包括人和机器在内的组织管理系统，人与机器间的合理分工将从整体上促进供应链生产系统的进一步优化。

（3）供应链生产系统是一个多层次、多目标的系统。我们可以按照供应链生产系统的不同功能将其划分成若干个子系统，如生产组织系统、质量控制系统、设备管理系统等，其目的是实现对供应链生产系统的递阶控制与分散控制。

（4）供应链生产系统是一个具有信息收集、处理和传递功能的信息系统。供应链生产系统能够正确、及时地提供、传递生产过程必需的信息，以促进对人力、物力和财力等资源的合理利用，进而提高劳动生产率。

（5）供应链生产系统是根据企业内外部环境条件不断发展变化的系统。随着现代科技的进步，企业内外部环境条件变化迅速，相应地，供应链生产系统的更新速度也在加快。这要求企业必须保持供应链生产系统的先进性，同时要将其不断创新，否则将使系统失去市场竞争能力。

需要指出，供应链生产系统在运行一段时间以后需要改进和完善，这包括产品的改进、生产加工方法的改进、操作方法的改进及生产组织方式的改进等。

二、树立供应链生产观念

在供应链中，生产环节不可或缺。制造商将原材料等生产资料加工转换成为具有价值和使用价值的产品，提供给下游的供应链伙伴乃至终端用户。如果没有制造商的生产活动，终端用户将无法买到他们所需要的产品。

（一）生产竞争力的概念与内涵

一般而言，制造商根据其技术能力和营销战略来确定其产品线，并根据市场机会和承受技术创新风险的意愿来构建其生产竞争力。所谓生产竞争力是指制造商作为供应链的主体企业，通过其品牌影响力、生产的规模经济性或范围经济性抑或经验曲线效应等成就的低成本或差异化竞争力。

从供应链参与的角度来看，企业提供的产品及服务、生产能力和生产竞争力的结合体现了一个企业的价值主张，并反映出其参与供应链机会的大小。供应链生产观念是提升企业的生产竞争力，以便企业有更多的机会向供应链的下游客户提供增值的产品和服务。

（二）生产竞争力的影响因素

生产竞争力的影响因素主要包括品牌影响力、生产规模、产品多样性、约束条件与提前期等。

1. 品牌影响力

品牌影响力是指企业借助品牌开拓市场、占领市场并获取利润的能力。从更深层次上看，品牌影响力是客户对企业的声誉、产品或服务质量及供应链竞争力的综合评价。品牌影响力是企业的核心影响力和外延影响力的综合反映，是影响力在更高层次上的提升和集中体现。品牌影响力已成为左右顾客选择商品的重要因素。

品牌影响力的评价指标来源于消费者对品牌的直接评价与认可，其中的核心指标是品牌忠诚度。品牌忠诚度决定顾客对品牌的选择偏好，决定顾客对品牌的关注程度。

从供应链管理的角度来看，核心企业的品牌影响力越强，其参与供应链活动的机会就越多，在供应链企业群体中的影响力也就越强，甚至在决定供应链的结构与战略方面就越有发言权。一般而言，知名的大型制造企业往往成为供应链的主体企业甚至核心企业，而中小型制造企业只能参与以大型制造商或零售商为核心企业的供应链。

品牌知名度高、影响力强的企业可以开展品牌经营和营销，可以将生产或物流等业务外包，而不影响其成为特定供应链的核心企业。例如，苹果公司从来没有生产过一部智能手机或 iPad 平板电脑，耐克公司从来没有生产过一件衣服或一双鞋，利丰公司从来没有生产过一件以公司名义出售的商品，但丝毫不影响它们成为优秀的供应链管理者。

［案例］ **苹果公司与富士康的合作**

截至 2019 年，苹果公司已连续 11 年蝉联全球供应链大师的桂冠并名列榜首，彰显了苹果公司过去 10 余年内在供应链管理领域的持续卓越表现。然而苹果公司是生产外包的典范，它与富士康的合作创造了 IT 领域的奇迹。

苹果公司从 1997 年将主板生产等制造业务外包，并逐步将整机生产业务外包。在此过程中，公司通过自制与外包的比较，发现生产外包效率更高且风险可控，于是逐步关闭了自己的工厂。

2003 年，苹果公司在生产 Power Macintosh G5 电脑时，其美国工厂与富士康的工厂同时开工，但其生产效率相形见绌。其美国工厂投入的人力更多，但生产效率只有富士康的 80%，而产品不良率则比富士康高出 1 倍还多。富士康对该项目给予了大量资源支持，其在 3 个月内新建 3 栋厂房并完成交付，生产工人由 1 600 人迅速增加至 6 500 人，2 个月内顺利完成整机组装 24 万台。在进行对比分析之后，苹果公司逐步将自己的工厂关闭，同时将整机组装的生产业务全部外包给富士康。从 Power Macintosh 台式电脑到后来的 iPhone 智能手机、iPad 平板电脑，富士康都成为苹果公司的首选战略合作伙伴。

想一想：生产外包与供应链管理是什么关系？

2. 生产规模

生产规模对生产竞争力有显著影响。一般而言，制造企业应该有一个最佳的生产规模。它是企业的长期平均成本（LAC）曲线和短期平均成本（SAC）曲线的切点所对应的生产规模（见图 4.10）。在这一最佳的生产规模范围内，随着企业生产规模的扩大，生产成本逐渐降低，我们称之为规模报酬递增或规模经济效应。从长期来看，规模经济来源于分摊固定成本所导致的单位产品生产成本的降低；从短期来看，规模经济来源于分摊生产作业交换成本（生产线或机器设备的准备成本，简称备机成本）所导致的单位产品生产成本的降低。从更深的层次上看，规模经济来源于专业化分工所导致的劳动生产率的提高、生产规模扩大所导致的固定资产利用率的提高及流程转换成本降低所产生的高效率。当企业的生产规模超过经济规模后，企业管理水平等因素不可能随着生产规模的扩大而同步提升，多方面的因素导致规模不经济或规模报酬递减。规模经济是企业生产竞争力的重要体现。

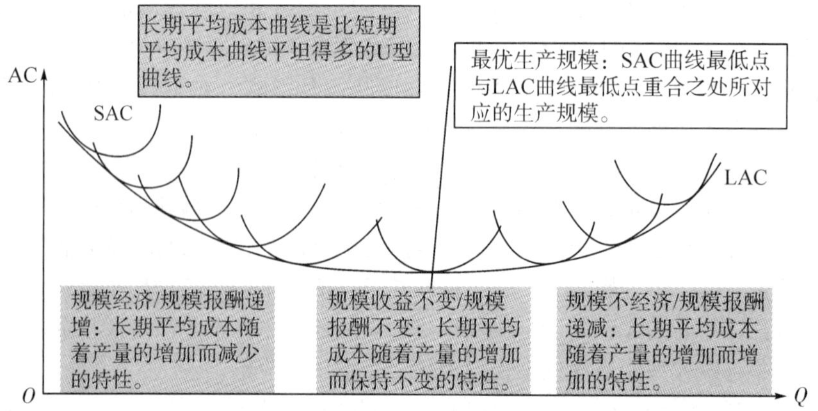

图 4.10　**规模经济曲线**

想一想：规模经济与哪一种企业竞争战略相匹配？

3. 产品多样性

与规模经济相反，范围经济不但能够导致企业的生产成本降低，同时还能够满足客户的多元化需求。当企业联合生产（或提供）两种或两种以上的产品（或服务）时，联合生产（或提供）产品（或服务）的总成本低于单独生产（或提供）这些产品（或服务）的总成本之和时就存在范围经济性。例如，石油开采企业在获得原油这种主产品的同时，还能够获得天然气等副产品，并不需要石油开采企业花费额外的成本。再如，如果把一家第三方物流公司向客户提供的仓储、运输、配送等服务看作不同的物流商品，这家物流公司向客户提供多种物流服务也不会增加其额外的成本。之所以存在范围经济性，是因为企业在向客户联合提供这些产品或服务的时候，可以共享其品牌资源、生产设施设备等生产资源及其他企业本身就拥有的资源。范围经济也是企业提高其资源利用率的结果。企业要实现产品多样性就要求其生产系统具有柔性，具有多品种、小批量生产的特征。而以多样性为特征的生产流程在快速切换产品生产的同时仍然能够保持较高的效率。能够有效满足供应链产品的多样性需求，也是企业生产竞争力的重要体现。

想一想：范围经济与哪一种企业竞争战略相匹配？

4. 约束条件

所有生产流程都是在特定生产条件的约束下，在规模经济与范围经济之间平衡的结果。一方面，企业经营管理者希望生产的产品单一，能够实现生产的规模经济性（追求生产的高效率，达到降本增效的目的）；另一方面，客户需求具有多样化的特征，单一的产品很难能够满足买方的个性化需求。为此，企业必须在规模经济低成本与范围经济多样化产品之间进行权衡。

一般而言，影响生产运作的三个约束条件是生产能力、生产设备、生产加工转换的快慢与难易。而供应链生产竞争力的衡量指标之一，是当供应链企业群体面临计划外的需求时，供应链生产系统要具有快速制订或调整生产计划、快速配置专项资源、快速整合及调动供应链企业群体的资源与能力、快速生产出市场所需产品的能力。在此过程中，合理界定约束条件，积极消除瓶颈环节，缩短生产加工的转换时间显得尤为重要。

5. 提前期

供应链产品出产（或投产）循环期一般指节点企业混流生产线上同种产品的出产间隔期。若供应链节点企业生产的产品是单一品种时，供应链产品出产循环期即指产品的出产节拍。一般而言，核心企业的产品出产循环期决定着各节点企业的产品出产循环期。而要缩短产品的出产循环期，一方面供应链各节点企业的产品出产循环期与核心企业的产品出产循环期要合拍，核心企业的产品出产循环期要与用户的需求合拍；另一方面，可以采用优化产品投产计划或优化生产运作管理的办法，缩短核心企业的产品出产循环期，提高供应链整体管理水平和供应链运营管理效益。特别是采用优化产品投产顺序和计划来缩短核心企业或节点企业的产品出产循环期，既不需要增加投资又不需要增加人力和物力，而且见效快，是一种值得推广的好办法。

而在具体的生产运作中，生产提前期是指从生产任务下达车间到产品处于待发运状态的时间间隔，包括实际生产时间和因意外延误而导致的非生产时间。其中，实际生产时间占生产提前期的比重越高，说明生产转化过程的效率越高。但生产运作效率必须在生产规模与产品多样化之间进行权衡。如果在生产过程中出现意外延误，说明生产过程存在瓶颈环节。如果生产流程、生产线、生产设备及加工件等由于排队、等候、故障或物流支持不到位而处于闲置状态，生产效率就会受到影响。据统计，75%~95%的生产延误来源于生产过程中的计划外排队。因此，缩短生产提前期，控制意外变动事件的发生，必将提升供应链生产竞争力。

三、供应链生产方式与策略的选择

[案例]　　钢铁行业生产方式与策略的变迁

传统的钢铁行业一直高度依赖生产的规模经济性。但近年来钢铁行业企业的生产方式与生产策略在悄然发生变迁。由于客户对钢材品种的多样性及增值服务的需求不断增加，钢铁制造商不得不改变传统的生产方式，采用新的生产技术，将钢材切割与成形延迟到配送阶段，以便更好地响应客户的个性化需求。

想一想：钢铁制造商采用了何种经营策略？

为了提升生产竞争力，企业必须根据市场与技术条件的变化来选择相应的生产方式与生产策略。

生产方式与生产策略（微课）

（一）生产方式

1. 生产方式的演变历程

在不同的历史时期，企业流行的生产方式不同。在农业经济时代，由于社会生产力水平低下，企业盛行的生产方式是单件生产。进入工业经济时代，由于社会生产力水平显著提升，企业流行的生产方式是成批生产（批量生产），生产的专业化程度大幅度提高。进入知识经济时代，企业经营环境变得复杂、动态与多变，市场竞争加剧，客户需求呈现出个性化、多元化的特征，企业的生产方式逐渐向精益生产和敏捷制造方向发展。生产方式的演变历程如图 4. 11 所示。

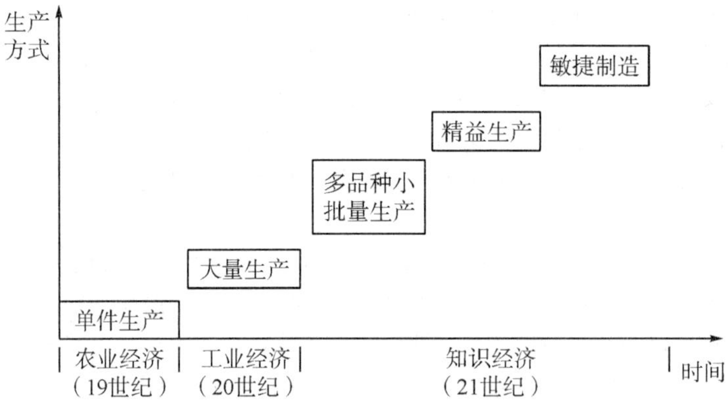

图 4.11　生产方式的演变历程

2. 生产方式的典型分类

通常，我们可以按照生产的专业化程度和生产工艺特征等标准对生产方式进行分类。

（1）按照生产的专业化程度分类。生产的专业化程度主要由企业生产的品种数、生产批量、生产的重复性程度等因素来衡量。品种少、批量大、生产的重复性程度高，则企业生产的专业化程度就高；反之，品种多、批量小、生产的重复性程度低，则企业生产的专业化程度就低。

按照生产的专业化程度，我们可以将生产方式划分为单件生产、成批生产和大量生产三种类型。其中，按照生产批量大小，我们又可以将成批生产划分为小批生产、中批生产和大批生产三种类型。

单件生产的品种繁多，每种只生产一件（或台），生产的重复性程度低，如手工业产品的生产方式及东方汽轮机厂关于汽轮机产品的生产方式。大量生产的品种单一，产量大，生产的重复性程度高，如美国福特公司曾经长达 19 年只生产一种车型——T 型车。成批生产介于单件生产和大量生产之间，生产的品种不单一，每种产品都有一定的批量，生产有一定的重复性。

由于大批生产与大量生产的特点比较相似，人们习惯上将其合称“大量大批生产”。同样，由于小批生产与单件生产的特点比较相似，人们习惯上将其合称“单件小批生产”。若企业生产的产品品种比较多，生产批量大小的差别也比较大，人们习惯上称其为“多品种中小批量生产”。大量大批生产、单件小批生产、多品种中小批量生产的提法比较符合企业的实际情况。

综上，按照生产的专业化程度，我们可以将生产方式划分为单件生产、小批生产、中批生产、大批生产和大量生产等类型。

（2）按照生产工艺特征分类。按照生产的工艺特征，我们可以将生产方式划分为流程式生产、离散型生产和项目型生产三种类型。

流程式生产也称流水线生产，是指生产对象按照一定的工艺路线顺序地通过各个工作地①，并按照统一的生产速率完成生产作业的生产方式。流程式生产的基础是由生产设备、

① 工作地是指工人运用机器设备和工具对物料进行加工制作或为顾客提供服务的场所。生产方式也可以按照工作地的专业化程度（即工人从事同样操作的重复性程度）进行分类。

工作地及传送装置构成的生产设施系统（流水生产线）。典型的流水生产线是汽车装配生产线。

离散型生产是指产品由多个零件经过一系列并不连续的工序加工装配而成的生产方式。离散型生产一般包括零部件加工、零部件装配等生产作业。其中，偏重于零部件加工的企业，我们称之为离散型加工企业；偏重于零部件装配的企业，我们称之为装配型企业；零部件加工和装配都重要的为典型的离散型生产企业。离散型生产过程通常被分解成很多加工任务，其中的每项任务往往只使用到企业的一小部分生产资源。

项目型生产是指在一定的时间和其他资源的约束条件下，围绕特定项目目标的完成所进行的生产方式，如飞机、轮船、汽轮机等价值高而个性化突出的产品的生产方式就属于项目型生产，再如建筑物及其他工程项目的生产也属于典型的项目型生产方式。

制造商应该根据其需要完成的任务来设计和选择生产方式。由于不同的生产方式形成不同的生产能力，企业的生产方式必须与其产品的生产规模和多样化特征相适应。

3. 竞争因素、竞争方式与生产方式的关系

（1）竞争因素与消费水平的关系。在卖方市场环境下，由于产品供不应求，消费者没有更多的选择。相应地，企业的经营体制是围绕卖方来构筑的，卖方生产什么就销售什么，买方没有话语权。企业为了获取最大化的利润，不断扩大生产规模，不断投入研究开发，结果导致品种及其数量飞速膨胀，最终引起供求关系发生变化，从原来的产品供不应求发展到产品供过于求，促进市场转型。在买方市场环境下，消费者有了更多的选择。他们从最初关注产品价格到后来关注产品质量，再发展到关注品种的多样性，个性化需求越发凸显。

一方面，由于市场转型，买方在交易中处于有利地位；另一方面，随着人们收入水平及受教育程度的普遍提高，顾客需求层次及消费特征发生了巨大的变化。在消费观念上，他们不但注重产品的质量、功能和价格，而且希望能给自己的生活带来舒适、美感和活力；他们既关注产品的品牌，又希望能满足自身的个性化需求；他们同时希望商家有求必应，并对需求做出快速响应。厂商发现，最好的产品不是他们为用户设计的，而是他们和用户共同设计的。特别是近年来，用户不仅关注企业的信誉，更加关注绿色、环保，顾客需求进入理性时代。

企业竞争因素与消费水平的关系如图 4.12 所示。

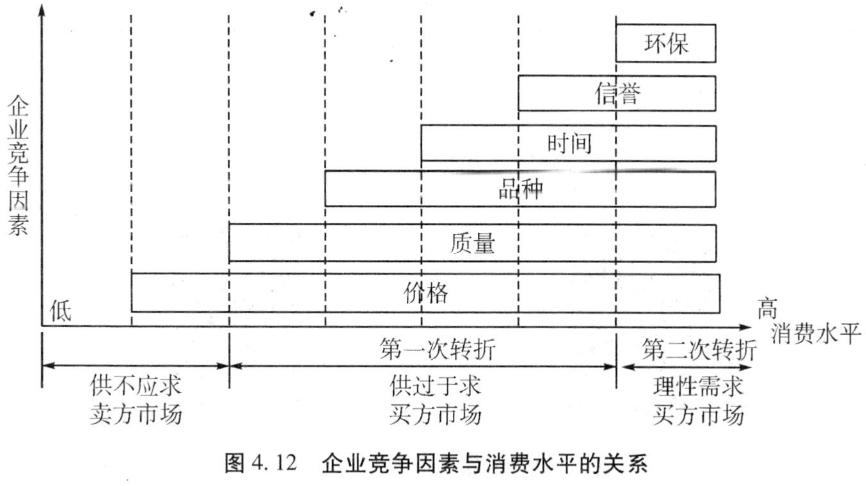

图 4.12　企业竞争因素与消费水平的关系

（2）竞争因素导致竞争方式及生产方式的变化。由于消费者的购买决策影响因素发生变化，在买方市场环境下，企业的竞争方式也随之而变。与价格、质量、品种、交货期、信誉、环保等竞争因素相对应的企业竞争方式分别是基于成本的竞争、基于质量的竞争、基于柔性的竞争、基于时间的竞争、基于服务的竞争和基于环保的竞争。企业竞争方式呈现出明显的变化趋势，如表 4.5 所示。

表 4.5　竞争因素导致竞争方式的变化

买方购买决策影响因素/企业竞争因素	企业竞争方式
价格	基于成本的竞争
质量	基于质量的竞争
品种	基于柔性的竞争
交货期	基于时间的竞争
信誉	基于服务的竞争
环保	基于环保的竞争

与企业竞争方式相适应，企业的生产方式也呈现出类似的演变规律。与基于成本的竞争方式相适应的生产方式是大量生产，与基于质量的竞争方式相适应的生产方式是精益生产，与基于柔性的竞争方式相适应的生产方式是计算机集成制造，与基于时间的竞争方式相适应的生产方式是敏捷制造，与基于服务的竞争方式相适应的生产方式是大规模定制，与基于环保的竞争方式相适应的生产方式是绿色制造，如表 4.6 所示。

表 4.6　竞争因素、竞争方式与生产方式的关系

买方购买决策影响因素/企业竞争因素	企业竞争方式	典型的生产方式
价格	基于成本的竞争（CBC）	大量生产（MP）
质量	基于质量的竞争（QBC）	精益生产（LP）
品种	基于柔性的竞争（FBC）	计算机集成制造（CIM）
交货期	基于时间的竞争（TBC）	敏捷制造（AM）
信誉	基于服务的竞争（SBC）	大规模定制（MC）
环保	基于环保的竞争（EPBC）	绿色制造（GM）

综上，由于买方的购买决策影响因素发生变化，在买方市场环境下，企业的竞争方式及生产方式也随着竞争因素的变化而变化。

想一想：大量生产、精益生产分别与何种企业竞争战略相匹配？

（二）生产策略

制造企业的需求响应策略（微课）　　企业需求响应策略（微课）

对制造企业而言，其生产策略通常也被称为需求响应策略。制造企业的生产策略应该与市场需求相适应。而企业对市场需求的满足程度在很大程度上取决于企业的营销策略。企业典型的营销策略包括大规模营销、细分市场营销和个性化营销三类。其主要区别是企业为客户提供的产品或服务的个性化程度不同。实施大规模营销策略，企业为客户提供的产品品种或服务的差异有限；实施细分市场营销策略，企业需要为每一类细分的目标客户群体提供类似的产品或服务；实施个性化营销策略，企业需要为每个客户提供独特乃至定制的产品或服务。生产策略直接决定企业根据其营销策略为客户提供产品或服务的灵活性与敏捷性，因而在很大程度上决定企业营销策略的可行性。制造商要提高其生产竞争力，有效地参与市场竞争，就必须把生产策略与营销策略实施有机结合。

按照提前期[①]的长短，我们可以把制造企业的生产策略划分为按库存生产、按订单生产、按订单组装、按订单设计（定制生产）四种类型，如图 4. 13 所示。

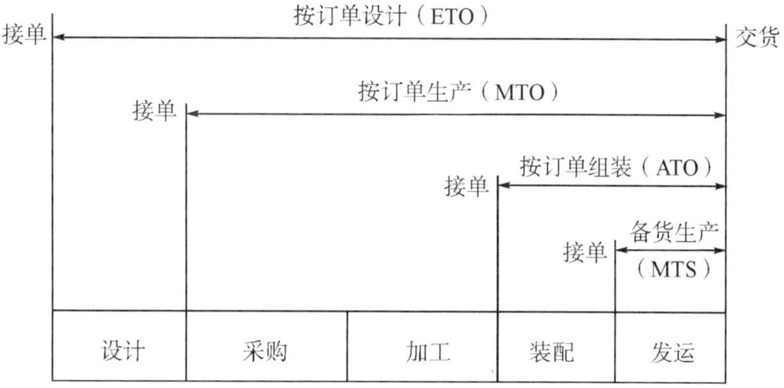

图 4. 13　按提前期划分的生产策略

（1）按库存生产（make-to-stock，MTS）。按库存生产也称备货生产或存货型生产，是制造商在对市场需求进行分析与预测的基础上有计划地进行产品生产的策略，如制造企业对空调、冰箱等家用电器及汽车、食盐等产品的生产策略。该策略的实质是制造商通过持有成品库存来对需求做出响应，即客户在下达订单之前，制造商已经拥有成品库存，制造商以成品库存的形态随时满足用户的需求。采用备货生产策略，企业生产的是标准产品，生产的目的是补充库存。企业的生产过程是在预测的驱动下完成的。采用该策略，企业通常是通过预测市场需求并参考库存量来决定是否制订或调整生产计划，因此备货生产也被称作按计划生产（make-to-plan，MTP）。其目的是通过延长生产运作时间来获取规模经济性收益。采用备货生产策略，制造商在接到客户订单后，直接将成品发运给客户，供应提前期最短。

（2）按订单生产（make-to-order，MTO）。按订单生产也称订货生产，是指制造商根据客户订单进行产品生产的策略，如汽车制造商在接到 4S 店的订单后再进行汽车产品的生产策略。通常，用户对产品存在个性化的需求，制造商通过与用户进行谈判与协商，以协议或合同的形式确认用户对产品的性能、质量、数量和交货期等要求，在此基础上组织生产并按照订单交付产品。制造商采用该生产策略的主要目的是减少库存，降低企业的库存成本与风险，同时满足客户的个性化需求。从理论上讲，企业在没有接到客户订单之前不安排生产，

① 提前期也称前置期（lead time，LT）。供应提前期与客户订货周期（OCT）相对应，前者从供方角度指称，后者从需方角度指称。本文此处的提前期指供应提前期，即企业对客户订单响应的前置期。

在接到订单之后才根据订单进行生产。企业的生产运作完全是在订单的驱动下完成的。由于制造企业是根据客户订单进行生产，因而生产规模相对较小。与备货生产策略相比，按订单生产策略的供应提前期稍长。

(3) 按订单组装 (assemble-to-oder, ATO)。按订单组装也称按订单装配，是指制造商在客户下达订单之前就生产出通用、标准的零部件或半成品，在接到客户订单之后再进行产品组装的策略，如戴尔公司对电脑等产品的生产策略。采用该策略，用于生产成品的通用、标准零部件是制造商在客户下订单之前就计划、生产并入库的。当用户对产品存在多元化的需求且企业又想快速响应客户的个性化需求时，按订单组装是理想的生产策略。该策略的本质是生产延迟，是备货生产策略和订单生产策略的有机结合。该策略在一定程度上实现了备货生产的规模经济性（零部件提前规模生产）和按订单生产的范围经济性（产品多样化、柔性响应用户需求），具有交货期短，库存水平低（以较低的零部件库存代替成品库存，基本实现零成品库存），企业的资金占用少、制造成本低，为客户提供多样化产品、能够满足客户个性化需求等优势。按订单组装策略的供应提前期介于备货生产策略和订单生产策略之间。

(4) 按订单设计 (engineering-to-oder, ETO)。按订单设计也称定制生产，是指制造商在接到用户订单后，根据订单进行产品设计、采购及生产的策略，如制造企业对飞机、轮船、汽轮机等价值高且个性化需求突出的产品的生产策略。该策略支持客户化设计，设计工作比较复杂，生产批量小甚至是单件（台）生产。该生产策略要求制造商有高度复杂的产品配置功能，能够支持有效的并行生产，支持分包制造，有车间控制与成本管理功能以及高级的工艺管理功能、多工厂的排程功能、计算机辅助设计与制造（CAD/CAM）功能、集成功能与有限排程功能。与按订单生产策略相比，企业在接到客户订单后，由于增加了设计与采购等环节的业务，供应提前期更长。

想一想：造船企业对航空母舰的生产采用的是何种生产策略？

很明显，不同的生产策略对客户体验的提前期有显著影响。一般而言，我们可以把订单履行的提前期划分为客户服务、生产（广义的生产包含了设计、狭义的生产和组装）、采购三个周期，不同的生产策略决定了客户是否需要承受1~3个周期的成本。

需要说明，有企业或学者将上述四种生产策略称为生产方式，本书认为称其为生产策略或制造企业的需求响应策略比较恰当。生产方式相对比较具体，而生产策略的层面更高，更加强调制造企业对需求做出响应的方略。

通常，每种生产方式对应着不同的产品多样性、生产规模、生产策略及供应提前期。生产企业必须根据供应链需求的特点，选择恰当的生产方法与生产策略，以提升企业的生产竞争力。生产方式与生产策略的特征如表4.7所示。

表4.7　生产方式与生产策略的特征

典型的生产方式	产品多样性	生产规模	生产策略	提前期（LT）
单件生产	很高	很小	MTO	很长
批量生产	高	小	MTS/MTO/ATO	长
流水线生产	有限	大	MTS/ATO	短
连续生产	很有限	很大	MTS	很短

（三）供应链生产方式的主流发展趋势——大规模定制

［案例］ **供应链管理全球领先企业的大规模定制**

全球著名管理咨询公司高德纳（Gartner）公司的副总裁兼分析师迈克·格里斯沃尔德（Mike Griswold）认为，企业要能够大规模地为客户提供真正意义上的个性化服务。提高客户体验并更加注重个性化的客户服务是每家公司的首要任务。而为客户提供大规模的个性化服务需要企业具备一定程度的灵活性、供应链柔性和潜在的技术能力。苹果、宝洁、联合利华、高露洁棕榄、Inditex、Nestle雀巢、百事公司和思科公司等供应链管理全球领先的企业找到了正确的平衡点。在客户需要提供个性化产品或服务的地方，它们以数字方式捕捉客户需求，灵活地设计产品、生产产品、进行客户化包装，并迅速将产品递交给客户。如果标准产品组合的多样性丰富，它们会保持产品组合的最佳表现。

从近年来供应链管理全球顶尖企业的成功做法中我们不难发现，能够为客户提供规模化的个性化服务是供应链管理全球顶尖企业的一个特质。大规模定制是供应链生产方式的主流发展趋势。

1. 大规模定制的概念与内涵

大规模定制是制造企业以类似于大规模流水生产线的成本和时间，为客户提供类似于单件定制生产的产品的生产方式。大规模定制的基本思想是企业通过产品结构和生产流程的重构，运用现代化的信息技术、新材料技术、柔性制造技术等一系列高新技术，把产品的定制生产问题全部或部分转化为批量生产，以大规模生产的成本和速度，为单个客户或多品种小批量市场定制任意数量的产品。

大规模定制以客户需求为导向，以一系列高新技术为支撑，以模块化产品设计、标准化零件为基础，以供应链管理为手段，同时具备大规模生产和单件定制生产的优点，很好地解决了规模经济与范围经济之间的矛盾，适应了市场对产品个性化、低成本和快速响应等多方面的需求，可以极大地提升企业的生产竞争力。

企业实施大规模定制，可以根据市场特点采用不同的生产策略，如按订单生产（MTO）、按订单组装（ATO）等。

大规模定制与大规模生产的区别如表4.8所示。

表4.8 大规模定制与大规模生产方式的比较

比较项目	生产方式	
	大规模定制	大规模生产
管理导向	以客户需求为中心	以产品生产为中心
驱动模式	订单驱动，拉式流程	预测驱动，推式流程
竞争战略	差异化战略，通过为客户提供个性化的产品或服务获取竞争优势	总成本领先战略，通过降本增效获取竞争优势
产品特征	产品随客户需求而改变、产品开发周期短、产品生命周期短	品种单一、产品开发周期长、产品生命周期长
设备约束	柔性化设备、设置/转化时间短、费用低	专用设备、设置/转化时间长、费用高
产品设计	模块化	标准化
适用范围	需求波动的市场	需求稳定的市场

2. 大规模定制的实施

[案例] **戴尔公司的大规模定制**

戴尔公司是实施大规模定制的典范。戴尔公司借助高效的信息系统把动态网络中的不同模块有机衔接起来，迅速完成从接收订单到产品下线的整个业务流程。公司还与3Com等众多关键供应商建立了战略伙伴关系，以确保新电脑和网络设备相互兼容。此外，戴尔公司还实施了延迟策略，把电脑的总装延迟到收到客户订单以后，从而实现大规模定制。

想一想：大规模定制与生产延迟策略及ATO是什么关系？

企业实施大规模定制的关键是拥有高素质与高技能的员工、柔性化流程及模块化单元，以便管理者通过对模块进行重新配置与协调，满足客户的个性化需求。

对于各个模块，企业应该将其持续改进以提高其能力。模块的成功与否取决于模块能否高效、快速地完成任务及模块的扩展能力。管理者的任务是开发、维持和创造性地把各个模块的能力有效地整合起来，以形成能够满足客户需求的能力。

各个单元都有高度专业化的技能，因而可以像大规模生产方式一样，开发员工的专门技能以提高其工作效率。同时，企业能够以各种方式组合模块单元，因而也可以实现类似于单件生产的差异化。

实施大规模定制，企业的生产系统必须具备以下关键特性：一是准时性，即模块和工艺流程必须快速连接起来，以便对客户的个性化需求做出快速响应；二是低成本性，亦即即使模块和流程的连接要增加成本，增加的成本也不能高，这样才能保证大规模定制的低成本性；三是无缝性，即客户不会觉察到模块与模块之间的连接，以保证客户服务水平不受影响；四是无摩擦性，即不但是形成模块网络或联合模块所带来的间接费用低，而且模块间时刻保持沟通，以便企业能够在各种类型的环境中快速地组建团队。

企业一旦具备以上特性，就可以形成一个能够快速、高效地应对各种客户需求并做出快速响应的动态、柔性的大规模定制生产体系。

[案例] **日本松下自行车公司的大规模定制生产方式**

日本松下自行车公司采用大规模定制生产方式，将自行车车身的喷漆、部件安装、整车调试等生产活动设计成独立的模块，并开发出一个非常柔性化的自行车车架生产设备。同时，该公司在零售商处安装了“复杂”的松下订单系统。该系统包含一个特制的机器，可以测量顾客的体重和身材（身高）、车架的合适尺寸、座位的位置和横杆的长度。顾客可以选择车型、颜色和各种部件。零售商处的信息可以实时传递给工厂，三分钟内计算机辅助设计（CAD）系统就可以生成具体的技术细节。信息传递给对应的模块后，在那里完成生产过程。两周以后，定制的自行车就可以交付给顾客。由于生产流程可以无缝地、基本上无成本地分解为独立的生产模块，松下自行车公司在安装了复杂的信息系统以后，实现了增加销售额、提高顾客满意度、没有增加过多成本的目标。

想一想：松下自行车公司的做法对你有何启示？

任务3 供应链物流管理

【引例】

保通物流公司的全程供应链物流服务

保通物流公司是国内领先的第三方物流企业，在全国多个城市设有分公司、子公司和办事处，形成了一个覆盖全国并向国际延伸的运作和信息网络，并与国内外近百家著名大型工商企业结成战略联盟，为他们提供商品以及原辅材料、零部件等的采购、储存、分销、加工、包装、配送、信息处理、信息服务和物流系统规划与设计等供应链一体化综合物流服务。

（1）发展历程。保通公司成立之初，仓库和车辆都是租来的，并且只有佳化公司一个客户。为了能给佳化公司提供优质的服务，保通公司的业务流程和业务发展方向都是围绕佳化公司的需求来设计的。从第一笔满意的服务开始，到大批量货物的高效运输，保通储运有限公司获得了佳化公司的信任。之后，保通公司致力于物流服务，并利用信息技术和信息系统为客户创造价值。经过几年的努力，保通物流公司迅速发展成为国内知名的一家物流企业。

（2）物流基地与物流网络建设。随着市场竞争的加剧，面对小批量、多批次、多品种的小订单，如何变革现有的商品流通模式与物流运作模式，整合各环节的信息并做出快速反应，是摆在第三方物流公司面前的一道难题。为了应对这种挑战，保通公司自2003年开始，在全国沿海发达地区及内地重要城市选点建设高效、大型的现代化配送中心，形成枢纽式的物流网络体系。建成的配送中心不仅是现代化的储存、分拨、配送、多种运输交叉作业的中心，同时也是加工增值服务中心、贸易集散中心、结算中心和信息发布中心，可以为客户提供生产和商品流通一体化的物流服务。

（3）信息化与仓库管理。保通公司于2003年首先在苏州基地实施仓库管理系统（WMS），该基地主要作为飞利浦电子的中央配送中心（CDC）为其提供物流服务。随着项目的平稳进行，保通公司的仓库运营达到了全新的高度，得到了国内外客户的一致好评。随后，保通公司把这个成功的案例加以推广，将WMS应用到各地的仓储管理中，通过应用WMS系统的无线射频（RF）技术和配套流程，保通公司还将原来的纸张化操作逐步升级到RF管理。系统支持下的运作能力和服务质量的提升，帮助保通公司保持了国内第三方物流企业领先者的地位。

引导问题：

1. 在保通物流公司由小到大、由弱到强的发展历程中，哪些值得我国第三方物流公司借鉴？

2. 结合保通物流公司的发展历程，你认为保通物流公司为什么要自建配送中心？配送中心在选址时主要应考虑哪些因素？

3. 保通物流公司与多家工商企业结成战略联盟后，怎样才能更好地为客户提供全程供应链物流服务？

随着市场竞争的日益加剧，人们把目光投向了供应链管理，期望通过向客户提供满意的服务来增强企业竞争力。而物流在供应链的整合及客户服务中发挥着极为重要的作用，它是供应链各环节有机联系的桥梁和纽带。实施供应链管理，需要将供应链物流业务进行集成、整合，形成一体化的流程。因而，在供应链管理中有必要引入第三方物流，而第四方物流服务商则能为企业提供完整的供应链解决方案。

一、供应链物流管理的认知

与传统的物流管理相比，供应链物流管理更加强调供应链物流活动的一体化管理。为此，我们有必要树立供应链物流观念，并运用集成化管理的思想和方法对供应链物流活动进行有效管理。

（一）树立供应链物流观念

供应链物流管理的目标是企业通过设计和管理相关的系统来控制原材料、在制品和产成品的合理移动和储存，以有效支撑采购、生产和客户服务等供应链运作活动。而实现物流所需的资源、能力和系统的整合是物流管理的最大挑战，企业一旦将其变成现实即形成一体化物流竞争力。该能力一旦形成，将是竞争对手所无法复制的。

供应链管理环境下的物流观念，是企业在努力控制和降低供应链物流成本的同时，利用一体化的物流竞争力为客户提供优质（或满意）的服务，以获取供应链竞争优势。为此，企业需要加强与第三方物流服务商的合作，通过供应链物流系统的高效运作，以提高库存的可得性与配送的准时性。

物流服务与成本之间存在效益背反①关系。实际上，如果企业愿意投入资源，几乎任何物流服务水平都能够达到。在如今的企业运作环境下，限制因素是经济而不是技术。比如，企业可以在主要客户聚集的地方设立专门的库存，以提高客户对库存的可得性；企业可以配置专门的运力，随时做好货物配送的准备；企业可以设置专用通信线路，以便与客户实时沟通。尽管这样的过度服务承诺可能是企业营销经理的一厢情愿，但是如果企业真的这样做，必然会付出高昂的成本与代价。而且这对支撑大多数客户服务和生产运作来说也是不必要的。因此，企业物流战略的主旨是管理者要决定在不牺牲物流服务水平的前提下，如何以有效的物流成本超越竞争对手。比如，如果某种原材料或零部件的供应延误，可能会导致企业停工待料，后果不堪设想。但如果产品在从成品库到区域分拨中心（RDC）或从区域分拨中心到配送中心（DC）的调拨过程中意外延迟一天，可能对供应链的运作绩效并不会造成明显的影响，因为区域分拨中心和配送中心有大量的库存作为缓冲。因此，企业必须有选择地确定物流服务目标，优先考虑对客户重要和利润贡献较大的关键品项。不切实际的全面服务承诺，必然会削弱企业满足大客户的特别需求的能力。

供应链管理环境下的物流成本观念，是企业在满足客户服务水平需要的同时，实现供应链物流成本最小化。一方面，供应链管理者要寻求企业内部物流总成本的最小化。为此，企业就必须克服二律背反，在物流服务水平与物流成本之间、构成物流成本的各个环节费用之间、物流各功能要素之间及物流系统各个子系统的功能和所耗费用之间进行权衡，采用一体化物流管理的思想和方法对企业物流进行管理，才能实现企业物流系统的最优化和物流总成本的最小

① 效益背反（trade off）是指“一种物流活动的高成本，会因另一种物流活动成本的降低或效益的提高而抵消的相互作用关系”。——中华人民共和国国家标准《物流术语》（GB/T 18354-2006）

化。另一方面，供应链管理者要协调供应链成员企业间的物流运作，避免库存的重复设置（如以信息代替库存），实现供应链物流一体化管理，进而实现供应链物流总成本最小化。

企业实现物流领先的关键是将其物流能力与关键客户的物流服务需求相匹配。典型的做法是企业将其对关键客户的服务承诺严格进行成本控制，以理想的总成本满足客户的需求。为此，企业必须精心设计物流系统，而且在为客户提供满意的物流服务的同时，必须严格控制运作波动，实现库存最小化，并根据客户的需求采取相应的物流策略。领先的企业可以通过精心设计的物流系统获取竞争优势，而基于一体化物流竞争力来获取供应链竞争优势的企业也比较容易确立其在行业中的竞争地位。

（二）物流对供应链运作的支撑作用

供应链物流管理是企业从原材料采购与供应开始，经过生产运作，一直到成品配送，乃至售后服务在内的整个供应链物流过程的一体化管理。它涉及支撑采购、生产和客户服务的各个环节。

［案例］ **丰田汽车公司的供应链物流一体化运作**

丰田汽车公司的 JIT 目标是快速、高效地将每一份订单转化为优质的汽车产品。为此，在客户需求的驱动下，公司的整个生产与物流系统持续同步运作，形成一个流，尽量减少零部件、在制品和产成品的停顿。外购零部件的供应物流采用循环取货（milk-run）的方式，统一将各供应商的零部件按照生产要求送至道口。生产物流则采用看板方式，统一将外购零部件与厂内零部件按照生产节拍送至生产线的旁边。最终通过销售物流，以 JIT 配送的方式将成品车配送给客户。此外，破损零部件的回收乃至问题车的召回，则形成从客户到工厂和供应商的逆向物流。如图 4. 14 所示。

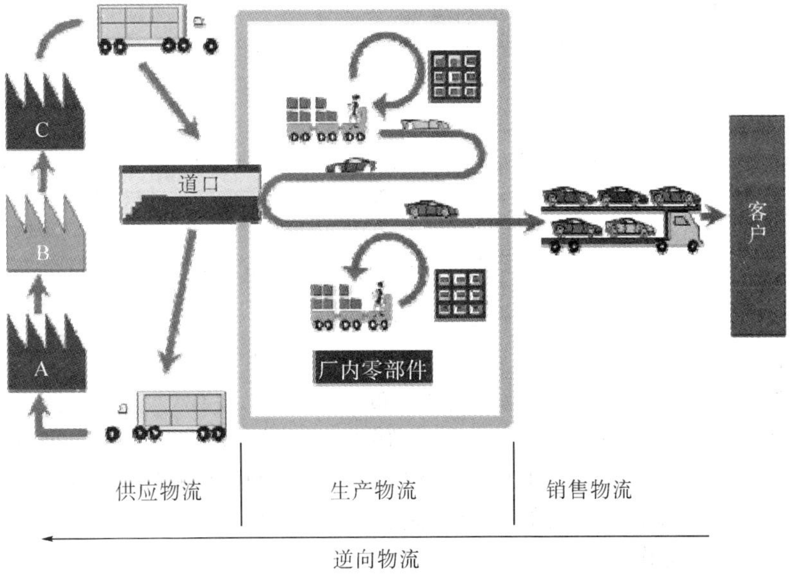

图 4. 14 丰田汽车公司的供应链物流一体化运作

可以看出，供应链物流通过上述四个基本环节的相互配合和交叉衔接，共同支撑供应链的一体化运作。

想一想：物流是如何支撑供应链运作的？

1. 供应物流

供应物流（supply logistics）是“提供原材料、零部件或其他物料时所发生的物流活动”（GB/T 18354-2006）。供应物流的主要职责是企业以尽可能低的成本来确保采购的物料按质、按量、按时送达指定的地点，以支撑企业的采购运作，保障企业生产经营活动的正常进行。

一直以来，企业的供应物流主要由供应商负责，企业则把供应商的供应质量作为选择和考核供应商的主要指标。但是对于拥有众多供应商的大型制造商来说，由各家供应商分别组织送货很可能引起库存、成本、生产、现场等多方面的问题。为此，以汽车制造商为代表的企业开始推行基于第三方物流（TPL）服务的多供应商条件下的一体化供应物流模式（见图4.15）。除少数本地供应商向汽车厂商直接供货外，大部分供应商由一家第三方物流企业（TPLs）制订一体化的供应物流计划，按照供需双方的供求信息，通过循环取货的方式，将物料从各家供应商处送达制造商，并结合供应商管理库存（VMI）、准时（JIT）配送、排序上线（JIS）等策略与举措，以实现供应物流一体化，进而满足制造商的供应需求。该模式的关键是循环取货。第三方物流服务商通过循环取货提高货物运输的效率，降低供应物料的库存，增加供应物流的可控性，进而达到降低供应物流成本的目的。

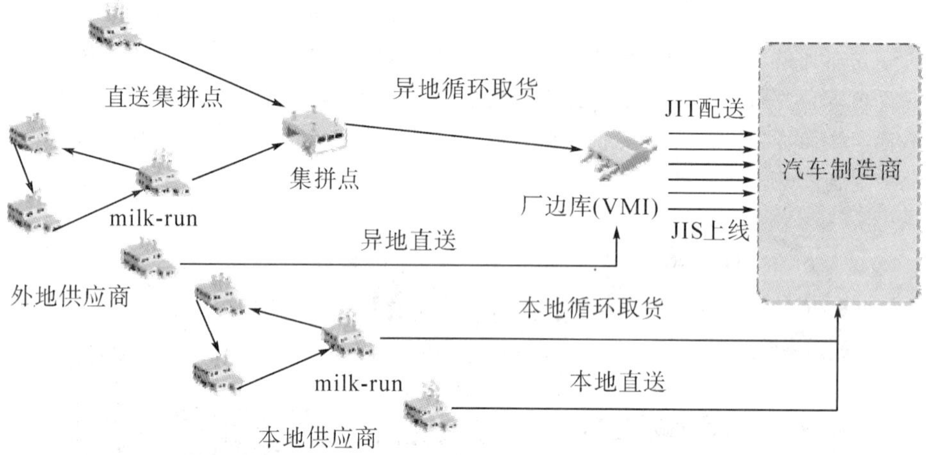

图 4.15　一体化供应物流模式

2. 生产物流

生产物流（production logistics）是“企业生产过程中发生的涉及原材料、在制品、半成品、产成品等所进行的物流活动”（GB/T 18354-2006）。企业生产物流的主要职责是确保原材料、零部件、在制品乃至产成品，按照主生产计划（MPS）及其派生的物料需求计划（MRP）的安排，在需要的时间和地点具有可得性。它衔接供应物流和销售物流，共同支撑企业的生产运作。

工厂搬运与装配（拓展资源）

（1）生产竞争力要素对物流需求产生影响。生产竞争力要素对物流需求产生重大影响，如表4.9所示。

表 4.9　生产竞争力要素对物流需求的影响

生产竞争力要素	对物流需求的影响
品牌影响力	具有品牌影响力的企业决定供应链的结构，直接影响物流的增值服务范围以及供应链物流服务需求（包括物流服务时间、物流量、物流特性等）。品牌影响力需要优质的物流支撑
生产规模	生产规模从两个方面影响物流需求：一是物流运作次数，即物流必须对产品计划期内的生产次数提供有效支撑，生产批次（频次）对供应物流、生产物流、销售物流的服务需求产生直接影响；二是物流作业量，即一个生产批次的产量大小决定了相应的物流作业量大小
产品多样性	产品多样性程度高，生产的批量相对较小（多品种、小批量、多批次生产），对物流的需求更加柔性（多品种、小批量、多频次物流运作），要求支撑柔性生产的物流活动更加复杂
约束	供应链能力的可扩展性需要采购、生产、物流敏捷性的有机结合。物流可以促进/约束生产流程。缩短投产/出产循环期（节拍）需要得到物流活动的有效支撑
提前期	物流活动的延误会引起生产线停工待料，直接影响生产提前期

（2）生产策略的顺利实施需要得到物流的有效支撑。生产策略与采购和客户服务的高效和有效的协调最终要依靠物流。不管制造企业采用何种生产策略，都需要通过物流将供应商和客户与生产流程进行有机衔接。越能做到无缝衔接，就越能降低生产成本乃至整个供应链的成本。无论企业采用何种生产策略，都需要得到相应的物流支持。

①若企业采用备货生产（MTS/MTP）策略，需要原材料、零部件等物料的供应配送与储存保管及在制品的搬运移送及储存等物流活动对生产过程提供有效支撑，需要产成品的储存保管以及货物分拣、包装、发运等物流活动对客户服务提供有效支撑。尽管柔性制造系统（FMS）的引入加快了生产的转换过程，库存的批量在减小，但货物暂存与分拣等物流活动仍然必不可少。

②若企业采用按订单生产（MTO）策略，从理论上讲企业不设置成品库存，但企业在需求预测的基础上提前对通用、共用的生产资料（物料）进行备货也是有必要的。因为客户一旦下达订单，企业就可以对订单做出快速响应。因而企业仍然涉及物料的储存保管、货物拣选以及生产线配送等活动。企业采用该策略，一些成品会在产品下线以后直接发运给客户，但成品暂存以便集货运输、统一配送以降低物流成本的做法已经成为多数企业管理者的共识。此外，按库存生产或按订单生产只是代表两种极端的情形，在实务中更多的企业会采用插单生产策略（如任务 2 引例中提及的 R 公司的插单生产策略），即上述两种策略的有机结合。

③若企业采用按订单组装（ATO）策略，物流能力显得更加重要。一方面，企业需要持有标准零部件或半成品库存，以便在接到客户订单以后快速进行产品组装并按订单发运。因而企业必须具备储存保管、货物拣选、库存控制等物流能力。另一方面，采用该策略，越来越多的企业其成品是在配送中心（DC）经过客户化组装以后随即完成的客户化配送。为此，需要企业将仓储与配送等物流运作整合到价值创造流程中，以便为客户提供增值服务。

需要指出，准时（JIT）配送是支撑生产运作的有效手段。企业通过将原材料、零部件和在制品在需要的时间、按需要的量送到生产线，可以尽量减少生产过程中的库存量，甚至实现零库存。准时配送实施的关键，是企业根据确定的生产计划制订相应的准时配送计划，以满足生产运作对原材料、零部件等物料的需求。准时配送最初主要被企业用于支撑备货生产（MTS/MTP）策略，但随着生产策略不断向柔性化方向发展，企业的生产批量在不断减小，生产转换在不断加快，准时配送逐渐演变为支撑按订单生产（MTO）和按订单组装（ATO）策略，成为大规模定制（MC）生产方式的重要支撑。

3. 销售物流

销售物流（distribution logistics）是“企业在出售商品过程中所发生的物流活动”（GB/T 18354-2006）。销售物流的主要职责是企业通过整合供应链的资源和能力，待产品下线以后及时将其交付给终端用户，尽可能提高客户对产品的可得性，提高产品的附加价值，支撑企业的客户服务运作。

企业应该对核心客户提供完美订单服务，换言之，企业对核心客户的订单履行应该实现零缺陷，应尽可能提高其商品完好率和订单完成率，即对于重要的客户，企业在履行订单时，应该完整、准时，将货物以完好的状态送到正确的地点，并附上完整、准确的文件。

企业传统的做法是通过提高库存保有率来满足潜在的订单与需求波动。在供应链管理迅速发展的今天，企业应该通过与关键客户建立战略联盟，采用现代信息技术手段来实现“以信息代替库存”，实施延迟策略以及协同库存管理等策略，采取直接换装/越库配送（CD）等物流运作方式，有针对性地配置物流资源，以满足核心客户的服务需求。

在销售物流中，企业为客户提供增值服务是发展的主要趋势之一。一方面，很多企业通过实施延迟策略，在配送中心完成成品的组装，以便能够更快地响应客户的个性化需求；另一方面，很多客户希望企业在提供产品之外，还能够提供相关的附加服务。为此，一些企业为客户提供了包含多种产品的套装，这实际上也是企业在接到客户订单以后在配送中心完成货物组配的。此外，配送中心还常常提供货物拣选、贴标签、产品分装等服务，以此来满足不同零售商对特定商品配置的要求。越来越多的企业将物流增值服务外包给第三方物流服务商来完成，因为这些物流服务商具备专门的能力并能够为客户提供灵活的服务。无论是物流自营还是外包，能够为客户提供物流增值服务已成为企业获取竞争优势的关键一环。

4. 逆向物流

［**案例**］　　　　　**雷兹集团公司的逆向物流服务**

美国雷兹集团公司（APC）是一家以提供运输和配送服务为主的大公司。优质和系统的服务使物流企业与货主企业结成战略伙伴关系，一方面有助于货主企业的产品迅速进入市场，提升其竞争力；另一方面则使物流企业有稳定的货源。雷兹集团公司向货主企业提供的物流服务包括了售后退货管理、货物回收销毁等逆向物流的增值服务部分。

逆向物流也称反向物流（reverse logistics），是指“物品从供应链下游向上游的运动所引发的物流活动”（GB/T 18354-2006）。逆向物流具有分散性、缓慢性、混杂性、多变性等特点。逆向物流管理应遵循事前防范重于事后处理、绿色①、效益、信息化、法制化、社会化等原则。

逆向物流的主要职责是支撑企业的售后客户服务运作，包括产品返修、退货、包装物与零部件回收及废弃物处理等。

返修物流为现场维修人员提供维修用零配件，以及将需要返回企业维修中心的货物返

---

① 绿色原则也称5R原则，即reevaluate（再评估）、reuse（再利用）、reduce（减量化）、recycle（再循环）、rescue（保护）。

回维修并送还客户，又称为服务零配件物流（service parts logistics，SPL），包括核心的物流服务和扩展的维修服务。对于销售耐用品和工业设备的企业来说，SPL不仅产生巨大的物流成本，也给企业带来良好的市场机遇。

通过退货物流，企业将客户因产品性能与质量不符合预期、寄售返还、产品召回等原因需要退回企业的货物组织逆向运输与相关服务。随着电子商务的兴起，退货物流逐渐成为影响电子商务企业参与市场竞争的关键因素之一。

通过包装回收物流，人们将送货中使用的包装箱、托盘等器具回收到供应商处，以便再次使用；抑或将饮料瓶等容器返回、清洗以便再使用。通过零部件回收物流，企业将回收的零部件进行分拣与测试，并把有价值的零部件拆解、修复或再加工以便重新使用。飞机引擎、汽车引擎、家具、家电、复印机和打印机等的零部件越来越多地进入回收物流过程中。

通过废弃物物流，人们将失去原有使用价值的产品，根据实际需要进行收集处理，目的是减少污染、保护环境，实现“从原点再回到原点”的闭环物流管理。

二、物流外包与第三方物流运作管理

物流是供应链流程的一个重要组成部分，为了增强供应链的系统性和集成性以及供应链的敏感性和响应性，第三方物流企业有必要加盟供应链，以便整合供应链的物流业务，提高物流效率，降低物流成本，为客户创造可感知的效用，并为客户企业创造强大的竞争优势。

（一）第三方物流的内涵与特征

第三方物流（third party logistics，TPL或3PL）是“独立于供需双方，为客户提供专项或全面的物流系统设计或系统运营的物流服务模式”（GB/T 18354-2006）。

第三方物流是相对于第一方发货人和第二方收货人而言的第三方专业物流公司承担企业物流活动的一种物流形态。它通过与第一方和第二方的合作来提供其专业化的物流服务，它不拥有商品，不参与商品买卖，而是为顾客提供以合同为约束、以结盟为基础的系列化、个性化、信息化的物流代理服务，包括设计物流系统、提供EDI服务、报表管理、货物集运、选择承运人、货运代理、海关代理、信息管理、仓储、咨询、运费支付和谈判等。

从欧美以及日本等发达国家的物流业发展状况来分析，第三方物流已在发展中形成了功能专业化、服务个性化综合化、关系契约化、合作联盟化、信息网络化等特征。

（二）第三方物流的发展阶段

物流发展的核心是为供应链企业群体提供最优的物流服务，具备实现产品链或产业链整体优化的物流能力。在这一能力的实现过程中，第三方物流的发展包括了简单物流、综合物流、综合集成、全面扩大、全面优化等阶段。如表4.10所示。

表4.10 第三方物流的发展阶段

阶段	描述	标志	能力	特征
简单物流阶段	简单的基于客户的运输、仓储等功能运作	2PL	资源能力（车队、仓库、其他物流工具）	物流运作主体众多，但方数①单一，管理关系简单

① 物流业务中涉及的业务各方数量。

表4.10(续)

阶段	描述	标志	能力	特征
综合物流阶段	基于合同的物流优化和运作	3PL	资源能力、管理能力、信息能力	物流运作主体减少，方数增加，管理关系简单
综合集成阶段	基于供应链的整合与优化	4PL	集成优化能力、统筹能力	运作主体减少，方数增加，管理关系复杂
全面扩大阶段	基于供应链的网络化运作	5PL	扩大的价值支持能力，如信息平台、培训平台等	运作主体减少，方数增加，管理关系复杂
全面优化阶段	基于产品链或产业链的集约化物流再造与运作	6PL	技术能力、高度集约的整合与运作能力	运作主体减少，方数减少，管理关系简单

2PL~6PL 的运作方式都是为了实现物流的最优运作和实现产品链或产业链整体优化的物流能力所使用的重要手段，最终还是要归结到如何充分利用各种方式和手段，实现物流的最优运作（包括 1PL 在内）。因此，第三方物流发展的最高阶段是所谓的 6PL 阶段。在这一阶段，物流运作的基础信息平台和物流专业培训等服务平台均已建立并完善，物流企业具备先进的物流技术能力、高度集约的整合与运作能力。大型和超大型物流企业（或联盟）出现，它们真正具备物流运作能力、物流系统优化能力、物流信息服务能力以及人才培训等能力，可以为供应链企业群体提供真正的一体化物流服务。

[案例]　　中外运长航集团与招商局集团的合并成效斐然

2015 年底，中国外运长航集团整体并入招商局集团，成为其全资子公司。合并后新公司的资产超过 7 000 亿元，超过中远与中海合并后新成立的中国远洋海运集团 5 000 亿元的资产。这两家公司的战略重组，目的是实现双方在物流、航运、港口等方面资源的有效整合，进一步提升公司在综合物流、交通运输、物流园区开发以及港航联运等领域的综合服务能力与竞争优势，加速打造具有国际竞争力的世界一流物流企业。

两家公司的合并，有利于实现物流业务的整合。其中特殊物流如冷链物流、重大件货物运输等业务可实现优势互补。目前，中外运长航旗下拥有与 DHL 合资的中外运敦豪运营快递业务，另包括中外运股份旗下的重大件工程物流业务。物流为网络密集型业务，双方在网络上的合作会显著提高其整体的物流效益。

两家公司通过重组，可以结合双方在海运、空运、陆运、仓储及客户等方面的资源，给客户提供全程供应链解决方案和“一站式”服务，并提高全球性的综合物流服务能力，同时打造“海、陆、空”供应链一体化的综合物流企业。

在能源运输方面，双方通过远洋及内河能源运输的无缝衔接，保证国家的能源运输安全，同时通过充分发挥两大集团在干散货运输领域的资源优势，实现规模及效益的提升，建设国际领先的干散货运输船队。

此外，结合双方在枢纽港、支线码头和驳运网络的资源优势，可以搭建覆盖长江经济带、珠江三角洲的江海联运港航体系，并经过完善海外布局，搭建连接东南亚、欧洲等区域的港航网络体系和“21 世纪海上丝绸之路”的供应链管理平台。

两家公司的合并是在政府的主导下完成的。几年后资源整合的成效开始显现。2019 年 4 月，全球著名的国际物流运输业的分析咨询机构 SJ Consulting 公布了最新的全球物流企业 50 强榜单，中外运名列 14 位，俨然成为世界级的物流巨头。

（三）供应链物流外包管理

近年来，随着纵向一体化战略弊端日益显露，国际上许多大公司纷纷实施“归核化”战略，将资源和能力集中于核心业务，而将非核心业务外包，与上下游企业建立战略伙伴关系。企业间的竞争逐渐演变成供应链与供应链的竞争。对多数工商企业而言，物流是辅助性的活动，为使企业有限资源发挥最大效力，自然将其外包。

1. 物流外包的认知

（1）物流外包的含义。物流外包（logistics outsourcing）是指“企业将其部分或全部物流的业务合同交由合作企业完成的物流运作模式”（GB/T 18354-2006）。换言之，物流外包是一个业务实体将原来由本企业完成的物流业务，转移到企业外部由其他业务实体来完成。物流外包是企业业务外包的一种典型形态，主要包括物流功能外包和物流管理外包等类型，以及物流业务委托和物流战略外包等形式。

据美国《财富》杂志刊载，目前全球年收入在5 000万美元以上的公司，都普遍开展了物流外包。例如，Dell公司将物流业务外包给联邦快递（FedEx）、HP公司将物流业务外包给联合包裹（UPS）、宜家居将物流业务外包给马士基（MAERSK）、广州宝洁公司将物流业务外包给广州宝供、通用汽车（GM）公司将物流业务外包给理斯维公司。

（2）物流外包的驱动因素①。企业或是没有能力在物流方面进行投资，或是不能够建立起高效的物流配送机制，抑或自营物流缺乏竞争力，因而实施物流外包。

［案例］　亚马逊公司的“最后一公里”配送外包

截至2019年，全球最大的电子商务企业亚马逊公司已连续9年蝉联全球供应链大师的称号，彰显了亚马逊公司多年来在供应链管理领域的持续卓越表现。亚马逊公司是自营物流的典范。该公司建立了高效的配送系统，目前拥有超过10万个正在服役的仓库机器人，这成为亚马逊公司的一大亮点。虽然亚马逊公司拥有完善的物流设施，但对于“门到门”的配送业务，公司始终坚持外包，因为这种“最后一公里配送”不但烦琐，而且成本高，自营不如外包。

2002年，美智（Mercer）管理咨询公司和中国物流与采购联合会对我国第三方物流市场进行了为期3个月的调查，发布了《中国第三方物流市场——2002年中国第三方物流市场调查的主要发现》报告。调查结果显示，工商企业实施物流外包首先是为了降低物流费用，其次是为了强化核心业务，最后是为了改善提高物流服务水平和质量。

与企业自营物流相比，采用第三方物流系统可以在作业利益、经济利益和管理利益三方面给企业带来优势。第三方物流企业凭借先进的物流设施设备、先进的物流信息系统和先进的物流管理技术为客户提供跟踪装运、货物配送、海关报关、代收货款等基本服务和增值服务；通过导入多客户运作，实现规模经营；通过整合供应链各环节的物流业务，减少非必要的库存，降低非必要的成本，为消费者创造更多的价值，增强供应链竞争力。因而，工商企业将物流外包，可享受到第三方物流企业带来的作业利益、经济利益和管理利益。

企业通过资源的外向配置来提升核心能力是市场经济发展的必然趋势，物流外包是企业提高自我适应能力的必然选择。

2. 物流外包的发展趋势

近年来，随着企业管理者对一体化物流管理模式认识的不断深化，物流外包呈现以下发

① 胡建波. 工商企业物流外包的动因探析［J］. 中国水运，2011（3）.

展趋势。

（1）物流外包的模式从物流功能外包向一体化物流外包方向演变。随着越来越多的企业构建一体化物流管理模式，企业物流外包正在从运输、仓储等物流功能外包向一体化物流外包方向转变。工商企业要选择合适的物流服务商并对物流外包进行有效管理，首先要认识清楚一体化物流服务与功能性物流服务在服务性质、服务目标以及客户关系上的区别，树立全新的物流外包观念；同时，物流服务商要进行服务创新，尽量满足工商企业对一体化物流服务的要求。

①一体化物流服务不是物流服务功能的简单组合，而是提供综合管理多项物流服务功能的解决方案。一体化物流管理是运用系统的管理思想和方法，对从原材料供应到产成品配送的整个物流过程和物流功能进行统一管理。因此，物流服务商提供的一体化物流服务不是仓储、运输、配送等物流功能服务的简单组合，而是要对多项物流功能进行有机整合，对客户的物流服务方案进行总体设计，并对物流运作过程进行综合管理，扮演物流责任人的角色。

②一体化物流服务的目标，不仅仅是降低企业的物流成本，而是全面提升企业的价值。

［小贴士］　　物流外包的益处

从 20 世纪 80 年代起，美国供应链管理专业协会（CSCMP）就一直致力于组织对企业物流绩效评估和对第三方物流服务商（TPL_S）的价值研究。调查结果显示，企业通过实施一体化物流外包，物流成本下降 11.8%，物流资产下降 24.6%，订货周期从 7.1 天下降到 3.9 天，库存总量下降 8.2%。

企业管理者对一体化物流外包的理解各不相同。运营总监（COO）看重的是一体化物流服务商物流运作的高效率与低成本；营销总监（CMO）看重一体化物流服务商的优质物流服务有助于扩大市场份额并提高产品销量，同时能更好地进行客户关系的维系与管理；财务总监（CFO）看重一体化物流外包能够减少物流资产，并将释放的资金投放到核心业务，有利于提高投资回报率；首席信息官（CIO）看重物流外包能够共享一体化物流服务商的信息系统与技术资源，避免自建物流信息系统及系统升级带来不必要的成本和麻烦；物流总监（CLO）则看重通过一体化物流外包，企业不必拥有物流资源就能控制物流运作，并能得到一体化物流服务。

③物流外包关系不是此消彼长的价格博弈关系，而是双赢的合作伙伴关系。既然第三方物流服务商给客户提供的是一体化物流管理服务，目标是全面提升企业的价值，工商企业就应该允许其分享物流合理化所产生的收益。事实上，物流功能之间存在效益背反关系，而企业主要的物流成本降低通常来自对库存的有效控制（特别是供应链库存的全局优化），因此，第三方物流服务商与供应链其他成员应该建立以物流外包为纽带的合作伙伴关系，实现互利共赢。

（2）物流外包的领域从非核心业务领域逐渐向核心业务领域方向拓展。工商企业要充分发挥物流外包的作用，就需要在仓储、运输等物流功能外包的基础上不断扩大外包的范围，以期获取一体化物流服务商差异化、个性化的物流服务，从而获得竞争优势；而物流商也要不断挖掘客户的物流服务需求，不断创新服务模式和服务内容。

工商企业在确定物流外包领域时，首先选择运输、仓储、配送等非核心业务，然后逐步延伸到订单处理、货物组配、商品采购等介于核心与非核心之间的业务，最后可能涉及售后服务支持等核心业务。随着物流外包关系的深化，工商企业会不断扩大物流外包的范围，最终只专注产品研究开发、生产、销售等最核心的业务环节。

相应地，物流商提供的物流服务从基本服务向增值服务方向延伸。提供仓储、运输、配送等功能性服务是许多物流商能够提供的基本服务，难以体现物流商的服务差异，也体现不出一体化物流服务商的价值。为此，一体化物流服务商要根据客户企业生产经营的需要，在基本服务的基础上延伸出增值服务，以个性化的服务创造物流服务的差异化。

想一想：物流企业提供的增值服务有哪些?

［小贴士］　**物流的增值服务**

通常，运输的增值服务主要有运输方式与承运人选择、运输线路优化与计划安排、货物配载、货运招标等，仓储的增值服务主要有集货、包装、货物组配、条码生成、贴标签、退货处理等，配送的增值服务主要有生产线 JIT 配送以及配送货物的安装、调试、维修与销售服务支持等。

（3）物流外包的类型从物流功能外包向物流管理外包方向延伸。工商企业实施一体化物流外包，不是希望第三方物流服务商在货主企业的管理下完成多项物流功能，而是要求其参与企业的物流管理，将各个物流功能有机衔接起来，实现高效的一体化物流运作。近年来，一些大型企业要求第三方物流服务商对其全部物流外包活动承担更大的责任和实施更好的控制，提供领导型物流商（leading logistics provider，LLP）服务。领导型物流商相当于替工商企业管理承运人、仓储服务商、报关行和其他物流企业的“物流总监”，通过基于互联网的强大的信息系统，管理供应链上的每一个物流参与体，控制库存及货物流动，最大限度地降低供应链的物流运作成本。

［小贴士］　**物流外包成本节省取决于一体化外包的程度**

有研究表明，企业物流外包的成本节省取决于物流一体化外包的程度。如果企业只是实施物流功能外包，借助第三方物流服务商的规模效应和运作专长，可以获得0%~5%的成本节省；如果企业利用第三方物流服务商的网络优势进行资源整合，部分改进原来的物流流程，有望获得5%~10%的成本节省；如果企业通过第三方物流服务商进行物流流程再造，将第三方物流企业的物流服务延伸到整个供应链，可预期获取10%~20%的成本节省。

［案例］　**叶水福为家乐福提供仓储与配送运营管理服务**

新加坡叶水福物流集团是新加坡规模最大、知名度最高的第三方物流企业，其物流网络覆盖东南亚、中国和澳洲等地。叶水福物流（成都）公司是叶水福物流集团在中国西部设立的分公司。该公司承担了家乐福西区物流中心的仓储与配送运营管理业务，为云贵川和重庆等地的家乐福门店提供货物的仓储与配送服务。其中，承运人由家乐福指定，物流中心由家乐福在成都新津普洛斯物流园区租赁，叶水福物流（成都）公司则主要为家乐福提供仓储与配送运营管理服务。

（4）物流外包的方式从业务委托向战略协同方向发展。与物流功能外包相比，一体化物流外包更加具有长期性、交互性和灵活性。为此，工商企业在实施一体化物流外包时，应根据企业自身的需要，结合第三方物流服务商的优势，寻求最佳的外包方式。

［小贴士］　**美国企业与第三方物流服务商的合作方式**

美国企业与第三方物流服务商的合作，30%采用利益共享、风险共担的方式，20%采用成本共担的方式，20%采用营业收入共享的方式，20%采用相互参股的方式，10%采用合资的方式。

①从短期业务外包到长期合同外包。物流功能外包通常采用“一单一结”的交易方式，工商企业与物流商之间是短期的买卖关系；而实施一体化物流外包，工商企业与物流商之间

是长期合作关系，双方需要签订一定期限的服务合同。物流合同是双方合作的基础，合同中的一些关键问题如KPI基准、服务费率、责任与保险、问题解决机制等，要有明确的约定；否则容易产生纠纷，甚至断送双方的合作前程。通常，双方的合作要经历从战术配合和战略交互的过程。

［案例］　　中远海运集团与海信集团签署战略合作协议

2017年4月18日，中国远洋海运集团与海信集团在沪签署战略合作协议，建立全面战略伙伴关系。双方本着“着眼长远、互惠互利、市场主导、实现双赢”的原则，一致同意在物流领域开展全面、长期合作，发挥各自优势，不断促进自身业务发展，增强双方在各自领域的核心竞争力。这是中远与海信结束长达十余年的战略合作、在中远与中海合并成立中远海运集团后的再一次合作。

②从业务委托到协同运作。作业层面的物流功能外包，通常只需物流商按照货主的指令完成服务；而一体化物流外包则要求物流商参与企业的物流管理，双方共同实施物流运作方案。为此，双方应建立有效的沟通机制，按照项目管理模式协同完成物流运作。调查显示，工商企业对第三方物流服务商不满意的主要原因是，物流商不能兑现其服务与技术承诺，不能实现成本降低的目标同时缺少战略改进。人们一般将这些不足归结于工商企业对物流商的选择过程出现失误，但更多的情形是货主没有对物流外包项目进行有效管理引起。因此，工商企业与物流商签订了物流外包合同后，与之协同完成项目的实施至关重要。双方要各自设立项目经理，并配备相应的人员；物流商要深入了解工商企业的采购、生产、销售、售后服务、财务、人力资源、信息等各部门的需求，并与之共同制订详细的实施方案；双方应共同制订绩效评价标准和奖惩办法，商讨项目运作细节，特别是对例外情况的处理方案。在项目正式运行前，还应进行试运行，以便发现和解决潜在的问题。为保证项目的顺利实施，双方的运作团队应建立联合办公制度，以便及时处理日常运作中发现的问题。为保证物流服务质量，双方应共同商定绩效监测与评估制度，使合作关系透明化。双方应保持运作层每天的沟通，管理层每月的绩效评估，以及不定期的检查与季度、年度回顾。

③从物流外包到开展物流合作。对于物流功能外包，工商企业主要寻求物流商基于自己的仓储设施、运输设备等物流资产提供物流功能服务；而一体化物流外包，工商企业寻求的是第三方物流服务商基于自己的物流专业技能和物流信息技术等物流资源提供一体化物流服务。因此，除常规的物流外包方式外，双方还可以根据彼此的战略意图，共同商讨在物流资产、资金和技术等方面的合作，谋求双赢的结果。具体包括以下几种方式。

第一，工商企业物流系统剥离，物流商系统接管。若工商企业在某地区有自己的仓储设施、运输设备和员工等物流资源，希望通过物流外包把固定成本变成可变成本。而物流商在该地区又恰好需要建立物流系统，则可以全盘买进工商企业的物流资产，接管并拥有工商企业的物流系统甚至接纳其员工。接管后，物流系统可以在为原来的企业服务的同时为其他客户服务，通过资源共享提高物流资产的利用率并分摊管理费用。

第二，工商企业与第三方物流企业签订物流管理合同。一些工商企业希望拥有物流资产，同时希望获得专业的物流管理服务，这样的企业可以与第三方物流服务商签订物流管理合同。一方面，物流商在为工商企业服务的同时，可以利用其物流系统为其他客户服务，以提高物流资源的利用率并分摊管理费用；另一方面，工商企业在获得专业、优质的物流管理服务的同时，也减轻了固定资产及管理成本的压力。这种合作方式比较适合经营快销品等拥有物流重资产的企业。

第三，工商企业与第三方物流企业合资成立物流公司。如果工商企业希望实施一体化物流外包但又不希望失去对物流的控制力，而该企业又正好处于对第三方物流企业具有战略意义的目标行业，双方可以合资组建物流公司。合资成立的物流公司在为工商企业提供一体化物流服务的同时，还可以为同行业的其他企业提供服务。这样的合作方式，既让工商企业保留部分物流产权，并在物流作业中保持参与，以加强对物流过程的控制，又注入了第三方物流企业的资本和专业技能，使第三方物流企业在目标行业的物流市场竞争中处于有利地位。

［案例］ **上海安吉汽车零部件物流有限公司**

上海安吉汽车零部件物流有限公司是上海汽车集团与基华（CEVA）物流合资组建的第三方物流公司。公司主要从事与汽车零部件相关的物流业务、与汽车相关的国内货运代理服务、整车仓储、物流技术咨询、物流规划、物流管理、物流培训、国际货运代理、汽车零部件批发与进出口以及相关配套服务，是一家技术领先，物流运作网络化、专业化，能为客户提供个性化物流解决方案并提供一体化物流服务的第三方物流企业。

3. 物流外包的风险与规避

近年来，随着物流产业的快速发展，第三方物流企业的实力显著提升，工商企业实施物流外包的力度进一步加大。然而，物流业务外包在给企业带来利益的同时，也隐含着巨大的潜在风险，需要企业管理者理性分析，并采取有效措施加以规避。

（1）物流外包风险的类型①。物流外包风险是指企业物流外包过程及其结果的不确定性。它包括决策、运作等风险，具有随机性（偶然性）、突发性、隐含性和关联性等特征。一般而言，实施物流业务外包，有利于工商企业强化核心业务，培育核心能力，获取竞争优势。但物流外包也可能产生负面效应，给企业带来风险。

①决策风险。决策阶段的风险主要涉及物流自营与外包决策、部分外包与完全外包决策、抑或物流系统剥离等决策的风险。甚至涉及企业在确定物流业务外包后，如何正确选择物流服务商、业务流程是否再造、组织结构是否变革、企业文化是否重塑、人力资源是否调整等问题，企业一旦决策失误，极有可能导致物流外包失败。

②运作风险。在物流外包实施阶段，主要存在以下风险：物流服务商的违约风险、物流失控风险、客户关系管理风险、商业秘密泄露风险、连带经营风险。除了上述风险外，物流外包还可能给企业带来其他风险，例如人力资源管理风险。因为随着物流业务外包的不断深入，物流部门的员工必然会担心自己的工作被物流服务商所取代，相应地，员工对企业的忠诚度会下降，工作绩效会下滑。此外，由于物流市场价格波动、遇到不可抗力、企业未有效控制物流外包成本抑或过分打压物流服务商的利润空间等，都可能引起相应的风险（市场、财务、管理等风险）。

（2）物流外包风险的成因②。工商企业在物流外包中之所以会面临风险，原因是多方面的。有决策的有限理性，有信息非对称的原因，也有代理者的败德行为。

①决策的有限理性。这主要体现在物流自营与外包决策以及物流服务商的选择阶段。一般而言，由于受到主客观条件的限制，工商企业在物流外包时，所能获取的物流服务商的信息是有限的，即不可能找出所有的物流服务商，也不可能获取每个物流服务商完全的信息。

① 胡建波. 探析物流外包的风险与对策［J］. 企业导报，2012（4）.

② 胡建波. 物流外包的风险成因与对策［J］. 中国物流与采购，2011（17）.

有限的信息，对信息的有限的利用能力，双重有限性决定了工商企业在选择物流服务商时的决策方案数量有限。在对物流外包结果判定不明确的情况下，工商企业极有可能会做出错误的决策，即选错合作伙伴，从而给企业带来风险。

②信息非对称。无论在物流外包协议签订前，还是签订后，签约双方均存在严重的信息非对称。总体而言，物流服务商拥有信息优势，而货主企业处于信息劣势。这无疑给委托方带来了潜在的信息风险。在签约前，货主企业处于信息劣势可能会导致逆向选择（选错合作伙伴）；在签约后，物流服务商拥有信息优势可能会引发道德风险。

（3）物流外包风险的对策[①]。针对企业在物流外包中存在的风险，本书提出以下应对策略与举措：正确进行物流自营与外包决策、科学选择物流服务商、谨慎签订物流外包合同、加强对物流服务商的评估与管理、把握好竞争与合作的度，切实激励物流服务商。除了上述策略外，委托方及时办理物流货物保险，将风险转嫁；设置物流外包风险管理经理，加强风险管理专项工作；合作双方建立战略联盟，以预期的长远利益来规避物流服务商的短期行为；给物流服务商足够的利润空间；建立“双赢”合作机制等，均可有效降低物流外包风险。

4. 物流外包决策

工商企业物流自营还是外包，首先应考虑能否给企业带来战略业绩，换言之，是否支持企业的竞争战略，对企业核心能力的形成或提升有无影响；其次，应考虑能否给企业带来财务业绩，换言之，能否降低企业经营成本，同时提高服务水平。总的原则是，应该在成本与服务之间寻求平衡。

（1）二维决策矩阵法。通常，企业物流自营与外包决策主要应综合权衡以下两个因素：物流对企业经营成功的重要性程度，以及企业自营物流的能力，如图 4. 16 所示。

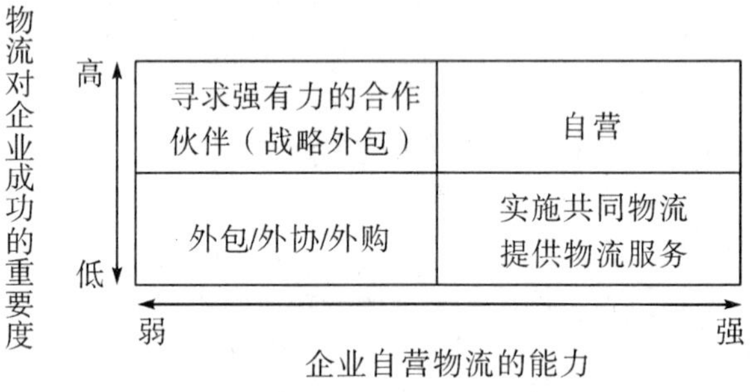

图 4. 16　企业物流自营与外包决策矩阵

由图 4. 16 可知，若物流对企业很重要，如物流是企业核心能力的关键构成要素；同时企业自营物流的能力也很强，如企业已经拥有了相当数量的、先进的物流设施设备，且已经拥有高素质的物流管理人员和作业人员，物流运作效率高，成本低，且服务水平高，则企业就应该自营物流，而不应当将其外包。像美国零售巨头沃尔玛、我国著名企业海尔集团等，都是自营物流的典范。

若物流对企业不太重要，而企业自营物流的能力也较弱，则企业就应该将物流业务外包，而不应当将其自营。例如，软件企业的外购物流服务。

① 胡建波. 物流外包的风险成因与对策 [J]. 中国物流与采购，2011 (17).

若物流对本企业的重要性相对较低，而企业自营物流的能力又很强，则企业不但应该自营物流，而且应积极拓展物流市场，实施共同物流，为其他工商企业提供物流服务。

[案例] 花王公司的自营物流

花王公司是日本一流的日用品企业，一直致力于组织以花王公司为核心的综合流通和物流体系，长期以来在物流体系上进行投资，因而其物流能力较强，后为此专门成立了“花王系统物流”分公司，在自营物流的基础上，实施共同物流，为其他企业提供物流服务。

若物流对企业很重要，而企业自营物流的能力又比较弱，则企业也应该将物流业务外包。因考虑到物流对本企业极为重要，故企业在实施物流外包时，应非常谨慎，尽量选择满意的第三方物流公司，并与之建立战略伙伴关系，进行长期合作。例如戴尔公司，物流并非其核心业务，戴尔运作、管理物流的能力也比较弱，但电脑零配件及成品的配送对其非常重要，因此，该公司倾向于战略性外包。

（2）综合决策法。企业采用综合决策法进行物流自营与外包决策，需要综合考虑企业物流系统的战略地位、物流总成本和物流服务水平。

①企业物流系统的战略地位。一般地，企业可以从以下几方面对企业物流系统的战略地位进行评估：企业物流系统是否高度影响企业的业务流程？企业物流系统是否需要先进的物流技术支撑？采用这些先进技术能否使公司在行业中领先？企业物流系统在短期内能否为竞争对手所模仿等。

②企业物流系统的总成本。企业物流系统的总成本可以用以下公式来计算：

$$D=T+S+L+W_F+W_V+P+C$$

式中，D——物流系统总成本；

T——运输总成本；

S——库存维持成本；

L——物流作业批量处理成本；

W_F——总固定仓储成本；

W_V——总变动仓储成本；

P——订单处理和信息处理成本；

C——客户服务成本。

③物流服务水平。物流服务水平是指物流系统总的服务能力。在决策时，企业要判断物流自营或外包能否满足企业经营的需要，能否满足客户对送货的时效、货品质量、服务态度以及售后等方面的需要。

综上所述，工商企业在物流自营与外包决策时，应充分考虑顾客的需求、本公司发展战略的需要、本公司的核心业务及核心能力、本公司的物流能力以及物流自营与外包成本的高低，综合权衡，在总成本（包括显性成本、隐性成本）与总服务水平之间寻求平衡。

（四）第三方物流服务商的评估与选择

[案例] 意大利A公司精品鞋业的物流服务商选择

意大利A公司精品鞋业在选择物流合作伙伴时特别注重服务商的综合服务能力，他们除了要求物流商拥有最完善的物流服务网络、最先进的物流管理手段和最丰富的物流管理经验外，还针对其产品的特点，对物流服务商的仓库管理系统提出了严格的要求：①物流服务商的WMS同A公司的ERP间的信息流全程EDI交换；②强大成熟的Barcode解决方案；

③对系统的执行效率、并发、可靠性、稳定性要求极高；④具有管理多点多仓的能力；⑤灵活的上架及拣货策略；⑥可以追踪货品的多种属性和状态；⑦灵活的报表及报告系统；⑧灵活的第三方物流费用结算系统；⑨方便快捷的配送系统；⑩强大的网上查询系统。

物流服务商T公司有着同跨国公司多次合作的经历，有着丰富的中国当地物流市场经验，有着强大的仓储和运输网络，更因其采用的国内领先的Power WMS TM仓库管理系统，完全符合A公司对物流服务商仓库管理系统的严格要求而一举赢得了客户的青睐，成为管理A公司精品鞋业两个RDC和三个DC的第三方物流公司。

工商企业在决定实施物流外包之后，接下来就需要搜寻第三方物流服务商的信息，对其进行评估，并做出选择。

1. 制定物流外包方案

企业在实施物流外包之前，首先应制定可行的物流外包方案，这是选择满意的物流服务商的前提。一般地，物流外包方案应包含以下内容：①对本企业的物流服务需求及第三方物流企业的物流服务水平进行准确的界定；②界定物流外包应解决的主要问题；③描述物流外包预期应达成的目标；④描述本企业所需要的第三方物流企业的类型。

2. 第三方物流服务商的评估

一般而言，工商企业可从以下几方面对第三方物流服务商进行评估。

第一，第三方物流服务商的物流系统规划与设计能力；

第二，第三方物流服务商的物流网络是否完善，分布是否合理；

第三，第三方物流服务商的关键物流活动（如仓储、运输）的运营能力，包括能否提供多式联运服务，以及仓储作业能力及其增值服务等；

第四，第三方物流服务商的信息服务能力，如是否拥有完善的物流信息系统、能否提供跟踪装运及货物状态查询等服务；

第五，第三方物流服务商的管理水平，如管理人员的管理能力、业务流程是否标准、是否通过了ISO质量管理体系认证、是否健全了绩效评价体系等；

第六，第三方物流服务商的总体物流服务水平的高低，如目标客户群的多少及其分布、客户对第三方物流服务商的历史性评估等。

需要强调的是，物流外包的重点在于物流服务整体价值的实现上，即除了第三方物流服务商能保证物流作业的实现之外，还应侧重于对其在物流时间、速度、效率、服务水平、延伸能力等方面的综合测评。具体而言，包括有效的物流时间是多少，与物流自营相比物流流速提高了多少、同等货物量下的装卸搬运频次、时间和人力消耗量、储存空间的负荷量以及仓库的有效利用率、准时服务的质量及保障、货损失货差等。

3. 第三方物流服务商的选择

工商企业对第三方物流服务商进行考察与评估之后，可根据服务商的物流能力、战略导向、双方企业文化及组织结构的兼容性等对物流商进行选择。具体而言，应遵循以下10条原则：①第三方物流服务商应能最大限度地支持本企业的战略；②第三方物流服务商应具有业务集中控制的能力；③第三方物流服务商应具有物流服务从业经验；④第三方物流服务商应具有适应本企业发展的物流技术能力；⑤第三方物流服务商的核心业务应与本企业的物流需求相一致；⑥第三方物流服务商应具有为本企业服务的实力；⑦双方应能相互信任；⑧双方的企业文化、组织结构兼容；⑨第三方物流服务商要能够促进本企业改善经营管理；⑩不能过分强调成本低。

美智（Mercer）管理咨询公司与中国物流与采购联合会联合发布的《中国第三方物流市场——2002 年中国第三方物流市场调查的主要发现》报告指出，客户在选择第三方物流企业时，首先看重的是其物流服务能力（包含行业运营经验），其次是品牌声誉，再次是物流网络覆盖率，最后才是较低的价格。

（五）第三方物流运作模式的选择

第三方物流的运作模式可分为基于单个第三方物流企业的运作模式和基于合作关系的第三方物流运作模式，后者主要有垂直一体化物流、第三方物流企业战略联盟以及物流企业连锁经营等几种情形。

1. 基于单个第三方物流企业的运作模式

该模式主要是从单个第三方物流企业的角度出发进行物流业务运作。如图 4. 17 所示。

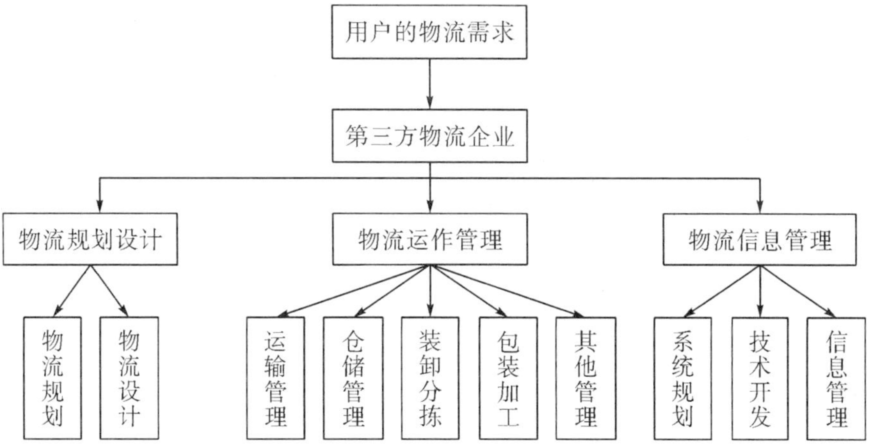

图 4. 17　基于单个第三方物流企业的运作模式

第三方物流企业的业务运作首先源于用户的物流需求。在明确了客户的需求之后，第三方物流企业首先应进行物流（系统）方案的规划与设计，为客户提供完整的物流解决方案，在此基础上开展物流业务活动，并进行相关的运作管理，包括仓储管理、运输管理、包装、装卸搬运、订单分拣、流通加工等活动的管理。为更好地满足客户的需求，并提高物流运作的效率，其还必须进行相应的信息管理，包括物流信息系统的规划与设计、信息技术的开发与信息系统的维护以及具体的物流信息管理等活动。尤其是随着信息时代的来临，竞争日益激烈，顾客越来越挑剔，第三方物流企业应能提供跟踪装运服务，应尽量满足客户的个性化服务需求；同时，有了完善的物流信息系统，可深化物流信息管理，可及时获取物流运作的信息，可根据反馈信息及时调整物流活动，确保向客户提供满意的物流服务。

2. 基于合作关系的第三方物流运作模式

20 世纪 90 年代以后，信息技术的飞速发展推动了管理理念和管理技术的创新，促使物流管理向专业化合作经营方向发展。一体化物流是 20 世纪末最有影响的物流趋势之一，但它必须以第三方物流的充分发育和完善为基础。一体化物流有三种形式：垂直一体化、水平一体化和物流网络。其中，研究最多，应用最广的是垂直一体化物流。

所谓垂直一体化物流（vertical integrated logistics），就是为了更好地满足顾客的价值需求，核心企业加强与上下游企业及第三方物流企业的合作，由第三方物流企业整合供应链物流业务，实现从原材料的供应、生产、分销，一直到消费者的整个物流活动的一体化、系统化和整合化。它通过对分散的、跨越企业和部门的物流活动进行集成，整合物流活动各环节，形成客户服务的综合能力，提高流通的效率和效益，为工商企业及其客户降低物流成本，创造第三利润源泉。简言之，垂直一体化物流是第三方物流企业与上下游企业进行合作的一种物流运作模式。

垂直一体化物流要求企业将产品或运输服务的供应商和用户纳入管理范畴，并作为物流管理的一项中心内容。具体而言，要求企业从原材料的供应到产品送达用户实现全程物流管理，要求企业建立和发展与供应商和用户的合作关系，建立战略联盟，获取竞争优势。垂直一体化物流为解决复杂的物流问题提供了方便，而先进的管理思想、方法和手段，物流技术以及信息技术则为其提供了强大的支持。垂直一体化物流是供应链管理的一个重要组成部分。

此外，基于合作关系的第三方物流运作模式还有“第三方物流企业战略联盟”以及“物流企业连锁经营”等方式。特别地，“物流企业连锁经营”是第三方物流运作的一大创新，比较适合我国国情。

综上所述，第三方物流系统是一种实现供应链物流集成的有效方法和策略。通过实施第三方物流系统，企业可集中力量发展核心业务，提高供应链管理效率，降低供应链运作成本，提高客户服务水平，快速进入国际市场，实现供应链整合，提升供应链竞争力。

（六）第四方物流运作模式的选择

随着物流业的进一步发展，行业内以及行业间企业并购、整合风潮促使以利用信息技术手段、为供应链提供完整解决方案的“第四方物流”产生。

1. 第四方物流的概念与内涵

美国埃森哲公司最早提出第四方物流的概念，他们认为：“第四方物流供应商（fourth-party logistics service provider，4PLs）是一个供应链的集成商，它对公司内部和具有互补性的服务供应商所拥有的资源、能力和技术进行整合和管理，提供一整套供应链解决方案。”

我们从上述定义可以看出，第四方物流服务商的主要作用是对供应链进行整合和优化，在物流、信息等服务商及客户之间充当唯一“联系人”的角色。第四方物流服务商是具有领导力量的供应链集成商，它通过设计、实施综合完整的供应链解决方案来提升供应链影响力并实现供应链的增值。

第四方物流能够促进供应链的系统化和整合化（一体化），能够提高供应链企业群体的资产利用率，能够优化供应链成员企业的组织结构以确保供应链流程的无缝衔接，能够降低供应链的运营成本，增加供应链成员企业的利润。

第四方物流的基本运作模式如图 4.18 所示。

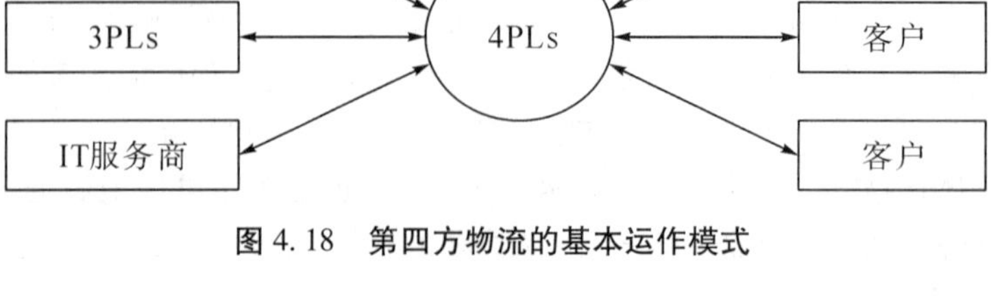

图 4.18　第四方物流的基本运作模式

由图4.18可知，第四方物流服务商集成了管理咨询公司、第三方物流服务商及IT服务商的资源和能力，利用分包商来管理和控制客户企业点到点的供应链运作活动。它在整合上述企业资源和能力的基础上，设计、实施能够实现价值最大化的供应链解决方案。它能够为客户企业提供物流服务、金融服务、信息服务、管理服务、技术及系统等服务。第四方物流在运作中，不但强调业务外包的重要性，而且对人员的素质和能力的要求比较高。

[案例]　　第四方物流公司——维克多（Vector）供应链管理公司

维克多（Vector）供应链管理公司在通用汽车（GM）集团的供应链管理中扮演的是典型的第四方物流服务商的角色——LLP①。通用汽车集团每年的物流费用超过50亿美元。针对公司物流业务量大、第三方物流商众多以及供应链系统复杂的现状，通用汽车集团提出进一步整合第三方物流商及简化其物流系统的要求。为此，通用汽车集团投资60亿美元与门罗物流（Menlo Worldwide）合作成立了维克多（Vector）供应链管理公司，为通用汽车集团管理所有的物流外包业务，并为其管理几十家第三方物流服务商。维克多供应链管理公司通过整合通用汽车集团的第三方物流商资源、提供供应链优化解决方案，不仅从通用汽车集团的运输、仓储和库存管理等多个环节挖掘利润空间，而且通过绩效评估，可以直接参与通用汽车集团主营业务的利润分成，成为通用汽车集团真正的战略合作同盟。

2. 第四方物流运作模式的选择

第四方物流的运作模式主要有协同运作型、方案集成型和行业创新型三种。

（1）协同运作型。这是第四方物流服务商与第三方物流企业共同开发市场的一种模式。第四方物流服务商向第三方物流企业提供供应链整合策略、进入市场的能力、项目管理能力以及技术服务等支持。第四方物流服务商在第三方物流企业内部运营，第三方物流企业成为第四方物流服务商的思想与策略的具体实施者，以达到为客户服务的目的。双方一般会采取战略联盟或合同治理的方式进行合作。其运作模式如图4.19所示。

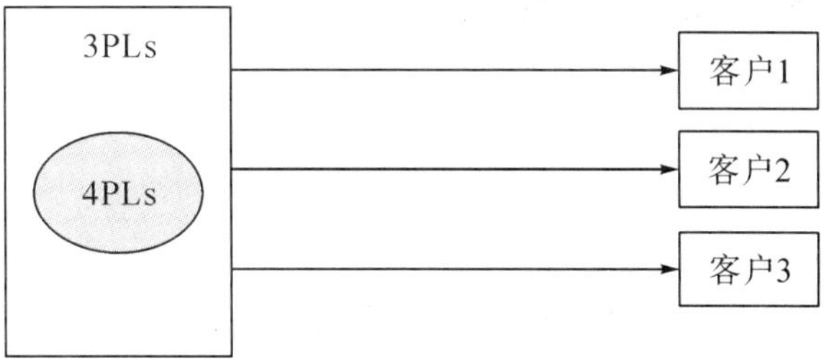

图4.19　第四方物流的协同运作型运作模式

（2）方案集成型。在该模式中，第四方物流服务商整合了自身以及第三方物流企业的资源、技术和能力，并充分借助第三方物流企业为客户提供服务。第四方物流服务商作为一个“枢纽”，可以集成多个服务供应商的能力以及客户的能力。其运作模式如图4.20所示。

① 美国的物流实践表明，第四方物流发展的重要条件之一便是在这个供应链的集成商中，能有一个公司充当所谓的领导型物流服务商（LLP），作为这些集成商的龙头。

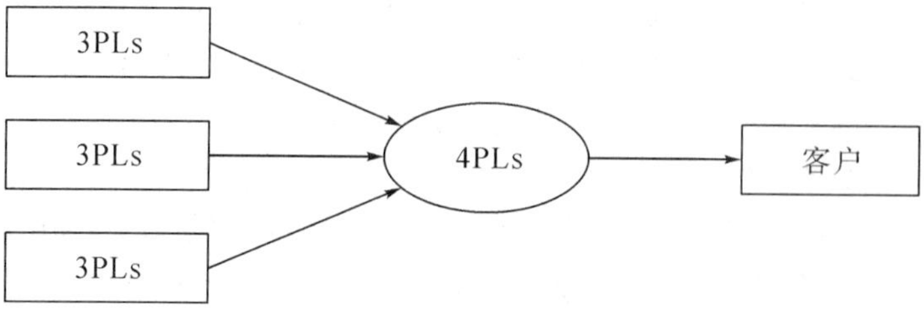

图 4.20　第四方物流的方案集成型运作模式

（3）行业创新型。在该模式中，第四方物流服务商将多个第三方物流企业的资源和能力进行集成，以整合供应链的职能为重点，为多个行业的客户提供完整的供应链解决方案，其运作模式如图 4.21 所示。在该模式中，第四方物流服务商这一角色非常重要，因为它是上游第三方物流企业集群和下游客户集群的枢纽。

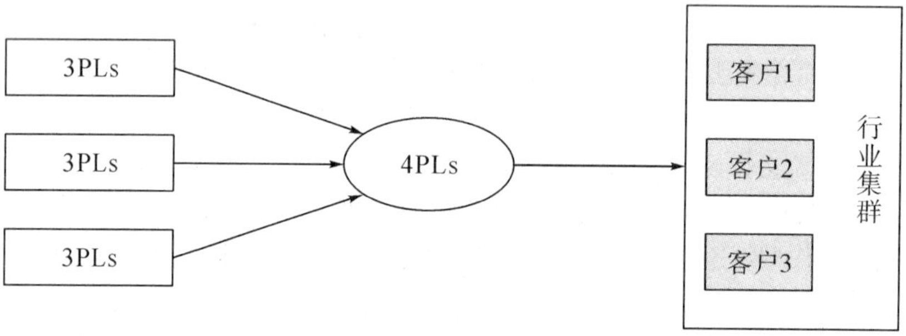

图 4.21　第四方物流的行业创新型运作模式

实训项目 4：供应链运作与管理

实训项目描述

教师将全班同学分为 8 个小组，每个小组分别扮演供应商、制造商、批发商、零售商、顾客、银行等供应链参与体的角色。供应链企业群体经营的产品是标准帽，标准帽由制造商生产。生产标准帽用的原材料是 A6 纸，由供应商提供。标准帽通过批发商、零售商等中间商向用户销售。企业开展经营活动所需的资金可以向银行借贷。各小组模拟的企业的经营周期是一个月，在月底时各小组计算盈亏，以此决定胜负。

实训目标

通过实训，各组应达到以下目标：

（1）能做出正确的经营决策；

（2）能正确制订供应链计划；

（3）能正确开展供应链运作活动；

（4）能正确处理供应链成员企业的关系（竞争/合作）；

（5）能与企业内部成员及外部业务伙伴进行有效沟通；

（6）能正确进行需求与供给预测；

（7）能正确进行供应链库存计划与控制；

（8）能正确核算运营成本并进行盈亏分析；

（9）能通过游戏体验供应链运作活动，并能从游戏中总结供应链运作与管理的经验。

实训内容

全班同学以小组为单位，共同参与，密切配合，完成以下实训内容。

（1）分组并确定所扮演的角色。教师将全班同学分为 8 个小组，每个小组分别扮演供应商（1 家）、制造商（2 家）、批发商（1 家）、零售商（2 家）、顾客（1 组）、银行（1 家）等供应链参与体的角色。

（2）需求与供给预测。用户对标准帽的需求是波动的。在模拟的情境中，小镇的居民在每个月的 17 日（第三周的星期六）领工资。这意味该镇的居民在每个月第四周的购买力比较强，在第五周有一定的购买力，在第三周的购买力最弱。各组在制订供应链运作计划时应考虑这一点。

（3）制造商采购原材料。制造商生产的产品是标准帽，生产标准帽所用的原材料是 A6 纸（A4 纸的 1/4，约 5 厘米×14.5 厘米），由供应商提供。生产每顶标准帽的原材料的采购价格是 40 元，供应商回购原材料的价格是 20 元。

（4）制造商生产标准帽。生产步骤如下：①取一张原材料（A6 纸，呈长方形）；②将 A6 纸较长的一个纸边折叠 2 厘米；③将纸较短的两侧对接；④将一侧插入另一侧的折边中。这样就制成了一个简易的标准帽。

（5）产品分销。制造商的产品可以通过批发商、零售商等中间商向用户销售。批发商每周只从每家制造商处收购 3 顶质量合格的标准帽，收购价格是每顶 80 元。制造商也可以将标准帽销售给零售商，但是他们必须就产品的质量、购销数量和价格（包括是否允许赊销/赊购）等交易条件进行谈判并达成协议。

（6）关于赊销/赊购。游戏假定赊销不限量，且标准帽的赊销价格是每顶 90 元。如果制造商和零售商就赊销/赊购一事进行协商，制造商必须考虑货款能否收回。一旦双方达成赊销/赊购协议，接下来双方通过掷骰子决定制造商的赊销货款能否收回、何时收回及收回的款额。如果掷骰子后骰子正面显示的数字是 1，预示着货款收不回；若显示 2，本周四前收回一半货款；若显示 3，本周四前收回全部货款；若显示 4，本月底前收回一半货款；若显示 5，本月底前收回全部货款；若显示 6，重新掷骰子。

（7）关于资金。假定每组有 100 元存款。每组在每月的第一天可以从银行获得 200 元贷款。每组在当月 29 日连本带息将贷款还给银行，共计 250 元。每组在当月 27 日（星期二）支付 100 元房租。每组在每周星期六支付 110 元薪金给员工。

（8）每周的工作安排。各组每周的工作安排如下：星期一，制造商采购原材料；星期二，制造商生产标准帽；星期三，制造商销售标准帽，零售商采购标准帽；星期四，零售商销售标准帽，制造商收回货款；星期五，各组制订下周的工作计划，零售商公布下周的市场状况；星期六，各组支付员工的薪金；星期日，各组休息。

（9）计算盈亏。在每月的最后一天，各组计算当月的盈亏。各组应该扣除 100 元存款，在此基础上计算利润额。

（10）讨论与分享。在游戏结束以后，各组对游戏过程及其结果进行总结，并在全班范围内开展交流，分享成功的经验和失败的教训，以便共同提高。随后教师点评。

建议实训时间

4h

注意事项

（1）教师利用计时器控制每一天的开始和结束；
（2）市场信息也可以由教师发布；
（3）各组应坚持制订工作计划，并把本组的工作目标写在白板上；
（4）各组在采购与供应谈判达成协议后要签订购销合同；
（5）如果有时间，全班同学可以多做几次游戏，每次做游戏都会产生不同的感受；
（6）如果有可能，各组可以轮流扮演不同的角色；
（7）我们可以灵活安排做游戏的时间，在同学们熟悉游戏内容以后可以缩短每轮做游戏的时间；
（8）不是为做游戏而做游戏，而是达到寓教于乐的目的。

小结

供应细分分析方法（卡拉杰克模型）是采购与供应战略决策的基本方法。企业应在单源供应与多头采购之间进行正确的决策。传统采购管理是以交易为导向的战术职能，现代供应管理则是以流程为导向的战略职能。基于信息技术的协同采购正成为现代企业采购流程的核心，也称为基于供应链管理环境下的电子化协同采购。企业应树立供应链采购观念，即企业不仅要获得采购的物品，关键是要获得供应商的能力。供应链采购是为订单而采购，供需双方应建立战略伙伴关系。供应商伙伴关系是供需双方在相互信任的基础上，为实现共同的目标而建立的信息共享、风险共担、共同获利的协议关系。供应商关系包括短期目标型、长期目标型、渗透型、联盟型和纵向集成型。供需双方的早期介入（EPI）非常重要。供应链采购合同包括提高产品可得性和供应链利润的合同、协调供应链成本的合同、促进供应链绩效改善的合同。JIT 采购是一种典型的供应链采购模式。

供应链生产管理的目标是控制产品质量、生产成本、出产循环期或出产节拍以及生产运作柔性。供应链生产系统的要素包括供应商、用户、资源投入、生产转换、产品产出和管理系统。供应链生产观念是提升企业的生产竞争力。生产竞争力是指制造商作为供应链的主体企业，通过其品牌影响力、生产的规模经济性或范围经济性抑或经验曲线效应等成就的低成本或差异化竞争力。其影响因素包括品牌影响力、生产规模、产品多样性、约束条件与提前期等。生产方式可以按照生产的专业化程度、工作地的专业化程度或生产工艺特征进行分类。典型的生产方式包括大量生产、精益生产、计算机集成制造、敏捷制造、大规模定制、绿色制造等。企业的竞争方式及生产方式伴随着竞争因素的变化而变化。制造企业的生产策略（或需求响应策略）包括备货生产、按订单生产、按订单组装、按订单设计。能够为客户提供规模化的个性化服务是供应链管理全球顶尖企业的一个特质。大规模定制是供应链生产方式的主流发展趋势。它是制造企业以类似于大规模流水生产线的成本和时间，为客户提供类似于单件定制生产的产品的生产方式。

物流在供应链的整合及客户服务中发挥着重要作用。企业需要将供应链物流业务进行集成、整合，形成一体化的流程。供应链物流要能有效支撑采购、生产和客户服务等供应链运作活动。供应链物流观念是企业在努力控制和降低供应链物流成本的同时，利用一体化的物流竞争力为客户提供优质（或满意）的服务，以获取供应链竞争优势。供应链物流成本观念是企业在满足客户服务水平需要的同时，实现供应链物流成本最小化。企业实现物流领先的关键是将其物流能力与关键客户的物流服务需求相匹配。供应链物流管理是企业从原材料采购与供应开始，经过生产运作，一直到成品配送，乃至售后服务在内的整个供应链物流过程的一体化管理。生产竞争力要素对物流需求产生重大影响，而生产策略的顺利实施则需要得到物流的有效支撑。物流外包是企业将其部分或全部物流业务合同交由合作企业完成的物流运作模式。物流外包不断从物流功能外包向物流管理外包、一体化物流外包方向转变，从非核心业务领域逐渐向核心业务领域方向延伸，从业务委托向战略协同方向发展。物流外包有利于工商企业强化核心业务，培育核心能力，获取竞争优势，但也面临着决策和运作等风险。其原因包括决策的有限理性、信息非对称以及代理者的败德行为。物流外包的决策方法主要有综合评价法和二维决策矩阵法。第三方物流是独立于供需双方，为客户提供专项或全面的物流系统设计或系统运营的物流服务模式，其发展经历了 2PL~6PL 等阶段。第三方物流的运作模式包括基于单个第三方物流企业的运作模式和基于合作关系的第三方物流运作模式，后者主要有垂直一体化物流等几种形式。第四方物流服务商是一个供应链的集成商，它对公司内部和具有互补性的服务供应商所拥有的资源、能力和技术进行整合和管理，提供一整套供应链解决方案。其服务内容包括物流、金融、信息、管理、技术及系统服务。其运作模式主要包括协同运作型、方案集成型和行业创新型。

同步测试

一、判断题

1. 企业应在单源供应与多头采购之间进行正确的决策。（　）

2. 传统采购管理是以流程为导向的战术职能，现代供应管理则是以交易为导向的战略职能。（　）

3. 基于信息技术的协同采购正成为现代企业采购流程的核心，也称为基于供应链管理环境下的电子化协同采购。（　）

4. 能够为客户提供规模化的个性化服务是供应链管理全球顶尖企业的一个特质。（　）

5. 大规模定制是供应链生产方式的主流发展趋势。（　）

6. 与其说 MTS、MTO、ATO、ETO 是生产方式，不如说它们是生产策略或制造企业的需求响应策略。（　）

7. 物流在供应链的整合以及客户服务中发挥着重要作用。（　）

8. 企业需要将供应链物流业务进行集成、整合，形成一体化的流程。（　）

9. 企业实现物流领先的关键是将其物流能力与关键客户的物流服务需求相匹配。（　）

10. 物流活动的延误会引起生产线停工待料，直接影响生产提前期。（　）

二、单选题

1. 供应链采购观念是指（　　）。

A. 企业不仅要获得采购的物品，关键是要获得供应商的能力

B. 企业需要获得采购的物品，不可能也不需要获得供应商的能力

C. 企业无须获得采购的物品，关键是要获得供应商的能力

D. 企业无须获得采购的物品，也无须获得供应商的能力

2. 供应链采购是（　　）。

A. 为库存而采购　　B. 为订单而采购

C. 为补充库存而采购　　D. 为了把握有利的采购时机而采购

3. 下列不属于供需双方早期介入的是（　　）。

A. EPI　　B. EBI　　C. EDI　　D. ESI

4. 下列关于 VMI 和 EOQ 的说法正确的是（　　）。

A. EOQ 优于 VMI　　B. VMI 优于 EOQ

C. 两者各有千秋　　D. VMI 和 EOQ 都不好

5. 按照（　　）可以把制造企业的生产策略划分为按库存生产、按订单生产、按订单组装、按订单设计四种类型。

A. LT 长短　　B. 生产工艺特征

C. 需求响应策略　　D. 生产的专业化程度

6.（　　）是制造企业以类似于大规模流水生产线的成本和时间，为客户提供类似于单件定制生产的产品的生产方式。

A. LP　　B. AM　　C. MC　　D. CIM

7. 所有生产流程都是在特定生产条件的约束下，在（　　）之间平衡的结果。

A. 规模经济与规模不经济　　B. 规模经济与范围经济

C. 规模经济与经验曲线效应　　D. 范围经济与经验曲线效应

8. 企业实现物流领先的关键是将其物流能力与（　　）的物流服务需求相匹配。

A. 关键客户　　B. 客户　　C. 所有客户　　D. 顾客

9. 汽车制造商基于第三方物流（TPL）服务的多供应商条件下的一体化供应物流模式的关键是（　　）。

A. VMI　　B. JIT　　C. JIS　　D. Milk Run

10.（　　）提供的服务内容包括物流、金融、信息、管理、技术以及系统服务。

A. 第三方物流服务商　　B. 第四方物流服务商

C. 第五方物流服务商　　D. 第六方物流服务商

三、多选题

1. 卡拉杰克模型即（　　）。

A. 供应细分分析方法　　B. 供应细分图

C. 供应象限图　　D. 四象限矩阵

2. 供应商的评估要素包括（　　）。

A. 质量　　B. 成本　　C. 交付　　D. 服务

3. 供应链采购合同包括（　　）。

A. 提高产品可得性的合同　　B. 提高供应链利润的合同

C. 协调供应链成本的合同　　D. 促进供应链绩效改善的合同

4. JIT 采购的特点包括（　　）。

A. 供应商的数量更少　　B. 对供应商的选择标准更严

C. 对交货准时性的要求更高　　D. 多频次小批量采购

5. 供应链生产管理的目标包括控制（　　）。

A. 产品质量　　B. 生产成本

C. 出产循环期或出产节拍　　D. 生产运作柔性

6. 生产竞争力的影响因素包括（　　）。

A. 品牌影响力　　B. 生产规模　　C. 产品多样性　　D. 提前期

7. 典型的生产方式包括（　　）。

A. 精益生产　　B. 敏捷制造　　C. 大规模定制　　D. 计算机集成制造

8. 供应链物流管理的目标是企业通过设计和管理相关的系统来控制原材料、在制品和产成品的合理移动和储存，以有效支撑（　　）等供应链运作活动。

A. 采购　　B. 生产　　C. 客户服务　　D. 销售

9. 生产规模从（　　）方面影响物流需求。

A. 物流运作次数　　B. 物流作业量

C. 投产/出产循环期　　D. 出产节拍

10. 物流外包风险产生的原因有（　　）。

A. 决策的有限理性　　B. 信息非对称

C. 代理者的败德行为　　D. 约束

四、情境问答题

1. 近年来飞机制造业增长变缓，行业出现了并购风潮，F 公司就是这样一家公司。它是由生产机翼、机身、尾翼等部件的多家公司合并而成。合并前，生产这些部件的公司单独向飞机制造商供货。合并以后，原来这些公司就变成了 F 公司下属的制造事业部，但还是相互独立运作。

新公司经过一段时间运作后发现，各事业部的原材料库存量很大，许多事业部存储的原料是相同的，但彼此并不知道。F 公司决定调整采购权限，但许多事业部抵制，如机翼制造部就反映说他们正在试用新型材料，一旦出现问题供应商就到现场处理。他们不同意公司实行集中采购的决定。

根据以上信息，请回答以下问题：

（1）请结合案例分析，F 公司出现大量原料库存的原因有哪些？

（2）多家公司合并为一家，请分析原因。

（3）请分析，为什么 F 公司的制造事业部要抵制公司集中采购的决定？

（4）从采购的角度分析，你认为 F 公司可以采取哪些措施来解决各事业部对集中采购的抵制问题？

2. 国内某民营汽车制造商生产长途旅行客车和城市公共汽车等大型客车。由于客户根据其城市规模的要求，对客车和公共汽车的设计要求不尽相同，因此，很少有大批量生产完全相同的客车的生产任务。这家企业为了提高生产效率，曾经参观了外资企业（例如丰田汽车公司）的汽车生产线，希望能从中借鉴到有价值的管理方法。但是，在参观结束后的讨论会上，各部门经理有一个共识，那就是丰田汽车公司的经验只能是在理论上借鉴，而不能有实质性的参考。请问：为什么这些部门经理有这样的看法，你的观点是什么？

3. 美嘉公司是浙江某服装加工企业。随着公司知名度的提升，订单数量急剧增加。但公司短期内难以扩大生产规模，产品数量、质量和交货期都得不到保证，导致公司客户合同纠纷日益增多。如果你是公司生产部负责人，你将采取哪些措施来保证公司的生产进度，改变现状？

4. 品汇是一家从事名牌商品折扣销售的电子商务企业，销售的商品包括品牌箱包、鞋子、化妆品、时装和饰品等多个品类的上千种产品。每天超过几十万件的发货量和数以万计的退换货让公司物流部应接不暇。在部门会议上，员工小张提议将物流外包以解决当前资源紧张的问题，但遭到了强烈的反对。反对者的理由是物流外包会给公司带来一系列潜在风险。如果你是小张，你能提出哪些风险应对的策略和措施来说服反对者？

五、综合分析题

目前，许多货主企业已纷纷实施物流业务外包。CC 公司 M5 厂成品库到 SC2 营业所的产品调拨吨位及第三方运输成本数据如表 4.11 所示。假如你是该公司的物流经理，请以一月份的运量为例，通过计算说明如何确定第三方物流公司的报价是否合理。

表 4.11　CC 公司 M5 厂 SC2 营业所产品调拨吨位及第三方运输成本数据

月份	运量（吨）
一	837.38
二	504.1
三	736.57
四	784.95
五	723.11
六	987.98
七	735.45
八	658.04
九	1 086.05
十	436.98
十一	219.83
十二	412.93
合计	8 195.38

M5 到 SC2 的里程（单位：公里）	100
一般运输车辆吨位（单位：吨）	15
运营规费（单位：元/吨·月，全年只缴 10 个月）	47
保险费（单位：元，含交通强制险和第三者责任险）	12 000
二级维护与年审（单位：元/年，含排污、车船使用税等）	1 500
车辆购置费（单位：元）	200 000
车辆折旧期（单位：年，按直线折旧法①计算）	8
车辆油耗（单位：升/100 公里）	30
目前平均油价（单位：元/升）	7.73
司机工资（正负驾驶，单位：元/月）	1 800
车辆平均维修费（单位：元/公里）	0.25
高速公路收费（此吨位车辆，单位：元/辆）	190
普通公路收费（此吨位车辆，单位：元/辆）	80

备注：货运车辆的通行费按载重吨位计收，这里为简化计算，往返都按上表所列费用计算。

六、案例分析题

海尔集团的物流之路

海尔集团是国内一家知名家电制造企业。为适应市场发展的需要，集团对供应链和物流系统进行了业务流程再造。在同步管理模式下，海尔集团的物流系统以订单信息流为中心，成为企业核心竞争力的有力支撑。海尔集团物流系统的发展经历了三个阶段：

第一阶段：物流资源优化重组，建立新型合作伙伴关系

整合内外部资源，成立隶属于物流部门的采购事业部、配送事业部和储运事业部。在这一阶段，海尔集团通过统一采购实现每年节约资金上亿元，环比降低材料成本 6%；通过统一仓储，不仅减少 20 万平方米仓库，而且呆滞物资降低 90%，库存资金占用减少 63%；通过统一配送，在全国可调拨车辆 16 000 辆，运输成本大降低。内部资源整合的同时也优化了外部资源。一方面，2 000 多家供应商优化到了不到 1 000 家；另一方面，通过将对外买卖关系转变为战略合作伙伴关系，海尔集团实现了

① 根据国家有关规定，营运车辆按行驶里程法进行折旧，这里为简化计算，变通处理，按车辆使用年限折旧。

从采购管理向资源管理的转变，与供应商形成了公平、互动、双赢的合作关系。

建设内部 ERP 信息系统和 B2B 电子商务平台大大加快信息的反馈，并带动物流快速流动。经销商、客户通过访问海尔集团网站，下达订单，订单数据直接进入后台的 ERP 系统，并通过采购平台将采购订单下达给供应商。供应商在网上接受订单并通过网上查询计划与库存，及时补货，实现了 JIT 供货。供应商通过与银行合作，实现了网上货款支付，日付款制度的实施保证了对供应商付款及时率 100%，加快了物流与资金流速度。这使得原来半个月才能处理完毕的工作可以在几小时内完成，大幅加快了订单和整条供应链的响应速度。

第二阶段：运用信息技术和物流技术，建立柔性化生产系统

物流技术的创新和广泛应用保证了同步柔性制造系统的运行。标准容器、标准包装、条形码和无线扫描等技术的广泛应用实现了单元化、标准化储存和机械化高速搬运，提高了劳动效率，改变了原来收货、搬运、分拣和发货使用手工操作的状况，保证了及时配送上工位，降低了库存成本。立体仓库的建成改变了企业原有仓储的观念，成为柔性生产配置的中转库，提前的分装与拣选则保证了大规模定制生产的需要。

由于信息的准确及时，库存量大大降低。货物入库后，物流部门可根据次日的生产计划利用 ERP 系统进行配料，同时根据看板管理 4 小时配送至工位。海尔集团与供应商双赢的战略合作伙伴关系也推动了寄售模式的广泛应用。寄售模式一方面减少了供应商租赁、装卸与运输的费用，降低了物流成本，也避免了自身由于原材料不足而停产，使库存管理节约了大量的人力、物力和时间。

第三阶段：延伸服务领域，物流产业化发展

海尔物流储运事业部通过整合海尔集团的仓储资源和运输资源，可调配车辆达 10 000 辆以上，在全国建立了 42 个配送中心，每天能够将上百个品种的 30 000 余台产品配送到全国 1 330 个专卖店和 9 000 余个营销网点。通过运用条形码和 GPS 技术，海尔物流储运事业部可随时监控所有车辆的状况，运输效率大大提高。原来配送到全国平均 7 天的时间，目前中心城市实现 8 小时配送到位，区域内 24 小时配送到位，全国 4 天内配送到位。而且由于是按单生产，成品库只是中转库，在减少仓储面积 10 余万平方米的情况下实现了零库存。

参照集团的服务标准和规范，海尔物流规范运作，业务开展的同时也保证了服务质量。通过积极开展第三方配送，海尔物流已经在为多家知名企业提供第三方物流服务，并通过强强联合不断完善配送网络。物流已成为海尔集团新的核心竞争力。

根据案例提供的信息，请回答以下问题：

1. 海尔集团的生产物流和销售物流是如何衔接的？
2. 海尔集团与供应商之间的战略合作伙伴关系形成的基础是什么？
3. 海尔物流的核心竞争力是什么？为什么？
4. 请对海尔物流向第三方物流发展的方向提出你的建议。

学习情境五

供应链管理策略[①]的选择与实施

【知识目标】

1. 了解 QR 和 ECR 两种供应链管理策略产生的背景
2. 理解 QR 和 ECR 两种供应链管理策略的内涵
3. 掌握 QR 策略的实施条件与步骤
4. 理解 ECR 策略的四大要素
5. 了解供应链管理策略在实施中使用的关键信息技术手段
6. 了解供应链管理策略在实施中使用的关键物流技术与管理方法
7. 理解 QR 和 ECR 两种供应链管理策略的异同
8. 理解 CPFR 的内涵、模型与实施

【能力目标】

1. 能正确选择供应链管理策略
2. 能辨识供应链管理策略成功实施的关键
3. 能结合企业实践分析 CPFR 的运作过程

案例：沃尔玛公司的 QR 实践（微课）

UPC 和 EAN（微课）

【引例】

沃尔玛公司的 QR 实践

在萨尔蒙公司（Salmon）的倡导下，从 1985 年开始，美国服装纺织行业开展了大规模的 QR 运动，正式掀起了供应链构筑的高潮。美国零售巨头沃尔玛公司与服装制造企业塞米诺尔，以及面料生产企业米尼肯公司合作，建立了快速反应（QR）系统。

---

① 按照西方战略管理思想，多元化经营的公司的战略体系包括总体战略、事业部战略、供应链战略、职能战略及次战略，单一业务公司的战略体系包括总体战略、供应链战略、职能战略及次战略。按照东方管理思想及惯例，公司层面的总体战略一般称战略，其他层面的战略习惯上称策略，而其对应的专业术语的英文均为 strategy。

沃尔玛与塞米诺尔以及米尼肯公司建立QR系统的过程可分为如下三个阶段。

1. QR的初期阶段

沃尔玛公司1983年开始采用POS系统，1985年开始建立EDI系统。1986年与萨尔蒙公司和米尼肯公司在服装商品方面开展合作，开始建立垂直型的快速反应（QR）系统。当时合作的领域是订货业务和付款通知业务；沃尔玛公司通过电子数据交换系统发出订货明细清单和受理付款通知，以此来提高订货速度和准确性，以及节约相关事务的作业成本。

2. QR的发展阶段

为了促进行业内电子商务的发展，沃尔玛与行业内的其他商家一起成立了VICS委员会，共同协调确定行业统一的EDI标准和商品识别标准。VICS委员会制定了行业统一的EDI标准并确定了商品识别标准，采用UPC商品识别码。沃尔玛公司基于行业统一标准设计出POS数据的传输格式，通过EDI系统向供应商传送POS数据。供应商基于沃尔玛传送的POS信息，及时了解沃尔玛的商品销售状况、把握商品的需求动向，并及时调整生产计划和原材料采购计划。

供应商利用EDI系统在发货之前向沃尔玛传送提前装运通知（ASN）。这样，沃尔玛事前就可以做好进货准备工作，同时可以省去货物数据的输入作业，使商品检验作业效率化。沃尔玛在接收货物时，用RF终端读取包装箱上的物流条形码，把获取的信息与提前装运通知进行核对，判断到货与发货清单是否一致，从而简化了检验作业。在此基础上，利用电子支付系统(EFT)向供应商支付货款。同时只要把ASN数据和POS数据比较，就能迅速知道商品库存的信息。这样做的结果使沃尔玛不仅节约了大量事务性作业成本，而且还能压缩库存，提高库存周转率。在此阶段，沃尔玛公司开始把QR的应用范围扩大至其他商品和供应商。

3. QR的成熟阶段

沃尔玛把零售店商品的进货和库存管理的职能转移给供应商（产品制造商），由制造商对沃尔玛的流通库存进行管理和控制，即采用供应商管理库存的模式。沃尔玛让供应商与之共同运营管理沃尔玛的流通中心，在流通中心保管的商品的所有权属于供应商。供应商对POS数据和ASN数据进行分析，把握商品的销售和沃尔玛的库存动向，在此基础上，决定在什么时间，把什么类型的商品，以什么方式向哪个店铺发货。发货信息以提前装运通知的形式传送给沃尔玛，并以多频次、小批量的方式进行连续库存补充，即采用连续补充库存方式。由于采用供应商管理库存（VMI）和连续补货计划（CRP），供应商不仅能够减少本企业的库存，还能减少沃尔玛的库存，实现整个供应链库存水平的最小化。另外，对沃尔玛来说，其省去了商品进货业务，节约了成本，同时能集中精力于商品销售；并且，事先能得知供应商的商品促销计划和商品生产计划，能够以较低的价格进货。这些为沃尔玛进行价格竞争提供了条件。

引导问题：

1. 什么是供应链管理策略？

2. 常见的供应链管理策略有哪几种？

3. 沃尔玛公司采取了何种供应链管理策略？有何好处？

4. 沃尔玛公司在实施该供应链管理策略的过程中，采用了哪些信息技术手段以及物流技术和管理方法作为支撑？

快速反应（QR）和有效客户反应（ECR）是源于美国服装行业和食品杂货业的两种供应链管理策略。成功实施供应链管理策略，是企业有效实施供应链管理的关键。

任务 1　QR 策略的认知与实施

目前应用较多的供应链管理策略主要有快速反应和有效客户反应。前者是美国纺织服装业发展起来的一种供应链管理策略。它是美国零售商、服装制造商以及纺织品供应商开发的整体业务概念，其目的是减少从原材料到销售点的时间和整个供应链上的库存量，最大限度地提高供应链运营管理的效率。

一、QR 策略产生的背景

QR 策略产生的背景（微课）

20 世纪六七十年代，美国的杂货行业面临着国外进口商的激烈竞争。20 世纪 80 年代早期，美国国产的鞋、玩具以及家用电器的市场占有率下降到 20%，而国外进口的服装在美国的市场份额也达到了 40%。面对国外商品的激烈竞争，纺织与服装行业在 20 世纪 70 年代和 80 年代采取的主要对策是在寻找法律保护的同时，加大现代化设备投资的力度。到了 20 世纪 80 年代中期，美国的纺织与服装行业是通过进口配额系统保护最重的行业，而纺织业是美国制造业生产率增长最快的行业。尽管上述措施取得了巨大的成功，但服装行业进口商品的渗透却在继续增加。一些行业的先驱认识到保护主义措施无法保护美国服装制造业的领先地位，他们必须寻找别的方法。

1984 年，美国服装、纺织以及化纤行业的一些主要的经销商成立了“用国货为荣委员会”（Crafted with Pride in USA Council），该委员会的任务是为购买美国生产的纺织品和服装的消费者提供更多的利益。1985 年该委员会开始做广告，提高了美国消费者对本国生产的服装的信誉度。该委员会也拿出了一部分经费，研究如何长期保持美国纺织与服装行业的竞争力。1985—1986 年，Kurt Salmon 协会进行了供应链分析，结果发现，尽管供应链的各个部分具有较高的运作效率，但整个系统的效率却十分低。于是，纤维、纺织、服装以及零售业开始寻找那些在供应链上导致高成本的活动。结果发现，供应链的长度是影响其高效运作的主要因素。

整个服装供应链，从原材料到消费者购买，时间为 66 周，其中 11 周在制造车间，40 周在仓库或转运，15 周在商店。这样长的供应链，不仅各种费用高，更重要的是，建立在不精确需求预测基础之上的生产和分销，导致因数量过多或过少造成的损失非常大。

整个服装供应链系统的总损失每年可达 25 亿美元，其中 2/3 的损失来自零售商或制造商对服装的降价处理以及在零售时的缺货。进一步的调查发现，消费者离开商店而不购买的主要原因是找不到合适的尺寸和颜色的商品。为此，Kurt Salmon 公司建议零售业者和纺织服装生产厂家合作，共享信息资源，建立一个快速响应系统来实现销售额增长、顾客服务水平提高及库存量、商品脱销及商品风险最小化的目标。这项研究导致了快速响应策略的应用和发展。

美国是 QR 策略的发源地，有许多企业都已经开始实施 QR 策略，并取得了成功。其中，零售商主要有：Sears，Walmart，Kmart，JCPenney，Dayton Hudson，Target，Federated，Dillards，The Limited，Hudson's Bay，Montgomery Ward 以及 Circuit City 等。供应商主要有：Levi Strauss，VF Corp，Arrow Produets，ESteeLauder，Nike，Sara Lee Hosiery，Whirlpool 以及 Panasonic。实施 QR 的承运商有 Roadway 和 Schneider。

二、QR 策略的内涵

QR 策略的内涵（微课）

快速反应（Quick Response，QR）是“供应链成员企业之间建立战略合作伙伴关系，利用电子数据交换（EDI）等信息技术进行信息交换与信息共享，用高频率小批量配送方式补货，以实现缩短交货周期，减少库存，提高顾客服务水平和企业竞争力为目的的一种供应链管理策略”（GB/T 18354-2006）。换言之，QR 策略是供应链成员企业为了实现共同的目标，如缩短供应提前期、降低供应链系统库存量、避免大幅度降价、避免产品脱销、降低供应链运作风险、提高供应链运作效率等而加强合作，实现供应链的可视化和协同化所使用的策略，其重点是对消费者的需求做出快速反应。

实施 QR 策略，要求零售商和供应商一起工作，通过共享 POS 数据来预测补货需求，不断监测环境变化以发现新产品导入的机会，以便对消费者的需求做出快速反应。从业务运作的角度看，贸易伙伴需要利用 EDI 来加快供应链中信息的传递，共同重组业务活动以缩短供应提前期并最大限度地降低运作成本。

三、QR 策略的实施步骤

QR 策略的实施阶段和步骤（微课）

QR 策略的实施包括以下几个主要步骤。

（1）商品单元条码化。即对所有商品消费单元用 EAN/UPC 条码标识，对商品贸易单元用 ITF-14 条码标识，对物流单元则用 UCC/EAN—128 条码标识。

（2）POS 数据的采集与传输。零售商通过 RF 终端扫描商品条形码，从 POS 系统得到及时准确的销售数据，并通过 EDI 传输给供应商共享。

（3）补货需求的预测与补货。供应商根据零售商的 POS 数据与库存信息，主动预测补货需求，制订补货计划，经零售商确认后发货。

从近年企业的实践来看，零售商和制造商的合作进一步加强，合作的领域逐渐拓展到联合产品开发和零售店铺空间管理，如图 5. 1 所示。

四、QR 策略成功实施的条件

QR 策略成功实施的条件（微课）

QR 策略的成功实施，需要具备以下基本条件。

1. 供应链成员企业间建立战略伙伴关系

企业必须改变通过“单打独斗”来提高经营绩效的传统理念，要树立通过与供应链成员企业建立战略伙伴关系，实现资源共享，共同提高经营绩效的现代供应链管理理念。

2. 供应链成员企业间建立有效的分工协作关系的框架

明确成员企业间分工协作的方式和范围，加强协同，消除重复作业。特别的，零售商在 QR 系统中起主导作用，零售店铺是构筑 QR 系统的起点。

3. 实现供应链的可视化

开发和应用现代信息技术手段，打造透明的供应链（实时信息共享）。以供应链的可视化促进供应链的协同化。这些信息技术手段包括：条码系统（bar code system）、条码自动识别技术（bar code automatic identification technology）、物流信息编码（logistics information coding）

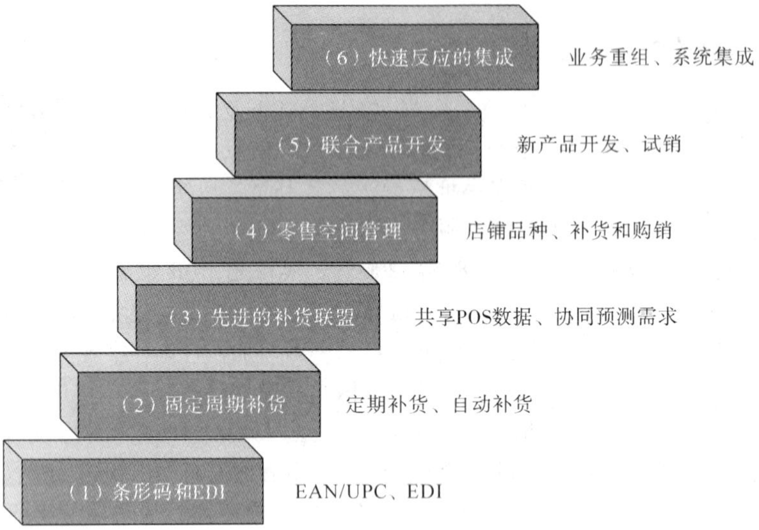

图 5.1　QR 策略的实施步骤

技术、物流标签（logistics label）、电子订货系统（electronic order system，EOS）、销售时点系统（POS）、射频识别（RFID）技术、电子数据交换（EDI）、提前装运通知（ASN）技术、电子转账（electronic funds transfer，EFT）等。

4. 采用先进的物流技术和管理方法

在 QR 策略的实施过程中，企业需要采用供应商管理库存（VMI）、连续补货计划（CRP）、越库配送/直接换装（CD）等先进的物流管理方法和手段，以减少物流作业环节，降低供应链系统的库存量，实现及时补货。

5. 柔性生产与供应

在供应链中需建立柔性生产系统，实现多品种小批量生产，努力缩短产品生产周期，满足客户的订货需求。

五、QR 策略的实施效果

对于零售商来说，其大概需要投入占销售收入 1.5%~2%的成本以支持条码、POS 系统和 EDI 的正常运行。这些投入主要用于以下几方面：EDI 启动软件，现有应用软件的改进，租用增值网（VAN），产品查询，系统开发，教育与培训，EDI 工作协调，通信软件，网络及远程通信，CPU 硬件，条码标签打印的软件与硬件等。

实施 QR 策略的收益是巨大的，远远超过其投入。Kurt Salmon 协会的 David Cole 在 1997 年曾说过："在美国那些实施 QR 第一阶段的公司每年可以节省 15 亿美元的费用，而那些实施 QR 第二阶段的公司每年可以节省 27 亿美元的费用。"他提出，如果企业能够过渡到第三阶段——协同计划、预测与补货（CPFR），每年可望节约 60 亿美元的费用。Kurt Salmon 协会通过调查、研究和分析认为，通过实施 CPFR 可以达到以下目标：①新产品开发的提前期可以缩短 2/3；②缺货率大大降低甚至杜绝；③库存周转率可以提高 1~2 倍；④通过敏捷制造（AM）技术，20%~30%的产品可以实现用户定制。

根据 Black Burn 的研究，QR 策略的实施效果如表 5.1 所示。

表 5.1　QR 策略的实施效果

商品名称	构成 QR 系统的供应链成员企业	实施 QR 策略的效果
休闲裤	零售商：沃尔玛 制造商：塞米诺尔 面料供应商：米尼肯	销售额：增加 31% 库存周转率①：提高 30%
衬衫	零售商：J. C. Penney 制造商：Oxford 面料供应商：Burlinton	销售额：增加 59% 库存周转率：提高 90% 需求预测偏差率：降低 50%

由表 5.1 可知，零售商在应用 QR 系统后，销售额大幅度增加，库存周转率大幅度提高，销售预测偏差率大幅度降低。此外，大约可以节约 5%的销售费用，管理、分销、库存等费用大幅度降低。与此同时，补货前置期缩短了 75%。如图 5.2 所示。

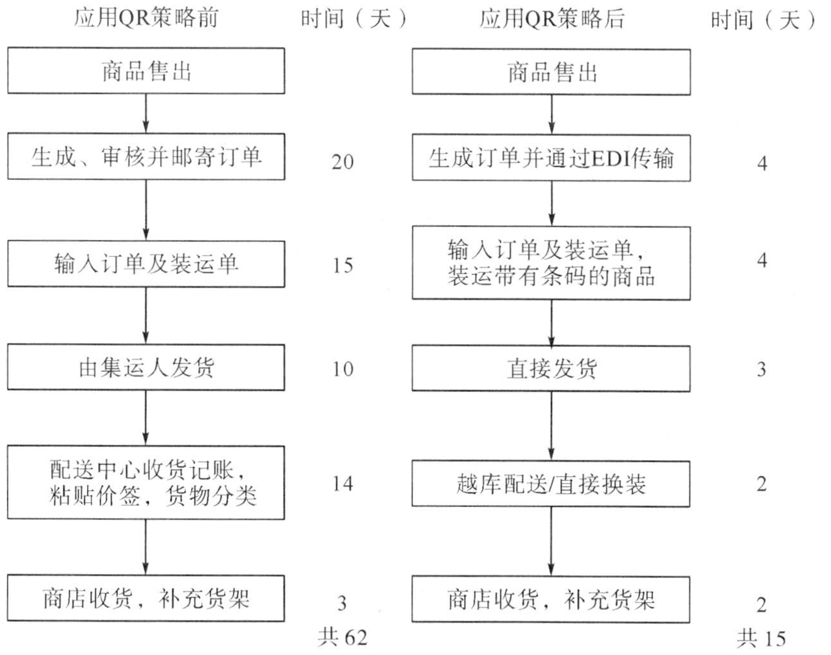

图 5.2　应用 QR 策略前后补货周期比较

六、QR 策略的最新发展——CPFR

［案例］　　沃尔玛的 CPFR 实践

沃尔玛利用信息技术手段有效整合物流和资金流，是基于 CPFR 供应链计划管理模式的理论和实践。在供应链运作的整个过程中，沃尔玛应用一系列技术模型，对供应链中的不同客户、不同节点的执行效率进行信息交互式管理和监控，对商品资源、物流资源进行集中的管理和控制。沃尔玛通过共同管理业务过程和共享信息来改善零售商和供应商的伙伴关系，

① 库存周转率（turnover rate of inventory /inventory turn over，ITO）是指单位时间内的库存周转次数。计算公式为：库存周转率=一定期间的出库总金额/该期间的平均库存金额=一定期间的出库总金额×2/（期初库存金额+期末库存金额）。库存周转率没有绝对的评价标准，通常是同行业相互比较，或是与企业内部的其他期间相比较。

提高采购订单的计划性、提高市场预测的准确性，提高供应链运作的效率，控制库存周转率，并最终控制物流成本。

目前在欧美，QR 策略的发展已经进入第三阶段，即协同计划、预测与补货（CPFR）。越来越多的制造商与零售商共同建立 CPFR 流程，以便更好地衔接生产与消费，实现供需平衡。

（一）CPFR 的概念与内涵

美国志愿性跨行业商务解决方案协会（VICS）将 CPFR 定义为“在计划与履行客户订单（或需求）中结合多个交易伙伴智能的商业实践”。在我国，协同计划、预测与补货（collaborative planning; forecasting and replenishment，CPFR）是指“应用一系列的信息处理技术和模型技术，提供覆盖整个供应链的合作过程，通过共同管理业务过程和共享信息来改善零售商和供应商之间的计划协调性，提高预测精度，最终达到提高供应链效率、减少库存和提高客户满意程度为目的的供应链库存管理策略（GB/T 18354-2006）”。CPFR 是一种建立在供应链成员企业密切合作和标准流程基础之上的供应链库存管理策略，其作用是将诸如品类管理等“销售与营销的最佳实践”与“供应链的计划与执行流程”实现无缝衔接，以便达成在提高产品可得性的同时降低运输、库存等物流成本的目标。

协同计划、预测与补货(CPFR)的定义（微课）

［**小贴士**］　　**CPFR 的实施效果**

自 1998 年 VICS 推出 CPFR 以来，全球已经有 300 余家企业实践了这一流程。实践证明，企业通过实施 CPFR，制造商对零售商的订单满足率提高了 2%~8%，供应链系统的库存总量下降了 10%~40%。CPFR 的实施成效显著。

（二）CPFR 的模型

协同计划、预测与补货（CPFR）的模型如图 5.3 所示。

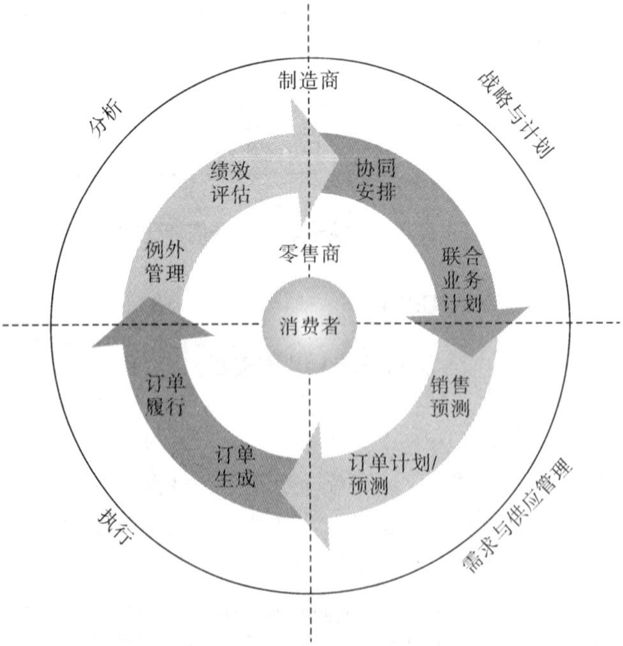

图 5.3　协同计划、预测与补货（CPFR）模型

该模型描述了计划、预测与补货流程中制造商与零售商协同活动的总体框架，同时反映了每个协同活动包含的具体协同任务。

（1）战略与计划。战略与计划协同包含制造商与零售商的协同安排与联合业务计划两个具体协同任务。其中，协同安排的内容包括：设定合作关系的业务目标、定义双方乃至多方协同的范围、分配协同所涉及的各方的角色与职责、确定协同绩效检测点以及流程的推进。而联合业务计划的主要作用是帮助制造商和零售商识别在计划期间影响供应与需求的显著活动，如促销活动、库存管理策略的调整、门店的开张与关停以及产品导入等。

（2）需求与供应管理。需求与供应管理包含销售预测与订单计划/预测两个具体协同任务。其中，销售预测指制造商和零售商协同预测消费需求，即联合预测零售门店的销售时点信息（POS），这是制造商和零售商开展企业经营活动以及供应链运作与管理活动的起点。而订单计划/预测指制造商和零售商基于销售预测、库存设置、供应提前期及其他因素共同确定未来的产品订单与配送要求。

（3）执行。执行包括订单生成与订单履行两个具体协同任务。其中，订单生成指制造商和零售商协同将上述预测结果转化为企业需求。而订单履行指制造商和零售商在产品生产、货物发运及配送与储存等供应链运作活动中实现协同以满足消费者的需求。

（4）分析。分析包括例外管理与绩效评估两个具体协同任务。其中，例外管理指制造商和零售商主动、联合检查计划与运作中出现的异常情况。而绩效评估指制造商和零售商通过关键绩效指标（KPI）协同评估业务目标的实现程度，揭示未来发展趋势，联合开发促进双方共同发展的战略。

需要说明，具体的协同任务需要由制造商、零售商分别或共同承担（见表 5.2）。比如，制造商的销售团队定期制订并实施战略客户计划，零售商的采购与供应团队对供应商关系管理及供应商质量管理的情况进行定期或不定期的回顾。当制造商与零售商通过 CPFR 建立起供应链合作关系时，双方对应的团队人员将走到一起完成协同安排。

表 5.2 零售商与制造商支撑协同的任务

零售商的任务	零售商和制造商的协同任务	制造商的任务
	战略与计划	
供应商管理	协同安排	客户计划
品类管理	联合业务计划	营销计划
	需求与供应管理	
POS 数据预测	销售预测	市场数据分析
补货计划	订单计划/预测	需求计划
	执行	
采购/再采购	订单生成	生产与供应计划
物流/配送	订单履行	物流/配送
	分析	
店铺执行	例外管理	执行监测
供应商计分卡①	绩效评估	客户计分卡②

① 参见本书学习情境七任务 3“运用平衡计分卡法进行供应链绩效管理”。

② 参见本书学习情境七任务 3“运用平衡计分卡法进行供应链绩效管理”。

（三）CPFR 的实施

1. CPFR 的实施准备工作

CPFR 提供了跨企业边界的计划流程整合方法。但是，企业与企业间的协同必须建立在企业内部职能间协同的基础之上。传统意义上，零售商的品类管理部门制订品类计划，制造商的需求管理部门据此进行需求预测；零售商的采购部门与制造商的销售部门就双方的交易及其他促销活动进行洽商；零售商的补货部门决定店铺或配送中心的订货（或补货）数量，制造商的客户服务部门或物流部门则调集相关资源履行订单。在多数情况下，这些讨论与交易是独立进行的，缺乏企业内部部门之间的沟通与协调。

有效的企业与企业之间的协同需要打破企业内部部门间、职能间及企业之间的界限进行资源与流程的整合。对于大客户，很多制造企业成立了跨职能的客户化团队，物流、计划、财务与销售等部门的人员组成交叉职能团队，共同为客户提供个性化服务。对于小客户，企业一般按照地域或渠道组建交叉职能团队。

零售商则通常成立跨职能的品类团队，实现商品计划、采购与补货流程的协同。补货部门需要特别注意门店与配送中心补货的协调，以保持供应链库存的平衡。有些零售商干脆将门店与配送中心补货团队合二为一，以避免工作上的脱节。

［案例］　　　　　　　　**利丰公司的客户化流程团队**

许多公司的运营是以客户为中心的，这意味着他们设计的主要系统在多数情况下是符合多数顾客的需求的。利丰公司的做法有些不同。该公司围绕客户需求的满足进行组织设计。几乎所有具备广泛供应商网络的大型贸易公司都是按照地域来构建组织的，以地域为单位作为盈利中心。结果，他们就很难进行价值链的优化，他们不同地域的单位在经营上是相互竞争的。而利丰公司的基本运营单位是分支。在任何可能的时候，公司都会让一个分支重点服务于一个客户。对于比较小的客户，公司会让一个分支服务于一个具有相似需求的客户群。这种围绕客户构建的组织形式非常重要，利丰的主要工作就是根据每个客户的订单创造一条定制的价值链。因此，以客户为焦点的分支构成了利丰公司组织的基石，公司保持他们的灵活性和独立性。他们的业务从两千万到五千万美元不等，每一个都是在精干的企业家领导下运营的。

例如，Gymboree 是利丰公司最大的分支之一。其分支经理 Ada Liu 与她领导的团队在香港利丰大厦里有独立的办公室。走进她们的办公室，你可以看到 40 多个工作人员，个个都在为满足客户的需求而努力工作。每张办公桌上都有一台计算机，计算机通过网络直接连接到 Gymboree。工作人员被划分为不同的小组，包括技术支持、推销、原料采购、质量保证、运输等各个领域。因为 Gymboree 从中国、菲律宾和印尼等国家大量进口产品，Ada 就把其采购小组安排在这些国家的分部里。在总共 26 个国家中，她在 5 个国家有自己的小组，有自己雇用的人员。比如，当她想从印度获取资源的时候，办事处就可以帮她完成这项工作。

想一想：利丰公司为什么要构建客户化流程团队？

2. CPFR 实施的技术方案

尽管 CPFR 流程不单纯依靠技术，但专门的技术方案可以使流程更加具有扩展性。很多企业开发出 CPFR 的解决方案来推进协同计划、预测与补货流程，包括共享需求预测及历史相关数据与信息、自动生成协同安排与联合业务计划、分析例外状况、纠偏调适与绩效评估等内容。

CPFR 技术在整合零售商和制造商流程中的作用如图 5.4 所示。

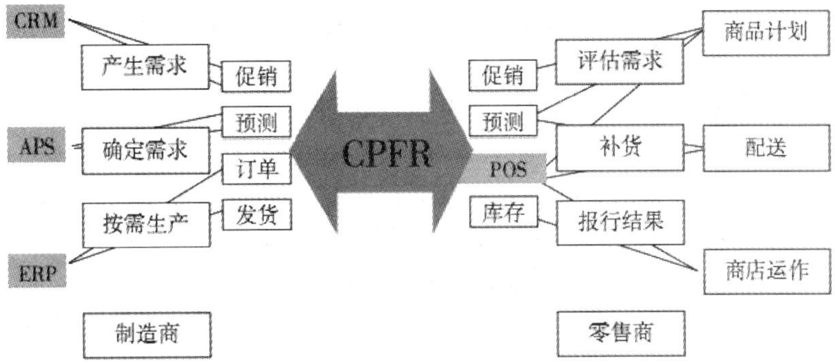

图 5.4　CPFR 技术在整合零售商和制造商流程中的作用

如图 5.4 所示，CPFR 解决方案必须与企业记录生产与消费需求及供应链数据的信息系统进行整合。CPFR 解决方案可以配置为共享的信息系统，或者配置为 CPFR 实施企业之间的对等信息网络。共享的信息系统既可以作为零售商或制造商企业网络平台的一部分来运作，也可以由第三方平台运营。同样，对等数据通信既可以在零售商与制造商之间直接进行，也可以通过第三方平台来完成。

需要指出，虽然应用 QR 策略的初衷是为了对抗进口商品，但是实际上并没有出现这样的结果。相反，随着竞争的全球化和企业经营的全球化，QR 系统管理迅速在各国企业界扩展。航空运输为国际间的快速供应提供了保证。现在，快速反应已成为企业获取竞争优势的重要策略。同时，随着零售商和供应商结成战略联盟，竞争方式也从企业与企业之间的竞争转变为战略联盟与战略联盟之间的竞争。

任务 2　ECR 策略的认知与实施

有效客户反应（ECR）是从美国的食品杂货业发展起来的一种供应链管理策略，它是分销商与供应商为了消除供应链系统中不必要的成本和费用，给客户带来更大利益而进行密切合作的一种供应链管理策略。

一、ECR 策略产生的背景

在 20 世纪 60 年代和 70 年代，美国日杂百货业的竞争主要是在生产厂商之间展开。竞争的焦点是品牌、商品、分销渠道以及大量的广告和促销，同时在零售商和生产厂商的交易关系中生产厂商占据支配地位。进入 20 世纪 80 年代特别是到了 20 世纪 90 年代以后，在零售商和生产厂商的交易关系中，零售商开始占据主导地位，竞争的焦点转向流通中心、商家自有品牌、供应链效率和 POS 系统。在供应链系统内部，零售商和生产厂商为了争夺对供应链主导权的控制，并为自有品牌占据零售店铺货架空间的份额展开着激烈的竞争，这种竞争使得供应链各个环节间的成本不断转移，供应链系统成本上升，并且容易牺牲力量较弱一方的利益。

在此期间，从零售商的角度来看，随着新的零售业态如仓储商店、折扣商店的大量涌现，零售商能以相当低的价格销售商品，从而使日杂百货业的竞争更加激烈。在这种状况下，许多传统超市业者开始寻找应对这种竞争方式的新的管理方法。从生产厂商角度来看，由于日用百货的制造技术含量不高，大量无实质性差别的新商品被投放进市场，生产厂商之间的竞争趋同。生产厂商为了控制分销渠道，通常采用直接或间接降价的方式向零售商进行促销，这在很大程度上牺牲了厂商自身的利益。因此，如果制造商能与零售商结成战略联盟，将不仅有利于零售业的发展，同时也符合生产厂商自身的利益。

另外，从消费者的角度来看，过度竞争往往使企业忽视消费者的需求。一般而言，消费者比较看重的是商品的高品质、新鲜度、优质的服务和在合理价格基础上的多种选择（品种多样）。然而，许多企业并非通过提高商品和服务的质量以及在合理价格基础上的多元化的产品来满足消费者的需求，而是通过提供大量非实质性差异的商品来供消费者选择，并通过大量的诱导型广告和广泛的促销活动来吸引消费者转换品牌，结果导致顾客满意度不断下降。面对这种状况，客观上企业必须从消费者的需求出发，提供能满足消费者需求的商品和服务。

在上述背景下，美国食品市场营销协会（FMI）联合了可口可乐、宝洁、Safeway Store等在内的六家企业与Kurt Salmon公司联合成立了研究小组，对食品产业的供应链状况进行调研，探索提高企业经营绩效的途径。1993年1月，该研究小组正式形成了一份详细的咨询报告，在该报告中首次提出了ECR的概念，就此开始了食品产业供应链管理的实践。

二、ECR策略的内涵

有效客户反应（efficient customer response，ECR）是“以满足顾客要求和最大限度降低物流过程费用为原则，能及时做出准确反应，使提供的物品供应或服务流程最佳化的一种供应链管理策略”（GB/T 18354-2006）。

ECR策略的目标是建立一个具有高效反应能力和以客户需求为基础的系统，在零售商与供应商等供应链成员企业之间建立战略伙伴关系，其目的是最大限度地降低供应链系统的运营成本，提高供应链系统的运营效率，提高客户服务水平。

ECR策略的优势在于供应链成员企业为了提高消费者满意度这个共同的目标而结盟，共享信息和诀窍。它是一种把以前处于分离状态的供应链各方联系在一起以满足消费者需求的有效策略。

ECR策略的核心是品类管理，即把品类（商品品种类别）作为战略业务单元（SBU）来管理，通过满足消费者需求来提高经营绩效。品类管理是以数据为决策依据，不断满足消费者需求的过程。品类管理是零售业精细化管理之本。

［案例］　**华联超市的品类管理实践**

上海华联超市股份有限公司的品类管理实践主要包括品类优化和货架管理两方面的内容。品类优化是指通过数据来评估卖场中某个品类下各规格单品的销售业绩，比照数据做出品类规格的决策。而货架管理则是在各品类规格销售份额的基础上合理安排货架。

早在2000年，华联超市和宝洁公司就通力合作实施了品类管理项目。他们根据门店规模及现有货架的不同，对众多门店进行了分类，并针对不同类型的门店进行了品类优化和货架图纸的制作。在对洗发水品类的测试与推广中，这一合作取得了十分明显的效果。根据对50家测试门店的统计，通过品类管理，华联成功地降低了品类的总脱销率（由11%降至5%），当月洗发水品类的销量提高了7%。

华联超市的经验是：考虑到连锁超市企业各单体门店的位置及经营面积的差异性，门店促销活动的频繁以及门店执行质量的控制等因素后，华联超市对门店品类优化、货架管理、商品组织表及配置表等进行了深入的探索：首先，相关管理部门利用不同渠道收集市场销售数据，对各品类内务规格进行排名，评估各规格商品对整个品类的意义和潜力，对消费者的购买行为和购买决策进行研究，最后对各规格商品做出相应的经营决策。其次，在品类优化的基础上，华联超市根据商品的销量排行、A 类商品、对供应商的承诺三个因素，选择商品配置，并对每张配置表进行排放试验，规定每个商品的排面、高度和深度数量。

最近，华联超市重点加强对大卖场系统的品类管理研究，制定出了更为细致的商品组织表，然后制定出不同类型商场、不同地域要求的商品配置表，从商品分类抓采购业务和门店管理业务，取得了显著成效。

品类管理主要由贯穿供应链各方的四个关键流程组成，如图 5.5 所示。

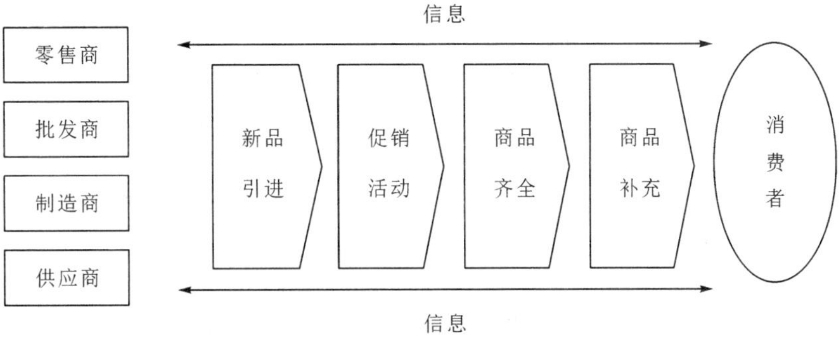

图 5.5　ECR 的运作过程

这四个关键流程亦即 ECR 的四大要素，包括有效的新产品导入（efficient new product introductions）、有效的商品组合（efficient store assortment）、有效的促销（efficient promotions）及有效的补货（efficient replenishment）。

（1）有效的新产品导入。它是指制造商通过实时共享零售店铺的 POS 数据和信息，及时把握消费者需求的变化，及时进行新产品的研究开发，及时推出适销对路的产品，提高新产品导入成功的概率。

（2）有效的商品组合。它是指供应商与零售商充分协同合作，评估满足市场需求的商品组合策略，争取在最佳的时间，将最适当的商品品类展示在消费者面前，并以合理的价格吸引消费者购买。加强库存管理，提高库存周转率和商品单品的盈利率；加强店铺空间管理，提高店铺空间的使用效率。

（3）有效的促销。它是指上下游企业间加强合作，改善传统的贸易关系，尽量避免无实质性差异的商品广告等诱导型促销活动，真正提高促销的实效性。换言之，贸易伙伴间加强合作，消除不必要的环节和无效的活动，通过减少环节降低成本来给消费者创造更多的让渡价值。

（4）有效的补货。它是指零售商向供应商提供及时准确的销售数据与信息，借助于电子订货系统（EOS）和连续补货计划（CRP）实现及时准确的补货，以缩短补货提前期，降低补货成本，最终降低商品的售价。

［案例］　　华联超市的自动补货系统

早在 1996 年，上海华联超市股份有限公司就在各个门店推行“零库存”管理，同时实行 24 小时的即时配销制度。取消店内小库后，大大降低了库存水平。该公司还拥有一个“零库存”的生鲜食品加工配送中心，配送中心实施 24 小时全天候的整箱和拆零商品的货物配送。随着连锁经营规模的迅速扩大，华联超市对配送中心与各门店的库存管理提出了更高的要求，期望达到库存成本和服务水平的最佳平衡。从 2000 年开始，华联超市与供应商紧密合作，建立了 EDI 自动补货系统。华联做了大量的动员工作，要求供应商全面配置电脑，并由华联超市安装 EDI 接口，实现华联超市与供应商网络库存信息的交换，实现对门店库存的及时补充，进一步降低库存成本，提升供应系统的整体效率。目前已有千余家供应商与华联共享数据。实施 EDI 自动补货系统后，华联物流中心的库存周转天数从 35 天下降到 15 天左右。部分供应商充分利用这一共享信息，在供货服务水平上有很大提高，从而也提高了华联对各门店的服务水平，最终提高了顾客满意度，提升了企业竞争力。

三、ECR 策略的实施

（一）ECR 策略在实施中的注意事项

1. 确保给消费者提供更高的让渡价值

传统的贸易关系是一种此消彼长的对立型关系，即贸易各方按照对自己有利的条件进行交易，这是一种零和博弈。ECR 策略强调供应链成员企业建立战略伙伴关系，通过合作，最大限度压缩物流过程费用，以更低的成本向消费者提供更高的价值，并在此基础上获利。

2. 确保供应链的整体协调

传统流通活动缺乏效率的主要原因在于制造商、批发商和零售商之间存在企业间联系的非效率性和企业内采购、生产、销售和物流等部门或职能之间存在部门间联系的非效率性。传统的企业组织以部门或职能为基础开展经营活动，以各部门或职能的效益最大化为目标。这样，虽然能够提高各个部门或职能的效率，但容易引起部门或职能间的摩擦。同样，在传统的业务流程中，各个企业以本企业的效益最大化为目标，这样虽然能够提高各个企业的经营效率，但容易引起企业间的利益摩擦。ECR 策略要求去除各部门、各职能以及各企业之间的隔阂，进行跨部门、跨职能和跨企业的管理和协调，使商品流和信息流在企业内和供应链系统中顺畅地流动。

3. 需要对关联行业进行分析研究

既然 ECR 策略要求对供应链整体进行管理和协调，ECR 策略所涉及的范围必然包括零售业、批发业和制造业等相关的多个行业。为了最大限度地发挥 ECR 策略所具有的优势，必须对关联行业进行分析研究，对组成供应链的各类企业进行管理和协调。

（二）ECR 策略的实施原则

在实施 ECR 策略时应遵循以下基本原则。

（1）以更低的成本向消费者提供更优质的产品和服务；

（2）核心企业主导供应链的运作；

（3）供应链成员企业实时信息共享，科学决策；

（4）最大限度压缩物流过程费用，确保供应链的增值；

（5）重视供应链绩效评估，成员企业共同获利。

（三）ECR 策略在实施中使用的关键技术与方法

ECR 策略在实施中使用的关键信息技术手段包括：条码（bar code）技术、销售时点系统（POS）、射频识别（RFID）技术、电子数据交换（EDI）、电子订货系统（EOS）、提前装运通知（ASN）以及产品、价格和促销数据库（item，price and promotion database）等。

ECR 策略在实施中使用的关键物流技术和管理方法包括：供应商管理库存（VMI）、连续补货计划（CRP）、直接换装/越库配送（CD）、品类管理（CM）等。

（四）ECR 策略的实施效果

实施 ECR 的效益是显著的。根据欧洲供应链管理委员会提供的调查报告，在对 392 家企业调查的结果显示：

对于制造商，其预期销售额增加 5.3%，制造费用减少 2.3%，销售费用降低 1.1%，仓储费用减少 1.3%，而总赢利上升 5.5%；对于批发商和零售商，销售额增加 5.4%，毛利增加 3.4%，仓储费降低 5.9%，库存量下降了 13.1%。

除此之外，对于上述企业以及客户在内，还存在着广泛的共同潜在效益，包括信息通畅、货物品种规格齐全、减少缺货、提高企业信誉、改善贸易双方的关系、增加消费者购货便利、增加了可选择性以及货品新鲜度等。由于减少了商品流通环节，消除了不必要的成本和费用，最终消费者、制造商、零售商均受益。

任务 3 辨识供应链管理策略成功实施的关键①

随着供应链管理理论的发展和企业管理实践的不断深入，供应链管理策略的内涵在不断深化。如何成功实施 QR 和 ECR 策略，是企业有效实施供应链管理的关键。

一、供应链管理策略应与企业经营的产品类型合理匹配②

实施有效的供应链管理，首先要将供应链管理策略与企业经营的产品类型合理匹配。我们知道，根据产品生命周期、产品边际利润、需求的稳定性以及需求预测的准确性等指标，可以将企业经营的产品划分为功能型和创新型两种类型。功能型产品具有较长的生命周期，产品更新换代较慢，需求较稳定，需求预测的准确性较高，因而市场竞争比较激烈，产品边际利润较低，这类产品的通用性、替代性较强。而创新型产品的生命周期较短，产品更新换代较快，需求不太稳定、需求预测的准确度较低，但其边际利润较高。根据功能型产品与创新型产品特征的差异性可知，经营功能型产品的企业，有必要实施 ECR 策略，高效、低成本地满足市场需求；而经营创新型产品的企业，有必要实施 QR 策略，对市场需求做出快速响应。

二、供应链管理策略应与企业竞争战略合理匹配

在经济全球化、信息网络化的今天，企业之间的竞争已演变为供应链与供应链的竞争，即基于产品开发设计、生产制造、分销与配送、销售与服务的跨越时空的全方位、一体化的综合性竞争。在这样的背景下，成功的供应链管理对提升企业竞争力的重要意义已不言而喻。而要实施有效的供应链管理，就必须实现供应链管理策略与企业竞争战略的合理匹配。

企业的竞争战略有多种类型。包括一体化战略、加强型战略、多元化经营战略、防御型战略等。按照著名的战略管理专家迈克尔·波特的观点，可根据企业目标市场的宽窄、竞争优势的来源（低成本或差异化），将企业竞争战略划分为总成本领先战略（低成本战略）、差异化战略（差别化战略或标新立异战略）和聚焦战略（集中战略）三种，通常称基本的竞争战略或一般战略。实施总成本领先战略的企业，提供产品或服务的总成本低于竞争对

① 胡建波. 供应链管理的两种策略［J］. 企业管理，2011（7）.

② 胡建波. 基于产品类型的供应链管理策略研究［J］. 中国物流与采购，2011（14）.

手，以此来获取竞争优势。在当企业提供标准化产品且目标客户群体对价格很敏感时，该战略尤其有效。实施差异化战略的企业，通过向目标客户群体提供与竞争对手不同的产品或服务来获取竞争优势。当标准化产品或服务难以满足买方的个性化需求，且实施差异化的成本低于企业的额外收益时，该战略比较有效。

显然，经营功能型产品的企业，由于产品同质化严重，市场竞争激烈，企业竞争优势应建立在低成本的基础上，因此，实施 ECR 策略能最大限度地与公司的总成本领先战略相匹配。而经营创新型产品的企业，其竞争优势主要来源于产品或服务的“差别化”，因此，实施 QR 策略能最大限度地与公司的差异化战略相匹配。

产品类型与供应链管理策略及企业竞争战略等的匹配关系如表 5.3 所示。

产品类型与供应链类型以及需求响应策略等的匹配关系（微课）

供应链管理策略与企业竞争战略的关系（微课）

表 5.3　产品类型与供应链管理等策略的匹配

产品类型	供应链类型	供应链管理策略	企业需求响应策略	企业竞争战略
功能型	功能型、有效性（或效率型）、推式、稳定型	有效客户反应（ECR）	存货型生产（MTS）	总成本领先
创新型	创新型、响应型（或反应性）、拉式、动态	快速反应（QR）	订单驱动型生产（MTO、ATO、ETO）	差异化

三、供应链管理策略成功实施的关键之一：实时信息共享

构筑高效的供应链信息系统，实现上下游企业的实时信息共享，是成功实施供应链管理策略的关键。

1. 构筑高效的供应链信息系统

企业实施供应链管理策略，首先应建立高效的供应链信息系统，及时准确地捕捉顾客需求变化的信息。为此，需要实现商品单元条码化，同时，建立销售时点系统（POS），按照商品的最小类别（SKU）读取实时销售信息以及采购、配送等阶段发生的各种信息。有条件的企业还应建立射频识别（RFID）系统，以实现商品信息非接触式的自动识别。在条码技术和条码自动识别等技术的有力支撑下，实现条码的编码、印制、识读、自动识别与数据采集。与此同时，还应建立电子数据交换（EDI）系统，借助计算机网络，采用标准化的格式，实现供应链业务数据的传输和处理。这包括企业向供应商发送的订单（订货明细清单）、付款通知以及供应商向客户发货前的提前装运通知（ASN）等数据和信息。其目的是提高信息传递的效率和准确性，同时通过无纸化作业降低相关事务处理成本。需要说明，虽然因特网的使用费用相对低廉，但其保密性和安全性相对较差，商业秘密容易泄露。因此，企业要成功实施供应链管理策略，需要开发 EDI 系统。实力雄厚的企业可自行开发，实力不

雄厚的企业可多家联合开发，抑或由IT公司开发、构建，工商企业租用或采取信息系统外包等方式加以解决。第四方物流公司可以为企业提供完整的供应链解决方案，因此，也可以由其主导，集成IT公司的资源，为供应链中的节点企业提供电子数据交换服务。最后，企业需要将条码系统、自动识别系统、销售时点系统和电子数据交换等系统有机集成，在供应链中建立信息“高速公路”，实现上下游企业实时信息共享。

2. 目前企业普遍存在的问题

目前，条码与POS系统的使用已比较普遍，但存在的问题是，多数企业并未充分对所获取的信息加以有效利用。例如，制造商在商品上印制条码，更多的是出于对国家标准的遵从或迫于社会各方面的压力。但在企业管理实践中，并未充分利用这些信息技术手段提高管理的效能。比如，在采购、储存、配送等阶段，并未充分发挥信息的纽带与服务决策等功能。事实上，库存信息、商品出入库的频率、库存周转的快慢（库存周转率、库存周转期）等信息是市场“晴雨表”，可反映下游用户需求的变化，由此可进一步判定、区分畅销品与滞销品，为企业经营决策提供参考和依据。而在产品仓储环节，若利用仓库管理系统（WMS）和射频识别（RFID）技术，可以提高货物入库、出库以及在库保管的效率，大大节省人力成本。

对于国内的多数零售商，其采用条码与POS系统，更多的是一种时尚，显得“与时俱进”，或者仅仅是为了采集店铺商品信息，将其输入计算机系统，实现店铺商品的计算机化管理，方便检索与查询。然而，目前存在的问题是，供应链中各个节点企业的信息未有效集成，特别地，零售店铺的POS数据和信息未及时有效地向上游传递，让制造商共享，这极有可能会导致制造商新品开发、生产与配送的非效率性，即开发、生产的产品不适销对路，这必然会导致产品积压，库存上升，甚至成为呆滞库存，给企业造成损失。另一方面，由于没有及时、准确地捕捉到顾客的需求信息，企业将无法及时满足顾客需求，缺货成本上升，降低了供应链企业群体的盈利率与收益率。

综上所述，供应链管理策略成功实施的关键，是要将供应链各节点的信息系统有效集成，实现无缝连接，建立健全高效的供应链信息系统，实现上下游企业的实时信息共享，这是供应链管理策略成功实施的前提。

四、供应链管理策略成功实施的关键之二：快速或高效补货

QR策略成功实施的保障是要建立快速补货系统，最大限度地避免缺货，降低缺货率，提高客户订单满足率和配送率，缩短客户订单履行的提前期，提高顾客满意度，最终提升企业竞争力。而ECR策略成功实施的保障是要建立高效补货系统，最大限度地降低运营成本，让利给消费者，在保证产品品质的前提下，以低成本取胜。

上述貌似“背反”的两个目标及保障措施并非像“鱼和熊掌”一样不可兼得，如果优化或重构供应链，实现供应链的简约化；上下游企业加强合作，实施“协同计划、预测与补货”（CPFR），或采取供应商管理库存（VMI）或联合库存管理（JMI）或集中化的多级库存管理等策略；优化供应链物流系统，实施第三方物流（TPL），采取“越库配送”物流运作方式等有效措施，就可以在降低供应链运作成本的同时，缩短交货期，实现快速或高效补货。

1. 建立基于第三方物流的供应商管理库存模式

实施VMI，制造商根据零售商的POS数据和库存信息来预测需求，据此制订生产计划

和送货计划，实现对用户库存的管理。在供应链上游，原材料或零部件等生产资料供应商则根据制造商的物料需求计划（MRP）和库存信息来预测需求，制订生产资料的供应配送计划。在理想的情况下，供应商应多频次、小批量地向客户提供配送服务，在保证满足客户生产经营需要的同时，有效降低客户的库存水平。但这样必然会增加供应商的配送成本，因此，可实施第三方物流，借助第三方物流服务商（TPLs）专业化、规模化、一体化和社会化的物流运作优势，向下游企业提供高效、低成本的物流配送服务，实现对用户库存的快速补充。如图 5.6 所示。

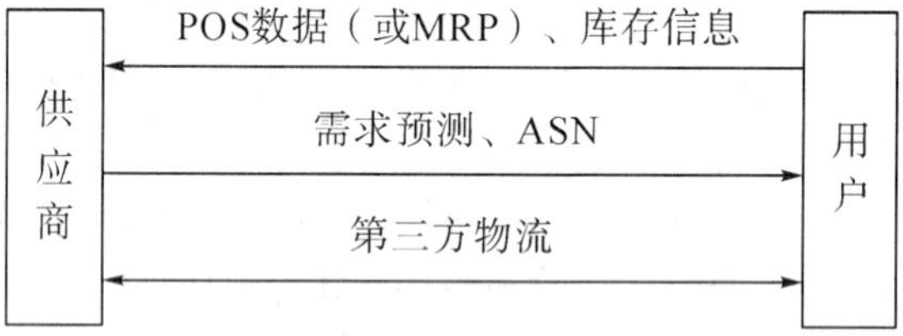

图 5.6　基于第三方物流的 VMI 模式

实施 VMI，需要供应商、用户和第三方物流企业一起建立标准操作程序（SOP），确定库存控制参数（例如再订货点、安全库存水平、最低库存水平等），建立有效的分工协作框架（协议），确保信息系统的有效对接，同时实施连续补货计划（CRP），以确定补货数量和配送时间。在运作中，各方还应本着互利互惠的“双赢”原则，实施持续改善。

2. 优化供应链物流系统，实施“越库配送”

传统意义上，供应链参与体多，物流环节多，商品流通速度慢。为降低市场风险，各节点都不可避免地持有库存，导致库存出现重复设置。因而，供应链中的库存控制模式往往是一种分布式的多级（点）库存控制。为缩短供应周期，必须优化供应链物流系统，采取“越库配送”方式，快速响应客户订单的需求。具体而言，在供应链上游，制造商应尽量采取直接供应方式，以缩短供应渠道，或者由供应商建立原材料、零部件等生产资料供应配送中心（DC），通过配送中心向制造商实施供应配送；在供应链下游，制造商应根据目标市场的地域范围及客户的分布情况建立区域分拨中心（RDC）和成品配送中心，在构建完善的销售物流系统的基础上，由成品库或区域分拨中心向配送中心提供供货保障，而配送中心则负责对配送圈范围内的目标客户提供多频次小批量的配送服务。若供应商能充分共享客户的需求信息，则可实施“越库配送”，即在成品库或区域分拨中心按照客户订单进行货物的组配，装入小型集装箱，经过长途运输，到达配送中心后将组配好的货物，以集装箱为单位换载到卡车上直接向客户进行配送。这样，将最大限度地避免货物的多次换装（多次拼箱和掏箱），既降低了货损率，又加快了货物的流速，缩短了供货的提前期。相应地，配送中心的储存功能和配送功能弱化，由“分拣型”或“储存型”演变为“通过型”。

需要说明，从企业销售物流管理的角度出发，无论是制造商还是零配件供应商，都可以根据市场营销及销售物流管理的需要，建立区域分拨中心和配送中心，优化销售物流系统；同时，为提高物流活动的效率并降低物流运作成本，可根据物流业务量的大小以及企业自营物流能力的强弱，科学合理地进行物流自营与外包决策（例如采取二维决策矩阵法以及综合评价法等方法）。一般而言，将物流业务外包，实施第三方物流，是多数工商企业的理性选择。在引入第三方物流以后，由于物流服务商的客户分布较广，物流社会化程度较高，因此可导入多客户运作，实现整合运输、搭配装载，送取结合，集中配送，在缩短物流配送时效的同时，将有效降低物流运作成本。

经优化的供应链物流系统与越库配送模型如图 5.7 所示。

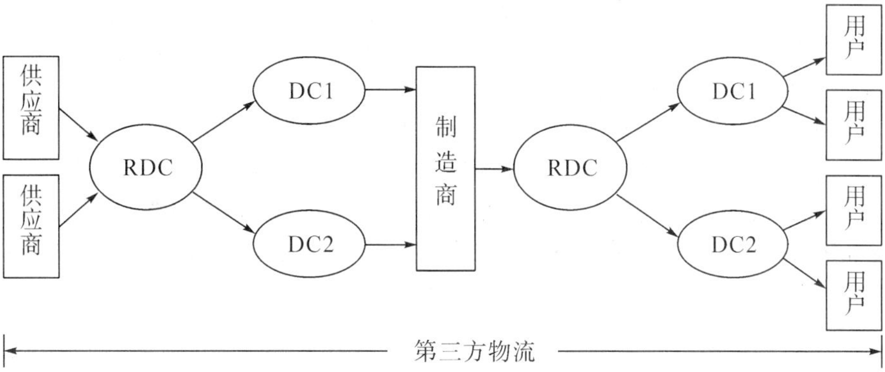

图 5.7　优化的供应链物流系统与越库配送模型

五、QR 策略与 ECR 策略实施要点之比较

QR 策略和 ECR 策略的主要区别（微课）

总体而言，QR 和 ECR 两种供应链管理策略都强调上下游企业应加强战略协作，实现实时信息共享，只是侧重点有所不同，QR 策略强调供应链系统对市场需求的反应速度快，而 ECR 策略则强调供应链系统的运营成本低。换言之，实施 QR 策略的主要目标是为了对客户的需求做出快速反应，并进行快速补货，防止产品脱销，在最大限度地降低缺货成本的同时，有效降低供应链系统的风险。而实施 ECR 策略的主要目标是为了降低供应链系统的总成本，提高供应链系统的运营效率。

1. QR 与 ECR 策略在运作中的相同之处

在实际运作中，两种供应链管理策略都强调应建立健全供应链信息系统，及时、准确地捕捉顾客需求变化的信息，切实做好市场调查与预测工作。两种策略在实施中都需要应用条码技术、条码自动识别技术、物流信息编码技术、物流标签、电子订货系统、销售时点系统、电子数据交换系统、提前装运通知、电子资金转账等信息技术，采用 VMI、JMI、集中化或分布式的多级库存管理等策略，采取“越库配送”等物流运作方式。因此，优化供应链物流系统、实施“越库配送”以及建立基于第三方物流的供应商管理库存等举措对两种供应链管理策略都是有效的。但由于 QR 和 ECR 的侧重点不同，运作上仍然存在差异性。

2. QR 与 ECR 策略在运作中的不同之处

（1）实施 ECR，可将规模生产与物流延迟策略相结合。具体而言，企业可以缩减产品线，加大产品生产的批量，通过规模经营来降低生产成本。但这样又会使企业产生较多的成品库存，占压大量资金，导致成本上升。因此，企业可实施“物流延迟”策略，采取“越库配送”方式，将成品集中存放于工厂成品库内，通过提高库存的共享性，减少库存总投资来降低库存成本；另外，“越库配送”减少了物流作业环节，可降低物流运作成本。

（2）实施 QR，可将规模生产与生产延迟或完全延迟策略相结合。QR 策略强调时间敏感性，企业通过缩短新品上市的周期来抢占市场，赢得商机，获取竞争优势，但这往往以高成本为代价（例如 JIT 配送）。为此，企业可实施“生产延迟”或“完全延迟”等策略，在有效降低供应链系统成本及风险的同时，快速响应市场需求的变化。具体而言，实施“生产延迟”策略，需要将产品的生产加工与流通加工从时间或地点上进行合理分离，这样，企业产品的生产过程就被分成了两个阶段，在生产加工阶段，企业只需将产品加工成“基本产品”（实质为半成品，如未配备操作手册或用户使用说明书及电源插件的“通用机”、未罐装的果汁饮料等），将缓冲存货点（DP 点）设在成品库，由成品库对配送中心提供供货保障，在用户下订单后，在配送中心完成最后的配送加工（如客户化包装）。在生产加工阶段，可以实现规模生产，从而降低生产成本；而流通加工点更靠近用户，有利于对客户的个性化需求做出快速响应。此外，企业也可采取订单驱动的需求响应策略，产品采取模块化设计、标准化组件，按订单装配（ATO），在延迟需求差别化的同时，将有效降低供应链系统风险，并对客户订单做出快速响应。

小结

快速反应（QR）和有效客户反应（ECR）是源自美国服装行业和食品杂货业的两种供应链管理策略。QR 策略和 ECR 策略都强调上下游企业建立战略联盟、加强合作，通过 IT 手段实时信息共享、打造透明的供应链。QR 策略强调供应链的反应速度快，ECR 策略强调供应链系统的运营成本低。协同计划、预测与补货（CPFR）是 QR 策略发展的第三阶段，它是一种建立在供应链成员企业密切合作和标准流程基础之上的供应链库存管理策略。其作用是将品类管理等“销售与营销的最佳实践”与“供应链的计划与执行流程”实现无缝衔接，以便达成在提高产品可得性的同时降低物流成本的目标。CPFR 包含制造商与零售商的四大协同任务，即战略与计划、需求与供应管理、执行与分析。CPFR 解决方案必须与企业记录生产与消费需求及供应链数据的信息系统进行整合。它可以配置为共享的信息系统或 CPFR 实施企业之间的对等信息网络，信息系统（网络）可以由企业运作或第三方平台运营。ECR 策略的核心是品类管理，即把品类作为战略业务单元（SBU）来管理，通过满足消费者需求来提高经营绩效。品类管理是以数据为决策依据，不断满足消费者需求的过程。品类管理是零售业精细化管理之本。ECR 的四大要素（四个关键流程）包括有效的新产品导入、有效的商品组合、有效的促销和有效的补货。实施 ECR 策略可以将规模生产与物流延迟策略相结合，实施 QR 策略可以将规模生产与生产延迟或完全延迟策略相结合。成功实施供应链管理策略是企业有效进行供应链管理的关键。

同步测试

一、判断题

1. QR 是源自美国食品杂货业的一种供应链管理策略。（　）
2. ECR 是一种供应链库存管理策略。（　）
3. 尽管 CPFR 流程不单纯依靠技术，但专门的技术方案可以使流程更加具有扩展性。（　）
4. CPFR 解决方案必须与企业记录生产与消费需求及供应链数据的信息系统进行整合。（　）
5. 品类管理是零售业精细化管理之本。（　）

6. CPFR 解决方案中配置的共享信息系统既可以作为零售商或制造商企业网络平台的一部分来运作，也可以由第三方平台运营。（　　）

7. CPFR 解决方案中配置的对等信息网络，其数据通信既可以在零售商与制造商之间直接进行，也可以通过第三方平台来完成。（　　）

8. QR 策略把品类作为战略业务单元来管理。（　　）

9. QR 策略强调供应链系统的运营成本低，ECR 策略强调供应链的反应速度快。（　　）

10. QR 策略的核心是品类管理。而品类管理是以数据为决策依据，不断满足消费者需求的过程。（　　）

二、单选题

1.（　　）是源自美国食品杂货业的一种供应链管理策略。

A. QR　　B. ECR　　C. CPFR　　D. SBU

2.（　　）是源自美国服装行业的一种供应链管理策略。

A. QR　　B. ECR　　C. CPFR　　D. SBU

3.（　　）是一种建立在供应链成员企业密切合作和标准流程基础之上的供应链库存管理策略。

A. QR　　B. JMI　　C. CPFR　　D. VMI

4.（　　）的核心是品类管理，即把品类作为战略业务单元来管理，通过满足消费者需求来提高企业经营绩效。

A. QR　　B. ECR　　C. CPFR　　D. JIT

5. 实施 ECR 策略可以将（　　）相结合。

A. 规模生产与物流延迟策略　　B. 规模生产与生产延迟策略

C. 规模生产与完全延迟策略　　D. 规模生产与结构延迟策略

6.（　　）的作用是将品类管理等“销售与营销的最佳实践”与“供应链的计划与执行流程”实现无缝衔接，以便达成在提高产品可得性的同时降低物流成本的目标。

A. QR　　B. ECR　　C. CPFR　　D. VMI

7.（　　）将 CPFR 定义为“在计划与履行客户订单（或需求）中结合多个交易伙伴智能的商业实践”。

A. VICS　　B. UCS　　C. WINS　　D. TDCC

8. CPFR 模型中的（　　）包含制造商与零售商的协同安排与联合业务计划两个具体协同任务。

A. 战略与计划　　B. 需求与供应管理

C. 执行　　D. 分析

9. CPFR 模型中的（　　）包含销售预测与订单计划/预测两个具体协同任务。

A. 战略与计划　　B. 需求与供应管理

C. 执行　　D. 分析

10. CPFR 模型中的（　　）包含订单生成与订单履行两个具体协同任务。

A. 战略与计划　　B. 需求与供应管理

C. 执行　　D. 分析

三、多选题

1. 供应链管理策略包括（　　）。

A. QR　　B. ECR　　C. CPFR　　D. SBU

2.（　　）都强调上下游企业建立战略联盟、加强合作，通过 IT 手段实时信息共享、打造透明的供应链。

A. QR　B. ECR　C. CPFR　D. SBU

3. CPFR 是指协同（　　）。

A. 计划　B. 预测　C. 补货　D. 营销

4. CPFR 包含制造商与零售商的（　　）几大协同任务。

A. 战略与计划　B. 需求与供应管理

C. 执行　D. 分析

5. ECR 的四大要素包括（　　）。

A. 有效的新产品导入　B. 有效的商品组合

C. 有效的促销　D. 有效的补货

6. 实施 QR 策略可以将（　　）相结合。

A. 规模生产与物流延迟策略　B. 规模生产与生产延迟策略

C. 规模生产与完全延迟策略　D. 规模生产与形式延迟策略

7. CPFR 的解决方案包括（　　）。

A. 共享需求预测及历史相关数据与信息　B. 分析例外状况

C. 自动生成协同安排与联合业务计划　D. 纠偏调适与绩效评估

8. CPFR 的解决方案可以配置为（　　）。

A. 共享的信息系统　B. CPFR 实施企业之间的对等信息网络

C. 共享的运输管理系统　D. 共享的仓储管理系统

9. CPFR 模型中的战略与计划协同包含（　　）具体的协同任务。

A. 制造商与零售商的协同安排　B. 制造商与零售商的联合业务计划

C. 制造商与零售商的订单协同生成　D. 制造商与零售商的订单协同履行

10. CPFR 模型中的分析包含（　　）具体的协同任务。

A. 制造商与零售商的协同分析　B. 制造商与零售商的联合业务分析

C. 例外管理　D. 绩效评估

四、情境问答题

1. A 公司生产的产品属日用百货，请问 A 公司应采取何种竞争战略？相应地，应采取何种供应链管理策略？

2. B 公司是一家专门设计、生产女性新潮时装的服装制造企业，请问 B 公司应采取何种竞争战略？相应地，应采取何种供应链管理策略？

五、案例分析题

江苏“雅家乐”超市的品类管理实践

江苏“雅家乐”超市是一家中小型零售企业。2003 年 8 月，公司领导在参加了中国连锁经营协会举办的品类管理知识培训班后，认识到品类管理对提升超市经营绩效的巨大作用，决定实施品类管理。

首先，公司制定了实施品类管理的流程，成立了由总经理负责的品类管理小组，从总部到门店，一层一级，界定职责，并指定配合部门。

其次，抽调熟悉商品知识的人员组成品类管理小组，品类管理的有关领导均为各部门主要负责人，公司从人力和权限上给予最充分的保障。

再次，研究公司目前在商品管理中存在的问题，制定出阶段性目标，提前分析品类管理中可能会出现的困难，并提出相应的解决办法。

最后，在项目开始实施后，品类管理小组和采购委员会每周召开一次任务落实检查会；对平时出现的问题则随时沟通，克服一切困难实现既定目标。

在四个月的时间里，公司完成了以下工作：

(1) 清理出了近2万条“早已无此商品销售”的商品信息。电脑中的信息资料变得更加清楚有条理，既方便查找分析，又提高了服务器的运行速度。

(2) 分析了各店铺三个月内销量为零和销售排名在最后5%的商品，其中的少数商品调整零售价和陈列位置后继续试销，其余4 000多个单品被列为淘汰商品。大部分商品通过退换货后迅速离店，少数无法退换的淘汰商品则集中到几个大店进行清仓处理。同时，公司建立了商品淘汰审批制、商品销售末位淘汰制、新品试销制。几个月来，货架空间利用率得到大幅度提高，陈列效果得到极大改善，库存结构趋于合理。

(3) 进行了广泛的市场调研，开发出了2 000多个差异化商品和多样性商品，并合理配置到大小门店，增强了商品结构对消费者的吸引力。目前，公司正准备将商品类别加以拓宽。

(4) 对布局不合理的5个门店进行重新设计和调整，同时参照一家国内卖场和一家外资卖场的商品空间配比，对公司的大、中、小门店进行了商品调配，并建立了缺货管理办法。

上述举措对商品销售起到了明显的促进作用，目前公司正在酝酿根据商品的贡献度分配超市资源的方案。

(5) 2002年年底，公司1万平方米的配送中心建成。之后，公司重新对2万余个单品进行了角色定义。目前已建立了新的商品分类模型，待配送中心运转达标后即导入使用。届时，将对公司的品类管理产生新的指导意义。

(6) 在3个大的门店分别设计了一个“爱婴岛”，婴儿用品销量的增幅达到了30%以上；在所有门店特设了无糖食品专柜，不仅促进了销售，还方便了顾客购买。

之后，公司开始尝试开设药品店中店、烟草店中店、新华书店店中店等。这些举措增强了各部门的运营活力和创新能力。

通过几个月的品类管理，公司的库存成本、人力成本、采购成本都不同程度地得到了控制；门店环境、公司形象、商品价格、标准化程度等也不断改善，企业的综合运行质量得到了显著提高。

根据案例提供的信息，请回答以下问题：

1. 江苏“雅家乐”超市为什么要实施品类管理？
2. 江苏“雅家乐”超市实施了何种供应链管理策略？
3. 你认为江苏“雅家乐”超市在实施品类管理中有哪些地方值得借鉴？为什么？
4. 江苏“雅家乐”超市对库存商品实施了何种管理办法？请说明理由。
5. 江苏“雅家乐”超市在管理中是否实施了ABC分类法？你认为该法的分类标准是什么？

学习情境六

供应链关系管理

【知识目标】

1. 了解企业核心竞争力
2. 了解业务外包
3. 掌握典型的供应链合作伙伴的选择方法
4. 理解供应链合作关系及其构建策略与方法
5. 掌握供应链协同管理
6. 掌握供应链可视化管理的技术与方法
7. 掌握供应链风险管理

【能力目标】

1. 能辨识企业核心竞争力
2. 能正确选择企业核心竞争力的培育方法
3. 能辨识并规避业务外包的风险
4. 能按照项目管理模式对外包业务进行管理
5. 能正确选择供应链合作伙伴
6. 能运用 VMI、CPFR 等方法构建协同供应链
7. 能借助典型的技术与方法进行供应链可视化管理
8. 能辨识并管理供应链风险

【引例】

北美金属行业企业之间的供应链合作关系

北美金属行业的企业之间正在形成一种高度集成化的合作联盟，包括制造商、分销商和最终用户（这些节点企业构成供应链）。他们之间逐渐加强的信任关系在金属行业产生了巨大影响。金属制造商可以直接与最终用户对话，从而形成一种新的解决问题和满足用户需求的途径，制造商与分销商之间的联盟（紧密的合作关系）也使其成为可能。这样一种紧密的合作关系是为了更好地了解和把握用户需求，并共同满足用户需求。显然，用户对特殊金属材料（具有特殊工艺）的需求是制造商与分销商之间形成合作关系的驱动力之一。分销商也为最终用户提供诸如库存管理、成本分析、采购、长期计划的制定协助等服务。整个供应链上的企业都为了给最终用户带来最大的价值而紧密合作。

引导问题：

1. 为什么北美金属行业企业之间要构建供应链合作关系？
2. 如何构建供应链合作关系？
3. 在构建供应链合作关系时，要处理好哪些问题？

加强供应链管理，企业需要实施“归核化”战略，将企业有限的资源集中于核心业务，充分发挥有限资源的最大效力，培育并提升企业的核心竞争力；需要将非核心业务外包给合作伙伴，充分获取并利用合作伙伴的核心能力，建立供应链合作伙伴关系。通过构建供应链合作关系，企业实现内外资源的优化配置，提升供应链竞争力，提升企业核心竞争力。

任务1　企业核心竞争力的辨识与培育

［案例］　　**华为公司的核心竞争力**

2019年7月，《财富》杂志公布了全新的世界500强企业排行榜单。中国有129家企业入围，成为世界500强企业数量最多的国家。在众多的世界500强企业中，华为投资控股有限公司脱颖而出，成为IT领域的一颗璀璨之星。华为公司为5G技术、人工智能（AI）、云计算、大数据等高新技术的快速发展提供了强有力的技术支撑。尽管华为公司受到了美国等西方国家的打压，但它仍然以惊人的速度快速发展。2018年，华为公司的销售额占我国国内生产总值的0.78%，其研发投入占全国的5.2%（1 015亿元），获得的专利占全国的10%。具体而言，2018年华为公司的营业收入为7 212亿元，同比增长19.5%；净利润为593亿元，同比增长25.1%。在研发投入上，华为公司2018年的研发费用达1 015亿元，占销售收入的14.1%。华为公司近10年投入的研发费用累计超过4 800亿元。种种迹象表明，华为公司的核心竞争力已经形成。

想一想：华为公司的核心竞争力是什么？

核心竞争力是企业赢得竞争的基础和关键，是企业的立足之本。企业实施供应链管理需要加强核心竞争力的培育，而供应链竞争力则是企业核心竞争力的一种类型。

一、企业核心竞争力的概念与内涵

核心竞争力又名核心能力，本属战略管理研究的范畴，是资源基础理论和企业能力理论发展的结晶。1990年，美国经济学家普拉哈拉德和加里·哈默在《哈佛商业评论》上发表了《公司核心竞争力》一文，正式提出核心竞争力的概念。该概念提出以后，在全球产生了深远影响。核心竞争力理论的提出，标志着战略管理的复兴。

普拉哈拉德和哈默（1990）认为，“核心竞争力是组织中的积累性学识，尤其是如何协调不同生产技能和有机结合多种技术流的学识。”“如果说核心竞争力是关于多种技术流之协调整合的话，那么它也是关于工作组织和价值传递的”。他们同时认为，核心能力与“知识”一样不进则退，须得到细心呵护并不断补充养分。核心竞争力是企业持续竞争优势之源，是企业管理者须关注并培育的战略重点。如果把多元化经营的公司比作一棵大树，其特征以旗帜品牌区分，主干和枝干是核心产品，树枝是业务单位，树叶、花和果实是最终产品，树干和根系是核心能力（如图6.1所示）。

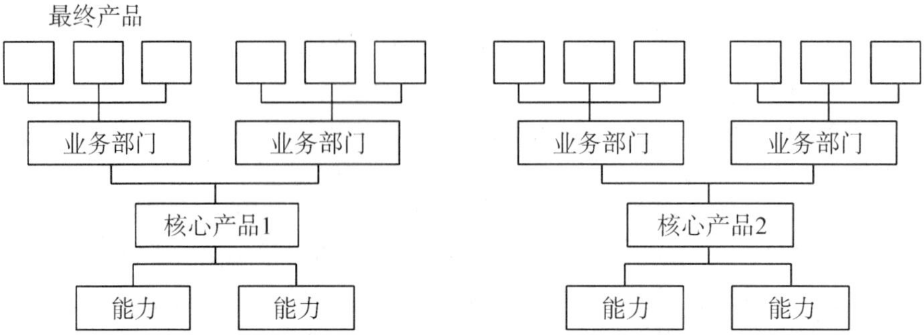

图 6.1　核心能力：竞争的基础

核心竞争力概念提出以后，在全球范围内引发了许多专家、学者的探讨和研究。巴顿认为，企业核心竞争力是指具有企业特性的，不易交易的，能带来竞争优势的企业专有知识和信息，是企业所拥有的能提供竞争优势的知识体系，包括组织成员的知识和技能、企业的技术体系、管理体系和组织成员共享的价值观。哈默于 2000 年也指出，核心竞争力是一家公司拥有的知识，包括技能与独特的能力。世界知名管理咨询公司麦肯锡公司的凯文·科恩等专家认为，“核心竞争力是群体或团队中根深蒂固的、互相弥补的一系列技能和知识的组合，借助该能力，能够按世界一流水平实施一到多项核心流程”。梅奥和厄特巴克认为，核心竞争力是指企业的研发（R&D）能力、生产运作能力和市场营销能力的组合。拉法和佐罗提出了基于组织文化的核心竞争力观点，认为企业核心竞争力不仅存在于业务运作子系统中，还存在于组织文化系统中。战略管理学家管益忻认为，核心竞争力是以组织核心价值观为主导的，旨在为顾客提供更大（多、好）“消费者剩余”的整个组织核心能力。国内学者吴建南和李怀祖指出，核心竞争力概念提出的最重要意义是使核心竞争力这种无形资产的范围经济得以实现。马士华教授认为，核心竞争力是企业借以在市场竞争中取得并扩大优势的决定性力量。许多学者从不同的视角提出了自己的观点，对核心竞争力理论进行了补充和完善。

结合国内外众多学者的定义，本书认为：核心竞争力是在一组织内部经过整合了的知识和技能，是企业在经营过程中形成的、不易被竞争对手仿效的、能带来超额利润的、独特的能力。核心能力是企业一切知识最深层次的内涵。核心能力亦即企业不断获取战略性资源，并对资源进行有效的配置、开发、利用和保护的能力。核心竞争力本质上是企业的一种能力，一种提供具有特异性或成本优势的关键性产品或服务的能力，因而是一种生产力。换言之，拥有核心竞争力的企业能比竞争对手创造更多的“消费者剩余”。核心竞争力是企业持续竞争优势之源，是组织集体智慧的结晶，是强势企业的功能属性。核心竞争力能使企业在竞争中领先，获取持久竞争优势。

例如，华为公司的研发能力，海尔集团特定的企业文化及售后服务的能力，本田公司汽车发动机技术的研发能力，微软公司的软件编程能力，英特尔公司开发新一代功能更强大的半导体芯片的能力，FedEx 公司的追踪及控制全球包裹运送的能力，宝洁公司超强的供应链管理能力及其在五项核心技术——油类、脂类、皮肤化学、表面活性剂、乳化油等方面的研究开发能力，都使它们在各自行业及相关行业的竞争中立于不败之地。

［**案例**］　**英特尔公司的核心竞争力**

美国英特尔公司是世界上最大、技术实力最雄厚的半导体制造商，全球 85% 的 PC 上都打着“Intel Inside”（内置英特尔）的标志，它生产的电脑硬件在全球占有最大的市场份额。

英特尔公司的成功源于其创新精神和严格的人才选拔机制。在规模和技术层面上，没有哪一家公司能和它媲美。英特尔公司的核心竞争力主要体现在微处理器的开发和制造方面，而这种竞争力来自它的创新思维和先进的人才观。

芯片对制造技术的要求非常高，生产一个芯片报废的可能性达30%~40%。英特尔公司的高层清楚地认识到公司在制造技术上存在的不足，于是他们向日本学习，让公司的先进技术与日本精湛的制造工艺完美结合，从而生产出品质一流的产品。英特尔公司保持了自己在技术上的领先优势，并始终走在创新的前列。

英特尔公司有着严格的人才选拔和管理机制。公司的技术始终不断地创新，而保持这种创新能力则主要靠人才机制。英特尔公司招募精力充沛、精明强干、富有才华的年轻人，并对应聘者进行严格的测试。

英特尔公司的高层领导人如摩尔、格鲁夫等，不搞特权，不讲待遇，与员工平起平坐，树立了虚心、谦逊的良好企业领导形象。英特尔公司开发出了286、386、486、586、奔腾Ⅰ、奔腾Ⅱ、奔腾Ⅲ、奔腾Ⅳ等一代代产品，都是不断创新的结果。它就像一颗奔腾的心，生生不息、创新不止。

亚瑟·A. 汤姆森和A. J. 斯迪克兰迪（2003）认为，核心竞争力可产生于公司价值链的任何一个环节。依此观点，核心能力可能涉及公司经营的方方面面。笔者认为，根据对公司价值贡献的高低，可将企业核心竞争力的构成要素分为若干层次，其中，企业文化是孕育企业核心竞争力的软环境，品牌是企业核心竞争力的有效载体，技术创新能力是企业核心竞争力的不竭动力，人力资源是企业核心竞争力的根本。因而，人力资源开发与管理能力、技术创新能力、品牌管理能力以及企业文化影响力是企业核心竞争力的关键构成要素，它们经协同整合共同形成企业核心能力系统①。如图6.2所示。

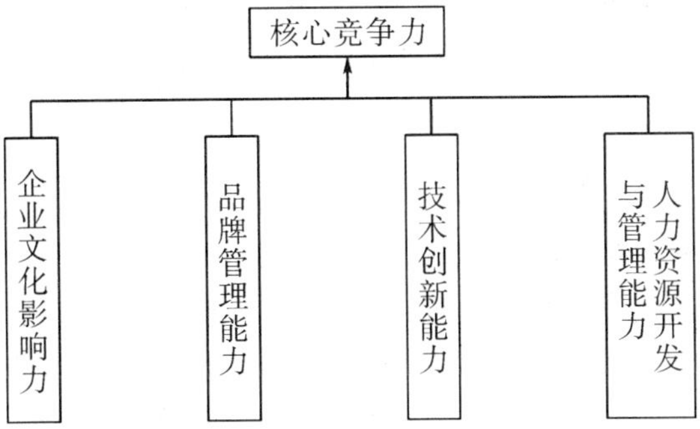

图6.2 企业核心竞争力系统

二、企业核心竞争力的特征

企业核心竞争力具有价值性、局部性、集合性（整合性）、延展性、独特性（异质性）、时间性（动态性）六大特征。

（1）价值性。价值性是核心竞争力最基本的特性。核心竞争力极富战略价值，不仅能提供顾客看重的价值，也能为企业带来较为长期的超额利润。换言之，核心竞争力能使企业

① 胡建波，王东平. 企业核心竞争力的关键构成要素及分析［J］. 华东经济管理，2006（7）.

在降低成本和提高效率方面比竞争对手做得更好，能提供给顾客“可感知”的效用，能创造更多的“消费者剩余”。

（2）局部性。核心竞争力是企业在某一局部产品或服务或过程上具备区别于竞争对手的特别优势而确立的竞争优势，并非指企业的方方面面都优于竞争对手。

（3）集合性（整合性）。集合性是核心竞争力的显著特征。核心竞争力绝不是单一的，它是企业经过整合了的知识和技能，是企业的多种能力融合、提炼、升华的结果，是对企业内外资源优化整合、充分利用以发挥最大效力的过程，是各关键构成要素有机结合而形成的体系，是各关键能力元矢量叠加而形成的合力，是使企业产生强大生命力的核心能力系统。整合很关键，如果整合得好，可产生 1+1>2 的功能放大效应，使企业产生强大竞争优势。

（4）延展性。核心竞争力是一种基础性的能力，是其他各种能力的统领，可使企业向更具有生命力的领域拓展。换言之，核心竞争力能使企业实现相关多元化，并因共享核心能力这一特殊的无形资产而实现范围经济。

（5）独特性（异质性）。核心竞争力是独特的，是企业在经营过程中逐渐积累形成的，具有鲜明的组织个性，深深地打上组织的烙印。每个企业都是独特的资源和能力的结合体，正是这种独特的资源和能力的结合，将一个企业与另一个企业区分开来。因而，核心竞争力是不易简单仿效或复制的。并且，这种独特的资源和能力的结合体所提供的产品或服务也是独特的，因而使企业具有市场控制力，能为企业带来竞争优势。独特性来源于整合性。

（6）时间性（动态性）。核心竞争力一旦形成，能使企业在一定时期、一定地域范围内产生竞争优势，但核心竞争力也容易产生刚性。环境不断变化，竞争对手也在不断发展、壮大。虽然核心竞争力具有不易模仿的独特性，但并不表示它永远不被竞争对手模仿超越。企业必须对核心竞争力进行持续不断地创新，不断赋予核心竞争力新的内涵，对其拓宽，深化，发展和培育，维持并扩大核心竞争力与竞争对手间的领先优势，获取持久竞争优势。

核心竞争力已成为当今企业市场竞争成败的关键，更是企业能否控制未来、掌握未来竞争主动权的根本。

三、企业核心竞争力的培育①

（一）企业核心竞争力的培育方法及选择

一般而言，企业核心竞争力的培育方法主要有：演化法、孕育法、并购法和联合法等。

（1）演化法。该法是企业事先设定合理的核心竞争力目标，全员参与，共同努力，在一定期限内建立特定的核心能力的方法。这实质上是通过规模较大的企业变革来构建企业核心竞争力，是一项系统工程，涉及多个部门、多个项目、多个行动方案，并且是一个较为长期的变革过程，不可能一蹴而就。

（2）孕育法。该法是成立专门小组或项目团队，针对特定目标，在一定期限内开发、培育出一种核心竞争力（核心能力元）的方法。

（3）并购法。该法是把具有某种核心能力的企业兼并或收购，以弥补本企业某方面资源、能力的不足，打造并提升企业核心竞争力的方法。

（4）联合法。该法是通过与其他企业合资或合营，实现资源共享，共同打造企业核心竞争力的方法。

---

① 胡建波. 企业核心竞争力的培育方法与途径［J］. 商场现代化，2007（20）.

以上方法各有优劣。并购法花费的时间较短，但资源整合得不好会留下后遗症，未必奏效；联合法比较灵活，选择合作伙伴的范围较广，但联合毕竟有限度；孕育法产生的是某一核心能力要素，而非核心竞争力系统；演化法经历的时间最长，最复杂，难度也最大。在实际运作中，最好能综合运用上述各法。

若企业过去曾经实施过重大组织变革且成功率较高，宜选择演化法；若企业全体员工的战略执行能力较强，也比较适合选择演化法，因为企业核心竞争力能否成功地打造，取决于全体员工是否具有卓越的战略执行能力；若企业竞争力很弱，尚未形成核心能力，则演化法是较为现实的选择，应根据企业的资源、能力存量和既有结构为基础，通过持续补缺来提升竞争力，最终形成核心能力。

若企业核心竞争力的形成只需要弥补/提升某一方面的能力，如研究开发能力、生产制造能力、营销分销能力抑或物流运作管理能力等以职能为基础的能力，则可选择孕育法。特别地，如果企业曾经建立过流程团队或专门小组并取得了成功，且有较丰富的经验，则通过孕育法来培育特定的核心能力元（核心竞争力要素）的成功率较高。

若本企业实力比较雄厚，且可找到能满足自身需要的具有某种特定能力的企业，可选择并购法；当然，若两个或多个企业实力相当，优势互补，也可通过联合来打造核心竞争力。

然而，在过去的企业实践中，有许多企业为了获得本企业尚未拥有的特殊资源和能力，纷纷选择并购法。事实证明，与演化法和孕育法相比，通过该法来培育核心竞争力更容易失败。企业核心竞争力是企业在多年的经营过程中积累、沉淀的结晶，通常需要 10 年以上的时间来培育，拔苗助长是行不通的。

（二）企业核心竞争力的培育过程

企业核心竞争力的培育过程如图 6. 3 所示。

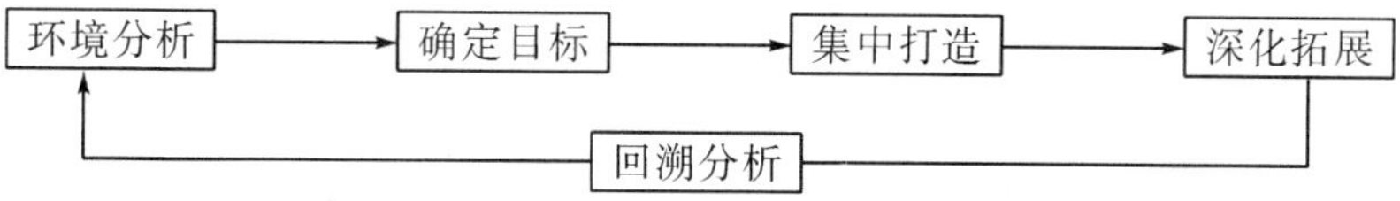

图 6. 3　企业核心竞争力的培育过程

1. 环境分析

企业首先应分析其内外部环境。这需要运用 SWOT 分析法①、波特竞争模型以及价值链分析法等多种工具综合分析并评估企业内外部环境，以充分认清企业内部的资源、条件、优势、劣势，辨识外部环境中的机会与威胁。比如，企业员工的整体素质怎样？知识、技能结构合理吗？企业管理者的管理能力怎样？企业的生产设施设备是否先进？企业的财力富足吗？资金来源主要有哪些？是否有完善的管理信息系统？消费者有何新的需求？企业所在的行业，其现状及发展前景怎样？竞争对手有哪些？其竞争实力怎样？其内部资源及其利用能力如何？新近已（拟）实施何种战略及行动？是否有新入侵者？替代品或替代服务的供应商有哪些等。

① SWOT 分析法（SWOT analysis），也称 SWOT 分析模型、TOWS 分析法、道斯矩阵或态势分析法，是 20 世纪 80 年代初由美国旧金山大学的管理学教授韦里克提出，S 即 strengths（优势）、W 即 weaknesses（劣势）、O 即 opportunities（机会）、T 即 threats（威胁）。该法经常被用于企业战略制定、竞争对手分析等场合。它是将企业内外部条件进行综合和概括，进而分析组织的优势、劣势、面临的机会和威胁的一种方法。

2. 确定目标

企业在进行环境分析的基础上，根据市场需求、竞争状况以及企业自身的核心业务和优势确定拟建立的核心竞争力类型及其关键构成要素，找准瓶颈，以便改善。

3. 集中打造

企业在准确的目标定位之后，集中资源打造企业核心竞争力。企业的内部资源主要包括人力资源、组织资源、实物资源、财力资源和信息资源等，外部资源主要有关键客户、关键供应商、关键分销商、主要竞争对手，以及政府部门、行业协会和新闻媒体机构等等。人才是关键，资金是后盾。人才资源的获取可采用内部培养与外部引进相结合的办法，但最重要的是对企业内部人力资源进行深层次的开发，使其发挥最大效力。同时，可多渠道融资，滚动发展。应综合运用上述各法，将拟构建的核心竞争力目标在时间和空间两个维度上分解，开发出多层次的计划体系，并将任务分解落实。加强沟通协调，运用目标管理法（MBO），采用员工自查与组织检查相结合的办法，加强监控，确保任务的顺利完成。定期测量并评估企业当前状况与核心竞争力目标之间的差距，持续补缺，最终形成企业核心竞争力。

4. 深化拓展

核心能力形成后，在一定时期和一定地域范围内能给企业带来竞争优势，但核心能力也容易产生刚性，阻碍企业的发展。故应权变地对其加以拓展深化。企业决策层应动态地进行回溯分析，重新审视企业内外部环境，必要时应对核心能力进行重新定位。应充分把握外部环境中的机遇，避开化解威胁。应持续弥补企业资源和能力存量的缺陷，最大限度地获取战略性资源，并不断提高企业优化配置、开发、利用、保护战略性资源的能力。持续创新，不断赋予核心竞争力新的内涵，创造持久竞争优势。

特别需要指出的是，构建学习型企业，坚持动态持续地学习、提高企业知识和技能的积累和储备，是培育和提升企业核心竞争力的关键。而坚持在实践中创造性地“干中学”，则是全面提高员工队伍素质，建立本企业知识技能优势的不可替代的学习方式。这要求员工从企业整体利益出发进行系统思考，同时企业经营管理者则要营造分权、民主、信任与合作的氛围，建立共同愿景，激发员工的使命感。要使大家充分认识到只有企业发展了，员工个人才会有更大的发展，从而自觉地为企业的生存、发展而努力学习。经营管理者应积极引导，鼓励个人不断自我超越。一旦在企业中形成了长效学习机制，必将产生浓厚的学习型文化。这必将激发企业文化的创新力，创造企业强大的生命力。长期的团队学习，必将改善员工队伍的知识、技能与素质结构，提高企业全体员工分析问题、解决问题的能力，这必将给企业带来学习知识的累积效果，并提高企业的整体创新力和环境适应力，最终提升企业核心竞争力，并形成“学习——持续改进——建立核心能力”的良性循环。

任务2　供应链业务外包管理

供应链管理的目标是提升供应链系统的核心竞争力，它需要成员企业的分工与合作。企业资源有限，为使有限资源发挥最大效力，有必要将企业资源和能力集中于核心业务，培育并提升企业核心能力，同时将企业不擅长的业务（非核心业务）外包给其他企业，而承包商恰恰在该领域是最擅长的。通过业务外包，企业间可以在更大范围建立分工与协作关系，使所有加盟企业共享资源、共享核心能力，从业务外包中获益。

一、业务外包的认知

安德森管理咨询公司的专家认为，业务外包（business outsourcing）是指“一个业务实体将原来应在企业内部完成的业务，转移到企业外部由其他业务实体来完成”。从更深的层次上看，业务外包是在企业内部资源有限的情况下，企业为获得更大的竞争优势，仅保留其最具竞争力的核心业务，而把其他业务借助于外部最优秀的专业化资源予以整合，达到降低成本、提高绩效、提升企业核心竞争力和增强企业对环境应变能力的一种管理模式。

通常，企业信息服务外包占40%，生产（制造）外包占15%，物流外包占15%，此外，人力资源管理、客户服务、财务管理、一般管理、市场营销等业务外包共占30%。

实践证明，传统“纵向一体化”模式已经不能适应目前技术更新快、投资成本高、竞争全球化的制造环境。现代企业更注重高价值的生产模式，更加强调速度、专门知识、灵活性和革新。与传统的“纵向一体化”控制和完成所有业务的模式相比，实行业务外包的企业更强调集中企业资源于经过仔细挑选的少数具有竞争力的核心业务，也就是集中在那些使他们真正区别于竞争对手的知识和技能上，而把其他一些虽然重要但非核心的业务或职能外包给世界范围内的“专家”企业，并与这些企业保持紧密合作的关系。从而使本企业的整个运作提高到世界级水平，而所需要的成本和费用与目前相等甚至有所减少，并且往往还可以省去一些巨额投资。更重要的是，实行业务外包的公司出现财务风险的可能性仅为没有实行业务外包的公司的三分之一。把多家公司的优秀人才集中起来为我所用的观念正是业务外包的核心，其结果是现代商业机构发生了根本变化，企业内向配置的核心业务与外向配置的业务紧密相连，形成一个关系网络（供应链）。企业运作与管理也由“控制导向”转为“关系导向”。

[小资料]　　全球业务外包的概况

尽管业务外包的速度在继续加快，但没有迹象表明现在已经达到顶峰。全球的所有业务外包活动，约有60%集中在美国。1998年，该地区的业务外包成本增加21%，即增加250亿美元，达到1 410亿美元，而上年的增长率却只有15%。与此同时，欧洲的业务外包活动也在增加，其中最活跃的是英国、法国、意大利和德国。事实上，欧洲业务外包成本的增长速度比美国还要快，增长率为34%。到1999年年初，欧洲的业务外包支出已经超过920亿美元。美国市场调查公司AMR Research公布的一项关于制造企业业务外包的调查结果显示，2005年制造企业的外包支出增加9.3%。在制造企业的业务外包中，IT业务外包占25%，53%的企业计划增加外包支出，离岸外包的增长率相当于外包业务总体增长率的两倍，而通过外包节约的60%~80%的费用将用于与IT相关的项目或IT以外的项目。

此外，英国的Logica CMG公布的关于外包对整个英国经济影响的调查结果显示，英国企业将积极推行业务外包，这个仅将增加17亿英镑（约30.33亿美元）的利润，而且可以使英国的国内生产总值（GDP）增加160亿英镑（约285.44亿美元）。该机构称，2008年英国企业的业务外包增长幅度达46%。外包不仅会使企业和股东得到好处，而且将巩固整个经济基础，为实现长期经济增长做出贡献。5年后外包业务工序和离岸外包将十分普遍。如果供应商能够满足本公司的需求，企业将不再介意供应商的地理位置，而这将促进建立全球规模的服务网络。

业务外包是虚拟企业经营的主要形式之一。虚拟企业中的每一位成员，都位于其公司价值链的核心环节（战略环节），追求自身核心功能的实现，通过业务外包来实现非核心职能的虚拟化。例如，飞机制造业的巨头——波音公司，只生产飞机的座舱和翼尖；全球最大的运动鞋制造商——耐克公司，从未生产过一双鞋。业务外包的虚拟化运营，让企业经营成本更低，效率更高，运营风险更低，为企业创造出高弹性的竞争优势。

二、业务外包动因的分析

（一）有利于培育、提升企业核心竞争力

企业实施业务外包，有利于其实施“归核化”战略，将资源集中于核心业务，培育并提升企业核心竞争力。企业是特定资源和能力的结合体，企业资源有限，为使有限资源发挥最大效力，有必要实施业务外包策略。一方面，通过将非核心业务外包，企业可将有限的资源集中于核心业务，在擅长的业务领域实现规模经营，降低生产成本，提高经营效率，获取更大的利润。另一方面，通过与杰出伙伴的合作，企业可充分获取合作伙伴的核心能力，从而促进企业竞争力的提升。

（二）有利于转移、弱化企业经营风险

通过外向资源配置，企业可以分散由政府、经济、市场、财务等因素产生的各种经营风险，如供应风险、生产风险、营销风险、技术风险、财务风险和投资等风险。一般来说，这些风险具有复杂性、潜在性和破坏性。业务通过外包，可在一定程度上弱化企业经营风险，例如将风险转嫁给业务承包商，或由外部合作伙伴共同承担风险。特别地，承包商在业务承包领域更擅长，更专业，经营运作的风险会更低，通过采取合同治理的方式，可以弱化企业经营风险。

（三）有利于加速企业重构优势的形成

如果企业选择自行投资而不是将非核心业务外包，投资回收期可能较长，往往不能收到“立竿见影”的效果。业务外包是企业重构的重要策略，通过资源的外向配置，可以帮助企业很快解决业务方面的重构问题。

（四）有利于企业控制成本，节约资金

一般而言，业务承包商在外包业务领域比委托企业更擅长，拥有更专业的知识和技术，更容易实现规模经营。企业通过外包，有利于降低运作成本，并可有效避免在技术、设备、人员以及研究开发上的巨额投资。

除了以上因素外，实施业务外包还有利于企业共享外部资源，并能有效避免将企业内部运行效率不高的业务职能外包后所产生的“后遗症”。业务外包还能使企业经营运作变得更加柔性，更能适应外部环境的变化。

三、业务外包风险的辨识与规避

虽然业务外包有诸多优势，但也存在风险。业务外包的风险主要包括决策和运作两类风险。决策风险是因不当的业务外包（如将核心业务外包）或选错合作伙伴等导致的风险，运作风险主要有委托-代理风险、人力资源管理风险以及因行业、市场、自然、政府及其他不可抗力等因素导致的风险。业务外包风险产生的主要原因有决策的有限理性、信息非对称（签约前后委托方都处于信息劣势）以及代理者的败德行为。

（一）委托-代理风险

实施业务外包，一般存在委托-代理风险。业务外包后，委托方对外包业务的质量监控和管理难度加大。在一项合同中，委托者委托代理者去执行任务，以达到委托者设定的目

标。当代理者有不同于委托者目标的行为时，委托者或者强迫代理者执行合同有困难，或者发现监督履约成本太高，委托-代理风险就会出现。

代理问题起源于败德。若签约一方有不遵守合同所有条款的动机，而另一方即使能获得信息，也不能以较低的成本发现或让其执行合同时，败德问题就存在。对委托人而言，信息非对称可能会导致悖逆选择，而这一切主要是起源于代理人的败德行为。而之所以代理人会产生败德行为，归根结底是因为委托方和代理方是两个完全不同的企业，在合作中有着不同的利益，双方都为追求利润最大化的企业经营目标，难免一方会产生短期行为。委托-代理风险可以通过建立代理人激励机制和企业间的信任机制加以解决，以减少其对供应链整体绩效的影响。

委托-代理风险包括承包商或代理人的违约风险、业务失控风险、商业秘密或技术秘密泄露风险、连带经营风险以及知识产权隐患等风险。

1. 知识产权风险

对于新产品开发、技术研发、信息系统开发等有关研究开发类的业务外包，研发产生的发明、专利以及版权的权属等问题通常由委托企业与承包企业签订的合作协议约定而非法律规定，特别是当协议不严密或条款有疏漏时，可能会给委托方或代理方带来潜在的风险隐患。比如，若协议约定研发成果或版权权属归委托方所有，而代理商开发的软件系统又涉及侵权行为（如侵犯软件著作权或某些特定系统的使用权等），这必然给委托方带来知识产权风险隐患。

2. 业务失控风险

业务外包后，委托方便失去了对业务的直接控制权。由于委托人与代理人之间沟通不良，代理人可能会错误地理解委托方的意愿。或者是代理人单方面的原因，抑或其他不可抗力，多种因素可能会导致外包的业务处于失控的状态。

而在实务中，业务多次转包或分包也会带来风险。不同企业所拥有的品牌等无形资产以及人脉或社会关系等资源不同，往往导致有的企业能够获得业务项目而一些企业不能获得，从而产生了总包与分包等我们司空见惯的现象（如建筑工程项目的总包与分包）。特别地，由于利益驱使，有的业务项目可能会经过多次转包，而每一次转包（或分包），都会由涉及的双方签订相应的业务外包（转包/分包）合同。其次责、权、利分别由相应的合同或协议约定，极有可能会导致外包业务失控。相应地，委托方的利益可能会因此受到损害，而追究违约责任也可能因业务多次转包而带来困难。

（二）人力资源管理风险

员工工作积极性下降是业务外包引发的另一风险。随着业务外包的不断深入，员工往往会担心失去工作，工作积极性因此会下降。如果他们知道自己的工作迟早会被外包，自然会失去对企业的信心，失去努力工作的动力，因而将不可避免地出现低的工作绩效。

综上所述，正确进行业务自营与外包决策；科学选择代理商；在律师的指导下签订业务外包合同；加强对代理商的评估与管理；给代理商足够的利润空间；建立“双赢”合作机制；合作双方建立战略联盟，以预期的长远利益来规避代理商的短期行为；设置业务外包风险管理经理，加强风险管理专项工作等，均可有效降低业务外包风险。

四、业务外包模式的辨识

在供应链管理中，常见的业务外包模式主要有以下几种。

（一）整体外包与部分外包

根据业务活动的完整性，可以将业务外包划分为整体外包和部分外包两种模式。整体外包是指企业将完整的业务运作与管理，包括计划的制订、资源配置、组织实施、业务运营等完整的流程外包给外部供应商（或服务商），并根据委托方的需要进行业务活动的调整。在该模式下，委托方与代理方需严格签订合作协议，包括合作的目标、绩效评估标准、产品或服务质量、设施设备与技术性能指标以及合作双方的责任、权利与义务。整体外包强调双方的长期合作甚至战略合作，强调通过长远的利益来规避双方的短视行为，以最大限度地降低交易费用。

而部分外包的业务并不完整，一般是部分辅助性的业务活动和一些临时性的服务。当企业业务量激增，现有资源与能力无法满足企业经营的需要，或者是为了有效降低运营成本，部分业务外包也是不错的选择。

（二）基本业务活动外包与辅助业务活动外包

按照迈克尔·波特的价值链分析方法，企业的基本活动包括关键要素的投入、生产运营、分销、营销以及客户服务等，而人力资源管理、财务管理、研究开发管理、物流管理与一般管理等属于辅助活动。基本活动与企业的主营产品或提供的主要服务密切相关，而辅助活动则间接相关。基本活动创造的价值构成公司价值链的主链，辅助活动创造的价值构成公司价值链的辅链，辅链活动支撑主链活动，主链和辅链共同构成公司的价值链。如图 6.4 所示。

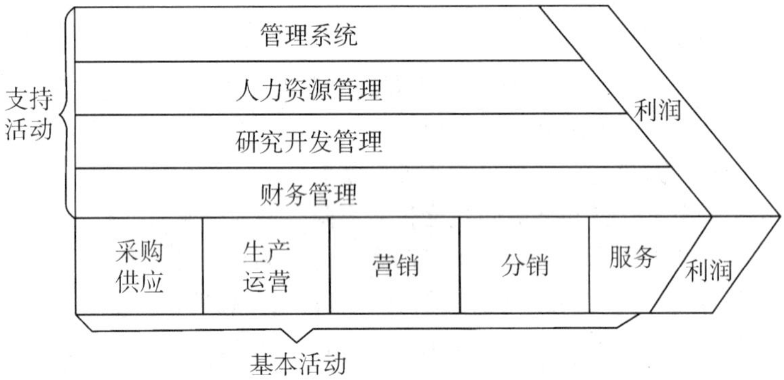

图 6.4　公司基本价值链分析

根据波特的价值链理论，按照外包业务的属性，我们可以将外包业务划分为基本业务活动外包与辅助业务活动外包两类。

（三）有中介的业务外包与无中介的业务外包

按照外包业务的组织形式，我们可以将其划分为有中介的业务外包与无中介的业务外包两种模式。前者是委托方与代理方分别与中介机构签订合作协议，由中介机构按照双方的要求进行信息匹配，以促进双方目标的达成。中介机构通过为双方提供信息服务收取佣金从而获利。该模式可有效降低委托、代理双方的交易费用，提高交易效率。例如麦当劳的跨国经营，其员工雇佣就是采用的这种模式。而随着云计算、大数据时代的来临，借助于快速发展的电子商务、（移动）互联网，委托、代理双方的信息共享成为可能。无须借助中介机构，业务外包也能顺利实施。例如，思科公司通过互联网，将其 80% 的生产业务和物流业务进行外包，获得授权的供应商可实时访问思科公司的数据库，及时获取外包业务信息。

（四）除核心业务之外的完全业务外包

为增强企业经营运作的柔性，同时也为充分利用企业外部资源，一些企业仅仅保留核心业务，而将其他业务全部外包。像利丰、MCI 等公司就是采用该模式的典范。

［案例］　　MCI 公司的业务外包

在通信行业，新产品的产品生命周期（PLC）基本上不超过 1 年，一些公司，如 MCI 就是仅保留核心业务，而将其他业务外包，以此在竞争中立于不败之地。MCI 公司的外包合同每年都在变换，他们有专门的小组负责寻找能为其提供增值服务的企业，从而使 MCI 公司能提供最先进的服务。该公司的通信软件包都是由其他企业完成的，而其核心业务仅是将所有通信软件包集成在一起为客户提供最优质的服务。

（五）全球范围业务外包

随着经济全球化进程的加快，竞争国际化趋势日益明显，迫使企业在全球范围内寻求业务外包。越来越多的企业在全球范围内采购原材料、零部件，在全球范围内配置资源已成为多国公司在跨国经营中获取竞争优势的重要手段。产品制造国的概念变得越来越模糊，因为产品的制造已经涉及多个国家和多个行业了。原来由一个国家制造的产品，可能通过远程通信技术和迅捷的交通运输成为经国际组装而完成的产品，产品研究开发、设计、制造、市场营销、广告等业务可能由分布在世界各地的最能增加产品价值的多个企业共同完成。

［案例］　　通用汽车公司的全球业务外包

通用汽车公司在全球范围内开展了业务外包。例如，通用汽车公司的 Pontiac Le Mans 已经不能简单地定义为美国制造的产品，因为它的组装是在韩国完成的，发动机、车轴、电路是由日本提供的，设计工作在德国完成，其他一些零部件则来自台湾地区、新加坡和日本，由西班牙提供广告和市场营销服务，数据处理在爱尔兰和巴贝多完成，其他一些服务如战略研究、律师、银行、保险等分别由底特律、纽约、华盛顿等地提供。只有大约占总成本 40% 的业务发生在美国本土。

五、业务外包类型的识别

按照外包业务的职能属性，我们可以将业务外包划分为生产外包、物流外包、研发外包、人力资源管理外包、财务管理外包等类型。

1. 生产外包

企业将其部分或全部生产业务实施外包。例如，在服装行业，李宁公司、香港利丰公司等就是就实施生产外包的典范。再如，汽车制造商、手机制造商主要负责整机的组装，大量零部件的生产业务则外包出去。

［案例］　　波音飞机公司的生产外包

波音 747 飞机的制造需要 400 万余个零部件，可这些零部件的绝大部分并不是由波音公司内部生产的，而是由全球超过 50 个国家的成千家大企业和上万家中小企业提供的。我国飞机工业公司曾经承担了波音公司和麦道公司各机种的平尾、垂尾、舱门、机身、机头、翼盒等零部件的“转包”生产任务。

2. 物流外包

物流外包是供应链管理环境下典型的业务外包形式。详见学习情境四任务 3“供应链物流管理”。

3. 研发外包

研发外包是企业将其部分或全部新产品（或新技术）研究开发的业务交由外部研发机构来完成。企业为缩短产品研发周期，加快新产品上市的速度，抑或为了充分利用供应商的优秀研发资源，可以将其部分或全部研发业务实施外包。例如飞机制造商、汽车制造商将飞机（汽车）的部分非核心零部件的研发业务外包给供应商，将飞机（汽车）信息系统的研发业务外包给信息服务商，就是典型的研发外包的例证。

4. 人力资源管理外包

近年来，国内一些人力资源中介机构推出的“网上人事管理”等就是人力资源管理外包的雏形。企业根据经营管理的需要，可以将员工招聘、人员培训、员工解聘、劳资关系管理等业务委托给外部机构来承担，这即是人力资源管理外包。

5. 财务管理外包

近年来，随着业务外包浪潮在全球的掀起，我国一些地区特别是经济发达的地区已出现了财务管理外包。很多企事业单位纷纷解散了昔日的财会部门，而将相应的会计核算、财务管理工作委托给外部的专业机构（如会计师事务所）来完成。实践证明，财务管理外包后，既精简了企业组织机构，节省了财会部门原来的日常开支和财会人员的人工费用，又提高了财会业务处理的效率和效能。

六、业务外包决策的影响因素分析

企业在进行业务外包决策时，主要应考虑以下几方面的影响因素。

第一，拟外包业务的属性。首先要辨识企业的核心业务，判断拟外包业务是否是企业的核心业务。核心业务是企业最擅长，投入资源最多，对企业的生存和发展起着决定性作用的业务（如制造企业的生产，软件企业的研发）。核心业务是企业核心能力的载体，不当的核心业务外包可能会导致企业核心能力的丧失。因此，影响公司核心能力形成的关键业务应当自营，而非核心业务可以考虑外包。其次，企业可根据业务的稳定性（或业务变化的频度）、业务对顾客满意度的影响程度等因素综合考虑。一般地，相对稳定的业务可以考虑外包，例如标准零部件的生产；靠近客户、变化频繁的业务需要自营，例如客户订单的获取、根据客户订单进行成品的快速组装、一些重要的客户服务项目等。

第二，外包业务成本。业务外包的成本要低于企业自营该项业务的成本。业务外包应能提高企业经营效率，降低企业经营成本。

第三，企业的财务状况。如果企业财务状况欠佳，甚至是面临财务危机，通过业务外包来分散财务风险也不失为一种可行的选择。

七、业务外包的实施与管理

业务外包一般要经历以下几个阶段。

1. 制定业务外包策略

在这一阶段，企业经营管理者首先应明确本企业的需求并制定相应的业务外包策略。业务外包是企业的“一把手工程”，只有得到决策层的重视与支持才容易取得成功。

在制定业务外包策略时，应注意以下几点：第一，明确企业经营目标和外包业务之间的关系，合理的业务外包应有利于企业经营目标的实现。第二，业务外包策略必须与公司的总体战略相匹配，应在公司战略的指导下制定。公司战略是制定业务外包策略的基础，而业务外包是在公司总体战略安排下的战略举措。公司战略不仅影响自营与外包决策，还会影响外包对象、外包模式与供应商的选择。第三，调查研究，收集资料，为制定业务外包策略与业务外包方案奠定必要的基础。

2. 制定业务外包方案

一般而言，业务外包方案应包含以下内容：第一，对本企业的业务外包需求及承包商的服务能力进行准确的界定；第二，界定业务外包应解决的主要问题；第三，描述业务外包预期应达成的目标；第四，描述承包商应具备的必要条件，如资质、服务能力、行业服务经验、质量认证等。

3. 承包商的评估与选择

一般地，可以根据承包商的经营理念、服务能力、战略导向、合作双方的企业文化及组织结构的兼容性等对承包商进行选择。具体而言，应遵循以下原则：第一，与选定承包商的合作应能最大限度地支持企业的竞争战略；第二，承包商应具有为企业服务的实力；第三，承包商应具有行业服务经验；第四，承包商的核心业务应与企业的外包需求相一致；第五，双方应能相互信任；第六，双方的企业文化、组织结构兼容；第七，承包商要能够促进企业改善经营管理；第八，不能过分强调成本低。

4. 业务外包的管理

对于外包的业务项目，企业应该将其按照项目管理来对待。业务外包是介于市场交易和纵向一体化的中间形式，合作双方形成的是一种委托-代理关系。为确保外包业务质量，规避委托-代理风险，委托方要能对外包业务进行监控并适时对代理商的服务质量进行评估。为此，需要建立相应的协调管理机制和信息沟通渠道以及质量评价体系，强化对外包业务的事前（对代理商的考察、评估及签订完备的合同）、事中（驻员，进行过程监督与控制）、事后（对产品质量及服务质量进行评估）控制。此外，在业务外包的初期，还要注意与员工进行开诚布公的沟通，帮助员工适应新的业务运作方式。

任务3 供应链合作伙伴的选择

合作伙伴的评价与选择是构建供应链合作关系的前提。合作伙伴的能力与业绩对企业运营成功的影响越来越大，诸如缩短产品研究开发的周期、加快新品上市、确保导入成功，保证原材料、零部件及其他外购件的采购与供应品质，提高产成品的质量，实现准时交货，缩短提前期，降低安全库存量，以及提供完善的售后服务等。为了降低企业运营成本、提高产品及服务质量、实现柔性生产及快速客户反应等目标，企业的业务流程再造不能没有关键供应商、关键分销商、零售商以及第三方物流企业等重要合作伙伴的参与。因而，对合作伙伴进行评价与选择就成了企业管理者在实施供应链管理时必须面对的课题。

一、供应链合作伙伴的类型

在集成化供应链管理环境下，优秀的企业往往会在全球范围内寻找最杰出的合作伙伴，以实现强强联合。比如，企业在选择供应商时一般会遵循“少而精”的原则，精选少数供应商，并加强同他们的合作。例如，台湾统一企业集团在采购香精香料时，仅仅从全球最有名的三家公司（国际香精、芬美意、奇华顿）进行采购。当然，临时外购服务也存在，企业也需要与某些贸易伙伴进行短期合作。于是，根据对企业运营的重要性可简单地把合作伙伴分为重要合作伙伴和次要合作伙伴两大类。重要合作伙伴与企业关系密切，而次要合作伙伴与企业的关系相对松散。一般而言，重要合作伙伴对构建供应链合作关系的影响较大，应引起供应链管理者的高度关注。

我们可进一步根据合作伙伴在价值链系统中的增值作用及其对供应链竞争力的影响，将合作伙伴分成战略合作伙伴、普通合作伙伴、有影响力的合作伙伴以及竞争性/技术性合作伙伴四种类型，详见图 6.5。

显然，如果一个企业对其所在的供应链系统价值的贡献率（增值率）很低，一般很难能吸引其他企业与之合作。而一个企业越是拥有独特的资源和能力，如产品开发能力、设计加工能力、提供柔性服务的能力、项目管理能力，甚至是拥有核心技术抑或技术秘密（know-how），一般地，该企业对其他企业的吸引力就越强。因为企业经营要扬长避短，而合作的目的则是为了取长补短。例如，英特尔公司在芯片开发上拥有核心能力，导致绝大多数计算机制造商都不得不与之合作。当然，如果一个企业在某业务领域越擅长，越专业，不但其在同类企业中的竞争力越强，而且越能提升其所在供应链的竞争力。

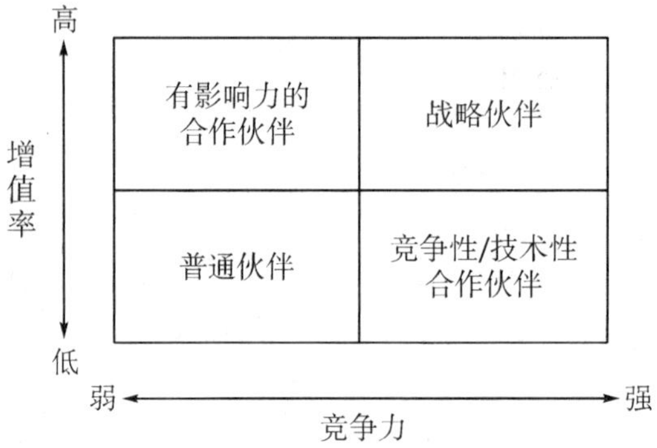

图 6.5　供应链合作伙伴的分类

在实际运作中，应根据企业的不同需要选择不同类型的合作伙伴并与之建立相应的合作关系。例如，就长期而言，要求合作伙伴具有较强的竞争力和较高的增值率，则最好是选择战略性合作伙伴。若某企业对某公司非常重要，需要与之进行长期合作，宜与之建立战略联盟。就短期而言，宜选择普通合作伙伴，满足需求即可，以降低维系双方关系的成本。就中期而言，应根据企业需要，选择有影响力的合作伙伴或竞争性/技术性合作伙伴。四种类型伙伴的比较详见表 6.1。

表 6.1　四种类型合作伙伴的比较

比较项目	伙伴类型			
	普通合作伙伴	技术性合作伙伴	有影响力的合作伙伴	战略合作伙伴
产品特点	低值的一般产品，充分供应、产品结构开放	偏向开放性产品	定制化、产品结构封闭	完全定制化、产品结构封闭
规制形式	契约	契约+部分专用性投资	契约+专用投资+部分信息共享	专用人才投资+高度信息共享
契约的作用	非常大	较大	较小	很小
管理特点	严格控制	利用型	支持、帮助	战略协同

二、供应链合作伙伴选择的决策因素

供应链合作伙伴的选择涉及范围较广。在过去，人们关注和研究得较多的是有关供应商的选择问题。然而，随着市场转型，企业竞争的焦点逐渐转移到了供应链下游，因而，分销渠道成了厂商经营成败的关键。故企业不仅要加强与供应商的合作，还应加强与分销商，尤其是零售商的合作，建立前向渠道联盟。此外，供应链合作伙伴的选择还涉及物流服务商、金融机构、信息服务商等合作企业的选择。

当前，我国企业在选择合作伙伴时存在较多的问题，主要表现在主观成分过多，往往凭印象来选择；选择标准不全面，没有形成完整的综合评价指标体系，不能很好地指导企业评价、选择合作伙伴。因而，建立科学、合理的综合评价指标体系非常有必要。

1. 综合评价指标体系的设置原则

（1）系统全面原则。评价指标体系必须能全面反映合作伙伴目前的综合实力，而且还应该包含能反映企业未来发展前景的各方面指标。

（2）科学简明原则。评价指标体系的设置应具有科学性，大小应适宜。如果指标体系过大，指标层次过多、指标过细，势必将评价者的注意力吸引到细微的问题上，出现“一叶障目”的现象，导致评价者“只见树木，不见森林”；而指标体系过小，指标层次过少、指标过粗，又不能充分反映合作伙伴的实力。

（3）稳定可比原则。评价指标体系的设置应具有一定的稳定性，应能满足企业当前及未来发展的需要。此外，还应横向对比主要竞争对手（包括最强大的竞争对手）、行业领导者以及其他行业翘楚的相关评价标准，博采众长，努力做到国际领先。

（4）灵活可操作原则。所设置的评价指标应具有一定的灵活性，应当可行且便于操作。

综上所述，评价指标体系应系统、全面，评价指标应具有简明性、适用性、一致性、可行性、可操作性、相对稳定性和前瞻性等特点。

2. 综合评价指标体系结构

综合评价指标体系是反映企业和环境所构成的复杂系统的不同属性的指标按隶属关系、层次结构有序组成的集合。一般的，应包括企业业绩评价、业务能力评价、质量体系评价、企业环境评价等指标。合作伙伴选择的综合评价指标体系如表 6.2 所示。

表 6.2　合作伙伴选择的综合评价指标体系

企业业绩评价			业务能力评价						质量体系评价						企业环境评价				
成本效益分析	企业信誉	企业发展前景	运营管理	人力资源管理	财务管理	研究开发	市场营销	物流服务	质量体系	产品开发中的质量	供应开发中的质量	制造中的质量保证	质量检验和试验	质量资料与质量职员	政治与法律环境	经济环境	技术环境	社会文化环境	自然环境

［小贴士］　**典型的质量认证体系**

目前有很多质量认证体系可以用来对合作伙伴的质量进行认证。其中，ISO9000 质量管理体系认证运用较广泛。ISO9000 提供了最基本的质量保证的定义和指导，ISO9001 才是真正的质量体系，主要为设计开发、生产、安装以及服务提供合适的质量体系。ISO9002 和 ISO9003 是 ISO9001 的子系统，ISO9002 涉及生产和安装，而 ISO9003 涉及最终检测和检验，ISO9004 则涉及全面质量系统的开发。ISO9000 的资格认证和注册登记要经授权的第三方进行现场审核。而对于一些专门领域则有专门的认证标准，如：在软件开发领域，有软件开发质量保证体系 CMM；在汽车领域，有美国汽车工业协会发起的 Quality System 9000 质量管理系统；在环境开发保护领域，有 ISO14000 环境管理标准；在企业的职业安全卫生管理方面，有 OHSAS18001 职业安全卫生管理体系。

三、供应链合作伙伴的选择方法

供应链合作伙伴的选择方法比较多，通常包括直观判断法、招标法、协商选择法、加权平均法、采购成本比较法、ABC 成本法、层次分析法、合作伙伴选择的神经网络算法等。每种方法都有其优点、缺点和适用条件。企业应该根据需要恰当选择。

（一）直观判断法

直观判断法是在对合作伙伴走访、调查、征询以获得第一手资料的基础上，结合决策者的分析判断，对合作伙伴进行评价、选择的一种方法。这种方法主要是倾听和采纳有经验的从业人员的意见，或者直接由决策者凭经验做出判断。常用于选择普通合作伙伴，例如选择企业非主要原材料的供应商。

（二）招标法

当合作伙伴（如供应商、物流商、合同制造商等）的业务成本占目标企业总成本的比例较高，而且潜在的合作伙伴数量较多、竞争比较激烈时，目标企业可以采用招标法来选择合作伙伴。该方法一般由目标企业提出招标条件，潜在的合作伙伴进行竞标，然后由目标企业决标，选择产品/服务质量最好但价格（或成本）最低（可以是质量和服务相当但价格/成本最低，也可以是价格/成本相同但质量和服务最好）的合作伙伴并与之签订合同或合作协议。招标法包括公开招标、邀请招标、两段式招标等形式。公开招标也称无限竞争性招标。采用该招标形式，企业对投标人的资格不予限制。公开招标具有竞争性强、择优率高、避免贿标等优点，有利于企业在较大范围内选择相对满意的合作伙伴，有利于降低企业经营成本。但是公开招标成本较高、程序复杂、历时较长，不能满足企业的紧急需要。邀请招标也称有限竞争性招标或选择性招标，是由招标人选择一定数量的合格企业（3 家以上，一般 3~10 家为宜），向其发出投标邀请书，应邀单位在规定的时间内向招标人提交投标意向并进行投标的一种招标方式。邀请招标具有以下特点：不公开发布招标公告，合作伙伴接受邀请才能投标，虽然限制充分竞争，但节省时间和成本。招标法竞争性强，择优率高，是企业常见的业务伙伴选择方法。

（三）协商选择法

协商选择法是指先由目标企业选出条件较为有利的几个潜在的合作伙伴，然后分别同他们进行协商，在协商的基础上确定拟选择的合作伙伴的方法。与招标法相比，由于目标企业与合作伙伴进行了充分的协商，一般在产品/服务质量、交货日期/服务时效及售后服务等方面比较容易达成共识，有利于合同的履行。当时间紧迫、潜在的合作伙伴数量较少、不能事先准确计算出标的的价格总额或合作伙伴的服务成本或目标企业的总体拥有成本（TCO）、标的的规格和技术复杂或者性质特殊、招标后没有企业投标或者没有合格的标的或者重新招标未能成立时，采用协商选择法比较合适。但协商选择法也有不足，由于选择范围有限，企业不一定能够选择到最佳的合作伙伴。

（四）加权平均法

该法是指企业在选择合作伙伴时，通过对决策影响因素分别评分，并根据各决策影响因素的重要度分别赋予其一定的权重①，通过加权平均来选择合作伙伴的常用方法②。例如，在选择供应商时，决策影响因素主要包括物料的质量、价格（或成本）、交货期、柔性服务能力（包括柔性供货或提供柔性售后服务等能力）、合作意愿或态度、研发能力③、财务实力、信誉、地理位置等；在选择物流服务商时，决策影响因素主要包括服务质量（主要通过货损率或商品完好率、准时交货率、配送率等 KPI 来反映）、价格、柔性服务能力、行业服务经验（如从事冷链物流服务或危险品物流服务的年限）、财务实力、信誉等。一般而言，选择不同类型的合作伙伴，其评价标准或决策影响因素往往有一定的差别。

下面以供应商的选择为例来加以说明。假如有三家备选的供应商，影响供应商选择的因素、权重及评分如表 6.3 所示。

表 6.3　供应商选择的加权评分表

供应商	质量（0.2）	价格（0.2）	交货期（0.15）	柔性服务（0.1）	信誉（0.15）	研究开发（0.1）	地理位置（0.1）	加权平均分（$\sum_{i=1}^{7} X_iP_i$）
甲	90	80	80	95	90	85	90	86.5
乙	85	80	70	85	80	75	80	79.5
丙	70	75	85	80	85	80	85	79

通过计算，我们应该选择综合得分最高的甲供应商。

（五）采购成本比较法

采购成本比较法是企业通过计算、分析、比较针对各个同类合作伙伴（如供应商、物流服务商或其他服务商等）的采购成本，以选择采购成本较低的合作伙伴的一种方法。对于质量、交货期（或服务时效）及其他条件（如信誉、财务实力、研发能力等）都能满足企业需要的合作伙伴，企业可以通过计算采购成本选择合作伙伴。企业的采购成本一般包括购置成本（包含货款、运费等）、订购成本（包括差旅费、通信费、订单跟踪费用等）等与采购有关的成本、费用。

例 9-1　A 企业计划采购某种物料 200 吨。甲、乙两家供应商供应的物料均符合 A 企业的采购需求，而且信誉都比较好。供应商甲距离 A 企业比较近，其报价为 320 元/吨，运费费率为 5 元/吨，订购费用为 200 元/次；供应商乙距离 A 企业比较远，其报价为 300 元/吨，运费费率为 30 元/吨，订购费用为 500 元/次。请通过计算判断 A 企业应该选择哪家供应商并请说明理由。

① 各影响因素的权数之和为一。

② 计算公式为：$\bar{x} = \sum_{i=1}^{n} X_iP_i$，选择综合评分最高者。

③ 在建立供应商伙伴关系时，供应商的早期介入或供需双方的早期参与（EPI/ESI）很重要，供应商往往要能为制造商定制开发、供应某些部件，此时需要考虑供应商的研发能力。

解：若 A 企业选择由甲供应商供货，采购成本为：（320+5）×200+200=65 200（元）

若 A 企业选择由乙供应商供货，采购成本为：（300+30）×200+500=66 500（元）

显然，A 企业选择由甲供应商供货的采购成本比较低；而且甲供应商距离 A 企业比较近，便于双方进行沟通与协调，方便 A 企业管理供应商。故应该选择甲供应商。

（六）ABC 成本法

供应链活动是增值与成本增加相结合的过程。人们完成一项活动（或作业）可以使产品或半成品的价值增加，但其成本也会增加。美国芝加哥大学的青年学者库伯和哈佛大学教授卡普兰于 1988 年提出作业成本法（activity-based costing，ABC）。该法主要用于对现有流程的描述和成本分析，即将现有的业务进行分解，找出基本活动，着重分析各个活动的成本，特别是活动中所消耗的人工及相关资源的成本。为了对供应商进行综合评价，库伯和卡普兰提出了总体拥有成本（TCO）的概念，即通过计算买方的总成本来评价、选择供应商。鲁德霍夫和科林斯于 1996 年首次提出对供应商进行评价和选择的 ABC 模型。该方法是针对单一订单，在多家供应商中进行优选。其基本思路是供应商提供的产品的任何缺陷都会导致买方的总成本增加。该方法让评价者对照相对重要性函数表，给出因素的两两比较的重要性等级，因而可靠性高、误差小，不足之处是遇到因素众多、规模较大的供应商等合作伙伴的选择时容易出现问题，比如判断矩阵有时难于满足一致性要求。

（七）层次分析法

韦伯等人提出利用层次分析法进行合作伙伴的选择。层次分析法（analytic hierarchy process，AHP）是一种定性与定量分析相结合的多目标决策方法。其基本原理是根据具有递阶结构的目标和子目标（选择准则）及约束条件等对合作伙伴进行评价和选择。首先用两两比较的方法确定判断矩阵，然后把判断矩阵的最大特征值与相应的特征向量的分量作为相应的系数，最后综合出每个潜在合作伙伴各自的权重（优先程度），通过对优先程度的比较实现对合作伙伴的选择。

（八）神经网络算法

人工神经网络（artificial neural network，ANN）是 20 世纪 80 年代后期迅速发展的一门新兴学科。ANN 可以模拟人脑的某些智能行为（如知觉、灵感和形象思维等），具有自学习、自适应和非线性动态处理等特征。因此将 ANN 应用于供应链合作伙伴的评价选择，意在建立更加接近于人类思维模式的定性与定量相结合的综合评价选择模型。评价选择者通过对给定样本模式的学习，获取评价专家的知识、经验、主观判断及对目标重要性的倾向。当企业对合作伙伴进行综合评价时，该方法可以再现评价专家的经验、知识和直觉思维，从而实现定性分析与定量分析的有机结合，并能较好地保证合作伙伴综合评价结果的客观性。但人工神经网络算法复杂，不易掌握，复杂问题的神经网络的训练必须有大量数据支撑，否则训练出的神经网络可能只能处理非常有局限性的问题。

四、供应链合作伙伴选择的步骤

供应链合作伙伴的综合评价与选择主要涉及以下七个步骤（详见图 6.6），对企业来说每一步都是一次改善。

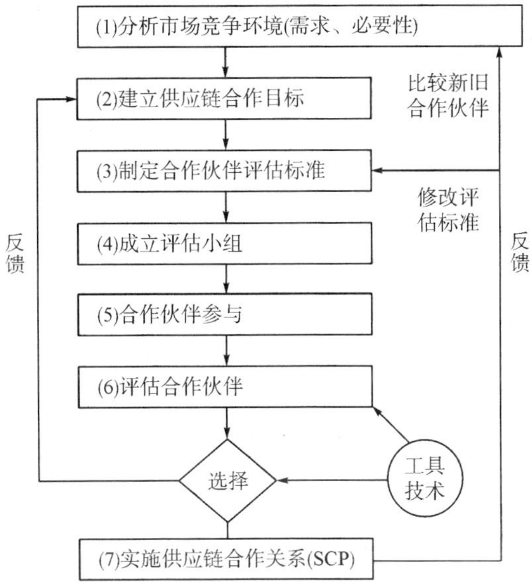

图 6.6　供应链合作伙伴选择的步骤

（1）市场竞争环境分析。在建立供应链合作关系之前，企业首先应进行市场竞争环境分析。按照波特竞争模型，有五种力量对企业的生存与发展构成威胁：同业竞争者、顾客、供应商、潜在进入者/新入侵者、替代品/替代服务提供者。其中，同业竞争者的竞争力量最直接也最强大，其次是顾客讨价还价以及要求提供优质服务所构成的威胁，再次是供应商讨价还价以及未必能满足买方需求所构成的威胁，之后是替代品或替代服务的替代威胁，最后是潜在进入者对企业构成的潜在进入威胁。如果竞争非常激烈，企业一般应建立供应链合作关系，通过成员企业的分工与合作，组建战略联盟以抗衡竞争对手的竞争。

需要说明，明确顾客的需求极为重要，因为顾客的需求是供应链运营的驱动力。供应链管理者首先应该明确顾客的需求，包括产品类型（功能型/创新型）及服务特性（例如需求的紧急度，是否要求提供 JIT 配送服务等）。

如果企业已建立供应链合作关系，则应根据市场需求的变化确认是否需要对供应链合作关系进行优化。在这一阶段，应同时分析、总结本企业及合作伙伴存在的问题，以便及时改进。

（2）建立供应链合作目标。在环境分析的基础上，企业必须建立与供应链成员企业合作应达到的目标。比如，合作的目标是为了提高产品质量或服务质量，还是为了降低企业经营成本，抑或是为了缩短交货期，或者是为了获得采购批量柔性（批量采购与柔性供应）。

［案例］　　　　宜家与供应商的合作

作为全球最大的家居商品零售商，宜家公司的基本思想就是低价位，使设计精良、实用性强的家居产品能够为人人所有。为此，宜家必须从供应商那里采购到低成本、高质量、符合顾客要求而且环保的产品。为了实现这一目标，同供应商的关系就显得非常重要。目前，宜家的供应商有 1 800 家，分布在世界上 55 个国家。宜家认为同供应商的密切接触是理性和长期合作的关键，它在 33 个国家设立了 42 个贸易公司来专门负责采购以及发展同供应商的合作关系。这些贸易公司的员工经常造访供应商，从而监督生产、测试新方案、商谈价格和进行质量检查，负责向供应商传授知识，例如：在效率、质量和环保工作问题上对他们进行培训，他们还负责制定并检查供应商的工作条件、社会保障和环保工作等重要任务。

（3）制定合作伙伴评估标准。接下来，企业应将目标细化、分解，开发出一整套综合评价指标体系，作为企业评价选择合作伙伴的依据或标准。在开发评价指标体系时，应根据前述“系统全面、科学简明、稳定可比、灵活可操作”的原则，并结合不同行业、不同企业、不同的经营环境以及特定的产品市场需求来进行。

（4）成立评估小组。成立评估小组是评价、选择合作伙伴的重要步骤。评估小组一般应由相关部门的管理人员或专业技术人员组成，必要时还应该有企业外部专家参与。组建评估小组时，应突出团队成员优势互补的特点，确保每个成员都能从专家角度对合作伙伴做出评估。例如，对供应商进行评估时，一般应从采购与供应管理部门、质量管理部门、生产管理部门、研究开发部门以及工程技术等部门抽调相关人员组成评估小组，目的是能从多角度、多方位对供应商的供应能力、物料品质、信用状况、财务状况、生产能力、研发能力等做出尽可能科学、客观、公正的评价。

（5）合作伙伴参与。一般地，评估小组要亲临合作伙伴作业现场进行实地考察以获得第一手资料，并对合作伙伴进行初步评估。当初步选择了合作伙伴后，接下来就是双方的初次合作，亦即让合作伙伴参与到企业的相关业务活动中来。通常，双方会有一段时间（如2~3个月）的接触，这是合作的尝试阶段，一般称之为“试合作”。特别是对于关键合作伙伴，企业在选择时往往很慎重，不会一经实地考察后就立即选定。

（6）评估合作伙伴。根据考察、走访、“试合作”所获得的合作企业的有关信息，企业会根据综合评价指标体系对合作伙伴的信用、财务、生产、研发等能力进行综合评估。在评估时，需要利用一定的技术、工具和决策方法进行评价选择，例如前面述及的采购成本比较法、ABC成本法、层次分析法以及神经网络算法等方法。如果最终选定了合作伙伴，双方就会建立供应链合作关系；否则，企业会重新寻觅、评价、选择合作伙伴，直至满意为止。

（7）实施供应链合作关系。在实施供应链合作关系的过程中，市场需求将不断变化，应根据实际需要及时修改合作伙伴评价标准，或重新对合作伙伴进行评价选择。在重新选择合作伙伴时，应给予昔日的合作伙伴足够的时间以适应变化。

需要说明，尽管从理论上讲，合作伙伴的评价与选择有一个先后次序，然而在实际运作中，这些步骤往往相互联系，交错重叠，决策者应根据企业的具体需要选择其中的某些步骤，选择的过程是动态的。

任务4 供应链合作关系的构建

随着市场竞争的加剧，企业的竞争逐渐演变为供应链与供应链的竞争。核心企业与上下游企业、物流服务商、金融机构、信息服务商以及用户建立起供应链合作关系，从供应链管理的角度对企业经营管理进行重新思考，目的是实现供应链价值的最大化，提升供应链企业群体的竞争力。

一、供应链合作关系的概念与内涵

供应链合作关系（supply chain partnership，SCP），是指供应链成员企业在一定时期内信息共享、风险共担、共同获利的协议关系。

供应链合作关系是具有供求关系的企业为了实现共同的目标而结盟。合作的目的是为了降低供应链系统成本、缩短交货期、降低安全库存量、增强信息的透明度、保持合作伙伴之间运作的一致性、提高客户服务水平。供应链成员企业的合作要求各参与体在产品研发、设计、制造、分销以及售后服务等环节实现更好的协同，以增强供应链竞争力，使企业获得更强大的竞争优势。战略伙伴关系是供应链合作关系的高级阶段，也是近年来企业关系发展的趋势。

二、供应链合作关系的分类

供应链效率的改善、成本的优化、价值的最大化以及综合竞争力的提升依赖于供应链成员企业的协同努力，而供应链成员企业的相互依赖是供应链协同的驱动力。特别的，供应链成员企业对彼此相互依赖的认同程度决定了供应链关系的发展潜力，决定了供应链成员企业实施流程一体化、共享关键信息以及协同决策的意愿。

我们根据供应链成员企业信息共享的程度（信息系统整合程度）以及业务流程整合的程度将供应链关系划分为沟通关系、协调关系、合作关系和协同关系四种类型，如图 6.7 所示。

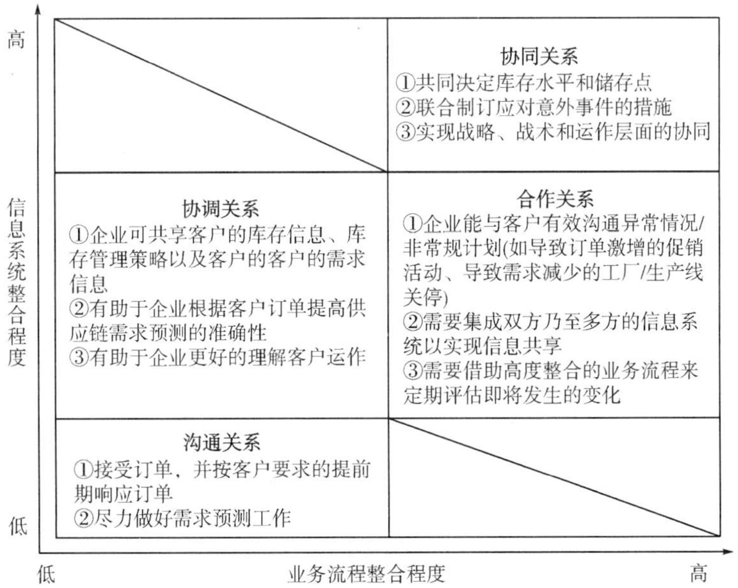

图 6.7　供应链关系分类

一般而言，核心企业需要与多家供应商、服务商和客户进行合作，还需要对合作伙伴进行有效管理。核心企业应该与不同类型的合作伙伴保持不同程度的合作关系，并且应该引导合作关系不断发展。为此，供应链管理者就需要正确选择供应链关系的类型，同时引导合作伙伴将供应链关系逐步向高层次发展。

三、企业加强供应链合作关系的意义

21 世纪企业的竞争已演变为供应链与供应链的竞争，竞争的焦点已从单纯的产品质量、功能和价格转向了缩短交货期、提供优质服务、打造强势品牌、提高产品的附加价值，满足顾客的个性化需求等方面。加强供应链成员企业间的合作，具有非常重要的意义。

首先，通过在供应链成员企业间建立战略伙伴关系，企业可以实现企业内外资源的优化配置，有利于企业实施“归核化”战略，将资源和能力集中于核心业务，培育并提升企业核心竞争力。通过以业务外包为纽带的企业合作，企业可以共享合作伙伴的核心能力。通过“强强联合”，企业可以增强供应链系统的核心竞争力，相应地，每个成员企业的竞争力也得以提升。

其次，通过加强节点企业间的合作，企业可以削减企业运营中的非增值环节，消除库存的重复设置，防止成本转嫁，降低供应链系统总成本，创造更多的“消费者剩余”，让顾客获得更多“可感知”的效用，最终实现供需双方的“双赢”乃至所有供应链节点的“多边共赢”。

最后，企业加强供应链合作关系，可以增强供应链的系统性和集成性，提高供应链的敏感性和响应性，增强供应链企业群体对市场需求的响应能力，可以在降低供应链系统总成本的同时，提高客户服务水平。

基于时间的竞争是供应链管理时代的一个显著特征，从供应链提前期的缩短中，可以看出供应链合作关系对企业经营的重要意义，如图 6.8 所示。

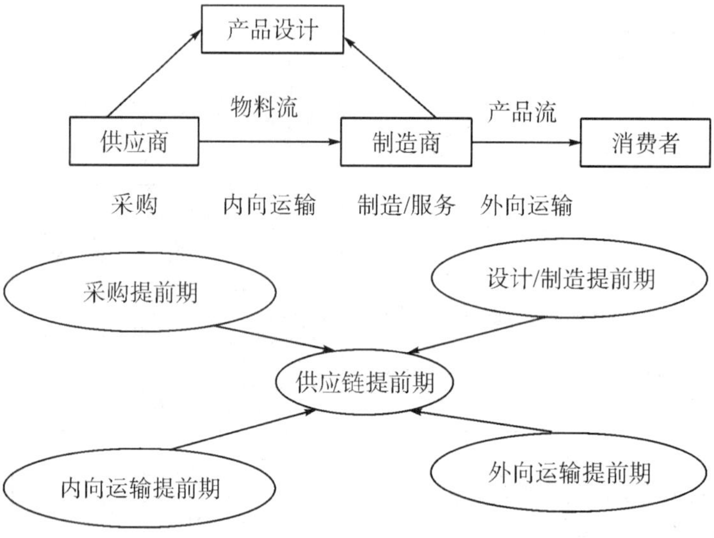

图 6.8　供应链响应用户订单的提前期

由图 6.8 可知，供应链响应用户订单的提前期由原材料、零部件的采购提前期、物料内向运输的时间、产品设计制造周期以及产成品外向运输的时间构成。我们通过加强制造商与供应商的合作，实施 JIT 采购与供应，可以缩短采购供应提前期；通过供应商在产品研究开发中的早期参与，可以缩短产品研发的周期，加快新产品上市的速度；通过加强企业与物流服务商的合作，可以加快物料内向运输与产成品外向运输的速度，减少物料及产品在各节点的停留时间，进而加快物流的流速，最终缩短供应链对用户订单响应的提前期。显然，加强供应链合作关系的意义极其重大。

四、供应链合作关系的构筑策略

要构建良好的供应链合作关系，首先要得到企业决策层的支持，公司高层的态度是建立供应链合作关系的基础和前提。其次，应进行战略分析。合作伙伴的选择，供应链合作关系的构建，都应该在公司战略的指导下进行，并能最大限度地支持公司的竞争战略。最后，要建立协调一致的供应链运营模式，要解决业务流程和组织结构上的障碍。

企业在评价和选择合作伙伴时，应充分考虑合作伙伴的核心业务和关键能力及其在供应链中的准确定位。合作伙伴的选择应遵循利益相关、优势互补的基本原则。此外，企业还应充分考虑合作伙伴的经营理念、组织结构、管理风格、企业文化是否兼容，如果不兼容，是否有进行组织变革、文化重塑的可能。

在建立供应链合作关系的实质阶段，企业要进行需求分析，建立双赢合作机制；要建立有效的沟通渠道，实现战略、战术、运作层次的沟通；要构筑供应链信息系统，实现实时信息共享；要进行技术交流与合作，并提供产品设计支持；要能对合作伙伴提供管理、技术培训服务以及财务资源的支持（如采购商向供应商预付货款）。开诚布公，诚实守信，合作双赢，是建立供应链合作伙伴关系的关键。

五、供应链合作关系的建立步骤

建立供应链合作关系一般要经历以下几个步骤（见图6.9）。

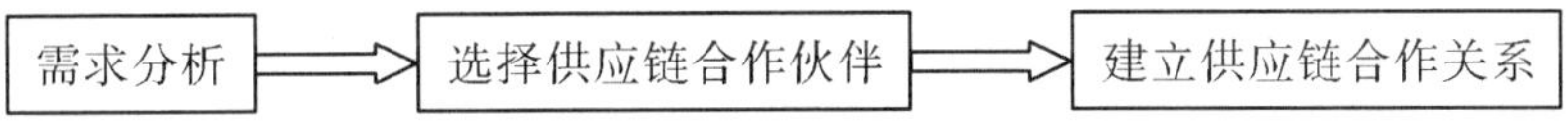

图6.9　供应链合作关系的建立步骤

构建供应链合作关系的过程比较复杂，通常包括需求分析、确定合作伙伴的选择标准、合作伙伴参与（试合作）、对合作伙伴进行评估、选定合作伙伴、建立供应链合作关系等阶段。特别是在合作的初期，双方一般要经历一个磨合过程，不可能一蹴而就。其中，选择合作伙伴非常关键，故一定要一丝不苟地做好合作伙伴的评估与选择工作，以确保供应链合作关系的顺利构建。

任务5　供应链协同管理

[案例]　汽车制造商与供应商和物流服务商的协同

汽车行业率先推行基于第三方物流服务的多供应商条件下的一体化供应物流模式。其运作流程如下：除少数本地供应商直接向汽车制造商供应汽车零配件外，大部分供应商由一家第三方物流服务商制订一体化的供应物流计划，按照供需双方的供求信息，通过循环取货（milk-run）方式，将汽车零配件从供应商处送达制造商工厂附近的临时储存点，并按照准时生产（JIT）的要求，合理运用供应商管理库存（VMI）策略，将需要组装的配件排序上线（JIS），由此实现供应物流一体化，进而实现供应物流与生产物流的无缝衔接，最终实现制造商、供应商和第三方物流服务商的协同。其中，循环取货模式由风神物流有限公司开发成功并获得专利，其后在上海通用汽车有限公司、一汽丰田汽车有限公司、上汽大众汽车有限公司等多家汽车制造商中推广。

一、供应链协同管理的概念与内涵

供应链协同是指供应链成员企业为实现共同的目标而共同制订计划，在实时信息共享的基础上同步协调运作，以实现供应链流程的无缝衔接。供应链协同应以信息共享、相互信任、群体决策、流程无缝衔接和共同的战略目标为基础。

供应链协同管理（supply chain collaborative management，SCCM）是对供应链各节点企业间的合作进行计划、组织、协调和控制。实施供应链协同管理，可以将供应链中分散在各地、处于不同价值增值环节、具有特定优势的企业联合起来，以协同机制为前提，以协同技术为支撑，以信息共享为基础，从系统全局出发，促进企业内外协调发展，开创“共赢”局面，实现供应链价值的最大化。

按照决策的范围与时限，供应链协同管理可以分为战略层供应链协同管理、战术层供应链协同管理和运作层供应链协同管理（见图 6.10）。战略层供应链协同管理是供应链管理的核心，主要内容包括：供应链设计、文化价值的融合、发展目标的统一、利益共享、风险共担、协同决策、标准统一、界定供应链管理的目标和范围、对供应链管理进行总体规划。战术层协同处于承上启下的地位，是供应链管理的中心问题，主要包括：需求预测协同、生产计划协同、采购协同、制造协同、物流协同、销售与服务协同。运作层协同主要以信息技术为支撑，实现信息共享和同步运作，它是战略协同和战术协同的基础和前提。显然，信息共享是实现供应链协同的关键。

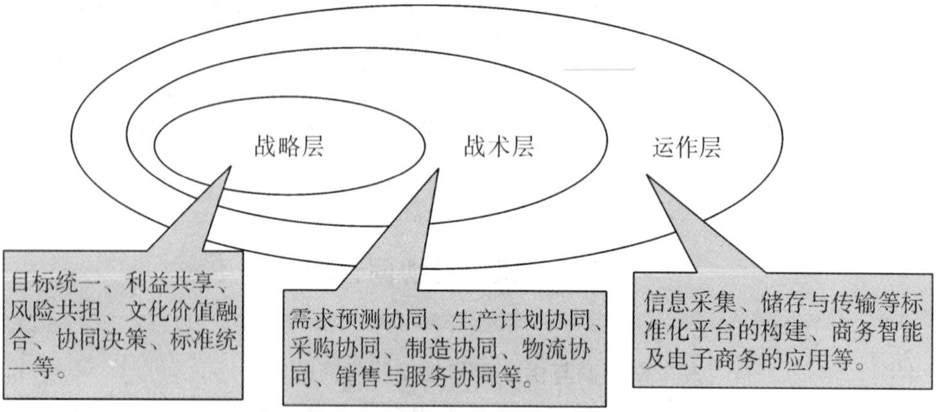

图 6.10　供应链协同管理的层次

二、供应链企业内部协同

（一）企业物流从分散管理模式向集中管理模式转变

1. 传统的企业物流分散管理模式

传统意义上，企业物流的各项功能被人们视为辅助性或支撑性活动，企业物流职责也被分散在整个企业中。如供应物流、生产物流、销售物流往往被分别归入企业的采购、生产和销售等职能部门管理，逆向物流也被归入采购退货以及客户退货（市场营销的后续活动——售后服务或客户服务）等活动中。

传统企业典型的物流分散管理组织结构如图 6. 11 所示。

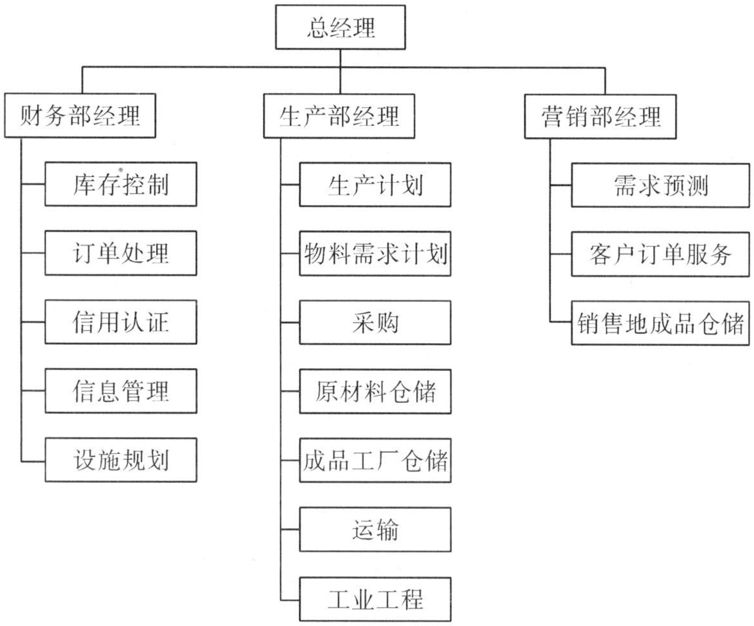

图 6. 11　企业物流分散管理组织结构

传统企业物流的分散管理模式存在以下弊端：①各项物流活动之间缺乏协调，从而导致重复和浪费；②物流各环节活动之间存在信息传递的延迟、扭曲和失真，导致物流活动低效；③管理部门的职责不清，影响了物流服务的质量和效益。

2. 供应链管理环境下的企业物流集中管理模式

随着供应链管理时代的来临，越来越多的企业管理者开始重组和整合企业分散的物流功能，形成一个将物流业务归口统一管理的部门，以实现对企业物流的一体化管理。其目的是促进物流一体化整合，让管理者系统思考某个特定物流功能的决策和流程会怎样影响其他物流功能的绩效，从而克服二律背反，提升物流系统的绩效。

［案例］　**海尔集团物流资源的优化重组**

海尔集团整合企业内外部资源，成立了隶属于物流部门的采购事业部、配送事业部和储运事业部。集团通过统一采购每年节约上亿元资金，原材料成本同比降低 6%；通过统一仓储，不仅减少了 20 万平方米的仓储资源，而且呆滞物料降低了 90%，减少了 63% 的库存资金占用；通过统一配送，在全国范围内可以调拨 16 000 辆货运车辆，运输成本大大降低。

供应链管理环境下的企业物流集中管理组织结构如图 6. 12 所示。

在图 6. 12 中，管理者对企业物流的各项功能与活动进行了整合，将其交由企业的最高管理层统一集中管理。尽管拥有这样科学且健全的物流管理组织结构的企业少之又少，但是将尽可能多的物流计划、功能与运作归口统一管理已是大势所趋。物流总监对企业物流活动统一管理，而企业物流活动又需要与其他供应链物流活动协同整合，以实现供应链采购、生产、物流以及客户服务的一体化运作，更好地满足终端客户的需求，实现供应链绩效最大化。

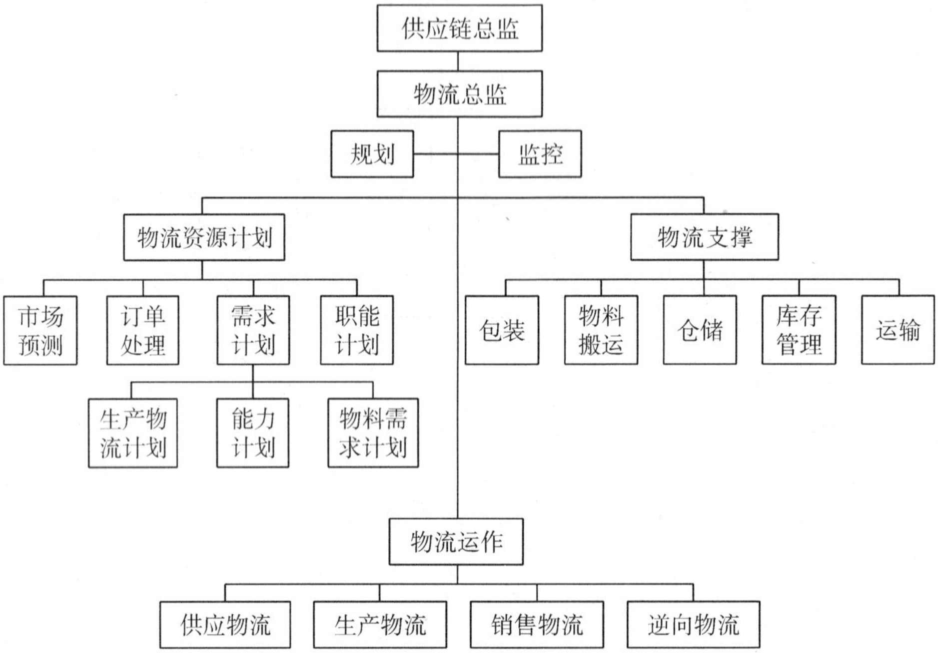

图 6.12 企业物流集中管理组织结构

（二）企业组织结构从职能型向流程型转变

1. 传统的职能型组织及其存在的问题

传统企业的组织结构多为职能专业化模式，即企业按照职能专业化分工的原则来设置职能部门、配备人员、开展业务活动和管理活动。企业通过各部门的分工与协作，以期达成预期的经营目标。

为了对职能部门进行有效的管理和控制，传统企业通常采用一种纵向“金字塔”形的层级式组织机构。这种组织结构具有职能多、部门多、等级制度严格等特点，适合经营环境稳定、产品导向的大规模生产，因而这种“科层式”组织又有“机械式”组织之称。其工作效率主要是来源于简单重复的劳动，业务处理周期较长。

职能专业化能够提高劳动生产率和部门工作效率，但其缺点也日益暴露，如分工带来了本位主义思想，滋长了部门管理者的隧道视野；分工使劳动者的工作变得单调乏味，影响了员工的工作热情和创造性思维；分工引起了业务流程的复杂化，增大了部门间协调的工作量，降低了企业整个业务流程的效率；分工还导致部门之间决策冲突和目标冲突，甚至出现各部门为争夺企业的宝贵资源而展开激烈的竞争，增大了企业内耗，造成“局部最优”但“整体不优”的局面。其结果导致企业的经营成本增加、服务水平降低、竞争力下降。

事实上，很多部门目标是可以通过部门之间的协同来实现的。比如，如果物流部门能够及时从营销部门获得充分的客户需求信息，同时，能够从生产部门得到快速的补货，就可以把库存控制在较低的水平。因此，企业通过跨职能的流程一体化，以流程思想和合作精神进行协同决策，协调各部门的行为，就可以减少职能型组织的低效，释放出巨大的竞争潜能。

2. 供应链管理环境下的流程型组织

［**案例**］　**海尔集团的流程型组织**

为了实现供应链流程一体化，海尔集团对供应链中的物流、资金流、信息流以及企业的商流进行了全面规划，把原来各事业部的采购、配送、销售业务全部分离出来，整合成商流推进本部、物流推进本部、资金流推进本部，实现全集团统一营销、统一采购和统一配送。整合以后，商流推进本部和海外本部从全球用户资源中获取订单形成订单信息流，传递到产品本部和物流本部。物流本部组织采购和配送，产品本部组织生产，成品通过配送网络送达最终客户手中。这样就形成了横向网络化的同步业务流程。

传统的职能型组织流程效率低，顾客满意度低，对市场变化的反应迟缓。因此，在顾客日益挑剔、竞争日益激烈、变化日益频繁三股力量的冲击下，企业必须彻底改变传统的工作组织方式，从更好地满足企业内外顾客需求出发，将业务流程所涉及的一系列跨职能、跨边界的活动集成和整合，以首尾相连的、完整连贯的一体化流程取代以往被各职能部门割裂的、片段黏合式的破碎性流程，构建以客户为导向、以流程为中心、组织结构扁平化、跨职能及跨企业边界的动态一体化的流程型组织。

与传统职能型组织相比，流程型组织将企业内部孤立的、局部的流程连接在一起，使流程不再割裂，组织简化，管理层级减少；同时，使供应链各环节集中整合，资源共享，形成规模效应，加快订单响应速度，提升企业成本竞争力。

流程型组织具有以下三个特点：第一，组织营造一种由自我指导的工作团队高度参与的工作环境，以便激发士气；第二，组织通过管理流程而非管理职能来提高工作效率；第三，组织成员借助信息技术手段实时共享相关信息，信息技术促进流程再造，实现组织结构扁平化。

供应链管理环境下的流程型组织结构如图 6. 13 所示。

高层管理者

流程类型	流程团队
需求计划管理	营销、销售、物流、生产、财务、信息技术
客户关系管理	营销、销售、物流、信息技术
订单履行/客户服务	销售、订单处理、物流、客户服务、会计
产品/服务研发	新产品开发、营销、采购、生产、物流
客户化生产	采购、生产、物流
供应商关系管理	采购、生产、信息技术
生命周期支持	采购、物流、客户服务、财务
逆向物流	物流、客户服务

图 6. 13　供应链管理环境下的流程型组织结构

在供应链管理环境下的流程型组织（见图 6. 13）中，八个关键流程分别由一个流程经理来领导，流程团队成员来自影响流程绩效的关键职能领域。

流程型组织与职能型组织的比较见表 6. 4。

表 6.4 流程型组织与职能型组织的比较

比较项目	组织类型	
	流程型组织	职能型组织
目标	①注重产出；②市场导向	①注重投入；②预算导向
组织结构	①扁平化；②关注流程	①金字塔；②关注职能
运作机制	①针对客户的端到端管理；②简化的流程；③实现客户服务、成本和效率的整体优化	①存在职能界限；②缺乏内在的、有效的协调机制；③追求部门利益，局部优化
员工	①按流程安排；②强调综合技能；③工作以团队为中心；④关注客户	①按职能安排；②按专业技能分工；③工作以个人为中心；④对客户有限关注
沟通	水平方向	垂直方向
文化	①流程拥有主导权（分权，高度自治）；②以客户为焦点（客户导向）；③客户至上的理念	①按管理层级授权（着眼于控制）；②前方（市场）与后方（内部）分离；③以企业自我为中心的文化

综上所述，供应链管理就是在跨企业间实现流程一体化，其目标是通过供应链成员企业的有效互动，为终端客户提供增值的产品和服务。因此，流程型组织群体的协同运作构成了供应链管理的基础。

三、供应链企业间协同——协同供应链的构建

（一）协同供应链的概念与内涵

在供应链协同过程中，成员企业之间由于不信任及供应链关系的复杂性，往往会产生一定的冲突影响供应链的绩效。一般而言，供应链成员企业习惯于站在自身立场上思考问题从而形成管理惯性，使供应链管理的目标难以达成。这些管理惯性包括：只考虑企业自身的绩效而忽视供应链的整体绩效，只寻求企业自身的最优运作而忽视供应链的整体协调，成员企业之间的信息不对称，企业自身的激励依据与供应链的整体目标不一致等。为了消除上述管理惯性对供应链协同造成的消极影响，就需要构建协同供应链，通过实施更有效的协同从而实现供应链价值的最大化。

协同供应链（collaborative supply chain）是指供应链成员企业协同制订供应链计划，协同进行供应链运作，以期获取比企业自身单独运作绩效更大的供应链。协同供应链的成员企业之间需要建立信息共享、风险共担、共同获利的协同机制，通过资源和能力的共享，以更低的总成本为终端客户提供更加满意的服务，从而实现营利。

尽管协同供应链的建立基于供应链成员企业的共同目标，但是协同也是企业自身利益的实现过程。只有各成员企业认识到协同有助于企业自身的生存与发展，才会积极主动加入协同供应链。通常，各成员企业都在寻求自身的优化，如消除冗余的职能、减少日常事务、降低库存量、提高对客户订单的快速响应能力等。但是，只有当供应链成员企业通过彼此的协同努力给客户提供了满意的服务，才能真正获得单独运作所不能获取的营利机会。比如，协同供应链的物流竞争优势体现在货物配送的可靠性、配送速度的快捷性、配送成本的低廉性、配送区域的覆盖性以及对目标市场需求的快速响应性乃至售后物流服务的完美性等方面，每个为此做出贡献的供应链成员企业都会分享到由此带来的利润。

（二）协同供应链的构建方法

1. 协同供应链的典型结构

协同供应链的典型结构如图 6. 14 所示。

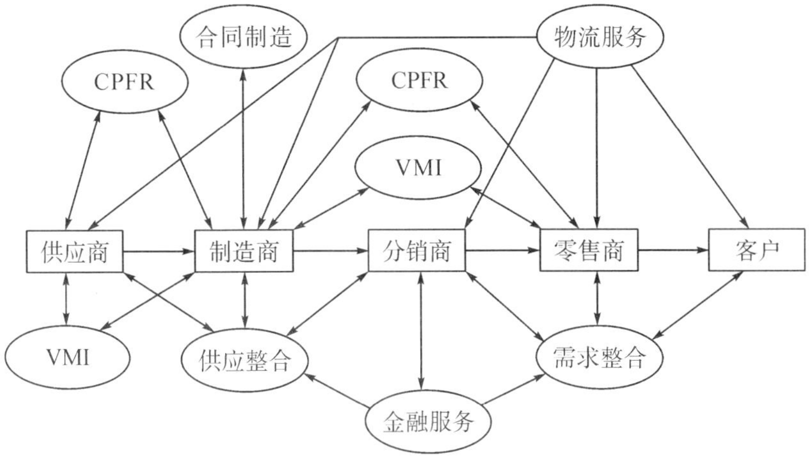

图 6. 14 协同供应链的典型结构

在图 6. 14 中，供应商、制造商、分销商、零售商等供应链参与体通过资源共享、责任共担、共同获利的协议关系服务于最终用户；合同制造商、供应整合商、需求整合商、物流服务商以及金融服务商等参与体共同为供应链的协同提供有效支撑；供应商管理库存（VMI）以及协同计划、预测与补货（CPFR）则是实现供应链协同的常用方法。

2. 协同供应链的构建流程

协同供应链的构建包含四个主要流程。首先是约定流程，其目的是识别企业协同的战略需求，找到具备适当能力的合作伙伴，并设定有关供应链绩效的共同目标；其次是计划流程，其目的是为管理相互依赖的资源、任务和未来所需的能力制订前瞻性的计划，以应对需求的波动以及对资源和能力的不足制订切实可行的措施；再次是实施流程，即供应链成员企业执行计划，管理日常运作，处理例外事件，以便更加有效地满足客户的需求；最后是评估流程，即企业通过对供应链的绩效评估，决定是否修改供应链计划以及是否修订或终止与合作伙伴的合作协议。

需要说明，企业间协同的强度取决于其影响供应链绩效的时间长度。短期协同主要是通过供应链成员企业的合作来满足客户常规和非常规的产品或服务需求；中期协同主要是通过供应链成员企业共担责任来实现产品设计与物流能力的同步，以应对更大范围市场需求的增长；长期协同的目标则是通过设定联合优先任务和共享能力创造出卓越的服务能力。

（三）协同供应链的框架模型

实现供应链协同的关键要素有五个，即协同绩效体系、信息共享、决策同步化、激励一致性和流程一体化。供应链企业群体只有抓住上述五个关键要素，有效沟通和协调，才能真正实现供应链的协同。

协同供应链的框架模型如图 6. 15 所示。在该模型中，双向剪线代表五个关键要素之间是相互影响、相互制约、相辅相成的关系。

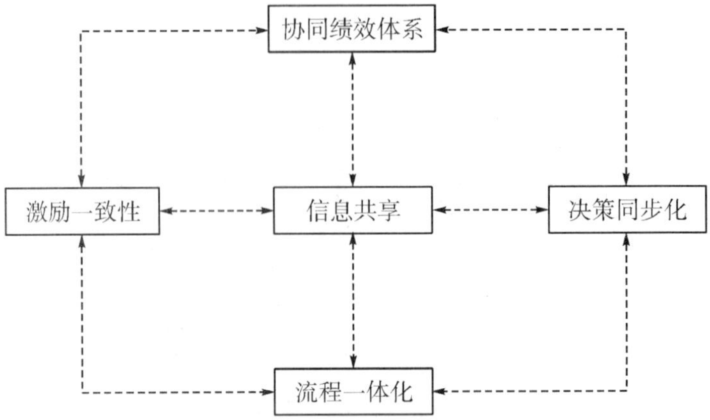

图 6.15　协同供应链的框架模型

（1）协同绩效体系。协同绩效体系是指供应链成员企业共同开发、设计和运用供应链绩效评价指标（体系）来引导供应链参与体共同改善供应链的整体绩效。处于不同时期（例外管理期、改进期和回顾期）的协同供应链需要选择不同的绩效指标。

（2）信息共享。信息共享是指供应链成员企业通过共享彼此的专有数据和信息，以便对供应链计划和运作做出科学、有效的决策。我们可以从信息的相关性、及时性、准确性和可靠性等方面来评价信息共享对供应链协同的贡献。

（3）决策同步化。决策同步化是指供应链成员企业在计划与执行层面协同做出关键决策，以便提高供应链的整体绩效水平。这包括决策权的重新配置以及评价决策同步化的效果，后者主要基于对客户订单的响应性和供应链的营利性进行评价。

（4）激励一致性。激励一致性主要指供应链成员企业成本分摊、风险共担、共同获利的行为，涉及成本核算、风险评估、收益分配以及制订有效的激励方案等内容。我们可以从分配公平性和自我强制性两个方面来评价激励一致性的作用，后者主要指供应链成员企业在决策时自觉地与供应链整体绩效的改善这一共同目标保持一致。

（5）流程一体化。流程一体化是指供应链成员企业设计有效的供应链流程来实现提高客户服务水平和实现营利的双重目标。为此，供应链成员企业需要分工协调、同步运作，以实现流程的无缝衔接。

在供应链协同的五个关键要素中，流程一体化是供应链协同的具体体现，激励一致性是供应链协同的基础和前提，协同绩效体系是供应链协同的评价依据，信息共享是供应链协同的核心，决策同步化为供应链协同提供指向。其中，信息共享为决策同步化提供必要的条件，为协同绩效体系提供必要的信息，为流程一体化奠定基础，为激励一致性创造条件。而决策同步化为信息共享提出要求，为流程一体化提供决策依据，为激励一致性提供有效的激励方案，为协同绩效体系发挥作用提供保障。

任务6 供应链可视化管理

［案例］　　供应链事件管理（SCEM）系统给企业带来效益

美国一家零售商应用SCEM系统实时追踪供货运输状态，当供应的货物可能会延迟交付时系统会自动发出警报。借助该系统，企业能够及时预判供货会延迟，于是自动确定另一个供应源来避免缺货，这样就可以降低安全库存量、提高产品的可得性、提高企业的可视化水平及物流控制能力。运用该系统，该零售商第一年就减少了50%的安全库存量，价值超过2 000万美元，真正实现了“以信息代替库存”。

一、供应链可视化的概念与内涵

供应链可视化（visibility）即供应链信息化，是指企业借助现代信息技术手段，能够在供应链的任何环节实时获取供应链运营的相关数据和信息，并能够与供应链合作伙伴共享，进而提高供应链管理决策水平和供应链运作效率，提高供应链的整体绩效水平。

二、供应链成员的信息共享

要实现供应链协同，关键是供应链成员企业要能够实时信息共享。而多数企业管理者不愿意与企业内部其他部门和人员及供应链合作伙伴共享信息。因此，成员企业通过自愿实现信息共享（以双赢为基础），是有效进行供应链关系管理的关键。

1. 供应链成员信息共享的益处

成员企业通过信息共享，以信息代替库存，可以有效减弱牛鞭效应，降低供应链系统的库存量，降低库存成本；通过信息共享，以信息代替时间，可以帮助供应链更快地响应客户的需求，提高客户满意度；通过信息共享，可以提高供应链成员企业协同预测的准确性，提高供应链计划的有效性；通过信息共享，可以实现供应链流程的无缝衔接、提高供应链流程的可视化水平；通过信息共享，可以提高企业新产品研究开发的针对性与适应性，提高供应链的产品竞争力；通过信息共享，有利于企业强化客户关系管理和供应商关系管理，提高供应链关系管理的效能；通过信息共享，可以增强供应链的系统性、集成性、敏感性和响应性，提升供应链的综合竞争力。

2. 供应链成员应该共享的信息种类

供应链成员企业应该共享销售时点信息（POS）、库存信息（ISF）、订单履行信息、成员企业的关键绩效指标（KPI）和产能等信息。其中，销售时点信息指零售商真实的销售数据而非其向供应商下达的订单，因为中间商的订货模式并不代表终端顾客的需求模式。库存信息指供应链各个环节的库存量及其变化的信息。供应链成员企业通过共享库存信息，可以提高库存的可视化水平，有利于降低供应链系统的库存量。订单履行信息指企业对客户订单的履行情况等信息。随着信息技术的飞速发展，供应链可视化程度在不断提高，电子单证的比例越来越高。客户在下达订单后可以获得一个订单号，通过订单号即可在线查询供应商的订单履行情况，包括货物是否已经发运以及货物在供应链中所处的位置。换言之，客户据此就可以跟踪装运以及进行货物状态查询。KPI是指供应链成员企业的关键绩效指标，包括供应商和客户的绩效指标。这些指标要能够综合反映供应链的整体绩效水平，需要从供应链价值最大化的角度进行调整与优化。此外，供应链管理需要综合考虑供应链成员企业的计划，而产能信息是这些计划的重要输入。如果制造商的产能要做调整，供应链其他成员就需要相应调整计划与安排，既要避免缺货，又要能够更好地利用企业自身和整个供应链的资源。

3. 供应链成员在产品生命周期不同阶段的信息共享

供应链成员企业在产品生命周期的不同阶段需要共享的信息种类以及信息共享的强度是不同的。在投入期，供应链成员的合作与信息共享在很大程度上会改变一家企业关于生产多少新产品、怎样生产以及如何定价等决策。在成长期和成熟期，一家企业需要与供应商和客户共享大量的信息，包括 POS 数据、库存数据、订单履行信息和产能等信息。在衰退期，信息共享可以避免企业积压大量的库存，并能够帮助管理者更好地做出逆向物流决策。

4. 供应链成员的信息共享方式

供应链成员的信息共享有两种基本方式，即蝴蝶结方式和菱形方式。一般而言，企业的采购部门和销售部门是企业同外部环境联系的桥梁和纽带，需要与供应链成员进行信息共享，这种信息共享方式被称作蝴蝶结方式，如图 6.16 所示。

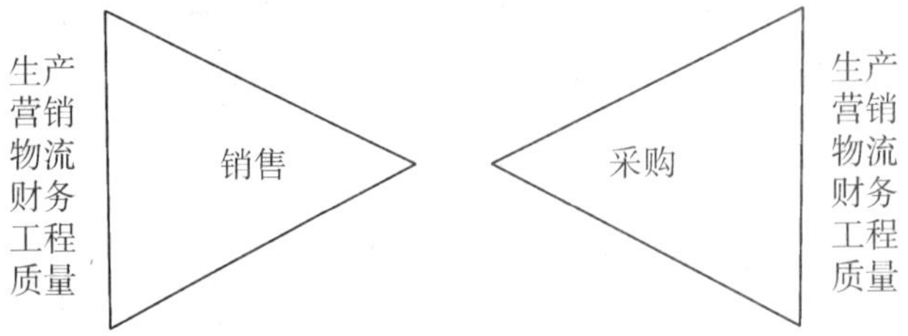

图 6.16　信息共享的蝴蝶结方式

另外一种信息共享方式是菱形方式（见图 6.17），该方式允许企业的相关职能部门与供应链成员企业的相关职能部门直接进行沟通，如允许企业的工程部门在新产品设计阶段与供应商进行沟通，允许供应商的销售部门和物流部门与采购企业的供应部门及物流部门进行信息共享。通常，菱形方式为供应链成员企业创造了更多的信息共享和一体化协同的机会，更加有利于促进供应链协同和供应链关系管理。

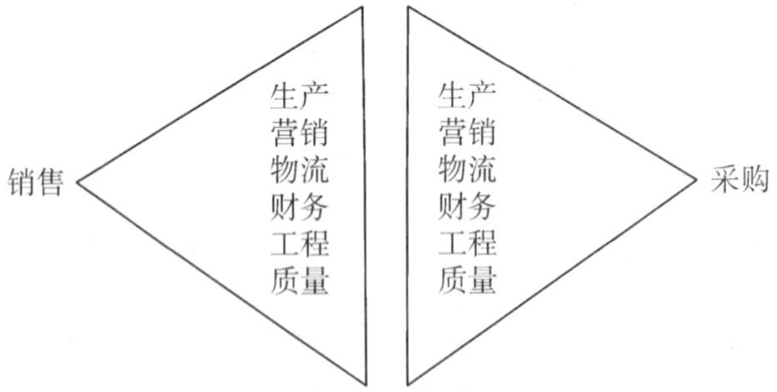

图 6.17　信息共享的菱形方式

5. 供应链成员信息共享面临的障碍

供应链成员企业通过在适当的时间与适当的伙伴共享适当的信息来提升供应链的运作绩效已经成为共识。但是在实务中，很多企业并未真正与其供应链合作伙伴实现信息共享。究其原因，是因为供应链中的信息共享还面临着如下一些障碍。

（1）关系。主动的信息共享只可能发生在彼此建立起良好关系的基础上，脆弱乃至敌对的关系往往是信息共享的障碍。值得信赖的关系会促进供应链成员的信息共享和协同运作。虽然信息技术是供应链成员企业实现信息共享的必要条件，但如果成员间没有建立良好的关系，同样无法实现信息共享。

（2）文化。供应链成员通过自愿实现信息共享是供应链协同的关键。为此，企业需要培育支持信息共享和供应链协同的文化。否则，企业文化会成为供应链成员信息共享的障碍。

（3）权力。员工拥有的信息量越大，越对管理者的权力构成威胁。同样，信息共享会影响供应链的权力①。只有供应链成员对信息共享达成共识，才会真正实现信息共享。

（4）信任。如果供应链成员企业之间缺乏信任，自然不会共享信息。换言之，建立信任关系是供应链成员企业实现信息共享的一个必要条件。

（5）风险。商业秘密、技术秘密泄露也是供应链成员企业信息共享的障碍之一。基于网络的信息共享存在一定的风险，为此，企业必须采取安全防范措施，确保共享的信息不被外部黑客攻击和企业内部人员滥用。

（6）标准。没有统一的信息标准，就不能实现供应链成员企业的信息共享。为此，不同行业应该建立统一的信息标准，这是实现供应链成员企业信息共享的一个必要条件。

综上所述，信息共享是供应链协同的一个重要组成部分。供应链可视化可以促进供应链协同化。尽管信息技术的进步会促进信息共享，但这最终取决于供应链企业群体能否建立自愿实现信息共享的文化。

三、供应链管理信息系统

供应链成员企业之间的信息共享需要借助先进的信息技术手段来实现。供应链管理信息系统是升华供应链信息管理的有效手段。供应链管理信息系统（supply chain management information system，SCMIS）是用以跟踪供应链流程信息，促进企业内部及供应链伙伴之间的信息共享，并辅助供应链管理决策的信息系统。近年来，成熟的供应链管理软件不断涌现，包括成套的供应链计划（supply chain planning，SCP）系统、供应链执行（supply chain execution，SCE）系统、专业的供应链操作功能系统以及企业资源计划（ERP）中扩展的供应链管理子系统。这些软件为供应链管理信息系统的构建奠定了基础。

根据供应链管理信息系统所支撑的供应链管理活动的类型，我们可将其划分为规划层、计划层、控制层和运作层四个层次。如图 6.18 所示。

1. 规划层

规划层主要解决供应链的网络结构与运营策略等问题，包括供应链的设计、供应链网络规划等内容。如工厂的投资新建、生产线的搬迁、区域物流中心的设立、生产设施及物流设施的选址、库存水平的设置、新产品的引进、业务外包决策、供应商的选择等。企业通常采用最优化技术和计算机仿真技术建立供应链模型，并进行优化运算和模拟测试。

2. 计划层

计划层安排和监测供应链的实物流动，以满足生产与库存配置需求，包括需求预测与管理、供应链综合计划、销售与运作计划、供应链库存计划与控制等内容。供应链计划中最常

① 供应链权力即供应链的影响力。

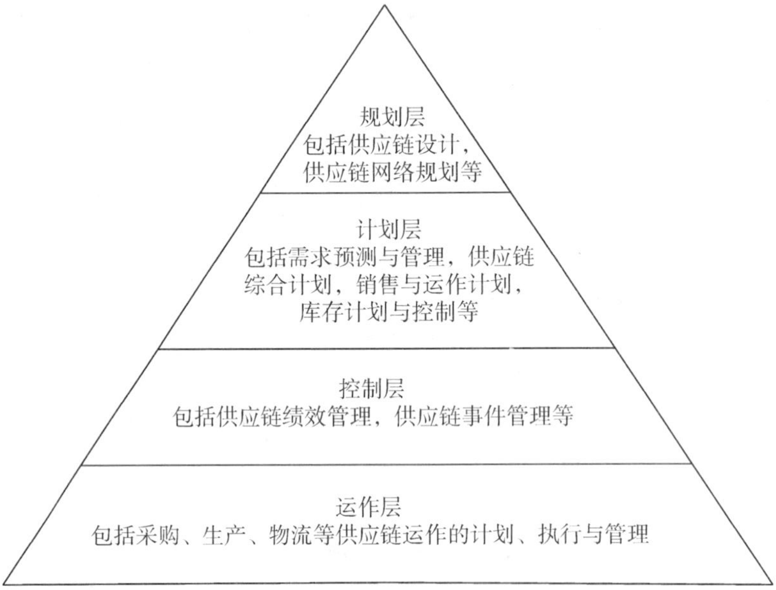

图 6.18　供应链管理信息系统

见的是销售与运作计划（S&OP），它是协调整个企业的需求计划与供应计划的流程，是企业相关职能之间的信息共享和有效互动。系统地制订的一体化的供应链计划，其目的是实现供需平衡。销售与运作计划需要大量的信息技术作为支撑，以便整合需求预测值、库存可得性、生产资源及其他资源约束等信息。这种技术支持可以从简单的报表到高级计划与排程系统（APS）。

高级计划与排程系统是常见的供应链计划应用软件，主要包括需求管理、资源管理、资源优化、资源配置四个模块。

3. 控制层

控制层主要对供应链的运作状况进行监控。常用软件包括：供应链绩效管理（SCPM）系统、供应链事件管理（SCEM）系统等。

供应链绩效管理系统可以用于供应链绩效评估、供应链瓶颈诊断、供应链风险评估以及发现供应链的新机遇等。

供应链事件管理（supply chain event management，SCEM）系统通过从供应链中的多个渠道收集实时数据，并将其转化为可以被追踪和追溯的供应链运作状况信息，以实现供应链的可视化，使供应链管理者可以及时对例外事件采取补救措施，避免给企业带来损失。该系统包括追踪与追溯、通知、报告、变更线路、模拟等功能。

①追踪与追溯。即确定货物当前所在位置以及承运人的信息。

②通知。即企业把有关货物状态的信息提供给发货人和客户。虽然这些信息可以在货物准时送达时提供，但是在货物逾期到达或不能送达预定地点时给相关各方提供信息显得尤为重要。通知的形式可以是电子邮件、语音信箱或个人电子秘书等。

③报告。报告指物流管理者能够基于承运人的货物发运等历史数据对其进行绩效评估。

④变更线路。变更线路是指物流管理者能够在货物运输延误时调整运输线路或运输方式来补救。比如，若货物逾期到达港口，管理者可能会选择空运方式来替代陆路运输以降低

运输延误给企业带来的损失。

⑤模拟。模拟是指当出现供应链例外事件时，管理者可以对不同的补救方案进行模拟和比较分析。比如，当前一段货物运输出现延误时，管理者可能会选择能够准时到达的后段运输方案。

供应链事件管理系统的一个重要特征是其具有制定业务规则的能力。这些业务规则规定在一些特定的事件发生或者没有发生时发出警报。这种能力可以让供应链管理者把注意力集中在例外事件管理上，而非事必躬亲地跟踪和处理供应链的每一步运作。

随着供应链地域范围的扩大和参与体的增多，供应链事件管理系统显得越来越重要。许多系统使用最优化技术等工具来评估例外事件的严重程度，并给决策者提供其可以选择的方案，或者基于预先设定的方案启动补救措施，真正实现在事件未酿成重大后果之前检测、评估并解决问题。

4. 运作层

运作层主要是对采购、生产、物流等供应链运作活动进行管理，包括供应链运作计划的制订、执行与绩效管理。其中，采购管理系统通常具备采购订单管理、采购信息管理（与供应商共享物料需求信息）、供应商关系管理（SRM）、采购计划管理、采购活动指导、采购绩效管理以及协调供应物流与销售物流等功能。生产管理系统包括对企业生产活动进行全面计划与控制的制造资源计划（MRPⅡ）系统，以及位于上层计划系统与底层的作业控制系统之间的制造执行系统（manufacturing execution system，MES）。而物流管理系统则主要包括订单管理系统、仓库管理系统和运输管理系统等模块。

（1）订单管理系统。订单管理系统（order management system，OMS）是对订单进行全面管理的计算机信息系统。OMS 使用户有能力跟踪和追踪订单、生产、分拨以及客户服务等流程。其主要功能包括：企业在线向供应商下达订单、通过 EDI 接收客户的电子订单、通过访销的方式接收客户的订单；订单预处理（包括订单合并与分拆）；订单处理；订单分配；支持客户在线订单查询；支持客户紧急插单等。借助订单处理模块，企业可以通过电子邮件、传真、电话、EDI 以及因特网等信息技术手段接收、录入和维护客户订单。当企业收到客户订单时，相关人员通过订单处理系统输入所需的信息、查询库存或生产计划并将其编辑成适当的形式，企业就可以使接受的订单处于待分配状态。客户也可以通过订单处理系统进行订单查询。具体而言，系统会根据客户订单号进行信息检索并将查询结果反馈给客户。通过 OMS 的订单分配功能，企业能够将可用的库存分配给开放的客户订单或补货订单，这包括库存分配、订单拣选文件的生成及订单核对等。其中，订单拣选文件以纸质或电子的形式指导物流作业人员从仓库进行订单拣选，并进行货物包装以待发运。

（2）仓库管理系统。仓库管理系统（warehouse management system，WMS）是“对仓库实施全面管理的计算机信息系统”（GB/T 18354—2006）。仓储管理是现代物流的核心内容之一。WMS 具有货物储存、进出库程序、单据流程、货物登记与统计报表、盘点程序、货物报废审批及处理、人员管理、决策优化（如“先进先出”或“后进先出”）等功能，包括入库作业系统、保管系统、拣选作业系统、出库作业系统等子系统。借助该系统，企业可以进行单据打印、商品信息及数据管理、对货品进行实时动态管理，可以为用户在制订生产及销售计划、及时调整市场策略等方面提供持续、综合的参考信息。

［**案例**］　**仓库管理系统的应用实例**

意大利 A 公司精品鞋业区域分拨中心（regional distribution center，RDC）和配送中心

(distribution center, DC) 的货物入库及出库一般是依据A公司的采购订单和销售订单进行的。鞋的款式、颜色、尺码众多，在手工条件下很难完全按照入库单及出库单的内容准确地进行收货、拣货和发货，经常发生大量的串色串码情况，导致仓库收发货出错、门店的单品库存数量不准确、门店断色断码，丧失了销售机会。有时公司不得不对断色断码商品进行削价甩卖，降低了公司的盈利率。为此，物流中心建立了先进的仓库管理系统，并且在收货及发货环节采用成熟的Barcode解决方案，通过采集收货及发货数据并与订单自动对照和匹配，准确记录货物入库、出库及订单执行情况，提高了订单执行的效率和准确性，保证了库存数据的准确性。

(3) 运输管理系统。运输管理系统（transportation management system，TMS）是对运输实施全面管理的计算机信息系统。TMS是运输管理软件系统，具有资源管理、客户委托、外包管理、运输调度、费用控制等功能，包括货物跟踪系统①、车辆运行管理系统、配车配载系统等子系统。该系统具有运输管理系统网络化（具有功能强大的跟踪服务平台）、能集成GPS/GIS系统等特点。借助于该系统，企业可以实现货运业务管理、基本信息查询、费用管理以及数据统计等功能。目前的TMS功能强调绩效检测、运费核对、路径选择与时间安排、开具发票、报告及决策分析。高级的TMS应用程序增加了更多的计划与绩效评估能力，被称为企业执行系统。

四、供应链可视化技术

顺丰快递智能终端（拓展资源）

供应链可视化技术包括自动识别与数据采集技术、信息交换技术、信息追踪技术、网络交易平台、移动资源管理平台和商业智能工具等。

（一）自动识别与数据采集技术

自动识别与数据采集（automatic identification and data capture，AIDC）技术是“对字符、影像、条码、声音等记录数据的载体进行机器识别，自动获取被识别物品的相关信息，并提供给后台的计算机处理系统来完成相关后续处理的一种技术”（GB/T 18354—2006）。人们借助AIDC技术，通过自动的方式识别项目标志信息，无须使用键盘即可将数据输入计算机系统，从而实现物流与信息流的同步。最常用的自动识别与数据采集技术是条码技术和射频识别技术。

1. 条码技术

货物分拣（拓展资源）

快速分拣系统与服务（拓展资源）

条码技术（bar code technology）是“在计算机的应用实践中产生和发展起来的一种自动识别技术②”（GB/T 18354—2006）。它是为实现对信息的自动扫描而设计的，是实现快速、准确而可靠地采集数据的有效手

① 货物跟踪系统（goods-tracked system，GTS）是“利用自动识别、全球定位系统、地理信息系统、通信等技术，获取货物动态信息的应用系统”。——中华人民共和国国家标准《物流术语》（GB/T 18354—2006）

② 条码自动识别技术（bar code automatic identification technology）是“运用条码进行自动数据采集的技术。主要包括编码技术、符号表示技术、识读技术、生成与印制技术和应用系统设计等”。——中华人民共和国国家标准《物流术语》（GB/T 18354—2006）

段。条码技术的应用成功解决了数据录入和数据采集的“瓶颈”问题，为供应链物流管理提供了有力的技术支持。条码可以标识商品的产地、制造商、商品名称、生产日期、运输起止地点、运输方式以及起止日期等信息，因而在供应链管理中得到广泛应用。

最常用的条码识别设备是无线射频（radio frequency，RF）终端，俗称激光扫描枪。其在供应链管理中的应用主要有两处：一是零售商店中的销售时点系统（point of sale，POS）。它是指“利用光学式自动读取设备，按照商品的最小类别读取实时销售信息以及采购、配送等阶段发生的各种信息，并通过通信网络将其传送给计算机系统进行加工、处理和传送的系统”（GB/T 18354—2006）。POS 系统除了能够为顾客打印收据外，还能够为零售商提供准确的库存控制信息，追踪每个库存持有单元（SKU），促进补货业务，并及时给供应链渠道成员提供准确的再供应与营销研究数据。二是用于物料搬运及车辆识别和追踪，即物流作业人员通过使用 RF 手持终端扫描物流条形码，就可以追踪货物及车辆移动、存储货位、发货与收货等物流活动，有助于提高仓储作业效率，降低作业出错率。

2. 射频识别技术

射频识别（radio frequency identification，RFID）技术最早出现在 20 世纪 80 年代，用于跟踪业务。它是“通过射频信号识别目标对象并获取相关数据信息的一种非接触式的自动识别技术”（GB/T 18354—2006）。射频识别系统（radio frequency identification system）是“由射频标签、识读器、计算机网络和应用程序及数据库组成的自动识别和数据采集系统”（GB/T 18354—2006）。

RFID(拓展资源)

在多数 RFID 系统中，识读器可以在 2.5 厘米至 30 米的范围内发射无线电波形成电磁场，射频标签（储存有商品等的数据）在该区域范围内可以检测到识读器的信号后发送储存的数据，识读器接收射频标签发送的信号，解码并校验数据的准确性以达到识别的目的，最终将数据传送到计算机的主机进行处理。

射频识别技术的适用领域包括物料跟踪、运输设备及货架识别等要求非接触数据采集和交换的场合，特别是对于要求频繁改变数据内容的场合。

［案例］　**RFID 技术为沃尔玛带来的效益**

早在 2005 年，沃尔玛就要求其前 100 家供应商在向其配送中心发送货盘和包装箱时使用射频识别（RFID）技术，并要求供应商 2006 年 1 月前在单件商品中投入使用。沃尔玛的供应商每年大约使用 50 亿张电子标签，每年可以为沃尔玛公司节省 83.5 亿美元。目前，沃尔玛在全世界已安装了约 5 000 个 RFID 系统，而实际年销售额约为 9.64 亿美元。借助 RFID 技术，沃尔玛能对公司的供应链运作做到实时监控，并提升供应链管理的效率。例如，之前公司核查一遍货架上的商品需要全部零售店面的工作人员耗费数小时，而现在只需 30 分钟就能完成。凭借 RFID 等信息技术手段，沃尔玛如虎添翼，取得了长足的发展。

在运输管理中，人们通常将射频标签贴在集装箱和车辆等运输设备上，将 RFID 的识读器安装在检查站点的门柱或桥墩以及仓库、车站、码头、机场等关键场所。识读器接收到射频标签发送的信息后，连同接收地的位置信息一起上传至通信卫星，再由卫星传送给运输调度中心，最后输入数据库，以此来完成货物与车辆的跟踪与控制。

［案例］　**ETC 在我国高速公路收费中的应用**

电子不停车收费系统（electronic toll collection，ETC）在我国高速公路收费中的应用越来越广泛。ETC 采用的主要技术是 RFID。我国香港特别行政区于 2016 年率先应用 RFID 改进公交车追踪系统。安装有ETC的车辆通过装有射频识读器的专用隧道、停车场或高速公路路口时，无须停车缴费，大大提高了车辆的通行效率。

目前，RFID在供应链管理中的应用还面临一些挑战，如射频标签的成本需要继续下降，识读器的读取距离、灵敏性和耐用性需要提高，消费者的隐私保护需要加强等。

（二）信息交换技术

信息交换技术是实现供应链可视化的关键技术之一，通常包括电子数据交换和互联网技术。

1. 电子数据交换

电子数据交换（electronic data interchange，EDI）是指“采用标准化的格式，利用计算机网络进行业务数据的传输和处理”（GB/T 18354—2006）。

EDI系统的构成要素包括计算机应用、通信网络和数据标准化。其中，计算机应用是EDI的条件，通信网络是EDI的应用基础，数据标准化是EDI的特征。这三个要素相互依存，共同构成了EDI的基础框架。

EDI在处理供应链运作信息时，采用一种国际公认的标准格式，形成结构化的事务处理的报文数据格式，通过计算机通信网络，在供应链成员之间进行数据交换与处理，并完成全部业务过程。EDI标准是EDI系统最关键的部分。由于EDI是以实现商定的报文格式进行数据传输和信息交换，因此制定统一的EDI标准至关重要。目前国际上普遍应用的与供应链相关的EDI标准包括零售业的UCS、批发业的VICS、仓储业的WINS、运输业的TDCC以及汽车行业的AIAG等。每个行业的标准都是定义可以传输的文件格式，通常涵盖订单处理、仓储运作以及运输等与物流相关的活动。尽管EDI的标准正在趋于共同化，但是许多企业还是坚信可以通过专有的EDI获得竞争优势，因为专有的EDI可以为企业提供客户化的数据处理与交换服务，以满足客户特定的信息需求。近年来，不少企业使用增值网络（VAN）来解决这一难题。VAN作为一个共同的接口，通过管理事务处理、转换通信标准以及减少通信连接数量来增加价值，实现以不同的通信标准接收或传输供应商、物流服务商与客户的信息。

2. 互联网

互联网的广泛应用和通过网络浏览器提供的标准通信接口，极大地拓展了不同规模企业之间信息交换的机会和能力。互联网正迅速成为可用于交换预测、订单、库存、产品更新以及发货信息的供应链信息传输工具。通过服务器和浏览器，互联网提供订单录入、订单状态查询以及发货追踪的标准接入方式。基于互联网的可扩展标记语言（extensible markup language，XML）用于标记电子文件使其具有结构性，可以提供统一的方法来描述和交换不同应用系统的结构化数据，通过消除制约EDI应用的成本和技术障碍，日益成为供应链成员企业之间主要的信息传输工具。

（三）信息追踪技术

信息追踪技术包括产品电子代码和车载系统等技术。

1. 产品电子代码

以RFID为载体的产品电子代码（electronic product code，EPC）旨在为每一件单品建立全球的、开放的标识标准，以实现人们在全球范围内对单件产品的追踪。RFID与EPC相结合，将为企业提供对库存前所未有的可视化、对产品的实时追踪以及真正的供应链事件管理能力，从而大大提高供应链运作质量与效率，降低供应链运作成本。

2. 车载系统

车载系统（telematics）包括车载监控系统、全球定位系统（GPS）以及车载信息系统等。车载监控系统是由车载终端、传输网络和监控中心组成的三层联网式综合监管系统，提供车辆防盗、反劫、行驶路线监控、车内车外视频图像实时无线传输、事故快速响应以及呼叫指挥等功能，以解决运输车辆的在途管理问题。全球定位系统具有实时定位、远程锁车、历史轨迹回放、超速报警、超界报警、事故点提示、目的地到达提示、行驶路线设置等功能，有助于实现对运输车辆和货物的实时追踪。车载信息系统是人们近年来才提出的新概念，它将汽车看作一个移动的计算平台，以实现车辆的电子化、网络化和智能化。

（四）网络交易平台

互联网的普及使网络交易平台获得长足发展，并在供应链运作中得到广泛应用。交易平台是促进供应链合作伙伴之间水平和垂直信息交换的信息中介。由于物流贯穿整个供应链，是涉及多个供应链业务伙伴的活动，自然地，基于物流管理软件提供交易平台服务因其网络效应就越来越受供应链企业所接受。它通过单一平台与多个供应链业务伙伴连接，在供应链可视化方面具有巨大的优势。

以著名的网络交易平台 GT NEXUS 为例，它通过建立公共数据平台并配置订单管理系统（OMS）、运输管理系统（TMS）、仓库管理系统（WMS）等物流管理软件，将供应商、制造商、零售商、物流商以及终端客户等供应链伙伴连接在一起，可以实现以下可视化功能。

（1）在途可视化。该平台通过建立对全球所有订单的集中事件管理系统，实现从供应商到客户的可靠的供应链可视化。它可以动态提供货物预计到达的时间，并通过例外显示让人们关注未能按计划到达相应位置的货物，同时可以对在途库存以及生产延误和预期配送进行快速评估和预警。

（2）库存可视化。该平台可以对供应链系统的库存（包括在库库存和在途库存等）进行控制。它可以通过主动配置在途库存来提高越库配送的比例，通过可靠的库存状态与管理预期来降低安全库存量并提高客户的满意度与忠诚度。

（3）成本可视化。该平台可以确定全球采购的商品到达目的地时真实的供应链落地成本。它通过检测、衡量和审核所有供应链伙伴的端到端成本，可以获取每个成本组成部分并将其分配到每个单品，从而更好地制订成本控制计划、识别成本异常并采取有效措施加以消除。

（4）文件可视化。该平台通过建立电子文件中心，共享和管理全球贸易、物流、账单等电子文件，并自动将供应链运作有关的文件与订单、发票、订仓等相连接，使供应链所有参与方能随时得到文件，以减少报关通关的延迟和降低客户投诉的风险，进而提高供应链的运作效率。

（五）移动资源管理平台

如今的智能手机使移动资源管理的方式日益丰富，除了语音识别之外，智能手机越来越多地应用于数据传输、文字信息、电子邮件、图像传播以及访问互联网等方面。一些软件开发商推出了移动 TMS，通过智能手机实现运费询价和报价等功能。而手持 RF 终端设备早已应用于现场作业人员进行收货和送货的确认，以及签收单（POD）的扫描等。

［案例］ **D. W. Morgan物流公司的移动资源管理**

美国的D. W. Morgan物流公司主要为高新技术领域的客户提供从供应商到制造商VMI中心的原材料准时（JIT）配送服务。为了实现按需供应，公司基于苹果手机的应用平台自主开发了基于“最后一公里”的实时可视化方案，包括状态更新、带超界报警的GPS以及签名获取等功能。驾驶员通过手机可以获取签名、将其发回公司总部并自动上传至互联网供客户查询，甚至通过GPS显示签名获取地点等。驾驶员还可以通过手机将破损货物的照片上传至互联网，并进行上下班的签到。由于苹果手机安装了支持iPhone的全球移动网络，因而公司的可视化方案具有良好的全球覆盖性。

（六）商业智能工具

商业智能工具包括监测所有业务活动的控制塔以及关键绩效指标体系、仪表盘显示工具和仿真异常情形的假定分析系统。为了确保供应链的无缝衔接与正常运作，一些第三方物流企业采用控制塔方法，以便实现物流过程的可视化，从而最大限度地降低物流运作成本，提高物流运作的灵活性与可控性。控制塔的效率与效益来源于用统一的流程管理货物流动，依托服务网络进行合理的资源配置，对货物流动实施全程可视化以及通过分析与衡量来改善供应链的绩效。控制塔通过四个关键功能来帮助客户实现供应链的同步化：一是专注信息的质量与一致性以提供及时、准确、完整的信息；二是专注服务供应商的服务质量等运作执行情况；三是对物料和运输进行实时动态管理以确保有效使用各种运输方式；四是运用分析工具与指标来确保实现持续的绩效管理与绩效改善。通过控制塔系统，物流服务商可以对客户物流过程的每一项活动和每一个地点实现7天×24小时的全覆盖，对任何导致供应链中断的使能因子迅速采取措施，并提供预先、实时的报告，最终使客户感到第三方物流企业的介入和控制塔的使用对供应链有很好的控制作用。

任务7 供应链风险管理

［案例］ **爱立信公司因一场意外火灾退出手机市场**

飞利浦公司曾经为诺基亚公司和爱立信公司供应生产手机用的射频芯片。2000年3月17日，飞利浦公司在美国新墨西哥州的第22号半导体工厂（芯片厂）因雷电引起火灾，大火几乎烧毁了飞利浦公司的所有硅石库存。飞利浦公司预计一周内可以恢复生产，但事实上该场火灾导致其工厂停工数月。在火灾发生3天后，诺基亚公司发现飞利浦公司的供货延迟，于是派工程师到火灾工厂查明情况但遭到拒绝，这引起了诺基亚公司的警觉。接下来，诺基亚公司对采购订单的监控频率从每周一次提高到了每天一次。在火灾发生两周后，飞利浦公司正式承认未来数月制造商的采购订单都会受到影响。对此，诺基亚公司的反应极为果断，它们重新设计了芯片，使其他供应商在接到订单5天后能够生产出芯片。而爱立信公司虽然也在火灾发生3天后接到飞利浦公司的通知，但其管理层4周后才得知此消息。当爱立信公司意识到问题的严重性时，可替代的供应商已经与诺基亚公司签约合作。该事件导致爱立信公司损失了4亿美元的销售收入，市场份额从原来的12%降至9%。加上零部件短缺、产品组合出错以及营销方面的问题，一年后爱立信公司宣布退出手机市场。

企业经营管理面临的风险及规避（微课）

想一想：为什么一场意外火灾就导致爱立信公司退出手机市场？

人们在追求供应链的效益时，往往容易忽视供应链的风险。供应链既然是“链”，其结构特点决定了供应链本身存在一定的缺陷，由此带来了供应链的风险。

一、供应链风险的概念与内涵

风险是指过程及其结果的不确定性。供应链风险也可称供应链的脆弱性，是指供应链意外中断的可能性及其造成的影响。换言之，供应链风险是供应链成员企业在生产经营过程中由于各种事前无法准确预测的不确定因素带来的影响，从而供应链效率下降和成本增加，使供应链实际绩效与预期目标发生偏差，甚至发生供应链的失败和解体，增加给供应链企业群体造成损失的可能性。

供应链风险的含义（微课）

供应链企业之间是相互依存的，供应链任何环节或节点的问题都可能导致供应链中断。供应链网络越复杂，环节越多，供应链中断的可能性就越大。供应链中断将对企业产生严重影响。

供应链风险的危害（微课）

［小贴士］　**供应链中断对企业造成的影响**

一项针对北美地区的研究表明，若上市公司的供应链中断且为公众所知，公司的股票价格将受到严重影响，公司的平均营业收入下降107%，资产减少93%。

我们可以用以下公式来衡量供应链的风险。

供应链风险＝供应链中断的可能性×供应链中断造成的影响

因此，企业要降低供应链风险，既要降低供应链中断发生的概率，又要减弱供应链中断对企业造成的不良影响。

供应链风险的衡量方法（微课）

二、近年来供应链风险升高的原因分析

近年来，由于供应链的精益化、全球化和虚拟化，供应链变得越来越脆弱，供应链的风险有增高的趋势。

1. 供应链的精益化

由于市场竞争加剧，越来越多的企业追求供应链的效率化。很多企业按照精益管理理念，减少供应链的环节，减少同类供应商的数量，实施集中生产和配送。供应链的精益化在稳定的市场环境中能够发挥优势。精益供应链能够有效降低库存，削减供应链的成本。但伴随着合作伙伴数量的减少，企业对少数合作伙伴的依赖性增强，容易出现业务失控、连带经营等风险。特别是当市场波动明显时，供应链容易中断，导致潜在风险上升。

供应链风险增高的原因（微课）

［案例］　**日本汽车行业因地震陷入瘫痪状态**

2007年，日本国内领先的发动机活塞环供应商Riken因地震而停产，导致整个日本的汽车行业几乎处于瘫痪状态。特别是丰田汽车集团，被迫让国内12家工厂停产，损失数以亿计。

虽然集中生产和配送能够实现供应链运作的规模经济性，但在一定程度上降低了供应链的灵活性。在不确定的市场环境中，企业需要寻求供应链的精益化与敏捷化的有机结合。

2. 供应链的全球化

经济全球化，竞争国际化，越来越多的企业参与全球市场竞争。对跨国公司而言，必然面临全球采购、全球生产、全球销售、国际物流、全球化的供应链运作与管理。全球供应链

的链条长、环节多、供应提前期长、缓冲库存量高、产品淘汰率高（特别是产品生命周期较短的产品），供应链的柔性弱。而且不同国家和地区的政治、法律、社会、文化、经济、人口、商业伦理、商业习俗、自然等环境因素的差异大，必然使供应链中断的风险增加。

需要说明，企业实施全球采购和全球生产的主要目的是为了降低经营成本，但通常主要是降低了采购和生产领域的成本，很多企业并未充分考虑到供应链总成本的降低。仅仅基于采购成本和生产成本降低的决策具有一定的风险性，特别是在产品生命周期较短的产品市场领域。

3. 供应链的虚拟化

供应链管理强调企业实施归核化战略，企业经营虚拟化，业务外包最大化。前已述及，业务外包会给企业带来业务失控风险、连带经营风险、商业秘密和技术秘密泄露风险、客户关系管理风险、人力资源管理风险、知识产权隐患风险及其他风险。特别的，业务失控、连带经营、客户关系管理等风险增大了供应链中断的可能性，使供应链风险增高。

三、供应链风险的来源

供应链风险主要来源于需求端、供给端、生产过程、网络/控制以及环境五个领域（见图 6.19）。我们可以从这五个方面去分析供应链的风险来源，确定最大的风险源，采取有效措施规避供应链的风险。

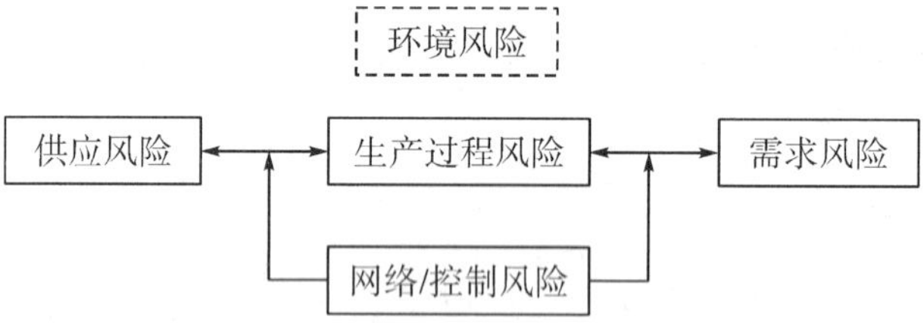

图 6.19　供应链风险的主要来源

（1）需求风险。需求风险主要表现在市场需求是波动的、变化的，有潜在的风险隐患。需求受价格、消费偏好、购买力、促销、产品生命周期（产品更新换代）等多种因素的制约。对企业而言，如果大客户流失（如被竞争对手挖走），抑或客户行业集中度显著提升（客户议价能力增强，极端的情形是买主垄断），都会给企业造成致命一击。在影响市场需求的诸多因素中，一旦不可预测的因素发生变化，就有可能导致销售业绩下滑。一旦需求锐减，整个供应链即面临崩溃的风险。

（2）供应风险。供应风险主要表现在供应提前期的不确定性（提前期的长度与波动）、供应商供应货品的数量和质量的不确定性、供应市场集中/供应商垄断货源、多级供应网络中断、企业对关键供应商的依赖以及全球采购带来的诸多风险等方面。如果部分供应商供应的货品质量不符合采购需求，就会影响整个供应链中产品的质量。如果企业采用单源供应策略，供应链企业群体面临的风险就更大。只要一个环节出现问题，整个供应链就可能面临中断与崩溃。

［案例］　　　　　　　　**多级供应网络的潜在风险**

美国克莱斯勒（Chrysler）汽车公司曾经对切诺基 V8 发动机的零配件供应网络进行考察。当调查小组在描述了 V8 发动机全部零部件（数百个）的流程图后，发现其中由供应商

Eaton 公司生产的一种滚轴提升阀门采用了当地一家铸造厂提供的铸件。当克莱斯勒公司的调查小组进一步考察这家铸造厂时发现，用来生产该铸件的黏土供应商只有一家，而该黏土供应商竟然即将破产。

（3）生产过程风险。生产过程风险主要包括产能波动、出产循环期/出产节拍不稳定、生产系统缺乏柔性、设备能力约束（设备可靠性差）以及生产外包等因素带来的风险。其中，生产外包风险属于企业的外生风险，其余因素导致的风险属于企业生产领域的内生风险。

（4）网络/控制风险。网络/控制风险主要包括权力不对称（节点企业彼此间的影响力）、信息不共享（可视化程度低）、需求信息的扭曲失真、制度/规则的约束以及供应链成员企业的财务危机等风险。其中的信息风险表现在，当供应链规模日益扩大、结构日趋繁杂时，信息传递可能出现延迟以及传递信息的不准确程度可能会增加，从而可能会使整个供应链陷入困境（如引发牛鞭效应）。同时，数据在传输过程中若被竞争对手窃取以及信息系统发生故障等因素都会加大供应链的风险。而制度/规则的约束则表现在制度本身的不确定性以及授权规定等一些可人为解释的内容上。管理制度的修改和变更以及管理制度实施方法的差别和强度都会增加供应链的风险。此外，供应链中的某些企业在生产经营过程中可能会占用上下游企业大量的资金，如果该企业的财务状况不够稳健，一旦出现财务危机将会给整个供应链以致命打击。

（5）环境风险。环境风险主要包括供应链网络覆盖国家或地区的政局动荡、法制环境差异、战争、暴乱、恐怖事件、关税与配额、汇率变动、社会文化及亚文化的差异，乃至经济、技术、自然等环境因素导致的风险。

四、供应链风险的管理过程

供应链风险管理是指通过供应链成员企业的协同来识别和管理供应链的内生和外生风险，以保持供应链的连贯性，避免由于供应链中断带来客户信任和股东价值的损失。供应链风险管理过程如图 6.20 所示。

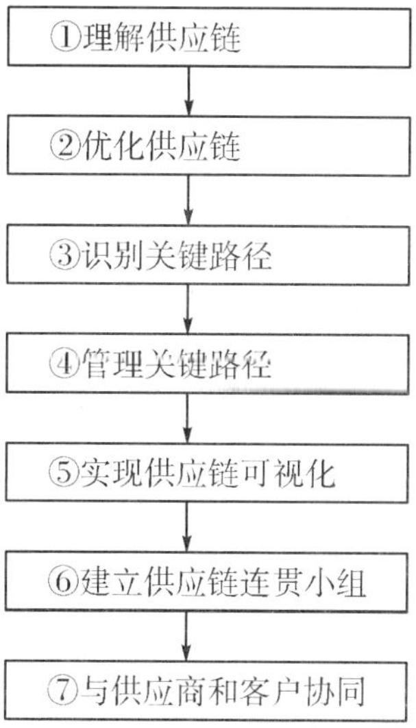

图 6.20　供应链风险管理过程

1. 理解供应链

从供应链的角度来看，企业只是供应链网络的一个节点；从供应链管理的角度来看，每个节点企业都力图实施以自身为核心企业的供应链管理，通过企业内外资源的优化配置，借助伙伴企业的力量，提升企业自身的竞争力。在市场转型的今天，通常企业比较关注供应链的下游（分销渠道及销售物流网络），对供应链的上游（供应商网络/供应渠道及供应物流网络）关注较少，一般也就主要关注直接的供应商，往往忽视了供应商的供应商及其上游的供应商网络。企业要有效管理供应链风险，就必须对供应链及供应链管理有深入的理解和认知。

2. 优化供应链

通过优化供应链来减弱供应链风险的方法和途径包括：实现供应链的简约化、提高订单履行过程的可靠性、减小供应链运作过程的波动性、降低供应链运作过程的复杂性等。供应链的简约化是指减少供应链的环节，实现供应链的精干与高效，同时增加供应链的透明性与可控性，从而降低供应链的风险。供应链运作过程的波动性和复杂性在很大程度上会增大供应链的风险。运作过程的波动性会导致运作过程的不确定性程度增加，进而影响结果的可预测性，从而使供应链的风险概率增加。企业一般可采用六西格玛方法来降低供应链运作过程的波动性。导致供应链变得复杂的因素包括：产品的品种数量、零部件的种类数量、供应商和客户的数量与分布。一般而言，零部件的通用化和生产平台的标准化可有效降低供应链的复杂性，从而弱化供应链的运作风险。

［案例］　　**摩托罗拉公司产品的复杂性指数**

摩托罗拉（Motorola）公司为每种产品设计了一个“复杂性指数”，影响该指数的因素包括零部件的数量、零部件的通用程度、零部件的供应提前期等。复杂性指数高的新产品将不会被投入生产。摩托罗拉公司这样做主要是为了有效规避供应链的运作风险。

3. 识别关键路径

供应链是由节点（或结点）和连线组成的复杂网络。其中节点代表企业实体，结点代表生产设施或物流设施，连线代表节点（或结点）间的连接方式，可能是物流、资金流或信息流。供应链风险主要来源于节点（或结点）和连线相互关系的不确定性。由于供应链节点（或结点）和连线及其相互关系十分复杂，因此供应链风险管理的挑战在于确定关键路径，即一旦出现问题将对供应链的运营有严重影响的路径。企业必须明确需要进行监督和管理的关键路径，以降低其中断的可能性，确保供应链的连贯性。

关键路径一般具有以下特征：①提前期（如供应提前期、生产提前期或物流提前期）长；②无法替代的单一供应源（如签约供应商的附加合同、与产品处于研发阶段的供应商签约、与设计竞赛获奖者签约）；③对特定基础设施（如港口、运输方式或信息系统）的依赖；④供应商或客户高度集中；⑤原材料或产成品必须流经的瓶颈环节或紧要节点；⑥可识别性高的风险（如需求、供应、流程、控制和环境风险）。

为了帮助管理者确定在何处优先进行供应链风险管理，我们需要采用“失败方式与影响分析”（failure mode and effect analysis，FMEA）。该方法是用系统的观点来确定在一个复杂的系统中为了降低失败的风险，管理者应重点关注的关键环节。FMEA 在全面质量管理（TQM）中应用较广，但其格外适用于供应链风险管理。借助于该方法，管理者需要对供应链的每个节点、每条连线进行考察，并思考以下三个问题：哪些环节可能出错？该差错可能导致什么严重后果？出现差错的关键原因是什么？接下来，管理者要对每个可能出现差错的风险进行严重性（S）、发生的可能性（O）、被检查出的可能性（D）评估，并将上述三个指标的分值相乘，以此来计算综合的优先级分数，分数越高说明风险值越值得关注。供应链风险分析评估系统如表 6.5 所示。

表 6.5　供应链风险分析评估系统

一级指标	二级指标	分值
严重性（S）	对运作服务水平没有直接影响	1
	对运作服务水平有较小的负面影响	2
	运作服务水平有一定程度的降低	3
	对运作服务水平有严重的负面影响	4
	运作服务水平趋于零	5
发生的可能性（O）	数年发生一次的概率	1
	数月发生一次的概率	2
	每月发生一次的概率	3
	每周发生一次的概率	4
	每天发生一次的概率	5
被检查出的可能性（D）	被检查出的概率非常高	1
	发生之前有明显的预兆	2
	发生之前有一定的预兆	3
	发生之前只有很少的预兆	4
	几乎不能被检查出来	5

4. 管理关键路径

一旦关键的节点和连线被确定，接下来管理者的重要工作是采取有效措施降低、消除乃至规避风险。为此，管理者应制订预防偶然事件发生的计划方案（目的是防患于未然）以及风险发生时的应对方案（应急预案）。一旦出现差错，管理者就要及时采取有效措施应对风险（必要时可重新设计供应链）。

需要说明，管理风险的根本方法是消除风险的成因。为此，我们可以采用因果分析法（cause and effect analysis，CEA）来寻找产生风险问题的内在原因。一般的，我们可以采用鱼刺图、因果矩阵图等工具来分析风险的成因。例如，对于货物配送不准时这一现象，我们可以用鱼刺图来分析其成因（见图 6.21）。出现货物配送不准时的现象可能有四个方面的原因。我们从每个大的原因出发，又可以继续找出更加具体的原因。通过不断地深入分析，我们就可以找到产生风险问题的关键成因。接下来，我们就可以对症下药采取有效措施来规避风险。比如，解决准时配送性差问题的瓶颈是一个主要供应商能力有限，如果企业在短期内没有可替代的供应商，就必须采用战略库存来应对。

5. 实现供应链可视化

以上步骤主要是对供应链风险进行结构性控制，接下来我们还需要对供应链日常运作风险进行监控和处理。供应链可视化，可以使潜在的供应链中断在发生时马上被发现甚至提前被发现，极大地提高供应链风险管理的时效性和有效性。

实现供应链可视化最常用的方法是供应链事件管理（SCEM）。它把供应链看成一个社区，制定供应链成员的业务规则，规定在一些例外事件发生或将要发生时发出警报，通过实时信息共享，创造供应链智能。比如，我们可以通过直观的用户界面监控供应链的关键绩效指标（KPI），在关键事件即将发生时，系统将相关信息实时发送到相关人员的电子信箱或智能手机设备，以便我们能快速、及时地处理意外事件。

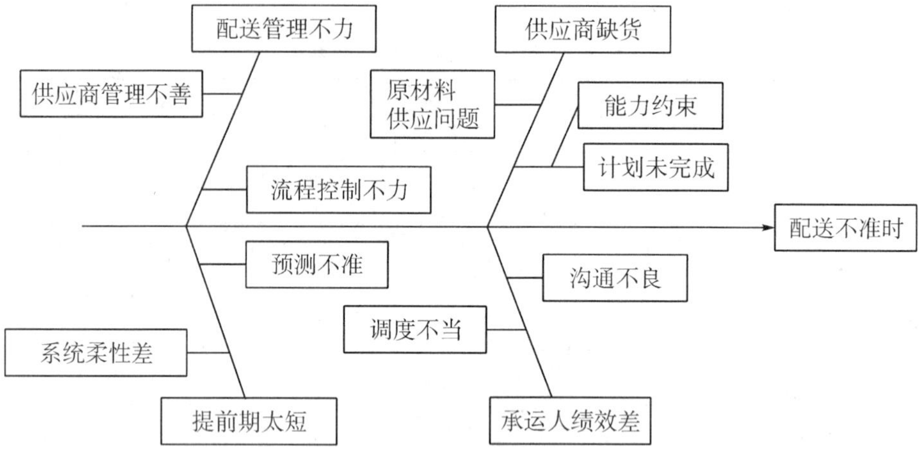

图 6.21　因果分析法示例

6. 建立供应链连贯小组

为了使供应链风险管理工作常态化，企业有必要建立供应链连贯小组。由于供应链风险来自供应链网络，该小组的关注范围应该从企业自身的财务和信息系统向整个供应链延伸。供应链连贯小组应该是跨职能、跨企业边界的，应该编制风险手册，记录可能的薄弱点，同时采取防范措施。该小组应该向决策层汇报，企业的供应链总监最好能直接参与小组。

7. 与供应商和客户实现协同

实施供应链风险管理需要实现企业与供应商和客户的协同。如果供应链成员能够协同执行统一的供应链风险管理程序，就会形成一种滚雪球效应，整个供应链的风险就能够得到很好的控制。在实际运作中，更多的企业是通过对供应商提出要求来实现与之协同处理供应链风险的。

［**案例**］　**供应链成员企业通过协同来规避供应链风险**

要有效规避供应链风险，需要上下游企业实现战略、战术以及运作层面的协同。为此，一些企业对合作伙伴提出参与供应链风险管理的要求。例如，美国著名零售商 Target，要求供应商必须签署一份关于服从其在供应链安全和风险管理方面要求的协议。再如，美国著名医药公司辉瑞（Pfizer）同样明确地建立了关于供应商统一核查供应链风险管理的行为标准。

五、构建弹性供应链

面对日益复杂的供应链关系和瞬息万变的供应链环境，越来越多的企业着手构建弹性供应链，以便更好地管理供应链风险。弹性供应链（resilient supply chain）也称韧性供应链，是指能够迅速从影响供应链绩效的意外事件中恢复的供应链。一般而言，企业可以从以下四个方面入手构建弹性供应链。

1. 供应链再造

在构建弹性供应链时，我们要注意以下三个方面的问题。第一，我们要更好地理解供应链的结构，以便能找出供应链的关键路径和瓶颈环节。第二，我们要对供应链进行重新设计，以便我们在处理供应链风险时的成本最小。为此，我们要权衡供应链的各项成本，在供应链中建立适当的缓冲能力。第三，我们要实施合理的供应商战略，原则上不采用单源供应策略，通过减弱对供应商的依赖来管理供应链的风险。例如本田公司一直采用“双重采购”

策略，公司与供应商保持适度的竞争与合作，推动外购零部件的质量、价格和可靠性的不断优化。

［**案例**］ **A公司通过建立缓冲能力增强供应链的弹性**

A公司是美国一家快速消费品制造商，公司原来的供应链包含40家遍布全球的工厂。经过成本优化分析，公司领导认为可以关闭17家效率较低的工厂，这样每年可以降低4 000万美元的成本。但重新设计后的供应链存在两大缺陷：一是北美和欧洲没有工厂，使得供应提前期变长且不稳定；二是亚洲和拉丁美洲的工厂需要满负荷运转，一旦市场需求激增或出现紧急订单，公司将面临缺货的风险。公司领导通过权衡各项成本，包括生产领域的固定成本和变动成本、物流领域的运输成本、仓储成本和库存成本以及关税等后发现，如果保留30家工厂，成本只比先前的优化结果增加250万美元，但供应链的缓冲能力能够大幅度提升。经过综合考虑后，公司最后保留了30家工厂。通过建立适当的缓冲能力，A公司供应链的抗风险能力大大提升，供应链的弹性明显增强。

想一想：A公司的做法对你有什么启示？

2. 供应链协同

一条适应性强的供应链要求各成员企业具有相似的文化（协同文化），并通过VMI、CPFR等方法实现供应链的协同。同时，通过各成员企业信息及知识的共享，形成供应链智能，以便供应链能更好地应对突发事件，从而表现出卓越的供应链弹性。

［**案例**］ **丰田汽车公司的弹性供应链**

1997年，丰田汽车公司刹车配件的独家供应商爱信精机的工厂发生火灾，丰田公司对其评估的结果是爱信精机两周后可以重新启动生产线，六个月后可以完全恢复生产能力。但当时丰田公司面临的市场需求非常大，公司的所有工厂都在满负荷生产。而根据丰田公司的JIT生产模式，公司仅持有2~3天的库存，因此丰田公司面临着停工待料的巨大风险。为此，丰田公司的反应非常迅速，立即重组了整个刹车配件的供应商网络。接下来，丰田公司将刹车配件的生产设计图分发给所有供应商，然后将爱信精机和丰田的工程师安排到各供应商的工厂。同时，各供应商根据爱信精机和丰田的产品说明书，改造现有设备或购买新设备。几天后，一些原来没有生产刹车配件经验的供应商开始向爱信精机供应零部件，经爱信精机组装和检验后运往丰田公司。经过丰田公司和大约200家供应商的协同运作，将火灾的影响降到了最低程度，使供应链迅速得到了恢复。

想一想：为什么丰田汽车公司主导的供应链弹性好？

3. 构建敏捷供应链

供应链形成一个在短时间内能够获取准确信息，并做出正确、快速反应的机制，是供应链弹性的重要体现。敏捷供应链依托电子供应链，实现供应链的可视化，并通过供应链成员企业的快速重构、分工协作，共同对多变的市场需求做出快速反应。因而敏捷供应链非常适合用于构建弹性供应链。如果供应链对环境变化的敏感性和响应性好，就能帮助企业攻克难关、规避风险；否则，企业可能面临灭顶之灾。

4. 培育供应链风险管理文化

类似于全面质量管理的实施依赖于企业文化的培育，供应链风险管理也同样需要相应的文化支持。供应链风险管理文化是一种跨企业边界的文化，其塑造需要得到供应链各成员企业决策层的高度重视。各成员企业在高层决策中需要考虑供应链风险管理文化的塑造，同时，供应链风险管理文化的培育也需要建立供应链连贯小组来推进。

小结

企业的竞争已演变为供应链的竞争，更上升为企业核心竞争力的较量。核心竞争力是企业持续竞争优势之源，而供应链竞争力是企业核心竞争力的一种。业务外包有利于企业实施归核化战略、强化核心业务、培育核心能力，但使企业面临委托-代理等风险。而风险产生的原因主要有决策的有限理性、信息非对称和代理者的败德行为。以业务外包为纽带，上下游企业建立起供应链合作关系，即供应链成员企业在一定时期内信息共享、风险共担、共同获利的协议关系，包括沟通、协调、合作和协同四种典型的关系类型。供应链合作伙伴的选择方法包括直观判断法、招标法、协商选择法、加权平均法、采购成本比较法、ABC 成本法、层次分析法、神经网络算法等。

供应链协同是供应链成员企业为实现共同的目标而共同制订计划，在实时信息共享的基础上同步协调运作，以实现供应链流程的无缝衔接，包括战略、战术、运作三个层次的协同。VMI 和 CPFR 是实现供应链协同的常用方法，而协同绩效体系、信息共享、决策同步化、激励一致性和流程一体化则是实现供应链协同的关键要素。

供应链可视化可以促进供应链协同化。供应链成员信息共享的方式包括蝴蝶结和菱形两种基本方式。供应链管理信息系统是升华供应链信息管理的有效手段，包括规划层、计划层（包括 SCAP、S&OP 等软件系统）、控制层（包括 SCPM、SCEM 等软件系统）和运作层（包括采购管理系统和 MRP Ⅱ、MES 等生产管理系统以及 OMS、WMS、TMS 等物流管理系统）四个层次。成熟的供应链管理软件包括成套的供应链计划系统、供应链执行系统、专业的供应链操作功能系统以及 ERP 中扩展的供应链管理子系统。供应链可视化技术包括自动识别与数据采集技术、信息交换技术、信息追踪技术、网络交易平台、移动资源管理平台和商业智能工具等。

供应链风险即供应链的脆弱性，是指供应链意外中断的可能性及其造成的影响。供应链的精益化、全球化和虚拟化使供应链的风险上升。供应链风险管理是指通过供应链成员企业的协同来识别和管理供应链的内生和外生风险，以保持供应链的连贯性，避免由于供应链中断带来客户信任和股东价值的损失，包括理解供应链、优化供应链、识别关键路径、管理关键路径、供应链可视化、建立供应链连贯小组、与供应商和客户协同等步骤。

弹性供应链即韧性供应链，是指能够迅速从影响供应链绩效的意外事件中恢复的供应链。企业可以从供应链再造、供应链协同、构建敏捷供应链、培育供应链风险管理文化四个方面入手构建弹性供应链。

同步测试

一、判断题

1. 企业的竞争已演变为供应链与供应链的竞争。（　　）
2. 核心竞争力是企业持续竞争优势之源，是组织集体智慧的结晶，是强势企业的功能属性。（　　）

3. 核心竞争力是核力而非合力。 （ ）
4. 供应链协同化可以促进供应链可视化。 （ ）
5. 供应链风险也称供应链的脆弱性，是指供应链意外中断的可能性及其造成的影响。 （ ）
6. 签约前委托方处于信息优势，签约后代理方处于信息优势。 （ ）
7. 供应链管理信息系统是升华供应链信息管理的有效手段。 （ ）
8. 供应链风险管理的目的是保持供应链的连贯性，避免供应链中断给供应链企业群体带来损失。 （ ）
9. 弹性供应链就是韧性供应链，两者没有区别。 （ ）
10. 业务外包应该按照项目管理来对待。 （ ）

二、单选题

1. （ ）是指能够迅速从影响供应链绩效的意外事件中恢复的供应链。
   A. 弹性供应链　B. 韧性供应链　C. 敏捷供应链　D. 柔性供应链
2. 下列不属于供应链风险增高的原因的是（ ）。
   A. 供应链精益化　B. 供应链全球化
   C. 供应链虚拟化　D. 供应链敏捷化
3. 下列不属于业务外包风险产生的原因的是（ ）。
   A. 决策的有限理性　B. 信息非对称
   C. 代理者的败德行为　D. 悖逆选择
4. 按照决策的范围与时限来划分，下列不属于供应链协同管理的是（ ）。
   A. 战略层供应链协同管理　B. 战术层供应链协同管理
   C. 运作层供应链协同管理　D. SBU
5. 供应链管理信息系统包括（ ）个层次。
   A. 二　B. 三　C. 四　D. 五
6. 下列不属于供应链管理信息系统运作层软件系统的是（ ）。
   A. S&OP　B. OMS　C. WMS　D. TMS
7. 下列不属于供应链可视化技术的是（ ）。
   A. EPC　B. GT NEXUS　C. BI　D. ABC
8. （ ）是企业核心竞争力最本质的特征。
   A. 价值性　B. 整合性　C. 异质性　D. 延展性
9. 委托-代理风险属于（ ）风险。
   A. 决策　B. 运作　C. 不可抗力　D. 不可逆转
10. 下列属于供应链管理信息系统控制层软件系统的是（ ）。
   A. SCAP　B. MES　C. SCEM　D. PDM

三、多选题

1. 企业核心竞争力的培育方法包括（ ）。
   A. 演化法　B. 孕育法　C. 并购法　D. 联合法
2. 业务外包有利于（ ）。
   A. 企业实施归核化战略　B. 企业强化核心业务
   C. 企业培育核心能力　D. 企业培育核心竞争力
3. 业务外包使企业面临的风险有（ ）。

A. 决策风险　　B. 运作风险
C. 委托-代理风险　　D. 人力资源管理风险

4. 委托-代理风险包括（　　）。
A. 代理人的违约风险　　B. 业务失控风险
C. 泄密风险　　D. 连带经营风险

5. 供应链关系包括（　　）。
A. 沟通关系　B. 协调关系　C. 合作关系　D. 协同关系

6. 供应链合作伙伴的选择方法包括（　　）。
A. 直观判断法　B. 协商选择法　C. 层次分析法　D. 加权平均法

7. 供应链协同的基础包括（　　）。
A. 信息共享　B. 相互信任　C. 共同的战略目标　D. 流程无缝衔接

8.（　　）是实现供应链协同的常用方法。
A. VMI　B. CPFR　C. JIT　D. MRP

9.（　　）是实现供应链协同的关键要素。
A. 协同绩效体系　B. 信息共享　C. 决策同步化　D. 流程一体化

10. 供应链成员信息共享的方式包括（　　）。
A. 蝴蝶结方式　B. 菱形方式　C. 扇形方式　D. 鱼尾方式

11. 供应链管理信息系统的控制层包括（　　）软件系统。
A. SCAP　B. S&OP　C. SCPM　D. SCEM

12. 近年来，成熟的供应链管理软件不断涌现，包括（　　）。
A. 供应链计划系统　　B. 供应链执行系统
C. 专业的供应链操作功能系统　　D. ERP 中扩展的供应链管理子系统

13. 供应链可视化技术包括（　　）。
A. AIDC　B. 网络交易平台　C. 移动资源管理平台　D. 商业智能工具

14. 供应链风险增高的原因包括（　　）。
A. 供应链精益化　　B. 供应链全球化
C. 供应链虚拟化　　D. 供应链敏捷化

15. 企业可以从（　　）方面入手构建弹性供应链。
A. 供应链再造　　B. 供应链协同
C. 构建敏捷供应链　　D. 培育供应链风险管理文化

四、概念辨析题

请对以下相关概念进行辨析：弹性供应链、韧性供应链、敏捷供应链、协同供应链、整合供应链、集成供应链、智慧供应链、电子供应链、精益供应链、全球供应链、绿色供应链。

五、情境问答题

1. 结合本学习情境任务 1“企业核心竞争力的辨识与培育”中“英特尔公司的核心竞争力”案例回答以下问题：

（1）英特尔公司为什么能取得极大成功？

（2）英特尔公司的核心竞争力包括哪些关键构成要素？

（3）怎样理解“英特尔公司的核心竞争力主要体现在微处理器的开发和制造方面，而这种竞争力来自它的创新思维和先进的人才观”这句话？

（4）英特尔公司为什么要向日本学习？这与其核心竞争力有什么关系？

（5）怎样理解“公司的技术始终不断地创新，而保持这种创新能力则主要靠人才机制。”

2. 结合本学习情境任务3“供应链合作伙伴的选择”中“宜家与供应商的合作”案例回答以下问题：

（1）从本质上讲，宜家公司与供应商之间是一种什么关系？

（2）宜家公司采取了何种企业竞争战略？

（3）宜家公司的竞争战略与其采购战略之间是何种关系？

3. X公司是国内民航软件开发领域的行业领导者。该公司经过多年的努力，凭借自身的实力，在国内民航软件开发领域独树一帜，拥有了强大的竞争力。其客户主要是民航领域的企业和一些大型企业，包括中国邮政。近年来，随着公司知名度的显著提升，客户越来越多，订单多得做不完，对于一些小订单，公司婉言谢绝。为此，有人提出，可否接下这些订单，再实施业务外包？理由是，目前国内有很多IT工作室，可以承接公司的订单。你是否赞同该观点？请说明理由。

4. 1993年，日本半导体原材料供应商——住友化工的工厂发生大爆炸，对全球半导体供应产生严重影响；

2000年，台湾发生大地震，造成全球计算机配件价格上涨；

2000年3月，作为爱立信手机芯片供应商的美国新墨西哥州飞利浦公司第22号芯片厂发生火灾，使爱立信公司损失4亿美元的销售额，其市场份额从12%降至9%。一年后，爱立信公司宣布退出手机市场。

请结合以上材料回答以下问题：

（1）什么是供应链风险？

（2）怎样衡量供应链风险？

（3）供应链风险有哪些主要来源？

（4）如何才能有效管理供应链风险？

六、案例分析题

英特尔公司的供应链关系管理

英特尔公司是一家知名度很高的芯片供应商。公司拥有数百家直接物料的供应商和上千家间接物料的供应商。加上与之合作的第三方物流服务商和客户，英特尔公司的供应链合作伙伴的数量非常庞大。为此，英特尔公司制定了供应链关系管理策略，将供应链关系按照紧密程度划分为交易关系、基本联盟关系（相当于沟通关系）、运作联盟关系（相当于协调关系）、业务联盟关系（相当于合作关系）和战略联盟关系（相当于协同关系）五种类型，并通过ABC分类法对供应链关系进行管理。

对于交易关系，英特尔公司不需要投入过多的时间和资源去管理。英特尔公司与处于这种关系的商业伙伴只是短期合作，关系管理的目标是确保效率。换言之，英特尔公司把这种交易关系当作交易的商品一样来对待，而形成关系的关键是成本。为此，供应商需要承受巨大的压力来降低商品成本。英特尔公司通常采用在线竞标（即反向拍卖）方式来确保其能以最佳的价格采购到公司所需的元器件。此外，英特尔公司还开展了全球外包，在全球范围内优化配置资源，以此来降低经营成本。处于交易关系阶段的供应商的成本压力越来越大。

对于战略联盟关系，英特尔公司需要投入比较多的时间和资源去管理。英特尔公司要确保这种关系能够稳定地持续比较长的一段时间，为3~5年。战略联盟关系的特点是，双方乃至多方的信息系统集成，有关生产计划、技术引进计划、新产品开发计划、新技术研发计划等信息是共享的。双方乃至多方在新产品开发和技术研发阶段加强合作，进行创新性的产品开发与设计。跨企业的流程团队推行联合行动计划，沟通并解决新产品开发和技术研发中的难题。因此，英特尔公司需要对敏感的客户及供应商的信息进行保护，以免信息外泄。合作伙伴彼此尊重、互利互惠，这为合作各方奠定了必要的基础和条件。战略联盟关系只占英特尔公司供应链关系的5%~10%。英特尔公司所面临的挑战是，决定哪些供应链关系值得公司进行这样的密切合作。

英特尔公司使用了ABC分类法对供应链关系进行管理（见图6.22），这适用于客户、供应商和服务商等供应链合作伙伴。英特尔公司主要根据与合作伙伴的交易金额的大小对合作伙伴进行分类，并与不同类型的伙伴加强不同程度的合作关系。其中，战略伙伴关系具有以下主要特征：①企业与合作伙伴的交易金额大（交易价值高）；②合作伙伴对企业业务的参与度高；③合作伙伴拥有独特的技术；④合作伙伴拥有稀缺的行业资源；⑤合作伙伴高度影响企业产品的质量或性能（如供应企业产品的核心部件）以及客户服务或上下游合作关系；⑥合作伙伴能给企业带来强大竞争优势。

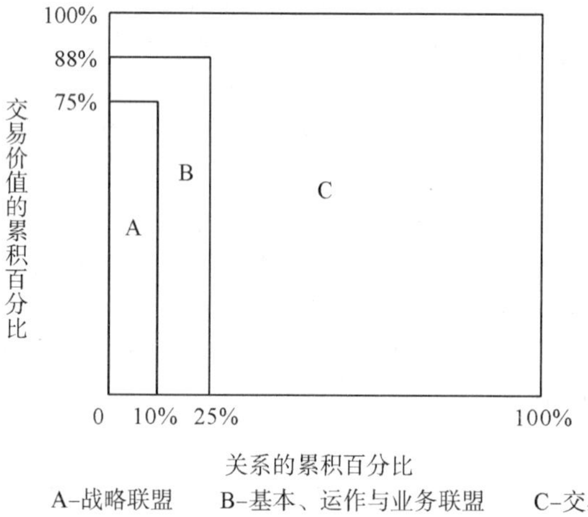

图6.22 ABC分类法在供应链关系管理中的应用

需要指出，供应链管理者在努力寻求与最重要的合作伙伴建立战略伙伴关系（即A类关系——战略联盟）、实现战略协同时，不应该忽视对其他类型合作伙伴的有效管理。换言之，供应链管理者需要建立一整套科学、有效的管理机制，以便实现供应链参与体的共赢。对于B类关系，尽管不需要核心企业投入过多的资源进行关系管理，但也应该做到谨慎管理。因为非战略伙伴关系代表了供应链关系中一个相当重要的层面，随着时间的推移，这种关系可能发展为战略同盟关系。现在对有价值的关系进行投入，能够为未来的战略协同奠定基础。随着市场环境的变化和关键技术的发展，供应链关系会不断演变。因此，对于短期交易的C类关系，供应链管理者也应该做到公平管理。在客户、供应商和服务商中赢得好的口碑，能够为公司的未来发展奠定良好的基础和条件。

根据案例提供的信息，请回答以下问题：

1. 英特尔公司把供应链关系划分为哪几种类型？每种类型的关系分别有什么主要特点？
2. 英特尔公司是如何对供应链关系进行管理的？
3. 战略伙伴关系具有哪些主要特征？
4. 企业应该如何对供应链合作关系进行有效管理？

学习情境七

供应链绩效管理

【知识目标】

1. 了解供应链绩效评价的作用
2. 理解供应链绩效评价指标的特点
3. 了解供应链绩效评价的原则
4. 掌握供应链绩效评价指标体系
5. 熟悉供应链平衡计分卡模型
6. 掌握供应链运作参考（SCOR）模型
7. 掌握供应链策略成本管理的基本方法

【能力目标】

1. 能运用 KPI 对供应链绩效进行评价
2. 能运用供应链平衡计分卡模型进行供应链绩效评价
3. 能运用 SCOR 模型分析供应链的流程
4. 能运用 SCOR 模型进行供应链的设计与优化
5. 能运用策略成本管理方法进行供应链成本分析与优化

【引例】

X 公司的供应链绩效管理

X 公司是一家快速消费品制造企业，李彬是 X 公司新任命的供应链总监，他上任后接到的第一个任务就是尽快把公司居高不下的库存降下来，并尽快改善客户对产品交付时间长、缺货多的抱怨，提高公司供应链的运营效率。

案例：X 公司的供应链绩效管理（微课）

李彬首先翻阅了公司最近半年的库存和销售报表，发现库存规模不断增大，平均交付时间也越来越长，数据表明，X 公司的产销协调出现了比较大的问题。

调查得到的某类产品的数据报表如表 7.1 所示。

表 7.1 X 公司某类产品最近 3 个月的相关数据报表

月份	月初库存（台）	销售数量（台）	预测销量（台）	交付时间（小时）
1	500	300	500	90
2	600	350	600	100
3	700	400	700	110
4	800	当月未完	当月未完	当月未完

面对这些数据，李彬意识到了问题的严重性。因为行业的平均库存周转天数也就是 15 天左右，而订单交付时间，一般也就是 72 小时。

为了进一步发现 X 公司供应链运营管理问题的原因，李彬与销售、生产计划部门、物流部门进行了进一步沟通，发现了如下问题：

（1）物流部门目前对客户承诺的本地配送时间是在 24 小时以内。造成交付时间变长的原因是有大量的订单缺货，需要长时间的等待，使交付时间变长。

（2）生产计划部门反馈说，接到的销售部门的预测数据多数不准。当问及有无对销售预测的量化评价标准时，销售部门反馈说都是凭记忆和感觉，没有量化的指标。

（3）销售部门反馈说，市场竞争太激烈，他们也不知道公司有大量的库存，对于公司的经营状况，销售部门只觉得是供应不足导致的。

经过调研，李彬决定从供应链绩效 KPI 管理、部门沟通管理多方面入手，改善 X 公司的供应链绩效。

引导问题：

1. 如何进行供应链绩效评估？
2. 怎样才能实施有效的供应链绩效管理？
3. 为评价销售预测、库存管理、订单交付水平需要建立哪些绩效指标？这些指标如何计算？
4. 为什么李彬在分析了某类产品的相关数据报表后感觉到了问题的严重性？
5. 怎样计算库存周转天数？请计算 1、2、3 月 X 公司的库存周转天数，并比较库存周转天数和平均交付时间与行业平均水平的差距。
6. 根据 X 公司的现状，如何从产销配合的流程上改善 X 公司供应链的绩效？

管理循环及其在供应链管理中的应用(微课)

供应链绩效管理的工具(微课)

从事管理活动，需要对管理的效果进行度量和评价，以此判断管理的绩效。在供应链管理中，科学、全面地分析和评价供应链的运营绩效极为重要。供应链绩效管理的方法主要有供应链绩效评价指标体系法、供应链平衡计分卡模型法、供应链运作参考模型法、供应链绩效标杆管理法及作业成本法和总体拥有成本分析等供应链策略成本管理方法。

任务 1　供应链绩效评价的认知

企业为了保证供应链管理目标的顺利实现就必须进行供应链绩效评价。绩效评价是供应链管理的重要一环。

一、供应链绩效评价的必要性

供应链绩效评价的必要性（微课）

加强供应链绩效评价很有必要。我们以零售商的部门及职能协同为例加以说明。对于零售商的销售人员，企业一般是按照销量来评价其绩效的，然而，如果采购部门采购不到适销对路的优质商品，销售部门又如何能够提高销量？反之，若采购部门采购到适销对路的优质商品，但门店销售人员工作不积极，配送中心配送货物不及时，商品又怎么能够销售得出去？企业的营利指标又怎么能够完成？另一方面，对采购人员而言，企业一般是按照采购成本的节约额度来评价其绩效的，如果仅仅根据这一指标来评价其绩效，就极有可能导致商品采购质量的下降。由此可见，供应链是一个新的系统，企业必须建立符合供应链管理需要的绩效评价指标体系并制定相应的激励机制，才能确保企业经营取得成功。

二、供应链绩效评价的含义和作用

进入 21 世纪，绩效问题已成为众多企业特别关注的热点。飞速变化的市场，使每家企业都更加关注自身的发展问题，越来越多的企业希望通过绩效评价来促进自身的发展。但很多企业对于绩效，特别是供应链绩效的理解并不准确，绩效管理的成效也不够理想。因此，要进行供应链绩效评价，首先就要明确供应链绩效评价的内涵。

（一）绩效评价与供应链绩效评价的含义

绩效是组织期望的结果，是组织为实现其目标而在不同层面上的有效输出，它包括个人绩效和组织绩效两个方面。

绩效评价是对个人或组织工作产生的效益以及影响效益的工作效率、对待工作的态度、人际关系、勤奋程度等经过一定考核后给出经济性、效率性或者效果性评价，以衡量其是否与组织的期望相一致。绩效评价不是为评价而评价，评价的最终目的是为了发现影响绩效实现或者提高的瓶颈，并寻求改善的方法。

绩效评价与供应链绩效评价的含义（微课）

绩效评价首先是结果评价，但如果某些因素对结果有明显、直接的影响，绩效评价就与这些因素密不可分了。影响绩效的因素如图 7.1 所示。

供应链绩效评价是根据供应链管理运行机制、基本特征以及要达到的目的，设计科学合理的指标来恰当地反映供应链整体运营状况以及上下节点企业之间的运营关系，从而找出影响供应链绩效的问题，寻求解决的办法。换言之，供应链绩效评价就是对供应链运营过程及其所产生的效果进行全面、系统、科学地度量、分析与评估。

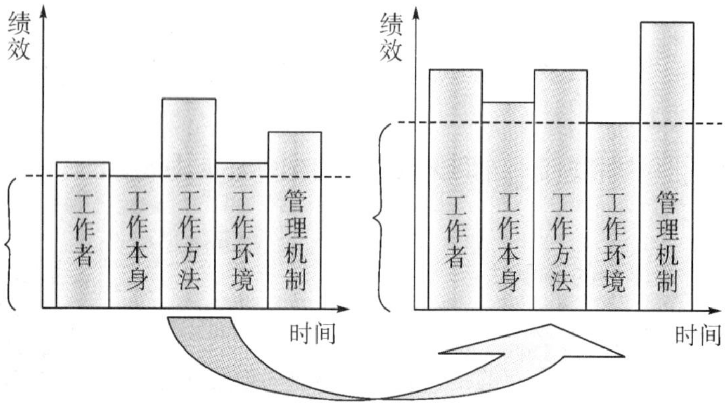

图 7.1　绩效因素示意图

简单地说，供应链绩效评价就是要回答如下两个问题。

（1）供应链目前的运营状况如何？

（2）供应链要怎样运营才更好？

（二）供应链绩效评价的作用

为了能评价供应链的实施给供应链企业群体带来的效益，方法之一就是对供应链的运行状况进行必要的度量，并根据度量结果对供应链的运行绩效进行评价。因此，供应链绩效评价主要有以下四个方面的作用。

供应链绩效评价的作用（微课）

（1）评价供应链整体运行效果，了解供应链整体运行状况，找出供应链运营方面的不足，及时采取措施予以纠正。

（2）评价供应链成员企业，激励供应链成员企业，吸引优秀企业加盟，剔除不良企业。

（3）评价供应链成员企业间的合作关系。主要考察上游企业对下游企业提供的产品及服务的质量，从用户满意的角度评价上、下游企业之间的合作伙伴关系。

（4）绩效评价还可以起到对企业的激励作用，包括核心企业对非核心企业的激励。

三、供应链绩效评价指标的特点

供应链绩效评价指标的特点（微课）

根据供应链管理运行机制的基本特征和目标，绩效评价指标应具有如下特点。

（一）供应链绩效评价指标要能恰当地反映供应链整体运营状况及节点企业之间的运营关系

供应链绩效评价指标可以评价从最初供应商开始直至最终用户为止的整条供应链的运营状况。例如，供应链总运营成本指标等。只有将各节点企业综合进行分析，才能找到提高供应链整体效率的措施和方法，才能在竞争中占有优势。

供应链绩效评价指标除了反映供应链整体运营状况外，还可以反映上下节点企业之间的运营关系，而不是孤立地评价某一节点企业的运营情况。例如，对于供应链上的某一供应商来说，该供应商所提供的某种原材料价格很低，如果孤立地对该供应商进行评价，就会认为该供应商的运行绩效很好。若其下游企业仅仅考虑原材料价格这一指标，而不考虑原材料的加工性能，就会选择该供应商所提供的原材料，而当该原材料的加工性能不能满足该节点企业生产工艺要求时，势必会增加生产成本，从而使这种低价格原材料所节约的成本被增加的生产成本所抵消。所以，评价供应链运行绩效的指标，不仅要评价该节点企业的运营绩效，而且还要考虑该节点企业的运营绩效对其上层节点企业或整个供应链的影响。

（二）供应链绩效评价指标是基于业务流程的绩效评价指标

供应链管理的绩效评价相对于现行企业管理的绩效评价来说有所不同。现行企业的绩效评价指标主要是基于职能部门的绩效评价指标，而供应链绩效评价指标则是基于业务流程的绩效评价指标。供应链绩效评价指标与现行企业绩效评价指标的比较如图 7.2 和图 7.3 所示。

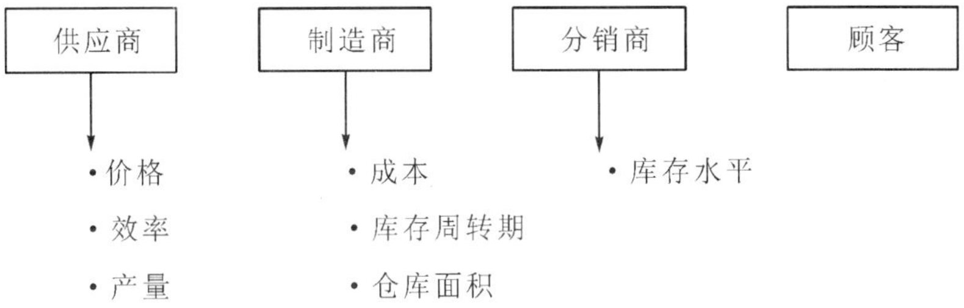

图 7.2　现行企业基于职能的绩效评价指标示意图

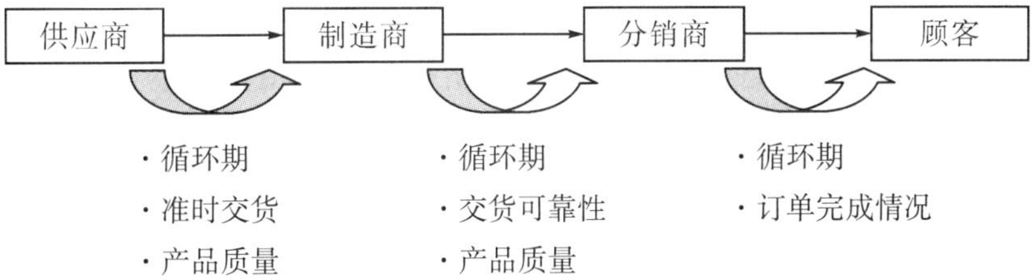

图 7.3　基于供应链业务流程的绩效评价指标示意图

基于职能的绩效评价追求的是每个节点自身的最优，这种简单的个体最优并不能带来供应链整体以及最终结果的最优。按照供应链系统管理的观点，每个节点都只是完整的供应链流程中的一个部分，因此基于流程的绩效评价更注重点与点之间的衔接，更注重上游节点对下游节点的影响，更加重视整个流程结束以后的效果。

（三）供应链绩效评价指标的内容具有广泛性

反映供应链绩效评价的指标比现行企业的绩效评价指标更为广泛，它不仅代替会计数据，同时还提出一些方法来测定供应链的上游企业是否有能力及时满足下游企业或市场的需求等问题，涉及的内容非常广泛。

（四）供应链绩效评价是一种动态的实时分析与评价

供应链绩效评价不仅在内容上全面反映整个供应链及其内部企业和上、下节点企业的关系，而且在时间上也打破了现行企业侧重于事后评价的传统，在供应链运营的过程中实时地进行度量，并及时采取措施，提高供应链的整体效率。

总之，现行企业绩效评价侧重于单个企业，评价的对象是某个具体企业的内部职能部门或员工个人，不能对供应链整体以及业务流程进行实时评价和分析，侧重于事后分析。而供应链绩效评价指标应该能够恰当地反映供应链整体运营状况以及上下节点企业之间的运营关系，而不是孤立地评价某个节点企业的运营情况。

四、供应链绩效评价应遵循的原则

供应链绩效评价遵循的原则（微课）

随着供应链管理理论的不断发展和供应链管理实践的不断深入，为了科学、客观地反映供应链的运营情况，应该寻求与之相适应的供应链绩效评价方法，并建立相应的绩效评价指标体系。在实际运作中，为了建立能有效评价供应链绩效的指标体系，应遵循如下原则。

（1）突出重点。要对关键绩效指标进行重点分析，从而有重点地对整个供应链的突出问题进行评价。

（2）建立能反映供应链业务流程绩效的评价指标体系。

（3）突出运营状况的整体性。评价指标要能反映整个供应链的运营情况，而非仅仅反映单个节点企业的运营情况。

（4）实时分析与评价。应尽可能采用实时分析与评价的方法，把绩效度量的范围扩大到能反映供应链实时运营的信息上去，这比仅进行事后分析要有价值得多。

（5）重视对节点企业之间关系的评价。在衡量供应链绩效时，要采用能反映供应商、制造商及用户之间关系的绩效评价指标，把评价的对象扩大到供应链上的相关企业。

任务 2　供应链绩效评价指标体系的构建

一、供应链绩效评价指标体系法的内涵

指标体系法是进行综合评价时最常用的方法。供应链绩效评价指标体系法是指根据各个具体的单项绩效指标在指标体系中所处的地位、所起的作用、所包含的信息量以及所反映的指标体系的综合程度，采用各种评分法或者分析法确定各个指标的权重系数，再用算术平均法或几何平均法对规范化后的各个指标进行加权计算，从而得到其综合指数值，以此综合评价某一时期某一供应链在运营绩效方面的总体水平的分析方法。

二、供应链绩效评价指标体系

企业进行供应链绩效评价，就要建立相应的绩效评价指标体系。供应链绩效评价指标体系是由相关绩效评价指标所构成的一个综合的有机体系，如表 7.2 所示。

根据表 7.2，供应链绩效评价综合指数 P 可以通过公式计算出来：

$$P = A\times(W_1\times W_{11}\times W_{111}) + B\times(W_1\times W_{11}\times W_{112}) + C\times(W_1\times W_{11}\times W_{113}) + D\times(W_1\times W_{12}) + \cdots\cdots + J\times(W_2\times W_{21}) + K\times(W_2\times W_{22}) + \cdots\cdots$$

三、供应链绩效评价指标

（一）供应链绩效评价的一般性统计指标

供应链绩效评价指标是对整个供应链的运行效果和供应链节点企业之间的合作关系做出评价的具体指标。一般由用户满意度、产品质量、成本和资产管理等方面的指标构成，如表 7.3 所示。

表 7.2　供应链绩效评价指标体系

	一级指标	权重	二级指标	权重	三级指标	权重
供应链绩效水平 P	整个供应链流程绩效	W_1	产销率	W_{11}	节点企业的产销率 A	W_{111}
					供应链产销率 B	W_{112}
					核心企业产销率 C	W_{113}
			平均产销绝对偏差 D	W_{12}		
			产需率	W_{13}	节点企业产需率 E	W_{131}
					核心企业产需率 F	W_{132}
			供应链产品出产循环期	W_{14}	供应商零部件出产循环期 G	W_{141}
					核心企业产品出产循环期 H	W_{142}
			供应链总运营成本 I	W_{15}		
			……	W_{1n}		
	供应链节点企业关系绩效	W_2	准时交货率 J	W_{21}		
			成本利润率 K	W_{22}		
			产品质量合格率 L	W_{23}		

表 7.3　供应链绩效评价的一般性统计指标

用户满意度和产品质量方面的指标	· 市场占有率 · 准时交货率 · 发运错误率 · 客户回头率 · 退货率 · 产需率 · 货损率 · 商品完好率	· 订单满足率 · 商品脱销率 · 订单准确率 · 循环时间 · 客户投诉率 · 促销率 · 产品合格率 · 饱和率 · 缺货率
成本和资产管理方面的指标	· 产品单位成本 · 人工成本 · 仓库成本 · 库存水平 · 供应周转期 · 净资产利润率	· 销售百分比成本 · 管理成本 · 运输成本 · 库存周转期 · 销售利润率 · 总资产利润率

除以上一般性统计指标外，供应链的绩效评价还可辅以一些综合性的指标，如供应链生产效率等指标，也可以用某些定性评价指标体系来反映，如企业核心竞争力等指标。

对供应链的绩效评价一般可从三个方面考虑：一是内部绩效度量，即主要对供应链上的企业内部绩效进行评价，常见的指标有成本、客户服务、生产率、良好的管理、质量。二是外部绩效度量，主要是对供应链上企业之间运行状况的评价，如用户满意度，最佳实施基准等。三是综合供应链绩效度量，要求提供能从总体上反映供应链运营绩效的度量方法，这种方法必须是可以比较的。如果缺乏整体的绩效衡量，就可能出现制造商对用户服务的看法和决策与零售商的想法正好相反的现象。综合供应链绩效的度量主要从用户满意度、时间、成本、资产等几个方面展开。

（二）供应链绩效评价指标

1. 反映整个供应链业务流程的供应链绩效评价指标

这类指标是指反映从最初的供应商一直到最终用户为止的整条供应链运营绩效的评价指标。主要包括以下指标。

（1）产销率。

产销率是指在一定时段内，已销售的产品数量与已生产的产品数量的比率，即

$$产销率=\frac{一定时段内已售出的产品数量}{一定时段内生产的产品数量}\times 100\%$$

产销率可反映供应链在一定时期内的产销经营状况，该指标在一定程度上反映了供应链企业生产的产品是否适销对路。其时间单位可以是年、月、日。随着供应链管理水平的提高，可以选择越来越短的单位时间，比如以天为单位。根据评价重点的不同，可将产销率指标细分为如下三个具体指标。

①供应链节点企业的产销率。

$$供应链节点企业的产销率=\frac{一定时段内节点企业已售出的产品数量}{一定时段内节点企业生产的产品数量}\times 100\%$$

该指标反映供应链节点企业在一定时期内的经营状况。

②供应链核心企业的产销率。

$$供应链核心企业的产销率=\frac{一定时段内核心企业已售出的产品数量}{一定时段内核心企业生产的产品数量}\times 100\%$$

该指标反映供应链核心企业在一定时期内的经营状况。

③供应链产销率。

$$供应链产销率=\frac{一定时段内供应链各节点企业已售出的产品数量之和}{一定时段内供应链各节点企业生产的产品数量之和}\times 100\%$$

该指标反映了供应链资源（包括人、财、物、信息等）的有效利用程度，产销率越接近 100%，说明资源利用率越高。同时，该指标也反映了供应链库存水平和产品质量，该值越接近 100%，说明供应链成品库存量越小。

（2）平均产销绝对偏差。

$$平均产销绝对偏差=\sum_{I=1}^{n}|P_i - S_i|/n$$

式中：n——供应链节点企业的个数；

P_i——第 i 节点企业在一定时段内生产的产品数量；

S_i——第 i 节点企业在一定时段内从已生产的产品中销售出的产品数量。

该指标反映了供应链在一定时期内的总体库存水平，其值越大，说明供应链成品库存量越大，库存费用越高；反之，说明供应链成品库存量越小，库存费用越低。

（3）产需率。

产需率是指在一定时期内，节点企业已生产的产品数量与其上层节点企业（或用户）对该产品的需求量的比率。该指标反映了供应链节点企业或核心企业满足用户需求的程度。

上下层节点企业之间的关系如图 7.4 所示。

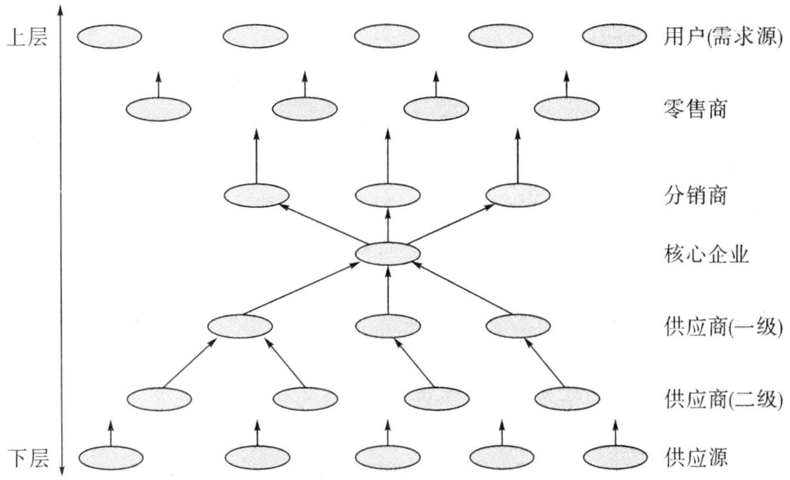

图 7.4 供应链层次结构模型示意图

具体而言，产需率可细分为如下两个指标。

①供应链节点企业的产需率。

$$供应链节点企业的产需率=\frac{一定时段内节点企业已生产的产品数量}{一定时段内上层节点企业对该产品的需求量}\times 100\%$$

该指标反映了上、下层节点企业之间的供需关系。产需率越接近 100%，说明上、下节点企业之间的供需关系协调，准时交货率高；反之，说明准时交货率低或者企业的综合管理水平较低。

②供应链核心企业的产需率。

$$供应链核心企业的产需率=\frac{一定时段内核心企业生产的产品数量}{一定时段内用户对该产品的需求数量}\times 100\%$$

该指标反映了供应链的整体生产能力和快速响应市场需求的能力。若该指标数值大于或等于 100%，说明供应链整体生产能力较强，能快速响应市场需求，具有较强的市场竞争力；若该指标小于 100%，则说明供应链生产能力不足，不能快速响应市场需求。

（4）供应链产品出产循环期或节拍。

当供应链节点企业生产的产品品种数量较多时，供应链产品出产（或投产）循环期一般是指节点企业混流生产线上同一种产品的出产间隔期。当供应链节点企业生产的产品为单一品种时，供应链产品出产循环期是指产品的出产节拍。供应链管理是在市场需求不断变化的经营环境下产生的一种新的管理模式，节点企业（包括核心企业）生产的产品品种数量较多，因此，供应链产品出产循环期主要是指混流生产线上同一种产品的出产循环期。具体而言，它可细分为如下两个指标。

①供应链节点企业（或供应商）零部件出产循环期。

该指标反映了节点企业的库存水平以及对其上层节点企业需求的响应程度。该循环期越短，说明该节点企业对其上层节点企业需求的快速响应性越好。

②供应链核心企业产品出产循环期。

该指标反映了整个供应链的在制品库存水平和成品库存水平，同时也反映了整个供应链对市场或用户需求的快速响应能力。核心企业产品出产循环期决定着各节点企业的产品出产循环期，即各节点企业的产品出产循环期必须与核心企业的产品出产循环期合拍。该循环期越短，说明整个供应链的在制品库存量和成品库存量都比较少，总的库存费用比较低，同时也说明供应链管理水平比较高，能快速响应市场需求，并具有较强的市场竞争力。若要缩短核心企业的产品出产循环期，一方面应使供应链各节点企业的产品出产循环期与核心企业的产品出产循环期合拍，使核心企业的产品出产循环期与用户需求合拍；另一方面，可采用优化产品投产计划或优化生产运作管理的办法，缩短核心企业的产品出产循环期，提高供应链整体管理水平和供应链运营管理效益。特别是采用优化产品投产顺序和计划来缩短核心企业或节点企业的产品出产循环期，既不需要增加投资又不需要增加人力和物力，而且见效快，是一种值得推广的好办法。

（5）供应链总运营成本。

供应链总运营成本包括供应链通信成本、供应链库存成本及供应链结点之间的运输成本。它反映了供应链的运营效率。

①供应链通信成本。供应链通信成本包括各节点企业之间的通信费用（如 EDI、因特网的建设和使用费用）、供应链信息系统开发和维护费用等。

②供应链库存总成本。供应链库存总成本包括各节点企业的在制品库存和成品库存成本、各节点企业之间的在途库存持有成本。

③各节点企业外部运输总成本。各节点企业外部运输总成本等于供应链所有节点企业之间运输费用的总和。

（6）供应链核心企业产品成本。

供应链核心企业产品成本是供应链管理水平的综合体现。根据核心企业产品在市场上的价格确定出该产品的目标成本，再向上游追溯到各供应商，确定出相应的原材料、配套件的目标成本。只有目标成本小于市场价格，各成员企业才能获利，供应链才能得以发展。

（7）供应链产品质量。

供应链产品质量是指供应链各节点企业（包括核心企业）生产的产品或零部件的质量。主要包括产品质量合格率、废品率、退货率、货损率、货损物价值等指标。

（8）新产品开发率。

$$\text{新产品开发率}=\frac{\text{在研究新产品数}+\text{储备新产品数}+\text{已投产新产品数}}{\text{现有产品总数}}\times 100\%$$

该指标反映了供应链的产品创新能力。该指标越大，说明供应链整体创新能力和快速响应市场需求的能力越强，具有旺盛和持久的生命力。

（9）专利技术拥有比例。

$$\text{专利技术拥有比例}=\frac{\text{供应链企业群体专利技术拥有数量}}{\text{全行业专利技术拥有数量}}\times 100\%$$

该指标反映了供应链的核心竞争力。该指标越大，说明供应链整体技术水平越高，核心竞争力越强，其产品越不会轻易被竞争对手所模仿。

2. 反映供应链上、下节点企业之间关系的绩效评价指标

根据供应链层次结构模型（图 7.4），对每一层次的节点企业逐个进行评价，从而发现问题，解决问题，以优化对整个供应链的管理。在该层次结构模型中，我们可以把供应链看成是由不同层次的节点企业组成的递阶层次结构，上层节点企业可看成是其下层节点企业的用户。由于供应链是由若干个节点企业所组成的一种网络结构，如何选择节点企业、如何评价节点企业的绩效以及由谁来评价等问题必须明确。因而可以采用相邻层节点企业评价的方法，通过上层节点企业来评价和选择下层节点企业，这样更直接、更客观。依次递推可

覆盖供应链企业群体，从而可对供应链的运营绩效进行有效评价。

综合反映供应链上、下节点企业之间关系的绩效评价指标主要是满意度指标，其具体内容如下。

（1）满意度。

满意度即用户满意度，它是指在一定时段内，上层节点企业 i 对相邻下层节点企业 j 的综合满意程度。它由准时交货率、成本利润率和产品质量合格率三项指标组成，同时，上层节点企业有必要对下层节点企业的上述三项指标分别赋予一个相应的权数 α、β、λ，且须满足 α+β+λ=1 的条件。公式为

$$\text{上层节点的满意度}\ C_{ij}=\alpha_j\times\text{下层节点的准时交货率}+\beta_j\times\text{下层节点的成本利润率}+\lambda_j\times\text{下层节点的产品质量合格率}$$

在满意度指标中，权数的取值可随上层节点企业的不同而不同，即可以对 α、β、λ 有不同的权数取值，但是，对于同一个上层节点企业，在计算与其相邻的所有下层节点企业的满意度指标时，其 α、β、λ 的权数取值应该是一样的。这样，通过满意度指标就能评价不同节点企业的运营绩效以及这些不同的运营绩效对其上层节点企业的影响。

满意度指标值低，说明该节点企业的运营绩效差，生产能力和管理水平低，并且影响上层节点企业的正常运营，从而对整个供应链产生不良影响。因此，应把这种满意度指标值低的节点企业作为重点对象，或对其进行全面整改，提升其满意度指标；或重新选择和补充新的节点企业。在每两个相邻的上、下节点企业间都依次进行评价，则整个供应链上的所有企业都完成了绩效评价。

在供应链的最后一层为最终用户。对供应链整体的运营绩效评价是要以最终用户的满意度指标为最终标准的。其公式可调整为

$$\text{最终用户满意度}=\alpha\times\text{零售商准时交货率}+\beta\times\text{产品质量合格率}+\lambda\times\left(\text{实际的产品价格}/\text{用户期望的产品价格}\right)$$

在上式中，可用售后服务满意度来取代产品质量合格率，因为不合格产品是绝对不允许流出供应链的，而售后服务则是最终用户越来越重视的环节，是客户价值的重要内容，必须引起供应链企业群体的高度重视和关注。

（2）准时交货率。

准时交货率是指下层供应商在一定时段内准时交货的次数占其总交货次数的百分比。即

$$\text{准时交货率}=\frac{\text{一定时段内准时交货次数}}{\text{一定时期内总交货次数}}\times 100\%$$

公式中的“一定时段”可以是一个月、一个季度、半年或一年。

供应商准时交货率低，说明其协作配套的生产能力达不到要求，或者是对生产过程的组织管理或物流管理跟不上供应链运行的节拍要求；供应商准时交货率高，说明其生产能力强，生产管理水平高，物流服务水平高。

（3）成本利润率。

成本利润率是指单位产品净利润占总成本的百分比。即

$$\text{成本利润率}=\frac{\text{单位产品净利润}}{\text{单位产品总成本}}\times 100\%$$

该指标反映供应商所供产品的盈利能力和竞争能力。在市场经济条件下，产品价格是由市场决定的，因此在市场供求关系基本平衡的条件下，供应商生产的产品价格可以看成是一个不变的量。按照成本加成定价的原理，产品价格等于成本加利润，因此产品成本利润率越

高，说明供应商的盈利能力越强，企业的综合管理水平越高。在这种情况下，由于供应商在市场价格水平下能获得较大利润，其参与合作的积极性必然增强，必然对企业进行有关投资和改造，以提高生产效率。

（4）产品质量合格率。

产品质量合格率是指质量合格的产品数量占产品总产量的百分比。用公式表示为

$$产品质量合格率=\frac{质量合格的产品数量}{产品总产量}\times 100\%$$

该指标反映了供应商提供产品的质量及其综合管理水平，这也是反映企业竞争力的重要指标。质量不合格的产品数量越多，则产品质量合格率就越低，说明供应商提供产品的质量越不稳定或质量越差，供应商必须承担对不合格产品进行返修或报废的损失，这样就增加了供应商的总成本，降低了其成本利润率。同时，产品质量合格率指标也与准时交货率密切相关，因为产品质量合格率越低，产品的返修工作量越大，必然会延长产品的交货期，使准时交货率降低。

四、供应链绩效评价指标体系法的局限性

用指标值对供应链的绩效进行评价，既可以用作供应链自身纵向的对比，也可以与其他供应链进行横向对比。通过供应链自身纵向对比，可以找出其运营中存在的问题，并以此作为管理的重点对供应链进行全面整改，提高其管理水平和生产能力；通过与其他供应链进行对比，可以找出供应链自身的差距，重新整合和构筑供应链，创造新的竞争优势。但与其他方法一样，供应链绩效评价指标体系法也存在一些不足之处，主要表现为以下几个方面。

第一，供应链绩效评价指标体系法无法保证所建立的绩效指标一定能保持独立性，因而绩效指标间会发生相互影响和信息重叠的现象，致使在加权综合时，交叉部分得到了重复加权，因而加大了交叉部分的影响。

第二，在供应链绩效评价指标体系法中，人为绩效指标的建立带有一定的主观性，不能检验所建立的指标是否都与绩效指标体系所要反映的绩效总水平密切相关。

第三，供应链绩效评价指标中的权数确定，只考虑了专家或决策者对指标重要性的主观评价，并未从客观上考虑指标所含的信息量占指标体系全部信息量的比例。

第四，利用指标体系进行评价时，在指标数较多的情况下，尤其是采用层次分析法（AHP）确定权重系数时，给专家打分增加了判断难度和主观性，从而增加了计算的复杂性，并会产生较大的误差。

第五，在供应链绩效评价指标体系法中，运用算术平均法计算综合指数值时，若指标之间的数值相差悬殊，误差就较大。用几何平均法计算综合指数值时，若指标体系中有些数值很小或为零，就失去了综合意义。

此外，指标体系的综合评价法只能适用于可量化的指标体系，并需要有足够多的统计资料；而关于定性的指标体系也有一定的局限性。随着情报和统计系统的健全和完善，对定性指标定量化处理方法的研究和数量化技术的发展，供应链绩效指标体系评价方法上的问题将会得到解决。

[拓展阅读] **SCPR 模型**

2003 年 10 月，中国电子商务协会供应链管理委员会（Supply Chain Council of CECA，CSCC）推出了“中国企业供应链管理绩效评价参考模型”（supply chain performance metrics reforence model，SCPR），这是我国第一个正式由全国性行业组织制订并推荐使用的定量评

价供应链管理绩效水平和科学实施供应链管理工程的指导性工具。CSCC 吸取了众多供应链绩效模型的优点，并参考了大量中国企业的供应链实证数据，对国外发达国家先进的供应链绩效指标进行了本土化改造，最终形成了适合我国本土企业的供应链管理绩效评价参考模型。SCPR 的主要指标包括：订单反应能力（从订单实现角度评价企业对客户需求反应的水平）、客户满意度（通过满意度来反映供应链管理绩效）、业务标准协同（评价供应链上各节点企业业务上的标准协同状况）、节点网络效应（反映加入供应链的企业数量，互动能力等因素）、系统适应性（从建设方式、业务适应能力等角度评价企业的供应链管理绩效）五大类共 45 个三级指标。目前 SCPR 已在许多企业中成功应用。

任务 3　运用平衡计分卡法进行供应链绩效管理

随着管理理论的发展，建立在绩效评价指标（KPI）基础之上的传统绩效评价方法逐渐发展到了平衡计分卡阶段。在供应链管理实践中，平衡计分卡模型的应用也越来越广泛。

一、平衡计分卡模型

平衡计分卡（the balanced score card，BSC）模型由哈佛大学教授罗伯特·卡普兰（Robert Kaplan）和大卫·诺顿（David Norton）于 1992 年共同提出。该模型是基于财务与非财务相结合的结构化的企业绩效评价体系。它以综合、平衡为原则，从财务（financial）、顾客（customer）、内部业务流程（internal business processes）及学习与成长（learning and growth）四个方面来评价组织的绩效，从形式上把组织的总体目标、战略和评价指标有机结合在一起。平衡计分卡模型的基本框架如图 7.5 所示。

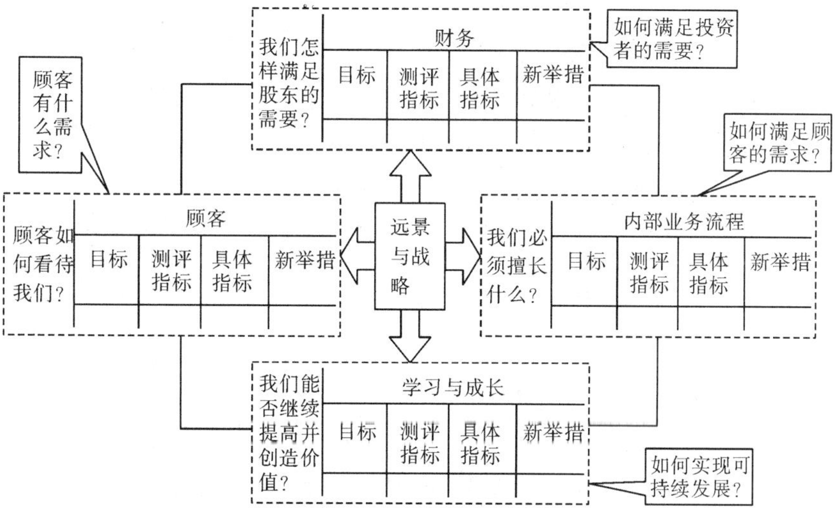

图 7.5　平衡计分卡模型

平衡计分卡模型不仅是控制组织行为及评估组织历史绩效的工具，而且可以用它来阐明企业战略和传播企业战略，同时帮助衔接个人、组织及部门间的计划，以实现共同目标。它强调平衡记分，从整体上对企业进行衡量，既有整体思想，又有局部观念，有利于短期目标与长期目标、财务指标与非财务指标、内部绩效与外部绩效之间的平衡。

平衡计分卡模型将管理者的注意力从短期目标的实现转移到兼顾战略目标的实现，从结果的反思转向对问题原因的实时分析。平衡计分卡模型的运用可以将企业的目标、战略转化为具体的行动，并使企业在动态调整中保持不断发展的势头。

二、供应链平衡计分卡模型

平衡计分卡模型作为企业全方位绩效评价的工具，通过与供应链管理流程相结合，为企业竞争战略与供应链管理策略的匹配、实现平衡的供应链绩效评价提供了一个完整框架。

我们可以将供应链绩效评价指标划分为财务收益、客户收益、供应链管理目标、供应链管理能力提升四个方面，分别与平衡计分卡模型的财务、客户、内部业务流程及学习与创新相关联。

财务收益主要选取供应链绩效评价指标中与资产管理相关的指标，客户收益主要选取供应链绩效评价指标中与客户服务相关的指标，供应链管理目标（业务流程）主要选取供应链绩效评价指标中与成本管理和生产率相关的指标，供应链管理能力（学习与创新）主要选取供应链绩效评价指标中与质量有关的指标及一些定性指标。供应链平衡计分卡模型的基本框架如图 7.6 所示。

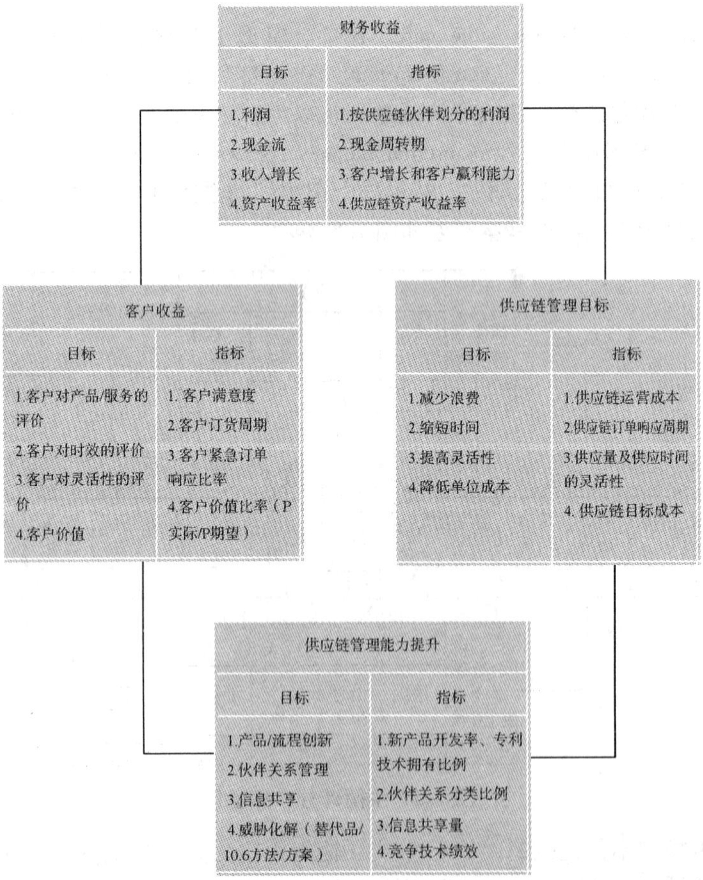

图 7.6　供应链平衡计分卡模型

供应链平衡计分卡模型强调了供应链跨企业的职能与跨企业的本质，提出了企业之间以平衡的方法来管理企业内部和供应链伙伴的关系。最重要的是，该模型给出了企业员工和管理层在供应链上获得均衡目标的工具和方法论。

任务 4　运用 SCOR 模型助力供应链绩效改善[①]

为了实施有效的供应链管理，需要分析并优化供应链流程。供应链运作参考模型（supply-chain operations reference-model，SCOR）是第一个标准的供应链流程参考模型，它由美国供应链协会（Supply-Chain Council）开发成功。SCOR 模型是供应链的设计和诊断工具，它涵盖所有的行业，能够使企业间准确地交流供应链运营的有关问题，客观地测量、评价供应链的运营绩效并确定新的供应链管理目标。SCOR 模型采用流程参考模式，管理者借助其分析公司目标和流程的现状，对供应链业务运作绩效进行量化评价，并将其与绩效目标值进行对照、分析，进而优化供应链绩效。SCOR 模型在供应链设计与优化、供应链流程再造与整合、供应链绩效评估与管理中发挥着越来越重要的作用。

一、SCOR 模型的基本层次

按照 SCOR 模型的流程定义可将其划分为三个层次，每个层次都可用于分析企业供应链的运作。

SCOR 模型的第一层流程元素（微课）

（一）第一层（基本流程）

第一层描述了五个基本流程：计划（plan）、采购（source）、生产（make）、交付（deliver）和退货（return），分别简称 P、S、M、D、R。其中，计划流程是核心流程，其余四个流程是执行流程，计划流程对其余四个流程起到整体协调和控制作用。SCOR 模型第一层流程元素如图 7.7 所示。

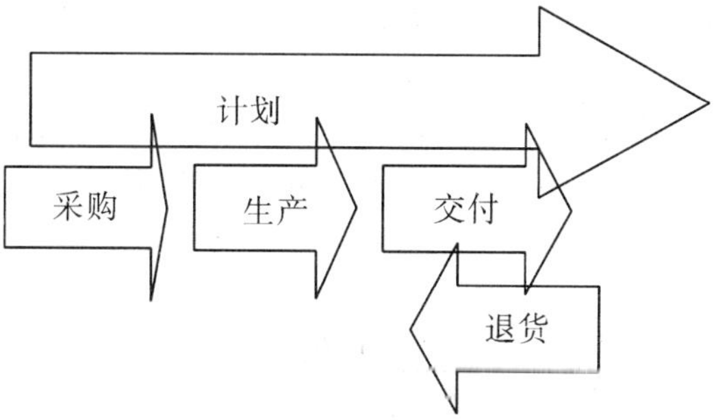

图 7.7　SCOR 模型第一层流程元素

SCOR 模型的基本流程定义了供应链运作参考模型的适用范围与内容，并确定了供应链管理目标的基础。供应链管理者通过对 SCOR 模型第一层流程元素的分析，可以根据供应链运作关键绩效指标（KPI）做出基本的战略决策。结合笔者的研究，提出如下供应链运作关

① 胡建波. SCOR 模型助力供应链改善［J］. 企业管理，2018（10）.

键绩效指标（KPI），见表 7.4。

表 7.4　供应链运作关键绩效指标

供应链运作绩效	关键绩效指标（KPI）
供应链交付的可靠性	准时交货率、交付准确率、商品完好率、配送率、订单完成率
供应链的反应性	订单完成提前期（供应链订单响应周期）
供应链的柔性	柔性生产的产品比率、实施延迟策略（包括生产延迟、物流延迟、结构延迟/形式延迟、完全延迟）的产品比率
供应链运营成本	供应链库存成本、供应链运输成本、供应链通信成本
供应链资金周转快慢	供应链库存周转天数、供应链库存周转次数、供应链运营资金周转率

其中，

准时交货率=准时交货次数/总交货次数×100%

交付准确率=准确交货次数/总交货次数×100%

商品完好率=交货时完好的物品量/应交付的物品总量×100%

配送率=实际配送次数/客户要求配送次数×100%

订单完成率=履行完成的订单数量/订单总数×100%

订单完成提前期=供应链订单响应周期=客户订货周期（从客户发出订单到收到货物的时间间隔）

柔性生产的产品比率=实施柔性生产的产品品种数量/供应链产品品种总数×100%

实施延迟策略的产品比率=实施延迟策略的产品品种数量/供应链产品品种总数×100%

供应链运营成本=供应链库存成本+供应链运输成本+供应链通信成本

供应链库存周转天数=计算期天数/计算期间的供应链库存周转次数

供应链库存周转次数=（一定期间的出库总金额/该期间的平均库存金额）

=一定期间的出库总金额×2/（期初库存金额+期末库存金额）

运营资金周转率=销售收入净额/平均运营资金

=销售收入净额/（平均流动资产-平均流动负债）

（二）第二层（配置层）

SCOR 模型的配置层由 26 种核心流程类型组成。由于每一种产品或产品型号（SKU）都可以有其相应的供应链，因此供应链管理者可以选择配置层中的标准流程单元构建其供应链。图 7.8 是该层中 19 个典型的标准流程要素。

SCOR 模型的第二层流程元素（微课）

根据笔者的理论及实证研究，在运用 SCOR 模型的第二层流程元素构建或优化供应链时，需要注意以下事项。

（1）企业供应链的构建及优化与企业的需求响应策略（生产策略）密不可分，需要在企业需求响应策略的指导下进行。制造企业典型的需求响应策略包括备货生产（MTS）、订单生产（MTO）、订单组装（ATO）和定制生产/订单设计（ETO）四种类型。其中，“订单组装”属于“订单生产”的特殊情形。备货生产策略体现了预测驱动的特点，而订单生产、订单组装和定制生产策略均体现了订单驱动的特征。

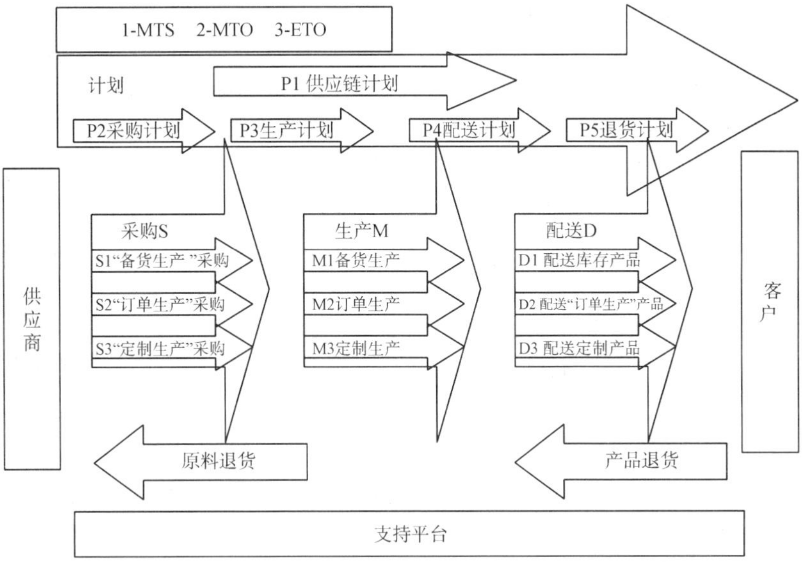

图 7.8　SCOR 模型第二层流程元素

（2）计划流程是供应链运作与管理的核心流程，包括供应链计划（P1）、采购计划（P2）、生产计划（P3）、交付计划/ 配送计划（P4）、退货计划（P5）五种类型。其中，后四种计划（运作计划）需要在供应链计划的指导下制订，同时运作计划也是对供应链计划的分解与落实。

（3）关键的执行流程一般是采购（S1、S2、S3）、生产（M1、M2、M3）、交付/配送（D1、D2、D3）流程类型的有效组合（需要强调的是，S1 的本质是提前备货，而 D1 的本质是配送库存产品）。从理论上讲，共有 27 种组合方式，但并非所有组合方式都有效，如 S2M1D1、S2M1D2、S2M3D1 等组合方式就无效。

（4）制造企业执行流程的典型组合方式包括 S1M1D1（预测驱动）、S2M2D2（订单驱动）、S3M3D3（定制驱动）、S1M2D2（推拉结合）等类型。①对于生产功能型产品（如日用百货）的企业（如传统制造企业），通常采用 S1M1D1 的运作流程，这类企业首先进行需求预测，并在此基础上按照"备货生产"的方式进行生产，然后有计划地调拨、配送库存产品，企业经营运作体现"预测驱动"的特点；②对于生产创新型产品（如新潮时装、PC）的企业（如现代制造企业），通常采用 S2M2D2 的运作流程，这类企业根据订单进行采购、生产，并按照订单进行配送，企业经营运作体现"订单驱动"的特点；③对于那些生产价值高且个性化突出的产品（如飞机、轮船、汽轮机等）的企业（如现代制造企业），通常采用 S3M3D3 的运作流程，这类企业根据客户订单进行产品设计、采购、生产，并按照订单配送定制产品，企业经营运作完全在订单的驱动下进行；④对于那些实施延迟生产策略的企业（如提供电脑兼容机产品的企业），通常采用 S1M2D2 的运作流程，这类企业首先预测目标市场对产品零部件的总需求量（根据目标市场对成品的总需求量进行预测），并在此基础上备货（零部件），接下来根据订单进行产品组装，并根据订单进行产品配送，其供应链运作体现了"先推后拉"的特点。

（5）流通企业执行流程的典型组合方式包括 S1D1（预测驱动）和 S2D2（订单驱动）两种类型。前者如传统的批发、零售企业，其运作流程多为"守株待兔"式——经销商在需求预测的基础上提前备货，买方购买商品后企业配送库存产品到用户；后者如现代的电子商务企业，其运作流程多为“订单驱动”型——经销商根据客户的订单备货，并根据订单进行货物配送。而且，在“商物分离”的今天，商流渠道与物流渠道在很大程度上实施了分离，线上与线下的有机结合，使企业的供应链运作非常有效。

（6）退货流程包括原料退货与成品退货两种情形。前者是企业将不符合需求的原材料等外购物料退换给上游供应商，而后者是下游客户将不符合需求的产成品退换给制造企业。

（三）第三层（流程元素层）

该层定义了企业在目标市场上竞争成功的关键能力元，包括以下内容：①流程元素的定义；②流程元素信息的输入与输出；③流程绩效指标；④最佳运作方式及适用领域；⑤匹配与运作方式相应的信息系统。

SCOR 模型的第三层流程元素（微课）

以备货型采购（S1）为例，采购执行主要包括：发送采购订单（S1.1）、货物验收（S1.2）两个关键流程。前者可以通过订单准确率、订单传输时间等 KPI 来衡量，后者可以通过货物验收正确率、货物验收效率、货物验收成本等 KPI 来衡量。当然，供应商的供应协同是采购工作顺利开展的必要条件，供应商主要涉及订单处理、备货、送货等关联业务。

采购流程元素及其输入与输出的信息如图 7.9 所示。

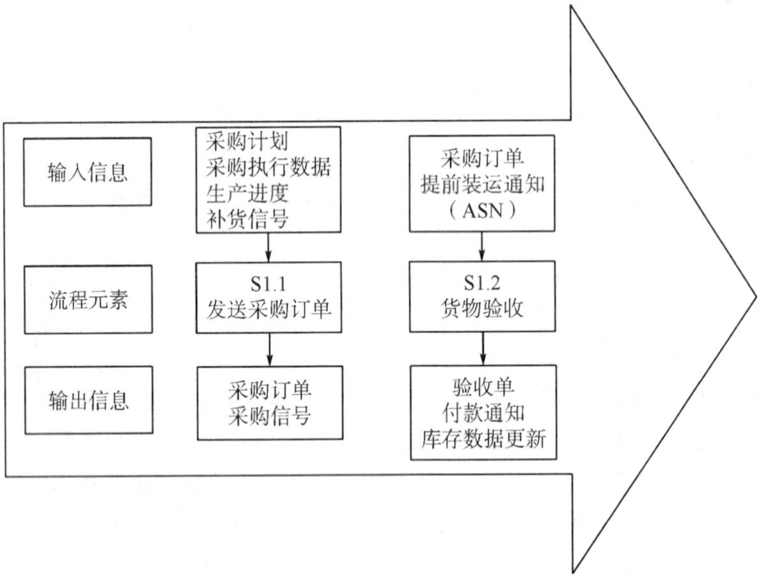

图 7.9 采购流程元素及其信息输入与输出

在云计算、大数据、移动互联网、人工智能快速发展的今天，企业需要搭建信息平台，通过实时信息共享来实现与供应链合作伙伴的战略交互与运作协同。

［案例］ **海尔借助 BBP 电子采购平台实现与供应商的运作协同**

供应商通过海尔的 BBP 采购平台在网上接收订单，并通过网上查询海尔的物料需求计划及库存数据，及时补货，实现了供应商管理库存（VMI）和准时（JIT）供应。通过 BBP 电子采购平台，海尔的订货周期从原来的 5~7 天缩短到两天，供应商次日就可以在 BBP 网站上查看从海尔ERP系统自动传输到BBP系统中的采购订单并打印送货单。借助信息平台，供应商对海尔的订单响应周期大大缩短，履行订单的准确率大大提高。

二、SCOR模型的应用

SCOR模型的应用步骤（微课）

SCOR模型在供应链设计与优化、供应链流程再造与整合、供应链标杆管理、供应链绩效评估与管理中发挥着非常重要的作用。下面以制造企业供应链的构建为例，说明该模型的应用步骤。

（一）SCOR模型在制造企业供应链构建中的应用

首先，供应链管理者应从企业供应链的物理布局开始构建供应链；接下来，根据本企业供应链流程的特点，选择SCOR模型配置层中的标准流程元素描述其供应链。具体包括以下几个步骤。

（1）选择拟构建的供应链的节点企业和物流结点，以及相应的产品组合。

（2）确定计划流程（P）、采购流程（S）、生产流程（M）、交付流程（D）和退货流程（R）发生的位置。

（3）采用适当的供应链运作流程（S、M、D等）标明每一供应链节点的活动（1代表MTS，2代表MTO，3代表ETO，例如S1代表“备货生产”方式下的采购或“基于需求预测的备货”，D1代表“配送库存产品”，D2代表“配送订单生产的产品”）。

（4）用“箭线”连接供应链各节点。这些箭线把物料（广义的物料，包括半成品和产成品在内）流经的供应源、供应商、制造商、分销商、零售商、用户以及供应链流程联系在一起。描绘这些箭线有助于管理者了解供应链中哪些是共同的执行流程，哪些是独立的执行流程，从而为延迟决策奠定基础。

（5）用虚线表达计划流程，以显示与执行流程的联系。

（6）标注P1（供应链计划）。P1可以通过汇总P2（采购计划）、P3（生产计划）和P4（配送计划）得出。

（二）以智能手机制造商为核心企业的供应链流程构建及分析

图7.10是基于上述步骤构建的以某智能手机制造商为核心企业的供应链流程。

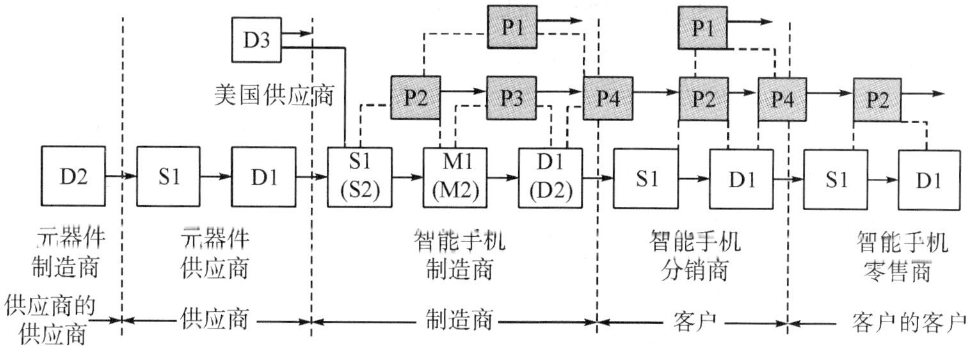

图7.10　以智能手机制造商为核心企业的供应链流程

需要说明，对多数制造企业而言，它们一般采用“插单生产”策略，即企业首先在市场调查分析与需求预测的基础上制订经营计划，根据经营计划制订销售计划，根据销售计划制订生产计划，根据生产计划制订采购与供应计划，接下来组织采购（S1）与生产（M1）活动。但企业在执行原生产计划时，可能会接到客户的订单。在进行订单处理并接受订单后，企业需要检查成品库存以确认其能否满足订单需求，如果能满足，则进行库存货物发运（D1），同时调整（修正）原来的生产计划；如果成品库存不能满足订单需求，则调整（修正）原来的生产计划，进行“订单生产”（M2），相应地，可能会根据订单需要进行“订单采购”（S2），在得到成品后，进行“订单配送”（D2）。换言之，该智能手机制造商供应链的关键运作流程可能包含 S1M1D1 或 S2M2D2 或 S1M2D2 等类型。当然，为了更好地实现供需匹配，现代企业需要制订供应链综合计划（SCAP）和销售与运作计划（S&OP）。前者主要从事业部层面出发，在综合考虑企业需要的资源和企业内外（特别是供应链伙伴）资源约束的基础上，制订针对产品族的计划；后者则主要从销售与运作（采购、生产、物流）协同的角度去制订供需匹配的供应链计划。它借助 IT 形成应用系统，使企业经营计划、不受约束的营销计划和有约束的资源计划一体化同步运作，在快速响应用户需求的基础上达成企业营利的目标。

综上所述，供应链运作参考（SCOR）模型在供应链运作与管理中的应用很广，其每个层次都可用于分析企业供应链的运作。笔者结合理论及实证研究提出了供应链运作关键绩效指标（KPI）并对这些指标进行了定义；制造企业运作流程的典型组合方式有 S1M1D1（预测驱动）、S2M2D2（订单驱动）、S3M3D3（定制驱动）、S1M2D2（推拉结合）等类型，而流通企业运作流程的典型组合方式有 S1D1（预测驱动）和 S2D2（订单驱动）两种类型；S1 的本质是提前备货，而 D1 的本质是配送库存产品；企业为更好地实现供需匹配，需要制订供应链综合计划（SCAP）和销售与运作计划（S&OP），它们分别从事业部层面和职能协同层面实现供需平衡。

任务 5　供应链策略成本管理

【引例】

以策略成本管理的制胜的美国西南航空公司

美国西南航空公司（Southwest Airlines）成立于 1971 年。公司成立 3 年后开始盈利，并且一直处于盈利状态。该公司的价值主张是低成本、高可靠性和良好的服务。为了支持这一价值主张，并与大型航空公司在竞争中获利，公司需要构建一条可以为乘客提供所承诺的服务，同时消除非增值环节、有效控制成本的供应链。

美国西南航空公司通过运用策略成本管理的思想和方法，使公司在竞争中获胜。相应的，其供应链呈现出以下特点：①公司在一些交通枢纽城市尽可能利用吞吐量不大、飞机起降不繁忙的第二机场，以便降低运营成本，减少飞机起降等待时间，提高飞机起讫的准时性与可靠性。②公司使用单一机型（波音 737），以提高飞行员及机组人员、飞机维修、航班周转及在需要时置换飞机的效率。③公司对飞机进行升级改造，以降低燃油成本和维修成本，同时降低噪音，并合理调整运程，以达到降低运营成本和改善服务水平、提高乘客满意度的目的。④公司不为乘客提供预订座服务，机舱不分头等舱和普通舱，飞行途中不为乘客提供餐食，以此来降低运营成本，加快飞机周转，提高飞机的利用率。⑤公司精心挑选并培训员工使其具有多种技能，以便员工在工作中能够体现公司的经营理念（为乘客提供满意的服务)，并在需要时承担任何岗位的工作。⑥公司不与旅行社合作，乘客自行购票（不通过旅行社订购机票），以减少供应链的环节，降低运营成本，同时提高效率。

美国西南航空公司认为自己是美国唯一的短途、低价、高效、点对点的航空运输公司。其价值主张是由它的供应链设计（如机场和机型的选择）及公司对消除非增值环节、降低运营成本的不懈努力支撑起来的。这使其成为策略成本管理的成功案例。该公司有卓越的战略和战略执行能力，后者包括策略成本管理理念在公司全体员工中的强化。

想一想：该公司是怎样通过供应链策略成本管理来实现营利的？

策略成本管理是供应链绩效管理的重要方法之一。企业通过供应链分析、价值主张分析及成本动因分析，能够有效降低供应链的运营成本，提升供应链的运营绩效。

一、策略成本管理的基本原理

降低成本、获取利润一直是企业经营管理者追求的目标，也是评价供应链绩效的重要因素。降低成本对企业利润的贡献比增加营业收入要大得多，这是所谓的“利润杠杆效应”。但是，企业降低某一职能的成本不能孤立地进行，还必须考虑其他职能对成本的影响，甚至供应链成员企业之间的相互影响。因此，策略成本管理是在支持企业的价值主张[①]的同时，运用供应链管理的思想和方法及成本管理方法降低企业的成本，提高企业的盈利性。策略成本管理包括供应链分析、价值主张分析和成本动因分析三大要素。

供应链分析是企业对从供应源到需求源的物流、资金流、信息流及供应链运作与管理流程所进行的分析。企业可以在综合考虑供应链上的各种关系及供应链参与体之间互动的基础上，对特定的成员（如供应商、制造商、零售商、客户等）及供应链提供的产品或服务进行分析。供应链分析始于企业绘制供应链结构图及供应链流程图，终于企业对供应链绩效问题的梳理及其原因分析，以及供应链绩效改善方案的提出。一般而言，与供应链设计有关的决策会影响企业的成本结构、价值主张和生产能力。

价值主张分析是企业竞争战略的本质。通过价值主张分析，企业可以选择最有效的方式参与市场竞争。不同企业的价值主张往往不同。而且企业的价值主张不是一成不变的，随着时间的推移或伴随着产品生命周期的变化，企业的价值主张可能会发生变化（转移）。企业可能会采用不同价值主张的组合，不同的战略业务部门也可能会采用不同的价值主张。

成本动因分析是指企业管理者通过分析，识别在供应链运作与管理过程中产生成本的流程、活动与决策。在不同的时段，针对不同的产品或服务，企业的成本动因往往不同。常见的成本动因包括：企业开展业务外包的程度、企业使用非标准化的原材料或零部件、企业的运作规模大小、企业的产品组合程度等。企业在制定成本降低策略时必须把成本动因与其对企业价值主张的影响联系起来进行分析。

二、策略成本管理的方法

典型的策略成本管理方法有作业成本法和总体拥有成本分析等。

（一）作业成本法

作业成本法是美国芝加哥大学的青年学者库伯和哈佛大学教授卡普兰于1988年提出的，

① 企业的价值主张即企业通过采取何种策略、方法和手段来创造价值，这包括能够用货币来衡量的价值和不能用货币来衡量的价值，包括给企业创造的价值和给客户创造的价值等多方面的内涵，其具体表现形式可以是企业的盈利点、企业使命等。

目前被认为是确定和控制成本最有前途的方法。

1. 作业成本法的概念与原理

作业成本法（activity-based costing，ABC）是以成本动因理论为基础，通过对作业进行动态追踪，评价作业业绩和资源利用情况的成本计算方法。其实质是将提供产品或服务的间接成本与实际产生这些成本的作业活动相匹配。该法把成本、驱动成本的作业活动及其占用的资源直接联系起来，有助于管理者理解重要流程的本质。虽然作业成本法可以作为一个会计系统使用，但其主要用途是用于评估某个具体产品、渠道或客户的利润水平，是重要的策略成本管理方法。

作业成本法中有许多新的概念，图 7.11 显示了各个概念之间的关系。资源按资源动因分配到作业或作业中心，作业成本按作业动因分配到产品。分配到作业的资源构成该作业的成本要素，多个成本要素构成作业成本池，多个作业构成作业中心。作业动因包括资源动因和成本动因，分别是将资源和作业成本进行分配的依据。

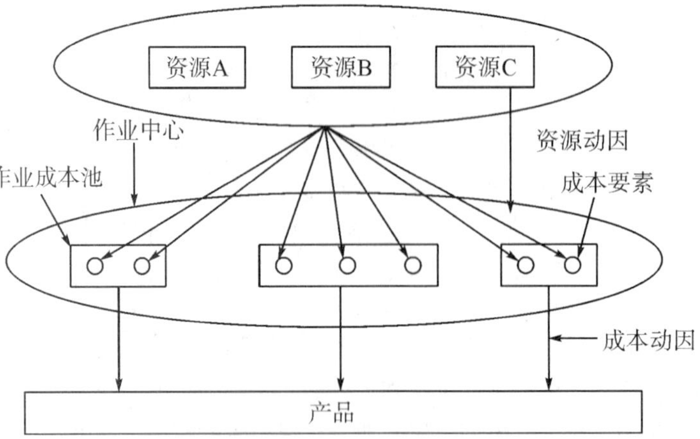

图 7.11 作业成本模型

作业成本法的基本原理是，产品消耗作业，作业消耗资源并导致成本的产生。作业成本法把成本核算深入到作业层次，它以作业为单位收集成本，并把“作业”或“作业成本池”的成本按作业动因分配到产品。

作业成本法的提出有重要的意义。一方面，作业成本法根据不同的作业类型，利用多个成本动因进行核算，不仅能够准确提供产品或服务的成本，尤其是间接成本，而且有助于企业了解客户是如何影响其成本结构的。另一方面，作业成本法着眼于企业生产中的价值增值活动，在整个供应链管理过程中有助于去除无效成本，优化流程。

2. 作业成本核算的步骤

作业成本核算的基本步骤如下。

（1）明确成本对象，即确定管理者要分析的产品、服务或客户。

（2）界定作业（活动）。作业（活动）是基本的工作单元，作业的类型和数量因企业而异。该步骤主要是确定企业的作业中心。比如，一个退货处理部门就是一个作业中心，其作业包括产品回收、运输、拆卸、零件翻新再利用及材料再生等。再如，客户服务部门的作业（活动）包括处理客户订单、解决产品问题以及提供客户报告三项作业。

（3）界定资源。企业活动消耗的资源主要包括劳动力、设施设备及能源等，资源的界定建立在作业分类的基础上，与作业无关的资源不能计入成本核算的范围。

（4）确认资源动因，将资源分配到作业。作业决定资源的耗用量，这种关系称作资源动因。资源动因联系着资源和作业，它把总分类账上的资源成本分摊到作业。在计算作业资源要素成本额时，应注意产品性质的不同会引起作业方式的不同。比如，药品适合独立小包装，大宗消费品适合整盘包装，包装方式的不同会进一步造成运输方式的不同。资源的耗费总是与一定的作业相关联，作业方式的不同会带来资源消耗的差异。

（5）确认成本动因，将作业成本分配到产品或服务中。成本动因反映了成本对象对作业消耗的逻辑关系。例如，问题最多的产品产生的客户服务电话最多，故客户服务部门应该按照电话数的多少（作业动因）把解决顾客问题的作业成本分配到相应的产品中去。

3. 作业成本分析与优化的步骤

企业在进行作业成本分析与优化时，一般遵循以下几个步骤。

（1）设置目标、明确范围、成立小组。第一步的主要工作是设置 ABC 系统分析与优化的目标，明确 ABC 系统分析与优化的范围，并组建 ABC 系统实施小组。企业管理者必须明确 ABC 系统分析与优化的目标，并能够利用作业成本相关的信息进行正确的决策。一般而言，这些信息可以帮助管理者找出流程改进的机会，并为企业与供应链合作伙伴建立双赢的关系奠定基础。ABC 系统分析与优化的范围可以是整个企业，也可以是企业独立核算的某个部门。比如，企业的物流中心可以通过 ABC 系统来分析不同产品或客户所分摊的物流成本①。ABC 系统实施小组应该由企业或部门的领导来牵头，企业的财务部门负责人及相关人员参与，还应该邀请外部咨询顾问参加。外部咨询专家具有 ABC 系统实施的经验，有利于企业借鉴其他企业成功的经验，以规避失败的风险。

（2）了解企业的运作流程，收集相关信息，建立 ABC 分析模型。ABC 系统实施小组通过梳理企业的经营运作流程，理清企业的成本流动过程，找出导致成本发生的因素，明确各个部门对成本的责任，以便设计作业活动及责任控制体系。ABC 系统实施小组在对企业的经营运作进行充分了解与分析的基础上，按照 ABC 系统设计原理设计企业的 ABC 分析模型，明确成本对象、作业活动、作业动因及资源和资源动因。ABC 系统计算要求流程可视化以及关于产品、服务、作业活动、资源及成本的大量信息，这是一项十分繁琐的工作。

（3）开发 ABC 系统实施工具，运行 ABC 系统，进行作业成本分析，并对症下药采取成本优化措施。ABC 系统能够提供比传统会计体系更加丰富的信息，这是建立在大量计算基础之上的。ABC 系统的实施离不开软件工具的支持，软件工具有助于系统完成复杂的成本核算任务，有助于系统对相关信息进行分析。ABC 系统软件提供了 ABC 系统构造工具，可以帮助实施小组建立和管理 ABC 系统。实施小组在建立 ABC 系统的基础上，输入数据就可以运行 ABC 系统。接下来，实施小组对 ABC 系统的计算结果进行分析，针对成本核算反映的问题（如成本偏高或成本结构发生变化）采取相应的改进措施（如改进作业流程以提高作业效率、改变作业方式、剔除无价值的作业活动、加强对部门及员工的业绩考核等）以改善经营绩效。

需要指出，企业是一个变化的实体。在 ABC 系统正常运行以后，企业还需要对 ABC 分析模型进行维护，使其能够反映企业的发展变化。伴随着企业的经营运作，ABC 系统的运行、分析及采取降本增效措施是一个不断循环的过程。

---

① 胡建波. 现代物流基础［M］. 4 版. 北京：清华大学出版社，2019：218.

（二）总体拥有成本分析

在很多行业，市场竞争日益激烈，迫使企业降低产品售价以更好地与同业竞争。为了保证目标利润率，企业必须对成本管理及供应链成本结构进行改善。为此，企业管理者就需要关注与供应链流程相关的交易成本。这是总体拥有成本分析被越来越多的企业所重视的主要原因。

总体拥有成本（total cost of ownership，TCO）是指企业对拥有的原材料、零部件、半成品、产成品及其他物料乃至机器、设备、工具等固定资产所承担的全部成本。总体拥有成本（TCO）分析是企业管理者从供应链的角度理解所有相关成本的工具。它能够使管理者从更大的范围去考虑除采购价格之外的物料（物品）成本。特别的，对设备类品项而言，总体拥有成本通常包括获取成本、运行成本、维护成本和处置成本等。在进行 TCO 分析时，我们并不用精确地计算物品的所有成本项。相反，人们只需要关注主要的成本项以及与正在制定的决策相关的成本。

［**案例**］ **KD 公司控制系统的采购**

KD 公司成立了一个由采购部门和工程部门人员组成的采购小组，负责 KD 公司全球所有生产工厂控制系统的采购。控制系统对工厂的生产工艺流程进行控制，尤其是对于那些高度自动化的工厂，控制系统发挥的作用不可低估。在选择供应商时，KD 公司尽可能减少供应商的数量，而且小组偏重于考察控制系统的寿命周期成本而非购置成本。寿命周期成本包括隐性成本和显性成本两部分。隐性成本包括工程安装、操作培训、零部件更换、维修保养、可靠性（质量成本）等方面的成本。KD 公司估计隐性成本是单位购置成本的 2.5 倍。小组在全球范围内选择供应商。小组首先对潜在控制系统供应商进行评估，主要评估供应商的产品质量、服务水平、潜在的成本降低能力、全球竞争能力、战略导向等要素。在评估的基础上小组将供应商分为三类：世界一流供应商、首选的供应商和淘汰的供应商。KD 公司选择尽可能少的供应商并与之合作。通过与少数优质供应商的合作，KD 公司降低了控制系统 25%的全产品生命周期成本。尤其是对于 KD 公司的小型生产工厂，获得了控制系统安装周期缩短、供应商允诺持续改善、地方分销商愿意持有闲置部件、供应商在产品设计早期参与（EPI/ESI）等好处。

总体拥有成本（TCO）分析通常包括以下步骤。

（1）明确 TCO 分析的动因。企业进行 TCO 分析有多方面的原因。可能的原因包括：建立绩效评价指标（KPI）、采用标杆法进行绩效评价、进行成本动因分析、建立成本分析框架、采购成本控制、采购决策、业务外包决策、部门（或职能）协同、构建商业模式、实现持续改善、开发盈利项目等。

（2）确定 TCO 分析的期望收益。企业实施 TCO 分析的收益应该大于其投入。因为 TCO 分析需要企业某一部门乃至相关部门付出大量的实践与努力。为此，企业管理者需要权衡 TCO 分析的收益与成本。如果 TCO 分析项目预期的收益大于成本，则 TCO 分析是值得的；反之，管理者就需要判断所选择的项目是否具有一个成功的 TCO 分析项目所具有的特征。比如，企业在进行采购或外包决策时，满足以下特征的产品或服务就是比较好的 TCO 分析对象：①产品或服务的采购成本高；②产品或服务的采购有规律可循（通过 TCO 分析，有利于采购部门参考历史采购成本数据进行采购决策；有利于企业收集当前采购成本信息丰富采购档案）；③交易成本高；④降低交易成本存在可能性（如企业与供应商进行谈判、更换供应商、优化上游价值链、帮助供应商降低成本等）；⑤若采购部门与使用部门等相关部门加强合作，可以了解产品或服务的成本结构。

（3）组建 TCO 分析团队。通常，TCO 分析团队应该由企业的高层管理者、采购部门的人员、物料（物品）使用部门的人员、财务部门人员、有关的技术专家，甚至供应链合作伙伴（如关键的客户、供应商、物流商等）构成。需要说明，如果供应链合作伙伴对企业的 TCO 分析有影响，抑或分析结果对其有影响，企业应该将其纳入 TCO 分析团队。

（4）进行 TCO 分析，即 TCO 分析团队识别相关成本、收集有关数据并计算总体拥有成本。首先是识别相关成本。为了帮助 TCO 分析团队搞清楚产品相关的潜在成本，我们一般需要画出产品使用流程图，再通过头脑风暴的形式进行成本动因分析，并确定与决策相关的关键成本动因和影响决策的非成本项目。与决策相关的关键成本需要 TCO 分析团队在调查研究的基础上进行计算；影响决策的非成本项目则是“软成本”，不包含在 TCO 计算中，一般可作为定性问题反映在分析报告中。

以生产企业典型的原材料采购为例，其总体拥有成本的主要构成部分如图 7. 12 所示。

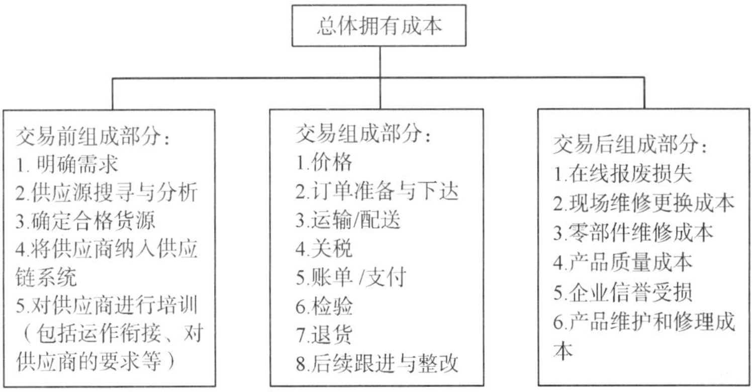

图 7. 12　典型原材料采购的 TCO 主要构成部分

接下来是收集成本数据。这需要花费很多的人工劳动，因为很多必要的数据不能在会计系统中找到。因此，保证分析规模的合理性即确保 TCO 分析的收益大于成本是很重要的。

（5）进行灵敏度分析。实施团队可以根据需要对 TCO 分析方法做适当调整，并进行灵敏度分析。TCO 计算模型中很多成本是可以估计的。对于关键的成本动因，TCO 分析团队要给出合理的取值范围，进行灵敏度分析，搞清楚成本数值改变时模型的灵敏度。如果决策不会因数据的变化而变化，说明决策结果是合理的。如果 TCO 分析团队认为数据准确、可靠，就可以将这些数据应用于决策。

（6）成本优化与持续改善。如果实施团队认为 TCO 分析结果可信，就可以向企业高层提交报告。该报告应该既有 TCO 分析的量化结果，又有包含非成本项目的定性“软成本”。报告的主要内容包括：摘要、TCO 分析概述、灵敏度分析、非成本项目及处理、建议、附录。其中，摘要应该反映 TCO 分析的项目背景、可选择的产品概要、关键问题、TCO 分析结果、关键因素的灵敏度分析及建议。而详细的计算过程与模型假设应该放入附录。一旦 TCO 分析报告得到企业高层的认可，接下来的成本优化过程与结果以及对过程的监控就显得至关重要，因为这关乎企业流程的优化与绩效的改善。需要说明，企业成本分析与优化是一个持续改善的过程，企业根据需要可以从上述第一步开始直到最后一步结束，周而复始，循环往复，持续改善。

小结

供应链绩效评价是供应链管理的最后一环。供应链绩效管理的方法主要有供应链绩效评价指标体系法、供应链平衡计分卡模型法、供应链运作参考模型法、供应链绩效标杆管理法及作业成本法和总体拥有成本分析等供应链策略成本管理方法。供应链绩效评价指标应基于供应链业务流程来设计并能够恰当地反映供应链整体运营状况及节点企业之间的运营关系。标杆管理包括战略性标杆管理、运营标杆管理和支持性活动的标杆管理三种类型。供应链绩效标杆被广泛应用于建立供应链绩效标准、设计供应链绩效过程、确定供应链绩效度量方法及供应链绩效目标管理等方面。平衡计分卡模型是基于财务与非财务相结合的结构化的企业绩效评价体系，以综合、平衡为原则，从财务、顾客、内部业务流程及学习与成长四个方面来评价组织的绩效，从形式上把组织的总体目标、战略和评价指标有机结合在一起。该模型与供应链管理流程相结合，为企业竞争战略与供应链管理策略的匹配、实现平衡的供应链绩效评价提供了一个完整的框架。策略成本管理包括供应链分析、价值主张分析和成本动因分析三大要素。供应链分析始于企业绘制供应链结构图及供应链流程图，终于企业对供应链绩效问题的梳理及其原因分析，以及供应链绩效改善方案的提出。价值主张分析是企业竞争战略的本质。通过价值主张分析，企业可以选择最有效的方式参与市场竞争。成本动因分析是指企业管理者通过分析，识别在供应链运作与管理过程中产生成本的流程、活动与决策。作业成本法是以成本动因理论为基础，通过对作业进行动态追踪，评价作业业绩和资源利用情况的成本计算方法。其实质是将提供产品或服务的间接成本与实际产生这些成本的作业活动相匹配。该法把成本、驱动成本的作业活动及其占用的资源直接联系起来，有助于管理者理解重要流程的本质。其主要用途是用于评估某个具体产品、渠道或客户的利润水平，是重要的策略成本管理方法。总体拥有成本是指企业对拥有的原材料、零部件、半成品、产成品及其他物料乃至机器、设备、工具等固定资产所承担的全部成本。总体拥有成本（TCO）分析是企业管理者从供应链的角度理解所有相关成本的工具。供应链运作参考（SCOR）模型是第一个标准的供应链流程参考模型，由美国供应链协会开发成功。SCOR 模型是供应链的设计和诊断工具，涵盖所有的行业，能够使企业间准确地交流供应链运营的有关问题，客观地测量、评价供应链的运作绩效并确定新的供应链管理目标。SCOR 模型采用流程参考模式，管理者借助其分析公司目标和流程的现状，对供应链业务运作绩效进行量化评价，并将其与绩效目标值进行对照、分析，进而优化供应链绩效。SCOR 模型在供应链设计与优化、供应链流程再造与整合、供应链绩效评估与管理中发挥着越来越重要的作用。

同步测试

一、判断题

1. SCPR 即中国企业供应链管理绩效评价参考模型，是中国电子商务协会供应链管理委员会于 2003 年 10 月发布的。它是第一个标准的供应链流程参考模型。（　　）

2. 供应链分析始于企业绘制供应链结构图及供应链流程图，终于企业对供应链绩效问题的梳理及其原因分析及供应链绩效改善方案的提出。（ ）

3. 总体拥有成本分析是以成本动因理论为基础，通过对作业进行动态追踪，评价作业业绩和资源利用情况的成本计算方法。其实质是将提供产品或服务的间接成本与实际产生这些成本的作业活动相匹配。（ ）

4. 价值主张分析是企业竞争战略的本质。价值主张分析可以帮助企业选择最有效的方式参与市场竞争。（ ）

5. 平衡计分卡模型是基于财务与非财务相结合的结构化的企业绩效评价体系。它以综合、平衡为原则。（ ）

6. 成本动因分析是指企业管理者通过分析，识别在供应链运作与管理过程中产生成本的流程、活动与决策。（ ）

7. SCOR 模型采用流程参考模式，管理者借助其分析公司目标和流程的现状，对供应链业务运作绩效进行量化评价，并将其与绩效目标值进行对照、分析，进而优化供应链绩效。（ ）

8. 作业成本法（ABC）是企业管理者从供应链的角度理解所有相关成本的工具。而总体拥有成本（TCO）分析的主要用途是用于评估某个具体产品、渠道或客户的利润水平，是重要的策略成本管理方法。（ ）

9. D1 的本质是提前备货，而 S1 的本质是配送库存产品。（ ）

10. SCOR 模型在供应链设计与优化、供应链流程再造与整合、供应链绩效评估与管理中发挥着越来越重要的作用。（ ）

二、单选题

1. 按照 SCOR 模型的流程定义可将其划分为（ ）个层次。

A. 二　B. 三　C. 四　D. 五

2. SCOR 模型第一层包括（ ）个基本流程。

A. 二　B. 三　C. 四　D. 五

3. 在 SCOR 模型的基本流程中，（ ）是核心流程。

A. 采购　B. 生产　C. 交付　D. 计划

4. SCOR 模型的配置层由（ ）种核心流程类型组成。

A. 16　B. 26　C. 19　D. 29

5. （ ）是重要的策略成本管理方法。

A. KPI 法　B. BSC 法　C. ABC 法　D. SCOR 模型法

6. （ ）在一定程度上可以反映供应链企业生产的产品是否适销对路。

A. 产销率　B. 产需率

C. 平均产销绝对偏差　D. 供应链产品出产循环期或节拍

7. （ ）在一定程度上可以反映供应链节点企业或核心企业满足用户需求的程度。

A. 产销率　B. 产需率

C. 平均产销绝对偏差　D. 供应链产品出产循环期或节拍

8. （ ）在一定程度上可以反映供应链在一定时期内的总体库存水平。

A. 产销率　B. 产需率

C. 平均产销绝对偏差　D. 供应链产品出产循环期或节拍

9. （ ）指节点企业混流生产线上同一种产品的出产间隔期。

A. 供应链产品投产节拍　B. 供应链产品出产节拍

C. 平均产销绝对偏差　　D. 供应链产品出产循环期

10. (　　) 反映供应链的核心竞争力。

A. 供应链产品质量　　B. 新产品开发率

C. 专利技术拥有比例　　D. 用户满意度

三、多选题

1. 供应链绩效管理的方法包括（　　）。

A. 供应链绩效评价指标体系法　　B. 供应链运作参考模型法

C. 供应链平衡计分卡模型法　　D. 供应链绩效标杆管理法

2. 策略成本管理包括（　　）几大要素。

A. 供应链分析　　B. 价值主张分析　　C. 成本动因分析　　D. 作业成本分析

3. 供应链绩效评价应遵循的原则包括（　　）。

A. 突出重点　　B. 突出供应链运营状况的整体性

C. 实时分析与评价　　D. 重视对节点企业之间关系的评价

4. 反映供应链流程的绩效指标包括（　　）。

A. 产销率　　B. 产需率　　C. 平均产销绝对偏差　D. 供应链总运营成本

5. 反映供应链节点企业关系的绩效指标包括（　　）。

A. 准时交货率　　B. 成本利润率

C. 产品质量合格率　　D. 供应链产品出产循环期

6. 供应链运营成本包括（　　）。

A. 供应链通信成本　　B. 供应链库存成本

C. 供应链结点之间的运输成本　　D. 供应链的机会成本

7. 平衡计分卡模型从（　　）方面来评价组织的绩效。

A. 财务　　B. 顾客　　C. 内部业务流程　　D. 学习与成长

8. 除了计划流程外，SCOR 模型的第一层还包括（　　）流程。

A. 采购　　B. 生产　　C. 交付　　D. 退货

9. 制造企业供应链运作流程的典型组合方式包括（　　）类型。

A. S1M1D1　　B. S2M2D2　　C. S3M3D3　　D. S1M2D2

10. 流通企业运作流程的典型组合方式包括（　　）类型。

A. S1D1　　B. S2D2　　C. S1D2　　D. S2D1

四、案例分析题

案例 1：AS 连锁超市的供应链绩效管理

一、公司概况

AS 连锁超市集团公司的前身是一家具有 50 年历史的国有批发企业。在改革创新思路的指引下，自 1997 年 12 月公司创办第一家大卖场超市起，该企业在省内得到了快速发展。经过公司管理者的不懈努力，该公司目前已成为省内最大的连锁超市企业。公司注册资本 1.2 亿元，已经连续五年保持了在全省连锁超市中销售规模第一的领先地位，现共有大卖场、综合超市、标准超市、便利店四种超市业态的大小门店 300 多家，其中单店面积最大的达 2 万多平方米。省内十个地市均有该公司的门店，有员工近万人，2002 年销售额达 18 亿元，税后利润达 3 000 多万元；2003 年销售额达 28 亿元，税后利润达 5 000 多万元；2004 年销售额达 34 亿元，税后利润达 6 000 多万元。目前公司正以每年新开 125 家门店的规模，快速地向前发展。

二、公司部门本位主义思想严重

虽然公司取得了辉煌的业绩，但在运营中仍然存在一些问题，其中比较典型的是部门本位主义思想严重。在公司，经常都会听到一些员工对其他部门产生抱怨，一旦有什么问题，总是把原因向其他部门推。比如，配送中心的员工经常抱怨商品管理部订购的商品过多，门店销售业绩不好，经常退货；门店的员工经常抱怨畅销品总是卖断货，而滞销品总是源源不断地向门店配送；商品管理部则认为是门店销售不力，配送中心的运营效率不高。一些员工还感到，与供应商和顾客相比，和本公司其他部门人员的沟通反倒更困难。

三、问题原因分析

公司的供应链总监认为，这应该从公司的绩效评价指标体系去考查。因为公司为部门设定的绩效指标仅仅是考核部门业绩的指标，缺乏公司整体供应链绩效的考核指标，这样，对各部门业绩的评价是孤立的，是部门利益对其产生了激励作用。所以各部门都追求本部门利益的最大化，都站在本部门利益的角度去思考问题，很少有人能够从公司供应链整体效益的角度去考虑问题，这直接导致了信息在公司内部不能快速准确地流动，导致公司的供应链资源得不到有效利用，公司内部部门间不能实现资源共享，从而影响了公司整体的经济效益。

四、采取的措施

在深入分析了问题存在的原因后，公司实施了完善的供应链绩效评价和激励机制，以确保公司内部各部门以及供应链业务流程各环节，都要以满足消费者的需求为目标。

对于配送中心来说，就是要做到如何科学管理，合理地安排存货，并能快速、准确、准时地将商品配送到门店，以满足门店销售的需要。对于门店而言，就是要做到科学、合理地制订要货计划，并尽量提高商品的销量，不至于使商品在门店积压形成库存。为此，必须要有一整套科学、合理的绩效评价指标体系，根据这些指标对供应链各环节的业务进行一体化考核，并且所下达的经济指标和任务完成程度的奖惩，不应有轻有重，而应一视同仁。

对于商品管理部，要对商品的总集、商品的引进速度、商品的价格、商品的库存周转、商品的适销率、新品成活率等指标进行考核。对于配送中心，要对门店的需求满足率、库存周转率（期）、配送时效、人均劳效、总费率、账实相符、需求满足率、订货平均成本、缺货率以及缺货成本等指标进行考核。对于门店，要对销售、利润、消费者需求情况的把握（对所在门店区域消费者总的需求变化能及时掌握，并及时向上游反馈）、购物环境（包括卖场环境、收银速度、方便消费者、商品陈列等）、要货准确率、逆向物流成本等指标进行考核。

在对供应链业务流程进行一系列 KPI 指标考核的基础上，建立科学、完善、合理的激励机制。具体而言，就是要在对各部门各环节独立考核的基础上，形成对完整供应链业务流程的综合考核机制（部门考核占 80%的权重，公司整体绩效考核占 20%的权重）。例如，库存周转率、销售利润率、消费者需求满足率等一些需要供应链各环节协同运作才能取得成效的指标，在相关部门的绩效考核中要占到 20%的权重。因为如果这些指标只是针对供应链中某个环节进行单独考核，而不与整体供应链绩效挂钩，必然会出现“局部最优”，但“整体不优”的局面。无法想象，如果采购部门采购不到适销对路的优质商品，销售部门又如何能提高销量？反之，若采购部门采购到适销对路的优质商品，但配送中心不配合、门店销售人员不积极，商品又怎么能够销得出去？企业的销售指标又怎么能完成？另一方面，若仅仅根据采购成本的节约额度来评价采购人员的绩效，又怎能确保所购商品的质量？

因此，在供应链系统中，如果门店的销售任务及利润完不成，其他相关部门也必须承担相应的责任；配送中心的库存周转率或库存周转期达不到要求，对其他有关部门也必须追究责任。同理，在对某部门进行奖励时，对供应链中相关部门也必须根据其所发挥的作用给予相应的奖励，以促使供应链上各环节各部门的员工都能从公司供应链绩效最大化的角度去思考问题，最终实现利润最大化的企业经营目标。

根据案例提供的信息，请回答以下问题：

1. 如何正确处理供应链绩效与部门绩效之间的关系？
2. 如何将供应链绩效评价与部门绩效评价有机结合？
3. 怎样根据企业的实际情况设置供应链绩效评价指标？
4. 根据AS连锁超市集团公司的实际情况，你认为应该设置哪些供应链绩效评价指标？

案例2：IBM公司欧洲PC产品的供应链管理

供应链管理的实现，是把供应商、制造商、分销商、零售商等在一条供应链上的所有节点企业都联系起来进行优化，使生产资料以最快的速度，通过生产、分销环节变成增值的产品，到达有消费需求的消费者手中。这不仅可以降低成本，减少社会库存，而且使社会资源得到优化配置，更重要的是通过信息网络、组织网络实现了生产及销售的有效连接和物流、信息流、资金流的合理流动。

计算机产业的戴尔公司在其供应链管理上采取了极具创新的方法，体现出有效的供应链管理比品牌经营更好的优越性。戴尔公司的成功为其他电脑厂商树立了榜样，使他们目睹了戴尔公司的飞速成长。作为戴尔的竞争者之一，IBM公司过去倾向于根据库存来生产计算机，由于其制造的产品型号繁多，常常发现在有的地区存储的产品不合格，丧失了销售时机。计算机面临的另一问题是技术上的日新月异，这意味着库存会很快过时，造成浪费。为解决这些问题，IBM和产业界的其他众多计算机厂商正在改变其供应链，使之能够适应急剧变化的市场环境。IBM公司欧洲区PC产品的供应链流程如图7.13所示。

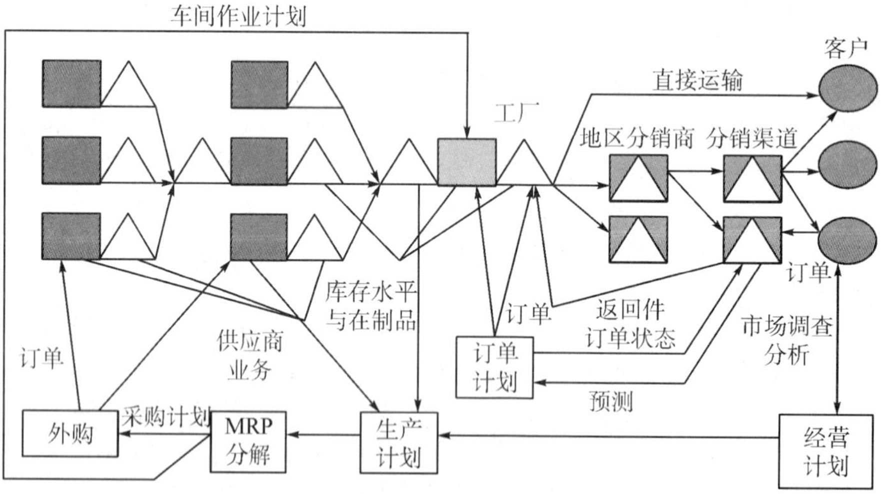

图7.13 IBM公司欧洲PC产品的供应链流程图

通过实施供应链管理，IBM公司生产的盲目性得到避免，完整的欧洲区供应链管理系统所带来的益处是：帮助IBM公司随时掌握各网点的销售情况，充分了解、捕捉与满足顾客的真正需求，并且按照订单制造、交货，基本上没有生产效率的损失，在满足市场需求的基础上，增进了与用户的关系；能全面掌握所有供应商的详细情况；合理规划异地库存的最佳水平；合理安排生产数量、时间以及运输等问题；合理调整公司的广告策略和价格策略；网上订货和电子贸易；可随时把电脑的动态信息告诉每一位想了解的顾客；减少了工业垃圾和制造过程对环境的破坏。

根据案例提供的信息，请回答以下问题：

1. 请运用波特竞争模型和 PEST 模型分析 IBM 公司的经营环境。本案例中，IBM 公司的环境构成要素主要涉及哪几种？

波特竞争模型和 PEST 模型
在公司环境分析中的应用（微课）

2. 在过去，IBM 公司欧洲 PC 的供应链设计主要存在什么问题？后来进行了怎样的调整？

3. 经改进以后，IBM 公司的供应链系统发生了什么变化？

4. IBM 公司将需求响应策略进行了怎样的调整？

5. 缓冲存货点（DP 点）发生了什么变化？有何好处？

6. 请描述 IBM 公司欧洲 PC 的供应链业务流程。

7. 请运用 SCOR 模型分析 IBM 公司欧洲 PC 的供应链业务流程。

8. IBM 公司是否实施了标杆管理？如果实施了，是战略性标杆管理还是运营标杆管理？抑或支持性活动的标杆管理？

9. IBM 公司后来是否实施了延迟策略？如果实施了，是哪一种延迟策略？

10. IBM 公司将其“供应链管理策略”进行了怎样的调整？

11. IBM 公司供应链绩效改善的原因是什么？

12. 请分析产品类型、供应链类型、供应链管理策略、企业需求响应策略、企业竞争战略、经济模式之间的内在匹配关系。

参考文献

[1] 胡建波. 降库存“舞动”供应链 [J]. 企业管理, 2020 (3).

[2] 胡建波. 从产品生命周期看采购与供应 [J]. 企业管理, 2019 (11).

[3] 胡建波. 物流概论 [M]. 2版. 成都: 西南财经大学出版社, 2019.

[4] 胡建波. 现代物流基础 [M]. 4版. 北京: 清华大学出版社, 2019.

[5] 胡建波. 物流基础 [M]. 5版. 成都: 西南财经大学出版社, 2019.

[6] 胡建波. SCOR模型助力供应链改善 [J]. 企业管理, 2018 (10).

[7] 胡建波. 现代物流概论 [M]. 北京: 清华大学出版社, 2018.

[8] 胡建波. 延迟策略的实质与缓冲点决策 [J]. 企业管理, 2017 (2).

[9] 胡建波. 产品生命周期 (PLC) 理论在企业管理中的应用 [J]. 现代商业, 2016 (36).

[10] 胡建波. 工学结合背景下高职物流管理专业人才培养的思考 [J]. 职教通讯, 2015(7).

[11] 胡建波, 陈敏. 供应链库存管理策略 [J]. 企业管理, 2013 (4).

[12] 胡建波. 管理学 [M]. 2版. 成都: 西南财经大学出版社, 2013.

[13] 胡建波. 延迟策略在供应链管理中的应用 [J]. 企业管理, 2012 (2).

[14] 胡建波. 探析物流外包的风险与对策 [J]. 企业导报, 2012 (4).

[15] 胡建波. 合理设置缓冲存货点 [J]. 企业管理, 2011 (6).

[16] 胡建波. 供应链管理的两种策略 [J]. 企业管理, 2011 (7).

[17] 胡建波. 牛鞭效应的成因与减弱对策 [J]. 企业管理, 2011 (8).

[18] 胡建波. 不同生产方式的库存管理策略 [J]. 企业管理, 2011 (10).

[19] 胡建波. 基于产品类型的供应链管理策略研究 [J]. 中国物流与采购, 2011 (14).

[20] 胡建波. 物流外包的风险成因与对策 [J]. 中国物流与采购, 2011 (17).

[21] 胡建波. ABC分类法及其在物流管理中的应用 [J]. 商业时代, 2011 (27).

[22] 胡建波. 工商企业物流外包的动因探析 [J]. 中国水运, 2011 (3).

[23] 胡建波. 供应链设计与优化 [M]. 成都: 电子科技大学出版社, 2011.

[24] 胡建波. 高职供应链管理实务课程建设与改革研究 [M]. 成都: 西南财经大学出版社, 2011.

[25] 胡建波. 物流案例与习题集 [M]. 成都: 西南财经大学出版社, 2011.

[26] 胡建波. 高职“供应链管理实务”学习领域课程整体设计 [J]. 职业技术教育, 2009 (26).

[27] 胡建波. 工作过程导向的高职“供应链管理实务”课程重构 [J]. 职业技术教育, 2008 (34).

[28] 胡建波. 企业核心竞争力的培育方法与途径 [J]. 商场现代化, 2007 (20).

[29] 胡建波, 王东平. 供应链管理能力的提升策略 [J]. 企业改革与管理, 2006 (7).

[30] 胡建波，王东平. 企业核心竞争力的关键构成要素及分析 [J]. 华东经济管理，2006 (7).

[31] 胡建波. 基于供应链管理的成都统一企业核心竞争力研究 [M]. 成都：电子科技大学出版社，2005.

[32] 胡建波. 高职院校教师职业能力研究 [M]. 成都：电子科技大学出版社，2012.

[33] 胡建波. 高职院校教师职业能力的内涵与要素分析 [J]. 职教通讯，2011 (5).

[34] 胡建波. 高职院校教师职业能力的现状与对策 [J]. 商情，2010 (33).

[35] 胡建波. 职业能力的内涵与要素分析 [J]. 职教论坛，2008 (2 下).

[36] 胡建波. 高职学院核心竞争力及培育研究 [J]. 职业技术教育，2005 (34).

[37] 汤伶俐，胡建波. 西部科技孵化载体的路径重建 [J]. 企业改革与管理，2006 (10).

[38] 陈荣秋，马士华. 生产与运作管理 [M]. 5 版. 北京：机械工业出版社，2017.

[39] 马士华，林勇. 供应链管理 [M]. 5 版. 北京：机械工业出版社，2016.

[40] 朱占峰，陈勇. 供应链管理 [M]. 2 版. 北京：高等教育出版社，2014.

[41] 田学军. 供应链管理 [M]. 北京：中国财富出版社，2013.

[42] 魏际刚. 物流战略 [M]. 北京：中国财富出版社，2013.

[43] 郑称德. 采购与供应管理 [M]. 北京：高等教育出版社，2013.

[44] 华蕊，马常红. 供应链管理 [M]. 北京：中国物资出版社，2006.

[45] 孙春华. CAD/CAPP/CAM 技术基础及应用 [M]. 北京：清华大学出版社，2004.

[46] 张成海. 供应链管理技术与方法 [M]. 北京：清华大学出版社，2002.